U0138764

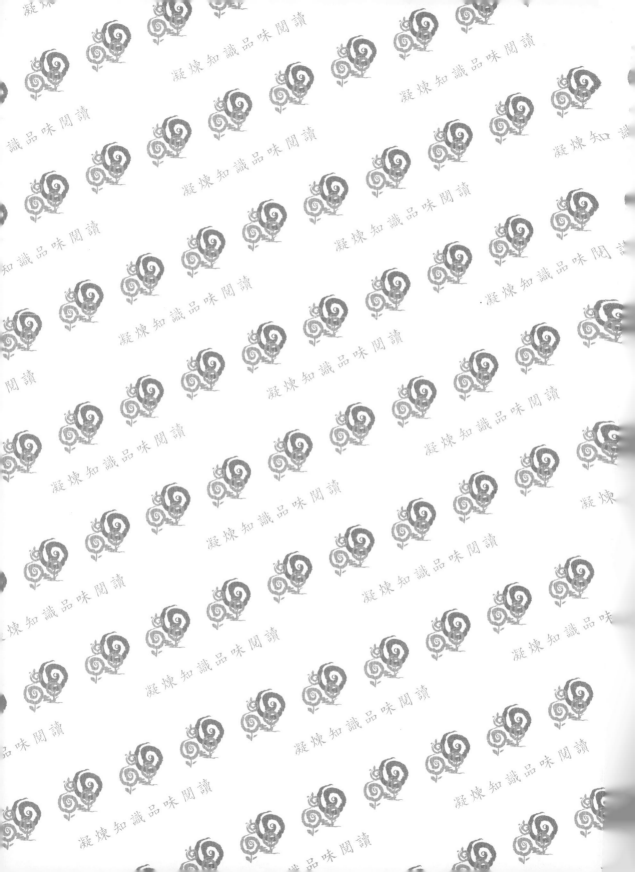

社會工作引論

林勝義 著

五南圖書出版公司 印行

自 序

目前，臺灣坊間有關《社會工作概論》之類中文書，琳瑯滿目，各有千秋。這是讀者的「確幸」，可擇你所愛，愛你所擇。

我也寫過一本社工概論，歷經四次修訂，已百孔千瘡，就好像我那老舊的腳踏車，輪胎破過，補過，車店老闆已拒絕幫我再補，強烈建議我全部換新。因此，當我接到出版公司社政類科編輯部門主管陳念祖副總編輯的通知：你那本社工概論庫存19本，準備再刷，要修訂嗎？我就聯想到破腳踏車，立刻回應，重寫一本。

說，容易；做，很難。假如我再寫一本社工概論，要怎樣寫呢？不禁又想起當年我讀臺灣師大，大一必修「國語語音學」，有一篇「假如我再做大學新鮮人」的文章，說道：假如我再做新鮮人，我要準時上課、我要把英文學好，我不要忙於談戀愛，兩情若是久長時，又豈在朝朝暮暮？

於是乎，我依樣畫葫蘆進行思考，假如我再寫一本社工概論，我要以初學者的需求為優先考量，我要將社會工作的基本概念說清楚，我要將難懂的社工理論和社工倫理講明白，我不要你抄我，我抄你，長一個樣，沒意思。

這本重新書寫的社工概論，我換了名字：《社會工作引論》。「引論」，是英文introduction的音譯，期待能引發讀者：學習如何學習，思考如何思考。

聽說，社工本科系畢業的學生，參加國家考試，對於「社會工作」大意、概要、概論、直接服務等科目，光憑平日在社工圈子打混，要拿個60分不難，而考前即使準備，也多不了幾分，所以乾脆將準備社工概論的時間，拿來準備其他科目，比較划算。真的，還是假的？

那麼，我們一起來思考，平平都讀過社工師考試的門檻15個科目45學分，為什麼社工本科系畢業生不用準備，社會工作就60分起跳？

為什麼非社工本科系畢業生，補習、苦讀、勤練考古題，得到的成績不能盡如人意？

　　我想，可能是同學對於社會工作的實施對象、實施領域、理論、倫理，較少涉獵，又缺乏實務經驗可資佐證，如同隔靴搔癢，抓不到重點，不是嗎？

　　這一本社工引論，依據國家考試社會工作科目的命題大綱編寫而成，其組織架構涵蓋五大部分：(1)社會工作的基本概念（意義、功能、特質）；(2)社會工作歷史與發展（臺灣、歐美）；(3)社會工作實施方法（直接服務、間接服務）；(4)社會工作實施對象與實施領域（兒少婦老障原民新住民多元文化、家庭醫務心衛學校司法職場災變）；(5)社會工作的理論與倫理。至於內容之論述，除了闡釋基本概念，引介較新的資料、較新的觀點之外，有一部分資料是參考近年國考之命題走向，希望對於有意參加國考的同學有一些幫助。尤其，有關於社會工作的實施對象、實施領域、理論、倫理的議題，著墨較多，約占全書一半篇幅，以期協助初學者彌補實務操作之缺口。

　　我絕對不敢像補教考師誇下海口說：看這本書就夠了。因為社會工作必須配合社會脈絡的變化，才能有效運作，因而社工人員必須以變應變。這本書雖然納入一些較新的資料，例如：新冠肺炎（COVID-19）疫情、靈性照顧服務、社區工作倫理等議題，但不足之處仍多。請同業先進及同學，隨時提醒和指教。再者，五南出版公司惠允出版，編輯團隊精心擘畫，均表謝謝。

林勝義　謹誌

目　錄

第一章
社會工作的基本概念

社會工作者（以下簡稱社工）都住海邊？不然，他們怎麼管那麼寬？有兒童遭受虐待、獨居老人走失、單身女性被跟騷，就有人嗆聲：難道社工不用負責嗎？

實際上，社會工作並非包山包海，無所不管。例如：婚配問題，就不是社工的主要職責。至於貧窮問題、身心障礙問題、高齡適應問題，社工當然責無旁貸，不能不管，必須提供協助。

那麼，社會工作是什麼？為何有家長質疑他的孩子讀社工系，是「頭殼」壞掉了，現在讀社工，將來當志工，能養活自己嗎？且讓我們繼續看下去，說不定可以找到一些答案。這一章，先探討社會工作的意義、目標／目的、功能、範圍、特性、綜融社會工作（generic social work）等基本概念。

 ## 第一節　社會工作的意義

何謂「社會工作」（social work）？斷非三言兩語，可說清楚、講明白。我們先看英國某機構的一則徵才廣告：「社會工作，以人為本，就這麼簡單，這麼複雜」（Social work. It's all about people. It's that simple and that complicated）（Thompson, 2015: xv）。

這個廣告詞，頗有哲學味道。因為社會工作是一種「助人」的工作，只要有愛心、有熱誠，就可以助人，還不簡單？但是，哪些人需要社工的協助？社工又如何提供協助？很難有明確答案，有時是剪不斷，理還亂。我們必須承認，社會工作既多元，又複雜。以下列舉三則文獻上的解釋：

● 美國《社會工作辭典》的解釋

美國社會工作人員協會（National Association of Social Workers, NASW）編印的《社會工作辭典》（*The social work dictionary*）為「社會工作」下了一個廣為引用的定義（Barker, 2014: 402）：

社會工作是一種專業活動，在於協助個人、團體或社區，以促進或恢復他們的社會功能，並創造有利於目標達成的社會情境。

這個定義，強調社會工作是一種專業，其服務對象包括：個人、團體、社區，其目的在於協助服務對象促進或恢復社會功能，創造有利於生活的情境。

依據NASW的定義，要創造或改變個人及其環境，必須透過「關係」的建立。因而社會工作助人的關鍵，在於「關係」（relationship）的建立，NASW的定義較不強調社工的知識、影響或改變。

● 英國社會工作教授的定義

英國有一位社會工作教授，為了提供學生更多學習資源，邀請十位同事各自描述社會工作對他的意義是什麼？其中三位同事（未具名）的定義（Horner, 2019: 220）是：

社會工作是一種助人的專業（a helping profession），致力於促使人們自己有能力因應困難。

社會工作是工作者從旁協助人們解決困難問題，並引領他們增強權能和滿足生活需求。為此，社會工作也關注社會的改變，以減少那些阻礙人們極大化生活機會的不平等和絆腳石。

社會工作是社會工作者的工作內容，他們的工作涉及社會環境的挑戰和改變。在那環境之中，有許多被邊緣化和被排除的人，日常生活遭到極大困難。社會工作不像火箭般可速戰速決，因為那些人的每件事，都是複雜的、可討論的，且與社會結構有關，社會工作者必須與這些人建立夥伴關係，且使用最少的權力，去協助他們因應挑戰。

這位教授的三位同事所下的定義，大同小異，都強調社會工作是一種助人的專業，社工必須與服務對象建立夥伴關係，引領他們增強權能，以排除或改變所處環境的障礙，進而解決困難問題，滿足生活需求。

社會工作者國際聯盟的定義

社會工作者國際聯盟（International Federation of Social Workers, IFSW）曾於2014年提出一個全球性的社會工作定義，2017年修正（Heslop & Meredith, 2019: 4）為：

> 社會工作是以實踐為基礎的一種專業和學術，藉以促進社會變遷與發展、社會凝聚，並協助人們充權（empowerment）和解放（liberation），而社會正義、人權、集體責任、尊重差異性，是社會工作的核心原則；在社會工作理論、社會科學、人文和固有知識的基礎上，社會工作者投入人群及其組織，以回應生活的挑戰，並增進福祉。

這個提供全球參考使用的定義，有五個重點：(1)性質上，是以實踐為本的專業和學術領域；(2)任務上，在於推動社會變遷、社會發展、社會凝聚、人民充權和解放；(3)核心原則，強調促進社會正義、人權、集體責任和尊重多元；(4)主要理論基礎，涵蓋社會工作理論、社會科學、人文和固有知識；(5)主要目的，在於協助個人、團體、社區或組織，以回應生活挑戰，增進人類福祉。

但是，社會工作者國際聯盟（IFSW）的定義，在核心價值方面，並未提及「家庭責任」；在主要理論基礎中，也未提及「社會學」和「心理學」。

同時，社會工作者國際聯盟（IFSW）在2014年通過社會工作定義時，也提出一項附帶決議：「在國家／區域的層面，上述定義要素的涵義與整個定義的精神，可能會再擴大。」這個決議反映了該會對現實狀況的理解，而保留定義的彈性，以因應各地環境差異與變化。但是該會並未主

張專業化的後進國家，應學習專業化相對進步的國家，也未將社會工作視為藝術與科學，而認為定義應有彈性，以利各國社工專業之間的對話。

現在，我們歸納上述三則社會工作定義的意涵，提出下列初步概念：
1. **基本性質**：社會工作是一種助人的專業，重實踐，也重學術。
2. **工作人員**：是受過專業訓練的社會工作者，具備專業的理論知識基礎。
3. **服務對象**：稱為案主或服務使用者，是遭遇困難問題或被邊緣化、被排除，而需要專業人員提供協助的個人、團體、社區、組織。
4. **專業關係**：社工與案主是工作上的夥伴關係，不是朋友關係，且以案主為主體，再由社工從旁協助，促使案主有能力解決問題。
5. **工作項目**：很複雜，應視案主的需求或處境而定，且兼顧個人與環境的改變。以促進或恢復社會功能，創造有利的社會情境。
6. **工作原則**：強調社會正義、人權、集體責任、尊重多元性。
7. **主要目標／目的**：協助案主滿足生活需求，進而提升整體社會的福祉。

然而，世界各國對於「社會工作」一詞的使用，並無一致性。例如：德國、奧地利等使用德語的國家，對於助人專業，稱為「社會教育」（social pedagogue），不稱社會工作，且強調終身學習是個人生活的一部分，在教導人們學習時，不能脫離生活情境與社會脈絡。

 ## 第二節　社會工作的目標／目的

社工為什麼要幫助他人？工作目標或目的是什麼？標準答案是：「很難講」。因為每一個服務對象的情況不同，期待達成的目標／目的也可能各式各樣。

一般而言，社會工作有一些共同的目標／目的（DuBois & Miley, 2019；張英陣等，2022：15-16；Zastrow, 2010: 26-28）：

一 加強案主解決問題和因應挑戰的能力

人們在日常生活中，難免遇到困難或阻礙。尤其被邊緣化的弱勢者，缺乏解決問題的能力，易陷入生活困境。

此時，社會工作的目標／目的，應增進案主解決問題的能力，因應或抗衡環境的挑戰，有效地改善生活的功能。

二 連結案主需求及其所需資源

要有效解決問題，需有相關資源的支應。然而，弱勢者往往不知資源在哪裡，也不知如何運用資源。

此時，社會工作的目標／目的，應協助案主尋找解決問題所需要的資源，並且連結案主與環境體系的運作，以增加獲得服務的機會。

三 建立及運作社會服務輸送網絡

人們沒有事，不會找上社工；一旦找上社工，必然有難以解決的事，且希望社工立即協助他們處理。

此時，社會工作的目標／目的，應以案主爲中心，將四周可能提供服務的單位（政府、企業、非營利組織）連結起來，建立服務輸送網絡，進而促進網絡系統的有效運作，爲案主提供有效率、人性化的服務。

四 發展社會政策以促進社會正義

有時，案主未能迅速獲得服務機會，是因爲社會政策沒有考慮弱勢者的特殊處境，而對案主造成相對剝削，違背了社會正義的原則。

此時，社會工作的目標／目的，應促成社會政策的發展或改善，以維護社會正義（social justice），讓弱勢者有平等機會獲得生存及服務，進而達成「改變社會」（changing the society）的目標。

綜言之，社會工作的目標／目的，是為了協助服務對象達成他們想要的目標／目的，而不是為了滿足社工想要服務他人來提自己的社會地位。而且社會工作的目標／目的之間也有連動關係，因而目標／目的之設定，必須簡單、明確、可行；由小（目標／目的）到大（目標／目的），循序漸進，逐步達成。

不過，社會工作的目標／目的，並不是替代案主解決問題，而是要強化案主自己解決問題的能力。同時，社會工作的目標／目的，也不包括：尋求主流文化的價值、推動大眾投入志願服務、促進社會的善良風俗、建立齊頭式平等。

 ## 第三節　社會工作的功能

社會工作有哪些功能？早先，史基摩與薩克雷（Skidmore & Thackeray, 1994，何金蘭，詹宜璋，2011：7）認為社會工作有：恢復、預防、發展等三種功能，但未包括倡導的功能。後來，美國社會工作教育協會（CASW, 2002）提出下列四種功能：

一　預防的功能

預防（prevention），不僅預防新問題產生，而且預防舊問題復發。尤其，對於易受傷害的族群，在問題發展之前，應敏感覺察他們可能發生問題的跡象，及早加以防範；在問題解決之後，提醒他們記取前車之鑑，防止舊疾復發。

預防的觀念，一直受到社會工作的重視，而最近的焦點，放在如何由預防進而提升人們的生活品質。

二　治療的功能

治療（curative），也稱介入（intervention）或處遇（treatment）。是

針對有服務需求的一般案主，或依規定必須接受服務的非自願案主，由社工與相關專業人員，結合家人、鄰里，共同協助他們消除或改善已經存在的問題。

社會工作較少使用「治療」一詞，有時，社工對於發展遲緩兒童的鑑定、身心障礙者的服務，與醫師、心理治療師、職能治療師，共同組成團隊，為案主服務，以發揮「治療」的功能。

三 恢復的功能

恢復（restoration），也稱復健或復原，是在案主接受專業人員的介入、處遇或治療之後，繼續協助他們將曾失去的生活功能，恢復原狀，回歸正常。

通常，社工促使人際關係不良而無法在工作上好好表現的案主，讓他們知道如何與別人相處，安心工作，就是一種復原的功能。

復原力（resilience）就是針對案主負面的生活情況，協助他們改變或促進調適的能力。這種復原力，常受「文化」的影響，不是一組固定的特質或能力，而是一種動態歷程，也不是終點。

四 發展資源的功能

發展資源（developing resources），也稱提供資源。是針對案主所需的社會資源，適時提供他們運用，通常可透過福利服務的輸送，提供必要的服務資源。再者，為了啟發案主發展潛能，自我發掘（或開發）、連結及運用所需的社會資源，也可透過教育或輔導的過程，協助其自我充權，以增加使用資源的能力。

先就提供資源來說，如果從事兒少保護的社工，發現里長辦公處、教會課後班是兒童課後照顧的重要資產，進而連結這些資產使兒童獲得需求滿足，就是提供資源的功能。

再就發展潛能而言，如果社工協助憂鬱症患者擴展社會網絡，增加其處群的能力，通常比安排慢性精神疾病患者參與職能訓練工作坊、媒介

自閉症學童參與語言治療，或鼓勵即將結婚的伴侶參加婚前教育和成長團體，更具發展的功能。

上述四種功能有相互依存的關係。如眾所知，預防勝於治療，治療之後，各種功能可能逐漸恢復，也可能舊疾復發，必須不斷地注入新的資源，以便常保生機，永續發展。

 ## 第四節　社會工作的範圍

社會工作的範圍，就是專業社工人員的工作項目。即使他們的工作不是包羅萬象，也是錯綜複雜。通常，案主在生活上遇到困難，無法自行解決時，經過社工的專業評估，確定有真正的需求，就會介入服務。因此，社工必須涉入的範圍，相當廣泛，難以捉摸。也許，我們可從兩方面來了解：

❶ 由街頭訪問得知

美國有一位社會工作教授（Colby & Djiefielewski, 2016）利用週末早上，在佛羅里達（Florida）一間販賣甜圈圈的商店前面，隨機訪問十個人，請他們描述社工是做什麼的，得到下列答案。

1. 社會工作者定期送食物券給遊民。
2. 我不知道。
3. 他們不是在福利機構工作嗎？
4. 他們協助受虐兒童。
5. 有一次，我母親住院，有一個年輕人來問我們要不要申請政府補助，他可能就是社工。
6. 他們在精神醫院工作。
7. 當我和我先生準備收養一個嬰兒時，那個來協助我們辦理收養手續的人，他說他是社工。

8. 他們協助窮人去取得服務。

9. 社會工作者為窮人提供支持性服務。

10. 他們受僱於公共機構與私人團體，去幫助有需要的人。

這些不同的答案，顯示人們對於社工的工作範圍，眾說紛紜，莫衷一是。況且，各個國家的國情不同，社會工作的實施範圍，可能更加複雜。

■ 由文獻檢視得知

根據相關文獻的論述（DuBois & Miley, 2019；張英陣等，2022：20-21；Kirst-Ashman, 2017；Farley, Smith, & Boyle, 2010），社會工作實施的範圍，包括很多項目。茲歸納為兩個面向：

(一) 對特定人群的服務

社會工作是以弱勢者為特定的服務對象。所謂「弱勢者」，也稱為「脆弱者」，是容易被傷害的人。社工對於特定人群的服務，包括：

1. 兒童及少年服務。

2. 老人服務。

3. 身心障礙者服務。

4. 少數民族服務。

5. 同志或性傾向不明者的服務。

6. 貧窮者與公共福利服務。

(二) 對生活層面的照顧

社會工作的目標，在於協助人們因應生活的挑戰，以增進社會福祉。社工對於人們生活層面的照顧或服務，包括：

1. 家庭服務。

2. 學校社會工作。

3. 健康照護／醫務社會工作。

4. 心理衛生／精神醫療社會工作。

5. 犯罪矯正或司法社會工作。

6. 藥物濫用的防治。

7. 性別平等的社會工作。

8. 職場社會工作或員工協助方案。

9. 社區或鄰里工作。

上述兩個面向的社會工作，大部分在公私立社會福利機構中實施。因此，社會工作與社會福利、福利服務，有密不可分的關係。大致上，社會福利是一種「制度」，社會工作是一種「方法」，福利服務是一種「方案」。

通常，一個國家整體福利的「制度」（如：社會救助制度），必須透過社會工作者運用適當「方法」（如：方案設計），將制度轉換為具體的福利服務「方案」（如：脫貧方案）；然後，再由社工運用有效方法（如：媒合就業），將福利服務方案輸送服務對象（如：低收入者），從而增進他們的福利。

 ## 第五節　社會工作的特性

前面社會工作者國際聯盟（IFSW, 2017）對於社會工作的解釋，認為社會工作是一種以實踐為基礎的專業與學科，可見社會工作有別於其他專業與學科，而有獨特的性質。以下根據相關文獻的描述（DuBois & Miley, 2019；張英陣等，2022：67-69；Farley, Smith, & Boyle, 2009，何金蘭、詹宜璋，2011：9-13），將社會工作的特性歸納為四方面：

一　在基本信念的特性

1. 注重個人的整體性，包括：個人、環境因素和行為。
2. 強調家庭對個人行為塑造及影響的重要性。
3. 相信社會關係與人類行為，跟當時的社會制度有所關聯。
4. 主張促進社會與經濟的發展，以預防個人與社會的問題之產生。
5. 認為建立「關係」是助人工作最重要的關鍵。

🈚 在相關措施的特性

1. 社會工作有獨特的教學課程，社會政策是其獨特課程之一。
2. 社工透過實證研究與實務評估，來發展專業知識與專業方法。
3. 多數社工受僱於福利機構，也有合理的薪資報酬。
4. 社會工作者有自己的專業組織。
5. 價值與倫理是社會工作的根本，應維護社會實務各個領域的專業責信。

🈛 在實施過程的特性

1. 重視社會互動對於社會功能失調的影響。
2. 強調連結社會資源，建立合作網絡，以回應服務需求。
3. 社工必須有效地發展及運用團隊，統籌協調團隊提供專業服務。
4. 社會工作可透過教育方法，作為預防與解決問題的策略。
5. 可運用族群與性別的敏感度，來了解個人與環境互動的多元影響。

🈤 在目標實踐的特性

1. 社會工作的基本目標，在於協助案主自助或社區自立。
2. 社會工作可協助個人或團體增強權能，使其有能力解決問題。
3. 社會工作透過倡導，達成眾所期待的社會改革。
4. 社會工作藉由社會人士的充分參與，以提升社會正義與平等。
5. 社會工作應追求全球性社會正義，捍衛所有人群的人權。

　　其中，有關於基本信念的特性，社會工作對於人的價值或信念，相信每個人都有異於別人的個別性、相信人的群居也有團體的獨特性、相信人與社會對追求更美滿的生活都要負責任，而不相信物競天擇、每個人要對自我負責。

　　綜言之，社會工作是一種助人的專業，有其獨特的屬性。社會工作者與心理治療、諮商、護理等其他助人工作者的差別，在於社會工作的焦點

強調「人與環境」的互動，其服務對象不限定於個人、家庭、團體，且擴展到社區和社會，並且致力於協助服務對象解決困境，以恢復其社會功能（林萬億，2022a：38）。有時，社工為了達到社會功能的增進，改變社會條件有其必要，但不包括：鑑定服務對象的心理創傷。

第六節　社會工作的綜融取向

綜融取向的社會工作是受到1960年代系統理論影響而發展出來的。系統理論強調構成一個整體的元素，包括個人、團體、組織或社區，會在環境之中相互影響（Barker, 2014: 423）。

到了1992年，美國社會工作教育協會建議大學社會工作專業教育，應以綜融性實務取向作為通才訓練的核心工作。顯然，綜融取向的社會工作也是社會工作高度專業化發展的結果。以下略述綜融社會工作的意涵、特質、面臨的體系、實施的過程：

一　綜融社會工作的意涵

綜融取向的社會工作，也稱綜融社會工作（generic social work）。依據美國《社會工作辭典》的解釋（Barker, 2014: 175）：

> 綜融社會工作是一種社會工作的取向，強調連結於社會服務輸送的知識和技巧，要聚焦於一個共同的核心。一位綜融取向的社會工作者在社會工作實務中，擁有的知識和技巧可能橫跨一些方法。此類社會工作者不必然是單一實務領域的專才，或具有專業的技術，但是要有能力在諸多變化的系統中，去提供和管理案主服務和處理廣泛的問題。

這個定義，強調綜融取向的社會工作者是通才，而非專才，而且為了因應案主情境的變化，也不只使用一種的知識和方法，而必須跨越不同的

知識和方法。

　　簡言之，綜融取向的社會工作是依據情境來調整工作方法，而不是要求案主來配合社會工作者的方法，所以社會工作者必須具備寬廣的知識和技巧，以因應案主之所需（Morales & Sheafor, 1998；林萬億，2022a：49）。

⬛ 綜融社會工作的特質

　　綜合相關文獻的描述（林萬億，2022a：48-49；何金蘭、詹宜璋，2011：61-65），綜融社會工作有下列特質：

1. 在人才上：期待訓練社會工作專業的通才，而不是要訓練專才，也不重視社會工作知能的專精化。
2. 在知識上：整合了直接服務、間接服務、社會政策及社會工作研究等領域，社工在協助案主時，可透過對個人、團體與社區的努力，來達成社會工作預定的目標。
3. 在思維上：必須兼顧人與環境的因素，以了解體系內、體系間和環境體系等多元體系的改變潛力。不主張使用標準化作業流程，將社會工作服務分為案主與社會環境，來分開處理個別的議題。
4. 在行動上：從社會工作以專家為中心，轉向以服務使用者為中心，強調案主權益的保障高於社工的權益保障。
5. 在方法上：強調綜融性，不受限於三種直接方法，也不區分微觀面、中介面、巨觀面。
6. 在角色上：視情境需要而扮演評估者、協調者、促進者、動員者、倡導者等多種角色，而不特別強調治療者的角色。

⬛ 綜融社會工作面對的體系

　　柯斯秀門等人（Kirst-Ashman et al., 1998）指出，在綜融取向的社會工作實務之中，社工必須面對四種體系（何金蘭、詹宜璋，2011：64）：

1. 案主體系（client system）：是指從改變中的獲益者。

2. **改變的媒介體系**（change agent system）：是指促成改變的個體。

3. **行動體系**（action system）：是指致力於創造較佳環境的人群。

4. **目標體系**（target system）：是指被改變或影響的個人、團體或社區。

　　顯然，綜融社會工作的服務對象是案主，不是系統；社工應以全方位的觀點來看待案主的問題，再依據案主的社會系統來擬訂處遇計畫，並付諸行動，達成目標，而不是依據處遇方法來選擇處置的目標。

四 綜融社會工作的實施過程

　　綜融取向的社會工作必須在不同的機構設施中，採用不同的介入技巧，來協助案主處理個人與社會問題，因而需要一套從：定義議題、蒐集與評估資料、計畫與簽約、認定介入備案、選擇及執行適宜的行動、使用適宜的研究來控管進度與評鑑成果、使用適宜的研究基礎知識和技術，到結案的完整過程（Zastrow, 2010；林萬億，2022a：49）。

　　就此而言，綜融社會工作的實施過程，似乎與社會工作的標準過程相近，也就是社工接案之後，經五個主要步驟來進行處遇（李增祿，2012：30-32）。茲擇要說明：

1. **評估**（assessment）：社工接案之後，與服務對象（個人、家庭、團體、組織、社區等）共同界定議題或問題，據以蒐集資料，進行需求評估。

2. **計畫**（planning）：將需求評估結果，轉化為可達成預期目標的行動方案，並且有介入的備案，以便情境有所變化時運用。

3. **行動**（action）：綜融社會工作的行動，可分兩類：一類是針對案主本身的行動，例如：發展關係、危機處理；另一類是針對案主周遭環境的行動，例如：資源開發、改變機構組織。但是，這兩類都應視實際需求，選取適宜的行動，並控管其進度。

4. **評鑑**（evaluation）：使用適當研究所獲得的方法，來評鑑所期待的改變是否發生，服務對象是否滿意？預期的目標是否達成？

5. **結案**（termination）：最後一個步驟是結案，表示社工與服務對象之間的專業關係告一段落。也可在結案之後，追蹤一定期間。

這些過程，並未包括：反思（reflection）。但是，綜融取向社工的思維、計畫和行動，必須兼顧個人與環境的因素，爲了回應個人的需求，不僅處理個人的問題，也要改變機構、組織、制度或社區的問題。

一言以蔽之，綜融社會工作的實務，必須依據案主社會系統的變化情況，運用綜合性的實務方法。

最後歸結本章所述，應可確定社會工作是一種助人的專業，大多數社會工作者受僱於機構，是一種正式的職業，需要全時工作，有固定薪資，如果從事保護性工作，還有危險工作的加給。因此，社工不等於志工，志工不是職業，只是部分時間奉獻、沒有報酬、可自由加入或退出。不過，社會工作需要志工協助照顧弱勢族群。當然，志工也需要社會工作者的督導，以提升志願服務品質，共同增進社會福祉。

第二章
成為稱職的社會
工作者

我們已知社會工作是一種助人的專業，由社工與案主一起工作，透過評估、計畫、介入、評鑑等實施過程，以達成解決問題，增進福祉的目標。

　　至於如何成為一個稱職社會工作者？當然必須了解社工應有的特質、任務、角色、能力、技巧，以便早日準備，再逐步發展成為一個稱職的社會工作者。

第一節　社會工作者應有的特質

　　如果我們向一個社會工作初學者提問：你／妳為什麼想進入社會工作專業領域？多數人可能回答：我喜歡幫助人、我想要幫助人。

　　「只要我喜歡，有什麼不可以」？那是商業廣告，只要錢多多，爸爸可向兒子說：「你喜歡嗎？我買給你。」但是，要成為一個專業的社會工作者必先了解，自己是否具備社工應有的特質？

　　社工應有哪些特質？英國「綜合社會照顧委員會」（General Social Care Council, GSCC）為了改革社工任用資格及課程設計，邀請社工的服務對象（案主）舉辦焦點團體，也召集社工的雇主一起討論，分別聽取她們對社工特質的期待（Horner, 2019: 176）。

一　案主對社工特質的期待

　　在英國綜合社會照顧委員會（GSCC）彙整的資料中，案主對於社工個人特質的期待（Horner, 2019: 177），包括：(1)身體和情緒方面，容易接近；(2)支持、鼓勵，使人放心；(3)值得尊敬；(4)對於案主的問題，表示關心，且有耐心；(5)致力於協助個人獨立自主；(6)準時（punctual）；(7)可信賴的；(8)實實在在的；(9)友善；(10)同理和溫暖。

　　如果，社工具備這些個人特質，對於從事社會工作實務，應可產生正向的作用。因為，社工的個人特質，是促進專業關係建立的助力之一；社工對於案主問題的評斷態度，也可能是案主產生抗拒的多元因素之一。

因此，社工可將上述特質應用於實務之中，以符合案主的期待。舉例來說，社工進行家庭訪視，可應用「友善」的特質，事前約定家訪時間，且「準時」到達案家，對於案主的問題，表示「關心」，而不是隨心所欲，未經約定，直接登門訪問，引發案主及家人的驚訝，或驚訝地告訴案主：原來你家的客廳長這個樣！

🔘 雇主對社工特質的期待

在英國綜合社會照顧委員會（GSCC）蒐集的資料中，雇主（機構主管）對於社工個人特質的期待（Horner, 2019: 181），包括：

1. 在所有的情境中，顯露專業的好奇和興趣。
2. 在非例行的情境中，顯示有能力做適當的判斷。
3. 面對壓力的情境，有復原力和不屈不撓的毅力。
4. 在保護性的情境中，能夠區辨真正的進步與假裝的抱怨。
5. 有能力區辨可接受或不可接受的風險。
6. 透過專業發展，致力於達成個人改變與能力增加。
7. 基於專業的權威，堅持己見，舒適自在。
8. 有能力與他人協力合作，必要時能夠與夥伴分享權力。
9. 能夠與相關網絡進行連結，並與服務使用者、照顧者、團體和社區，成為工作夥伴或建立實務的社群。
10. 有能力完成高品質的紀錄、評估、報告撰寫，以及有證據的溝通和表達。

社工對於上述個人特質，亦可適當地應用於實務中，以回應雇主的期待。雖然雇主不是社工提供服務的對象，但是社工的薪資來自雇主。「拿人錢財，替人消災」，不能違背雇主的期待，否則可能影響考績或去留。

如果將案主與雇主對於社工的期待，兩相對照，可看出案主比較重視社工的可近性與可靠性；而雇主比較強調社工的專業能力與應變能力。

另外，布蘭登與橋丹（Brandon & Jordan, 1979: 3-6）指出，一個有創意的社會工作者，必須具備：自信（self-confidence）、尊重（respect）、

彈性（flexibility）、敏感性（sensitivity）等四種特質。其中，「彈性」的特質，與前述「應變能力」類似，其他特質亦可相互補充。

進而言之，班克斯（Banks, 2011）觀察在官僚或事業取向架構組織內工作的社會工作者，而依其特質分為三種類型（周采薇，2017：190-191）：

第一種，是防禦型實務工作者：此類社工，像「官方人士」或「技師」，只是「照本宣科」，完成機構和法律規定的職責／責任。

第二種，是反思型實務工作者：此類社工，在行動時，會有「行動中反思」（reflection-in-action）；在事後，會有「對行動反思」（reflection-on-action）。

第三種，是反身型實務工作者：此類社工，清楚自己的定位所在，且能辨別出自己與所觀察之人群事件彼此的相互影響。

舉例來說，社工所服務的案主，經常遭遇多重問題，其所需要的福利資源甚少單一機構足以提供。如果社工在提供專業服務時，完全按照該機構的服務規則、法律的規定、依照機構現有資源分配給目前的案主，這是屬於防禦性實務工作者（周采薇，2017：190），而非反思性實務工作者、反身性實務工作者、理性型實務工作者，同時也難以成為一個稱職的社工。

可能，沒有一個社會工作者生來就具備上述全部特質，因此社會工作的學生在學期間、畢業後進入職場，都應持續累積及提升作為稱職社工應有的特質。

 第二節　社會工作者的主要任務

我們不妨想像一下，人們對於社會工作者，是期待他們透過專業的組織，來提升自己的社會地位嗎？或者是期待他們經由服務的過程，來增強服務對象的能力，以解決問題、適應環境、發揮功能？答案已昭然若揭：社工不應享受特權，而應承擔任務。

論及社會工作者的任務，我國《社會工作師法》第12條規定，社會

工作師執行的業務有七項。這些，可視為社工的主要任務。茲歸納為三個面向：

❶ 對問題的評估及處置

1. 行為、社會關係、婚姻、家庭、社會適應等問題之社會暨心理評估及處置。
2. 人民社會福利權之倡導。

❷ 對專業方案的執行

1. 社會福利服務資源之發掘、整合、運用與轉介。
2. 社會福利機構、團體或於衛生、就業、教育、司法、國防等領域執行社會福利方案之設計、管理、研究發展、督導、評鑑與教育訓練等。

❸ 對專業服務的提供

1. 各相關福利法規所訂之保護性服務。
2. 對個人、家庭、團體、社區之預防性及支持性服務。
3. 其他經中央主管機關或會同目的事業主管機關認定之領域或業務。

　　這些任務，是社會工作者的「日常」（工作）。但有些學者認為社會工作者不僅要執行機構交付的任務，還要完成專業賦予的使命（mission）。

　　莫勒斯與西佛（Morales & Sheafor, 1998）認為社會工作者有三項使命或宗旨，稱為3Cs：照顧（caring）、治療（curing）、改變社會（changing the society）。但不包括其他以C字開頭的慈善（charity）、連結（connecting）、導引（Channeling）、合作（collaborating）、挑戰（challenge）。

　　無論如何，社工人員對於社會工作的任務、使命或宗旨，都應勇於承

擔，量力而爲，適時履行任務，達成使命及機構宗旨。否則，怎能成爲稱職的社工？

第三節 社會工作者的多種角色

「角色」（role），與「任務」（task），密切相關，合稱「角色職責」。例如：有住院病人醫療費用困難，護理站轉介家屬到社會服務室尋求協助；或者有市民在晚上十點過後的夜市發現家長帶著幼兒販售茶葉蛋，通報113，希望轉告社工來處理兒童不當照顧的問題，這就在敘述社會工作者的角色職責。

那麼，社會工作者應該扮演哪些角色？文獻上討論甚多。現在，我們引用亞當姆斯（Adams, 2010: 17-18）的看法。他認爲社工的角色履行（role performance），經常涉及社會工作的許多活動，而表現在處遇（intervention work）、改變（change work）、倡導（advocacy work）等工作面向：

● 一 表現在處遇工作的角色

社工與案主一起工作的處遇過程中，指引案主做這、做那，扮演下列角色：

1. **服務提供者**（service provider）：針對案主的需求，提供必要的服務。例如：社工在社會救助業務中扮演四種角色，當社會工作者提供低收入者資源時，主要是提供者的角色，其餘是：診斷者、使能者、倡導者。
2. **治療者**（therapist）：參與認知行爲治療、家庭治療。
3. **領航員**（navigator）：引領案主自我改善或自我改變的方向。
4. **行動者**（activist）：透過社會運動，以行動協助案主爭取應有的權益。例如：社工人員參與權力與資源的重分配運動，以促進弱勢者的社會、政治、經濟結構與制度之改造，其所扮演的角色就是行動者，而不是使能者、倡導者。

5. **權威人物及介入者**（authority figure and intervener）：社工受過專業訓練，具有專業判斷的權威，可介入案主情境，提供服務。
6. **團隊成員**（team member）：社工依據案主的實際需求，結合其他專業人員（醫師、心理師、諮商師、特殊教育教師）形成團隊，共同為案主提供服務。

🔳 表現在改變工作的角色

　　社工的服務對象，多數處於不利情境，常有生活上的問題或困擾，如需要社工協助他們，社工可扮演下列角色：

1. **使能者**（enabler）：也稱促進者（facilitator），促使弱勢者有能力去處理自己的問題。例如：社工在協助案主的過程中，看到案主弱勢，沒有能力，應促使案主有信心、有能力自己解決問題，而不是幫案主做決定，這就是促進者。
2. **增強權能者**（empower）：也稱充權者、培力者，協助案主取得權力、增加能力，去處理自己的問題。
3. **仲介者**（broker）：也稱經紀人，居中媒合資源或服務，讓案主從中獲益。例如：社工串連服務對象與社區資源，將個案的需求與提供服務的機構進行媒合，不只是提供資源清單給個案，而是讓轉介發揮最大效益。此時，社工的主要角色就是經紀人，而非諮商者、團體催化者。
4. **調解者**（mediator）：針對意見對立或利益衝突的雙方，進行斡旋，化阻力為助力。例如：社工介入離婚的兩造、爭吵中的伴侶、勞資爭議、社區糾紛，而使用妥協、協商、溝通雙方意見與立場，使雙方爭議得到公平合理的解決。此時，社工的角色是調解者，而非催化者、經營者。
5. **風險的評估者和審定者**（risk assessor and auditor）：社工與案主一起評估其所遭遇的風險，或對案主認知的風險加以審查，然後透過危機介入，以改變不利的情境。
6. **資訊提供者**（information giver）：提供相關資訊，協助案主進行改變或改善。
7. **資源的守門人**（gatekeeper of resources）：也稱資源提供者，針對案主

自我改變所需的資源，進行連結及運用。例如：社工提供低收入者資源時，其主要的角色是提供者，而非診斷者、使能者、倡導者。

⬛三 表現在倡導工作的角色

有時候，社工的服務對象，受到所處環境的不利影響，生活陷入困境或權益受到傷害，而需社工協助他們參加倡導活動，以維護自己的權益。此時，社工可扮演下列角色：

1. **倡導者**（advocate）：也稱倡議者，基於維護案主應有的權益，而向相關部門或關鍵人物進行宣導、施壓，促其改變政策或措施。例如：社工運用衝突、協商和抗爭的方法，為弱勢團體爭取福利，或者為政策與立法辯護，此時的主要角色是倡導者，而非團體催化者、協商者。

2. **服務建議者**（adviser about services）：對案主想要的服務項目或服務輸送方式，以專業工作者的身分，提供建議或勸告。

3. **創造性思考者**（creative thinker）：引領案主進行創造性思考，對問題解決方式進行反思，以改變或創造新的方式，使問題更有效地解決。

4. **滿足評定需求之配套設計者**（designer of package to meet assessed needs）：針對案主需求評估的結果，設計相關的配套措施，以滿足案主的需求。

5. **社會照顧系統設計者**（designer of social care system）：針對案主所需的社會照顧系統，進行規劃設計，使服務輸送更具近便性及可用性。

上述三種面向工作的角色，與貝克特（Beckett, 2006）的見解，頗為類似。貝克特將社工角色歸納為三大類：(1)倡導者角色（advocacy roles）；(2)直接改變代理者角色（direct change agent roles）；(3)執行者角色（executive roles）；且各細分為多種角色（洪敏琬，2013：10-19），如表2-1。

表2-1　社會工作者扮演的角色

大類	細分
1. 倡導者角色	直接倡導者、間接倡導者。
2. 直接改變代理者角色	諮商者／治療師、仲介者、教育者、催化者。
3. 執行者角色	資源分配者、照顧管理者、責任擔負者、控制代理者、居間協調者、服務開發者。

資料來源：洪敏琬，2013：11。

　　由表2-1可知，貝克特所說執行者的角色，包括責任擔負者、控制代理者、居間協調者。但不包括諮商治療者、直接倡導者。

　　另外，社工的多種角色，亦可按照微觀、中觀、巨觀等面向來分類。例如：針對經濟弱勢家庭，社工在資產累積計畫中，可扮演充權者，以培養其理財的能力，這是屬於微觀面的角色。如果社工扮演仲介者，協助該家庭連結機構補助、儲蓄互助社、志願服務等資源，則屬於中觀面的角色。如果社工扮演倡導者，抗拒新自由主義的迷思，則屬於巨觀面的角色。同時，社工在從事巨觀面社會工作時，比較不可能出現的角色是諮商者，而非研究者、倡導者、發動者。

　　除此之外，社工也經常扮演「教育者」（educator）與「個案管理者」（case manager）兩種角色。先就教育者而言，是指教導案主解決問題或改變處境的適當方式。例如：社工對於案主本身面對問題的挑戰，可扮演教育者的角色，教導案主改變解決問題的方式。但是，社工自己面對案主的挑戰，並不適宜扮演教育者來教導案主改變，因為社工應該對事不對人。

　　再就個案管理者而言，是指服務協調的工作，負責協調相關角色及資源，為案主提供整合性的服務。例如：服務於兒童保護領域的社工，為因應個案評估需求、決定提供相關服務、聯絡安置機構、倡導照護資源、協助案家尋找社會住宅、提供個案諮商服務、與醫院共同合作、追蹤其服務使用成效。社工承擔這些工作內容，最符合的角色是個案管理者（case manager）。

　　一言以蔽之，社工的角色，種類繁多，社工應視實務的需要，使用一種或多種適當的角色。必要時，也可能轉換為其他不同的角色。

第四節　社會工作者的核心能力

社工對任何角色履行，都應具備履行該角色所需的能力，始能有效協助案主解決問題或滿足需求。

對於社工的核心能力（core competencies），美國與英國的社工界都相當重視，也都有具體的主張：

一 美國對社工核心能力的主張

美國社會工作教育協會（CSWE）於2008年的「教育政策與認定標準」之中，建構社工專業能力的門檻，促使社工專業更為卓越。2015年修正認定標準，特別強調以「能力為基礎」（competency-based），設計以成果為導向的課程，要求所有美國的社工必須發展九種核心能力（CSWE, 2015: 8）：

1. 展現倫理與專業的行為。
2. 關注實務工作的多元性（diversity）與差異性（difference）。
3. 促進人權與社會、經濟、環境的正義。
4. 從事實務導向的研究（practice-informed research），與研究導向的實務（research-informed practice）
5. 投入於政策實務。
6. 與個人、家庭、團體、組織、社區一起工作。
7. 評估個人、家庭、團體、組織、社區的需求。
8. 提供個人、家庭、團體、組織、社區的處遇策略。
9. 評量個人、家庭、團體、組織、社區的處遇成果。

二 英國對社工核心能力的主張

英國社會工作者協會（BASW）於2018年提出社會工作「專業能力的架構」（Professional Capabilities Framework, PCK），如圖2-1：

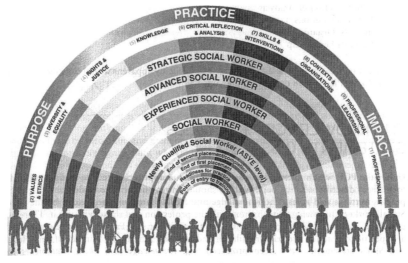

圖2-1　社會工作專業能力架構

資料來源：Heslop & Meredith, 2019: 5; also see Horner, 2019: 193.

　　由圖2-1顯示，英國專業能力的架構（PCK），是促進社會工作專業持續發展的一種工具，其設計的主要理念，是以一種橫跨所有實務領域、所有實務層次、所有生涯策略之社工，都可適用的架構，據以協助他們發展下列九種核心能力：

1. 專業主義（professionalism）。
2. 價值與倫理。
3. 批判反思與分析。
4. 差異與平等。
5. 權利與正義。
6. 運用知識。
7. 專業領導。
8. 脈絡與組織。
9. 技巧與處遇。

　　同時，英國社會工作者協會（BASW）認為上述九種核心能力，應隨著社工的專業進階，而不斷地累積與提升。此由圖2-1可知，社工的專業進階，依序為：(1)進入（基礎課程）訓練點；(2)進入實務（課程）的準

備；(3)第一次（實習）安置結束；(4)第二次（實習）安置結束；(5)初次獲得（試用）資格的社工；(6)正式的社工；(7)有經驗的社工；(8)進階的社工；(9)站在戰略位置的社工。然後，以「(1)專業主義」與「(2)價值與倫理」兩者為基礎，再由(3)差異與品質」開始，依順時鐘方向，逐步累積與提升，到了「(9)專業領導」階層，應可具備全部核心能力。

顯然，英國是將社工核心能力的養成，視為一種連續、漸進的過程，隨著社工的專業發展層次而遞增相關能力，到了領導階層（站在戰略位置）的社工，應已具備全部核心能力。

進而言之，英美兩國社工界對於社工應有核心能力的主張，不但內涵相近，而且對社工的養成，都強調實務經驗的累積和精進。但是，無論美國或英國的核心能力，都只是一些原則性規範，還可延伸思考其他能力。例如根據美國社會工作教育學會（CSWE）所訂的教育政策與評鑑標準（EPAS），社會工作專業人才培育的基礎領域，包括：(1)價值與倫理；(2)研究；(3)多元性；(4)人類行為與社會環境；(5)高危險族群及社會與經濟的公平正義；(6)社會福利政策與服務；(7)法律；(8)社會工作實務；(9)實習；(10)自我覺察（self-awareness）。其中，法律是社會福利政策的延伸、實習是社會工作實務的延伸、自我覺察是自我認定的延伸。至於媒體應用，是現代人的共通能力，不是社工特有的核心能力。

 ## 第五節　社會工作者的基本技巧

對於社工來說，工作技巧與核心能力，兩者同等重要，且相輔相成。否則，社工只有能力，沒有技巧，對實務的處理，可能徒勞無功或弄巧成拙。

社工需要什麼技巧？答案是：很多（a lot）。英國學者湯普森（Thompson, 2009: 99-118）曾經從社會工作實務的角度，提出十五種基本技巧，可歸納為三組：

一 有關自我調適的技巧

1. **自我覺察的技巧**（self-awareness skills）：社工與他人（案主、同事）互動時，應覺察他人如何看待自己，以調整自我的形象，避免與現實脫節。這是一種「自我的使用」（use of self），將自己當作處遇的工具或資源。使用自我是社會工作直接服務常用的技巧，其做法之一，是示範真誠的行為或適時揭露自己的經驗、想法，而不是以深層次的同理心，將覺察到的個案情緒反應出來。也不是設身處地與案主進行互動，並給予的正向回饋。

2. **處理感受的技巧**（handing felling）：社會工作常涉及改變的過程，改變是痛苦的，應及時認知情緒感受的層次，適當地反應。

3. **自我管理的技巧**（self-management skills）：社會工作有壓力、有時限，應適時紓解壓力，以免影響健康；應妥善運用時間，以免浪費精力。

4. **復原的技巧**（resilience）：社會工作是一種要求嚴格的職業，遇到挫折或失望，應知所進退，或尋求支持網絡，迅速恢復活力。

5. **繼續存活的技巧**（survival skills）：從社會工作中找出滿足感，無論多麼微小的成功，都應保持工作的熱情和專注，這是生存的策略。

  其中，「自我覺察」與「自我管理」兩項技巧格外重要。先就「自我覺察」而言，關係到專業關係的建立。例如：社工的自我覺察不足，可能無法體會自身的缺點，連同優點也被埋沒；也無法清楚地預估案主的需求，甚至產生情感反轉移，仍無自覺。遇此情況而認為靠專業知識和技術就可勝任，那是偏差的想法。

  再就「自我管理」而言，從事直接服務的社工，常因個案量過多、案主的問題無法解決、自己的專業能力不足、過度涉入案主情境、缺乏機構主管支持等因素，而形成「耗竭」（burnout）的問題。有此情況，可運用自我管理的技巧，進行自我調適，必要時可請督導協助化解壓力。通常，個人生理機能衰退並不是「耗竭」的主要原因。

⬛二 有關人際互動的技巧

1. **溝通的技巧**（communication skills）：針對特定的工作情境，調整自己想說的話，讓對方聽得懂，也願意聽。
2. **協調的技巧**（co-ordination skills）：對於團隊成員或跨領域工作，要有「直升機視野」（helicopter vision），「了解全貌」（get the big picture），才進行協調。
3. **謙虛應對的技巧**（humility）：無論多麼有經驗，難免會失誤，應保持謙卑，勇於認錯，及時改進。
4. **作夥伴的技巧**（partnership skills）：樂於接受工作夥伴的意見，善用參與者的長處，共同解決困難，滿足需求。

⬛三 有關處遇的技巧

1. **敏於觀察的技巧**（sensitivity and observation skills）：如同「冰箱裡的燈光」（light in the fridge' paradox），社工即使只看到蛛絲馬跡，也要敏於察覺案主情境的細微變化，及時調整介入的角色。
2. **分析的技巧**（analytical skills）：對於一個特定情境中的關鍵性議題，將其組成元素分解為若干細節，找出相互關係，決定優先順序，依序進行處遇。
3. **快速反應的技巧**（thinking on your feet）：對於弱勢、沮喪、無助的案主，多一點貼心的關懷，多一些同理的心境，做出適當回應，以免情況惡化。
4. **表達的技巧**（presentation skills）：回應案主問題，或出席會議、個案研討、法庭作證，都能事先準備、把握重點，使用和緩的語氣，真誠地陳述意見。
5. **反思的技巧**（reflection skills）：對於例行化的實務，進行批判性反思；對於新看法、新觀點、新方法，保持開放的態度。
6. **創新的技巧**（creativity）：透過團隊成員的腦力激盪，發展其他處遇技術，以打破習慣或常規的限制，不斷地提升處遇的成效。

其中，溝通的技巧，經常使用，至爲重要。例如：「大家剛剛聽了美臻的分享，知道她目前正在爲中風的母親，尋找合適的養護中心，不曉得其他成員有沒有使用過類似的資源？或知道哪個養護中心，適合美臻母親的需要？」這是在一個家庭照顧者互助團體中，團體領導者所說的話，這個領導者所運用的技巧就是連結成員的溝通，而不是支持團體成員或示範角色扮演。

況且，這十五種技巧只是社會工作的「基本」技巧或「初階」技巧，將來在個案、團體、社區及其他社工實務中，仍應在適當時機，發展其他「進階」的技巧，例如：評估技巧、會談技巧、家訪技巧、面質技巧。

當然，任何一種技巧，說來容易，做來困難，社工對於常用的核心技巧，應不斷地學習、練習、反思、精進，做到「熟能生巧」，「運用自如」，才有機會成爲一個稱職的社會工作者。

總而言之，對於社會工作專業能力與專業技巧的累積與提升，必須從正式教育中習得。例如：在高等教育機構中習得基本的專業知識、能力和技巧，形塑專業價值及人格特質，然後在實務工作使用專業知識、能力和技巧，以累積實務經驗，進行理論轉換與批判反省。這些，不是參加補習教育即可學到。因爲，補習只是一種臨時性、片斷式的學習。補習，應將「課程教學」與「實務歷練」兼容並蓄，效果較佳。

第三章
臺灣社會工作發展的軌跡

臺灣是一個移民的社會。最早的一批移民，「唐山過臺灣，心肝結歸丸」（閩南語）；「唐山過臺灣沒半點錢，剎猛打拼耕山耕田」（客家話），描述了三百多年前，大陸東南地區人民，因生活貧困而渡海來臺的樣貌。

　　臺灣開發初期，仍屬農業社會，民風純樸，個人或家庭遇有生活問題，多半可透過家族或鄰里的互助，得到解決或緩和。直到1945年二戰結束，臺灣光復，社會工作才有比較具體的發展。茲分五個階段略述之。

 ## 第一節　早期社會工作的源頭

　　在十九世紀前後，臺灣早期社會工作的發展有兩個源頭：一方面沿襲清末民初社會福利體制的遺緒；另一方面是日本殖民時期社會事業的擴散。

一　清末民初社會福利體制的遺緒

　　中華民國於1911年建國之前，臺灣隸屬清政府管轄。當時，臺灣的社會福利體制，以慈善事業為主，實施貧困救濟、災荒救濟、婦孺救濟、喪葬救濟、行旅救濟與醫療救濟等六類工作。在貧困救濟方面，設置「養濟院」、「普濟堂」，以收容無依老人及遊民，類似今日的院內救濟（莊秀美，2019：54）。

　　到了民國初年，當時國民政府的社會福利工作，有一部分直接運用美國在華社會工作的相關措施，包括：1911年，步濟時（Burgess）在北京成立「北京社會服務俱樂部」，從事兒童福利、社會服務、障礙工作、社區福利。1913年，湖南長沙耶魯醫院，引進西方的醫療社會工作。1918年，甘博（Gamber）在北京完成一項社會調查，是亞洲第一個現代都市社會調查（林萬億，2022a：170-171）。

　　這些美國式社會工作措施，聚焦於都市的失業及貧窮問題，尤其當時大陸的農村需要建設、脫貧及教育。因此，1926年，晏陽初在河北省定

縣成立平民教育實驗中心；1931年，梁漱溟在山東省鄒平縣推動鄉村建設工作。

1940年11月28日國民政府成立社會部，這是源自國民黨「改進黨務與調整黨政關係」的決議案而來。當時，國民黨是執政黨，於1938年召開全國代表大會，出席大會的代表連署提案，建議在行政院成立社會部。該黨總裁蔣介石批示：人民組訓與合作事業併入中央黨部社會部，並改隸行政院。由此可知，最早國民政府中央社會福利主管機關是「社會部」。社會部成立之後，有些大學配合社會行政用人的需求，開始在社會學系增設社會工作課程。

1949年，大陸失守，國民政府播遷來臺，精簡行政院組織，將社會部裁撤，其業務併入內政部，下設社會司，直到2013年成立衛生福利部，才廢止社會司。

綜觀清末民初的社會福利體制，對於臺灣社會工作發展的影響，約有下列三方面：

(一) 引進教會式社會工作措施

1950年，基督教會在臺灣成立兒童福利基金會（CCF），開始任用社工人員，推動兒童及家庭扶助，是臺灣第一個聘用社工人員的民間社福單位。

1955年，基督教會開辦東海大學，成立社會學系；1974年設社會學組與社會工作組，1979年設社會工作學系，是臺灣最早成立的日間部社工系。

1964年，臺灣世界展望會成立，繼CCF之後，也有社工人員編制。

1965年，臺南神學院成立社會服務科，是臺灣日間部最早的社工科

1963年，私立文化學院於夜間部成立社會工作系，是夜間部最早的社工科系。如果不分日夜間部和大學／專科，則文化大學是臺灣最早設立社會工作科系（比南神社服科早二年，比東海社工系早16年）。但是文化夜間部社工系已於1988年停止招生。1963年，基督教會在臺南設立新樓醫院，在淡水設立馬偕醫院，引進西式醫療社會服務。

(二) 引介平民教育來推動農村建設

1949年，國民政府遷臺初期，農村建設方面曾引介平民教育先驅者晏陽初在河北定縣平民教育實驗研究中心進行實驗之經驗。事實上，臺灣早期的社區發展工作，有一部分也是受到中國鄉村運動與平民教育的啟發。

後來，張鴻鈞於1960年代將聯合國農糧組織的社區發展概念引進臺灣，介紹聯合國發展方案（UNDP），促成了臺灣社會工作教育基礎架構的發展。

(三) 引入社會行政及其業務內容

就行政而言，臺灣早期的社會行政是延續社會部時期的體制，在內政部設立社會司。就業務而言，臺灣早期的社政單位除了辦理社會福利之外，也沿襲大陸舊制，繼續辦理人民團體與合作事業。

直到2013年，衛生福利部成立，中央的人民團體與合作事業才改由內政部接管，但是地方政府社會處局，仍然繼續辦理人民團體與合作事業的業務，形成中央「權責分立」，地方「業務合併」的怪現象。

● 三 日治時期殖民社會事業的擴散

1895年，中日甲午戰爭，中國失敗，清政府將臺灣割讓日本統治。日本治臺的期間（1895-1945年），引進日本的「社會事業」。依據劉晏齊（2005）的研究，日本在臺灣建構的福利體制，可分為三個階段：

(一) 依循清代的撫救事業

日治初期，撫救事業的救助對象是：居住於本島，無親可依之殘疾、老衰，或未滿13歲者。

(二) 引進日本型態的社會事業

1918年，日本帝國在大阪首先創設設置「鄰保館」（neighborhood house），作為地區性綜合教化事業中心，並於1934年引進臺灣。

1923年實施「方面委員制度」（district commissioner system），運用社會事業工作者從事調查工作與戶籍整理，實施兒童保護、現金補助等社會事業。

1948年，在高雄、花蓮、新竹、屏東、澎湖，設立救濟院。

大致上，臺灣從戰後到1960年代的社會福利，是延續日治時期的做法，以機構教養為主，包括：育幼院、仁濟院、婦女教養所。臺灣早期的觀護制度與托兒所，也是由日本引進的。

(三) 實施軍事動員的厚生事業

同時，臺灣為配合日本對中國戰爭膠著狀況，開始實施戰時災害保護、住宅營團、母性及嬰幼兒保護，並將方面委員的鄰保相助，轉換為軍事援護。

另外，日治時代鼓勵臺灣人參加「郵便保險」，將保險費存放在東京銀行，作為一種儲蓄。後來，日本戰敗，保險費下落不明。這種因投保而血本無歸的慘痛經驗，代代相傳，導致臺灣人對社會保險缺乏信心，難以推動。

 ## 第二節　實驗約聘社工員制度

1953年，臺灣開始實施經濟建設計畫，每期四年。到了1960年代中期，完成三期經建計畫。為因應經濟不斷成長，而有推動社會政策之議。

1964年11月，當時執政的國民黨在九屆二中全會通過「民生主義現階段社會政策」，並於1965年4月由行政院頒布實施，成為國家的社會政策。

該社會政策的內容，包括：社會保險、社會救助、國民就業、國民住宅、福利服務、社會教育、社區發展等七項，但不包括：社會工作，且社會教育於1967年被刪除。該社會政策也揭示其所需人才應盡量任用大學社會工作系畢業生，且為現有人員辦理在職訓練，以增加專業知識，改進工

作方法。這個階段，以貧窮救濟為主，也是臺灣社會福利工作進入「消滅貧窮」的時期。

1971年，行政院核定省市政府聘用社會工作員的名額。

1972年，訂定「臺灣省各縣市設置社會工作員實驗計畫」，進行約聘社工員實驗工作。

1976年，臺灣社會工作員制度法制化的文字，首次出現於行政院訂定的「中華民國社會建設第六期計畫」之中。同年，行政院核定「當前社會福利與社會救助改進方案」，重申建立社會工作專業制度之必要。

臺灣自1973年實驗社工人員制度，到1979年全面任用社工人員為止，約聘社會工作人員的實驗情況，可整理如表3-1：

表3-1　臺灣約聘社會工作人員的實驗情況

時間	實驗地區	服務對象
1973	基隆市、臺中市、臺南市、高雄市	低收入戶
1974	臺中縣大里鄉（今臺中市大里區）	低收入戶個案工作
1975	臺中縣（今臺中市）、彰化縣	小康計畫、社區發展
1977	臺北縣（今新北市）、雲林縣、高雄市	輔導貧戶、照顧低收入戶
1978	桃園縣、新竹縣、基隆市、臺南市	
1979	宜蘭縣、彰化縣、嘉義縣、臺南縣	

資料來源：參考劉輝男，2006；林萬億，2022a：186-187，整理而成。

由表3-1顯示，在基隆、臺中、臺南、高雄等地試辦聘用社工人員，負責低收入戶急難救助等業務，始於1973年，而非1972年。同時，此項約聘社工人員的實驗，對臺灣社會工作的發展，至少有三項影響：

1. **社工人員正式進入政府體系**：透過實驗工作，使社工人員有機會以約聘方式進入政府體系，為社會工作專業制度奠下良基。

2. **社工人員的服務場域擴大**：實驗初期，僅有少數縣市任用社工人員；實驗有了具體成效之後，各縣市全面任用社工人員，其服務場域也逐漸擴大。

3. **社工專家學者介入督導**：實驗期間，大學社會工作科系教授，參與實驗

工作的策劃、訓練、督導、評鑑，為後續的社會工作的發展提供導引方向。

　　1975年，臺北市曾聘用6名社工員，為社會救助戶提供服務。1978年，增為33名，提供貧戶輔導、平價住宅、兒童福利等服務。1978年，臺灣省政府依據中央加速改善偏遠地區居民生活方案，曾在原住民鄉設置社工員54名，可惜後續乏力，不了了之。

　　綜觀1970年代臺灣社會工作的發展，係透過社區發展方式，消除貧窮問題。1970年代初期，在社工員實驗計畫之下，政府開始任用社工員，其主要業務是社區發展與貧戶輔導。此時，各縣市政府的社工員，並不是以正式人員進用，因為還在試辦階段。

 第三節　成立社會工作專業組織

　　隨著政府約聘僱社工人員的數量不斷增加，籌組專業組織的需求也與日俱增。自1983年起，臺灣社工領域相繼成立的專業組織，如表3-2：

表3-2　臺灣社會工作相關領域的專業組織

名稱	成立時間	主要任務
中華醫務社會工作協會	1983	醫務社工師甄選、繼續教育。
臺灣社會工作專業人員協會	1989	繼續教育、合理任用。
臺灣社會工作教育學會	1992	教育訓練、改善教學及實習。
中華民國社會工作師公會聯合會	2002	倫理守則、繼續教育、出版。
臺灣社會工作實務發展協會	2004	弱勢族群專業服務。
臺灣心理衛生社會工作協會	2004	專業發展、倡導心理健康。
臺灣原住民族社會工作學會	2016	推動原住民觀點的社會工作。
臺灣科技與社會工作協會	2022	促進社會工作與科技之結合。

資料來源：參考陳武宗、張玲如，2007：48-66，並增加新成立的協會。

　　由表3-2顯示，專業組織的成立及運作，對臺灣社會工作的發展，至少有兩方面的影響：

(一) 提升社會工作專業化程度

依據格林伍德（Greenwood, 1957）的社會工作專業特質論，成立專業組織是社會工作專業的條件之一。因為專業組織的成立，促使臺灣社會工作專業發展更向前邁出一步。其中，醫務社會工作協會是臺灣第一個社工專業組織。臺灣最早聘用社工人員的領域，也是醫院。當時的省立臺北醫院（今臺北市立聯合醫院中興院區）是最早聘用社工人員的醫院。

(二) 推展社會工作相關活動

醫務社會工作協會、臺灣社工專協、全國社工師公會聯合會，共同出版《臺灣社會工作學刊》。其他專業組織也經常辦理專業研習、論文發表、公聽會、座談會，積極推動臺灣社會工作專業的發展。

 第四節　制定《社會工作師法》

1976年經濟建設六年計畫，已有社工人員法制化的倡議。1980年代末期，各縣市社工人員也多次提出納編要求。直到1990年代，納編才爭取到，但必須三年內考上國家考試，難度很高，看得到，吃不到。1990年代起，透過立法取得證照之議，甚囂塵上。以下是《社會工作師法》的制定過程與實施要點：

● 一　《社會工作師法》的制定過程

1991年，國內曾提出第一個《社會工作師法》草案，經多年討論和倡議行動，未能進入立法程序。

到了1994年，臺灣社工專協邀集學術界與實務界代表，研擬《社會工作師法》草案。1995年，成立「社會工作師法推動聯盟」，並於10月26日發動社工界請願遊行，約有三千多名社工系師生與實務工作者參與，促使立法院將《社會工作師法》排入議程，這是最引人注目的一次倡議行動，

也促使立法院在1997年3月11日完成《社會工作師法》立法程序（林萬億，2022a：199；簡春安、趙善如，2008：89-96）。

《社會工作師法》於1997年4月2日經總統公布施行，使臺灣社會工作專業制度取得了法源基礎。我國為提升社工師的專業形象，訂4月2日為「社工日」，推究其關鍵性緣由是社會工作師立法的通過，而不是社工師法推動聯盟的組成，也不是臺灣社工專協的成立。

⬛ 《社會工作師法》的實施要點

《社會工作師法》於1997年3月經立法院通過，依規定於通過一年後正式實施。但《社會工作師法》尚未正式實施，即於1998年3月進行修正，這是《社會工作師法》第一次修正。後來，《社會工作師法》又經過多次修正。

其中，2008年修正《社會工作師法》時，確立社工師分級制，明訂社工師完成相關專科訓練並通過甄審，得請領專科社工師證書。以下依據2020年修正的版本，略述《社會工作師法》之實施要點：

(一) 社會工作師的資格

中華民國國民經社會工作師考試及格，並依本法領有社會工作師證書者，得充任社會工作師（第4條）。社會工作師經完成專科社會工作師訓練，並經中央主管機關甄審合格者，得請領專科社工師證書（第5條）。

(二) 社會工作師的業務

社會工作師執行下列業務（第12條）（已見第二章社會工作者的任務，此處不再贅述）。

(三) 社會工作紀錄的保存期限

社會工作師執行業務時，應撰製社會工作紀錄，其紀錄應由執業之機關（構）、團體、事務所保存。紀錄保存年限不得少於七年（第16條）。這些紀錄，攸關服務對象的權益，因而要保存七年以上。

(四) 社會工作的倫理守則

社會工作師之行為必須遵守社會工作倫理守則之規定（第17條）。臺灣最早的社會工作倫理守則，是在2006年12月，由全國社工師公會聯合會制定，內政部於2008年3月核備。後來，2018年12月再修正，衛生福利部於2019年4月核備。

(五) 社會工作師事務所的設置

申請設立社會工作師事務所之社會工作師，須執行第十二條所訂之業務五年以上，並得有工作證明者，始得為之（第21條）。

(六) 社會工作師公會的設置

社會工作師，非加入社會工作師公會，不得執行業務（第31條）。這個條文的規定，是「公會」，不是「工會」，社工師必須加入社工師「公會」，並不一定要加入社工師「工會」。同時，社工師必須遵守社會工作師公會章程、社會工作倫理守則、相關法令之規定。

(七) 專科社會工作師之分科

依衛生福利部2020年發布之「專科社會工作師分科甄審及接受繼續教育辦法」（第3條）之規定，專科社會工作師之分科如下：(1)醫務；(2)心理衛生；(3)兒童、少年、婦女及家庭；(4)老人；(5)身心障礙等專精領域的社會工作，迄今尚未包括：矯正社工、學校社工、原住民社工、長照社工、物質濫用防制社工等專精領域。

 ## 第五節　實施社會安全網計畫

2018年，行政院核定「強化社會安全網計畫」（簡稱社安網），加強社會福利服務中心的運作，以家庭為中心，以社區為基礎，對脆弱家庭的成員提供整合性服務，以協助其解決經濟安全、人身安全、心理健康等

問題。

　　社安網第一期計畫（2018-2020年），將精神疾病合併自傷與家暴、性侵、兒虐加害事件者納入整合服務的範圍。第二期計畫（2021-2025年），再納入司法精神鑑定、司法精神醫院、矯正機構的精神醫療服務、精神病患從監護處分到社區心理衛生服務的轉銜機制，一舉建構完成社會工作服務體制，補足社工及相鄰專業能力，提升服務成效。茲略述社安網計畫的實施要點：

● 社安網計畫的目標與實施策略

(一) 第二期計畫的目標

1. 強化家庭社區為基礎，前端預防更落實。
2. 擴大服務範圍，補強司法心理衛生服務。
3. 優化受理窗口，提升流程效率。
4. 完善服務體系，綿密安全網絡。

(二) 第二期計畫的實施策略

1. 策略一：擴增家庭服務資源，提供可近性服務。
2. 策略二：優化保護服務輸送，提升風險控管。
3. 策略三：強化精神疾病及自殺防治服務，精進前端預防及危機處理機制。
4. 策略四：強化部會網絡資源布建，拓展公私協力服務。

● 由高風險家庭延伸到脆弱家庭的服務

　　實施社安網計畫的主要對策之中，首先是將服務向前到預防階段，及早辨識脆弱家庭與高風險家庭，補足過去將重兵置於家防體系，以致前端預防門戶洞開的窘境。

(一) 高風險家庭的辨識

依據高風險評估表所列高風險家庭（high-risk families）的指標，有六項：

1. 非志願性失業或重複失業者，負擔家計者遭裁員、資遣、強迫退休等。
2. 負擔家計者死亡、出走、重病、入獄服刑等。
3. 婚姻關係紊亂或家庭衝突、家中成員時常劇烈爭執、互毆、揚言報復、無婚姻關係且頻換同居人等。
4. 兒童乏人照顧或有養育疏忽之情形。
5. 家中成員罹患精神疾病，或酒癮、藥癮，並未治療或未持續治療。
6. 家中成員曾有自殺傾向或自殺紀錄者。

(二) 脆弱家庭的辨識

在強化社會安全網計畫中，「脆弱家庭」（vulnerable families）是指家庭因貧窮、犯罪、物質濫用、未成人親職、有嚴重身心障礙兒童需照顧、家庭照顧功能不足等易受傷害的風險或多重問題，造成物質、生理、心理、環境的脆弱性，而需要多重支持與服務介入的家庭。

依據衛生福利部頒布的脆弱家庭的需求面向，分為六種：

1. 家庭經濟陷困，需要接受協助。例如：失業、危難意外、債務。
2. 家庭支持系統變化，需要接受協助。例如：天然災害、突發性變故。
3. 家庭關係衝突或疏離，需要接受協助。例如：親密衝突（未達暴力）。
4. 兒少發展不利處境，需要接受協助。例如：照顧困難、教養知能不足。
5. 家庭成員有不利處境，需要接受協助。例如：生活自理能力薄弱。
6. 因個人生活適應困難，需要接受協助。例如：被孤立、排除。

據此可知，社安網計畫的實施重點，是針對脆弱家庭的需求，提供必要的協助。例如：保育人員發現兒童的主要照顧者因罹患精神疾病，而影響其對兒童的日常生活之照顧，就應進行脆弱家庭的通報，以便社工人員及時提供協助。

進而言之，脆弱家庭涵蓋「全齡」（自幼到老）的脆弱者，而高風險家庭則聚焦於兒童及青少年的風險。同時，在社安網計畫中，將「脆弱

家庭」與「高風險家庭」，合稱爲「危機家庭」，藉以提供整合性服務。「危機家庭」是指發生家庭暴力、性侵害、兒少／老人／身障等保護問題之家庭。

三 建立以家庭爲中心、以社區爲基礎的服務

強化社安網計畫的主要對策之中，另一個重點工作是建立以家庭爲中心、以社區爲基礎的服務：

(一) 以家庭爲中心的服務

以家庭爲中心的服務，是社會工作的途徑之一，將家庭作爲關注的中心或行動的場域（Hartmam & Laird, 1981；林萬億，2022b：489）。因此，社工人員必須將家庭視爲一個系統，了解個人在家庭的脈絡中受到何種因素的影響，以便提供適切的服務。

以障礙兒童爲例，社工應體認這個障礙兒童是家庭中的一員，可能受到家庭經濟匱乏、父親失業、親戚排斥等相關因素的影響，而處於不利境遇。社工必須思考這個障礙兒童家庭的總體問題和需求，規劃以家庭爲中心的支持方案，而不是單獨爲這個障礙兒童提供協助。

簡言之，以家庭爲中心的服務，必先解決家庭的問題，始能解決家庭成員的個別問題。否則，家庭問題沒有解決，無法保證個別成員的問題能夠解決。

(二) 以社區為基礎的服務

個人既處於家庭的脈絡中，也處於社區的脈絡中，而個人及家庭也會受到所處社區的影響。況且，對於個人及家庭的問題，如能連結及運用社區資源，將更有效解決。因此，以家庭爲中心的服務之外，還需以社區爲基礎的服務。

以美國的家庭服務中心爲例，近年來走向以社區爲基礎的服務，包含四個核心要素：(1)輸送服務給轄區內有兒童的家庭；(2)利用個案管理來降低服務的支離破碎；(3)利用社區資源；(4)評估與整合案主的族群與文

化架構（林萬億，2022b：495）。

事實上，臺灣依據社安網計畫，在各縣市普設社會福利中心，以及長期照顧十年計畫2.0中的A-B-C三級服務模式、預防及延緩失能照護計畫，也是以社區爲基礎的服務方案。至於2018年行政院核定的社會工作執業安全方案，則較缺乏以社區爲基礎的做法。

四 強化人力進用與專業久任

強化社安網第二期計畫有關於強化社工的人力，係延續第一期計畫已聘人力，並因應新增服務增聘各類服務人力，預計在2025年總人力需求爲7,797人。其中人力需求較多的前三名：社會福利服務中心爲1,572人、保護性案件服務人力爲1,275人、精神疾病與自殺防治關懷訪視服務人力爲1,288人。至於人力進用與專業久任的實施策略，包括四項：
1. 增設「資深社工人員（師）」，每五名社工人員（師）配置一名資深社工人員（師），以提高久任動機，並培植督導人力。
2. 結合大專院校，運用社工相關科系大學部四年級以上學生或研究生，擔任兼職「助理」，以提高畢業生投入社工職場的意願。
3. 提升社工人員安全防護知能與安全防護機制，以加強執業安全。
4. 研修《社會工作師法》，邀集相關團體與權責機關研議修訂相關子法。

綜言之，實施「強化社會安全網計畫」，是我國社會工作發展的重要里程碑，且目前正在進行之中，不能不予重視。

 ## 第六節　持續強化社會工作制度

自從《社會工作師法》施行之後，衛生福利部爲了因應社會發展的需求，特別在幼兒托育、兒少保護、障礙者權益保障、長期照顧等方面，推出許多新的措施。

這些新的福利措施，都需專業社工人員的投入，因而如何充實及運

用社工專業人力，是當前強化社會工作制度的重要課題。茲參考相關文獻的論述（楊錦青、劉雅方、陳香君，2021：7-19；曾華源、白倩如、張誼方，2020：20-37；鄭怡世、鐘文鎂，2014：86-123），歸納為五方面進行分析：

🔴一 專業養成教育方面

自1990年代以來，由於高等教育的擴充、社會福利需求增加，以及1997年《社會工作師法》的通過等原因，促使臺灣社會工作教育持續擴充。

尤其，《社會工作師法》實施之後，社工人員的就業機會增加，有些大專院校看到這個「商機」，相繼增設社會工作科系。無論原有或新增的科系，都依據「專門職業及技術人員高等考試社會工作師考試規則」所定之報考社工師必須修習的核心學科，至少十五門45學分，進行課程規劃及教學。

當前社工養成教育面臨的問題是：專業師資不足（尤其是新增的社工科系），教學品質堪虞；課程規劃缺乏統整，以考試為取向，壓縮自由選修機會；教學內容側重知識理解，忽略實務操作；社工實習重視時數，無暇顧及理論與實務連結。

至於因應策略，應增聘專業師資，透過評鑑以確保教學品質；課程規劃宜揚棄考試掛帥，發展校系特色課程；教學內容須強化社工知能與實務運用；社工實習應加強督導功能，能將學校所學轉化為實務經驗的累積。

🔴二 專業證照考試方面

1997年《社會工作師法》通過之後，考試院隨即辦理社工師專業證照資格考試。目前，每年辦理兩次專門職業及技術人員社會工作師高等考試。

當前專業證照考試面臨的問題是：試題類型方面，申論題著重於專業知能的理解，較少實務案例的分析，而選擇題多數題目亦偏重記憶，較

少實務應用；在及格標準方面，多數命題及閱卷委員是學校教師，題目艱澀，給分嚴苛，及格率偏低，造成考生極大壓力，甚至影響報考意願。

　　至於因應策略，應在試題型態方面，增加案例分析與實務應用之類題目的比率，並逐步建立題庫，提高證照考試的鑑別度。在及格標準方面，參酌考選部建議的及格比率，維持在16%上下，藉以提高考生報考意願，也讓用人單位有專業社工可用。

㊂ 專業在職訓練方面

　　社會工作師及專科社會工作師執業，應接受繼續教育，並每六年提出完成繼續教育證明文件，辦理執業執照更新（第18條）。依衛生福利部2016年修正頒布社會工作師及專科社會工作師接受繼續教育之規定，社工師接受繼續教育課程，其積分合計應達120點以上，其中專業倫理與專業品質，合計至少應達18點。

　　當前社工人員在職訓練面臨的問題是：有些社工人員重複參加訓練，實際受益有限；偏遠地區的社工人員礙於交通、經費、工作負擔等因素，參加訓練的機會較少，有失公允。

　　至於因應策略，對於重複訓練方面，應由指派受訓人員的單位，依員工實際需要安排受訓，儘量避免重複；對於偏遠地區，可考慮委託當地經認可單位代訓、遠距訓練或其他適當方式為之。

㊃ 人力配置及進用方面

　　目前，政府或民間社會工作相關機構，多數覺得專業社工人力不足，這是長久存在的問題。近年來，衛生福利部推出許多新的社會政策，對於社工人力的配置及進用也有一些新的配套措施，包括：配合長期照顧計畫2.0，補助地方政府增聘照顧管理相關人員；委託臺灣社會工作教育學會辦理社會工作系所現況調查統計，據以改進人力配置及進用之策略。

　　當前社工人力配置及進用面臨的問題是：地方政府的社工人力不足，亟需補充；社會工作系所的畢業生投入專業職場的比率不高，有待檢討及

改進。

　　至於因應策略，在人力配置方面，中央補助社工人力之後，應追蹤是否專業專用，避免流於處理庶務工作。在社工人力進用方面，供給端（社工系所）對於社工培育應有更明確的目標及方法，以提高畢業生的就業能力與工作意願；需求端（任用單位）對於社工實務需求，應重新盤點統整，並精簡文書作業、經費核銷等行政程序，將專業社工配置專業職務，以提高社工的滿足感與留存率。

🖐 社工人員勞動條件方面

　　社會工作實務既多元，又複雜，是一種高度風險的工作，因而社工人員的勞動條件，經常引起討論及批評。最近幾年，衛生福利部為了改善社工人員的勞動條件，推出一些新的措施：依社工人員的年資、學歷、證照、偏鄉離島，補助階梯式之專業服務費；增加社工人員執行風險工作費支給；建置「社福人員勞動申訴及溝通平臺」，實施「社會工作人員執業安全方案」、辦理社工人員自費型團體意外保險，全額補助民間人員意外保險費。

　　當前社工人員勞動條件面臨的問題是：人力不足、薪資偏低、安全缺乏保障，個案多、壓力大、工時長、勞動權益的意識欠缺、專業的自主性不足。

　　至於因應策略，應從社會工作養成教育著手，加強社工學生的就業能力、專業認同及專業自主意識，才是釜底抽薪、根本解決之道。

　　最後，綜合本章所述，臺灣社會工作的發展情況，1950年代，承襲大陸時期與日治時代的遺緒；1960-1970年代，試辦社工人員制度；1980年代，成立社會工作專業組織；1990年代，社會工作法制化；2000年迄今，實施社會安全網計畫、持續強化社會工作制度。然而，當前臺灣在社會工作專業上的挑戰仍不少，也許我們可參考下一章歐美國家的經驗，作為因應專業挑戰的借鏡，以促使社會工作專業持續發展。

第四章
歐美社會工作發展
的軌跡

探討臺灣社會工作的發展情況之後，進而探討歐美社會工作發展的情況，一來可擴大視野，放大格局；二來可吸取經驗，得到啟示。

　　然而，英國、德國、美國等先進國家的社會工作發展，源遠流長，錯綜複雜，本章擇要說明其早期的濟貧措施、先驅者、專業化、相關報告、國際公約。

 ## 第一節　早期的濟貧措施

　　歐美社會工作的發展，始於宗教慈善，再逐步形成有組織的服務，然後發展成為有制度的專業。現在，先略述早期的濟貧措施：

一 英國的濟貧法與新濟貧法

　　世界各國的社會工作，多從貧窮問題的處理著手。1536年，英國亨利八世頒布「懲罰健壯流浪漢與乞丐法案」，影響了社會福利史上的慈善組織會社（Charity Organization Society, COS）。

　　1601年，伊麗莎白女皇頒布「濟貧法」（Poor Law），簡稱「伊麗莎白43號法案」。1834年濟貧法修正案，稱為「新濟貧法」（New Poor Law）。

(一) 濟貧法

　　英國1601年的濟貧法，正式由政府負起濟貧責任，其實施要點（Axinn & Sterm, 2012, cited in Sagal et al., 2016: 42）：

1. 將窮人分為兩種：「值得」（deserved）與不值得（undeserved）的接受救助者。
2. 值得救助的對象是：老人、障礙者、孤兒、寡婦。
3. 不值得救助的對象是：健康的乞丐、有私生子女的未婚媽媽。
4. 親屬對貧困者應負主要責任，親屬無法提供經濟支持，公權力才介入。
5. 在社區合法居留，是取得救助的要件。

6. 救助是暫時性措施，僅提供緊急救助，最終目標是幫忙受助者找到工作，或與有工作者結婚。

再者，英國的濟貧法將貧民分為三類，施予救濟：

第一類是有工作能力的窮人：健康的乞丐、流浪者，令入工作院（work house）或習藝所、勞役所，參加工作。否則，施以鞭刑。

第二類是沒有工作的窮人：帶有幼兒的寡婦、老人、障礙者、患病者，安置在救濟院，施予院內救濟（indoor relief），或由院外救濟（outdoor relief）提供實物補助。

第三類是失依兒童、棄兒；安置於寄養家庭。不然可能被賣、當童工。

至於濟貧過程，在每一教區設「濟貧監察員」（Overseers of Poor），辦理救濟案件的申請、調查及審核。

顯然，英國早期的濟貧措施，先處理日益惡化的貧窮問題，再逐步擴及公共衛生、教育低落、居住等問題之處理。

(二) 新濟貧法

十七世紀中葉，英國工業化之後，認為濟貧法以院內救濟為主，不僅環境惡劣，也妨礙勞動意願，因而有改革之議。

1782年，通過「季爾伯特法案」（Gilbert's Act），將榮譽職的濟貧監察員改為有給職，以提升士氣，並恢復院外救濟，以提高受助者工作的機會及意願。

1795年，實施「史賓漢蘭制」（Speenhamland System），採取普及式食物量表（a table of universal practice），以家庭維持基本生計所需的麵包價格，作為救濟的基準。此即「麵包量度」（bread scale），係依家庭大小，計算多少救濟金。這是救濟給付客觀化的開始，也揭示最低工資的必要性（林萬億，2022a：82）。

這些改革，促使英國於1834年提出「新濟貧法」，揭示濟貧的三大原則（莊秀美，2019：30；李增祿，2012：4-5）：

1. **全國統一救濟條件**（national uniformity）：各區聯合成立協會，由倫敦的委員負監察及審核之責。

2. **強化工作院制度**（workhouse system）：以院內救濟為原則，廢除院外救濟。

3. **劣等處遇原則**（principle of less-eligibility）：濟貧給予受助者的待遇，應低於一般工人。

比較上，新濟貧法比濟貧法更為嚴格。而濟貧法與新濟貧法在英國總共實施347年，直到1948年始由「國民救助法」取而代之。

德國的漢堡制與新漢堡制

德國在十七世紀也受到工業革命的影響，失業人數日增，貧窮問題嚴重，先後推出三項濟貧制度：

(一) 漢堡制

漢堡市（Hamburg）是德國的大貿易港，工業革命之後，人口激增，窮人沿街行乞，造成嚴重問題。1788年，市議會依照布希教授（Professor Busch）所提方案，設立中央辦事處，綜理全市救濟工作，劃分區域，設監察員、賑濟員，辦理各類救濟。德國1788年「濟貧法」（Poor Law）採行的救濟制度，也對各國救濟工作在制度和方法上產生影響。

這個制度，因實施於漢堡市，故稱漢堡制（Hamburg System），後來因為市民驟增，濟貧人員不足而日漸衰微。

(二) 愛爾伯福制

德國另一市鎮，愛爾伯福（Alberfeld）於1852年參考漢堡制加以改良，除了分區設賑濟員之外，對申請救助者進行家庭調查，確定有需要才予救助，且勸導貧民就業、提供諮商服務、保證生活最低工資（living minimum wage）（Barker, 2014: 137）。

這個制度，因實施於愛爾伯福，故稱愛爾伯福制（Alberfeld System）。後來，德國許多市鎮也仿效，直到1883年實施健康保險為止。

(三) 新漢堡制

在漢堡制與愛爾伯福制實施之後，因人口持續增加，賑濟員處理的案件過多，乃於1892年產生新漢堡制（New Hamburg System）。它不同於漢堡制之處，是廢除分區救濟，發給長期救濟金。

綜言之，德國在工業革命之後，為因應貧窮問題，相繼實施三項濟貧制度，且滾動式修正前面的制度，更能貼近受助者需求。

三 英國的慈善組織會社與睦鄰運動

英國實施新濟貧法之後，仍未能遏止貧窮問題，又因工業革命的衝擊，失業人數日增，而有一些新的慈善機構加入濟貧。

英國牧師索里（Solly）看到許多慈善組織缺乏聯繫，服務重疊、浪費資源，建議成立一個公私慈善機構的協調委員會來整合救濟資源。1868年，倫敦成立「貧窮與犯罪預防協會」，旋即改稱「組織慈善救濟暨抑制行乞會社」（Association for the Prevention of Pauperism and Crime），1869年易名為「慈善組織會社」（COS）（莊秀美，2004：34），並以查墨斯（Chalmers）的鄰里互助原則，任用友善訪問員（friendly visitor），對申請救濟者進行訪查、詳細記錄、發救濟金，將資料集中保管，避免向不同機構重複申請救濟（Herner, 2019: 29）。

英國另一位牧師巴涅特（Barnett, 1844-1913）認為改善貧民生活必須進入貧民社區，了解貧窮問題，始能有效協助他們。

他在東倫敦擔任教士期間，推動「睦鄰運動」（Settlement House Movement, SHM），號召大學生，進駐（residence）社區，與貧民一起生活，就近研究（research）貧窮問題，再進行改革（reform）行動，此即解決貧窮問題的「3Rs」。其中，湯恩比（Toynbee, 1852-1883）參與東倫敦的社區服務，不幸積勞成疾，英年早逝，巴涅特為紀念其奉獻精神，於1884年將東倫敦的睦鄰中心命名為湯恩比館（Toynbee Hall）。

茲比較英國的慈善組織會社與睦鄰運動之實施要點，如表4-1：

表4-1　英國的慈善組織會社與睦鄰運動之比較

	慈善組織會社（COS）	睦鄰運動（SHM）
背景因素	將貧窮歸因於個人或家庭因素，並促進個人自助，強化自我維持的能力；對救濟資源重疊，予以整合運用。	貧窮不只是個人因素，也是環境或結構的因素，除個別救濟，尚須進行社區改革，促進鄰里互助。
創辦人	索里（Solly）	巴特涅（Barnett）
成立時間	1869年	1884年
服務對象	貧民	貧民、失業勞工
工作人員／主導人員	友善訪問員	知識分子、中產階級、社會改革者
工作方式	調查個人需求，提供救濟金	進駐社區、研究貧窮、進行改革
工作取向	以個人為焦點	以環境為焦點
現代意義	有個案工作的概念	有團體工作與社區工作的概念

資料來源：筆者整理

　　由表4-1顯示，慈善組織會社採取協調合作步驟，避免重複救濟，且運用「友善訪問員」，對救濟對象個人或家庭的需求進行調查，強調服務對象個案化，促使社會個案工作的產生。相對上，睦鄰運動在社區設置服務中心，就近為居民服務，也有團體工作與社區工作的概念。

四 美國的「慈善組織會社」與「睦鄰運動」

　　美國早期的移民，多數來自英國，因而早期的濟貧工作，也源自英國（何金蘭、詹宜璋，2011：20）。

　　首先，就慈善組織會社而言，是英國牧師賈爾廷（Gurteen）在紐約傳教，建議採取英國慈善組織會社的架構，來處理紐約混亂的濟貧工作，而於1877年在紐約成立第一個慈善組織會社。後來，也有其他慈善組織會社成立，而瑪麗・李奇孟（Mary Richmond，或譯為利奇蒙、芮奇孟）曾在巴爾的摩慈善組織會社擔任友善訪問員、在費城慈善組織會社擔任祕書長。她強調慈善工作必須採取嚴謹的個案調查及處理程序，也質疑個案工

作與社會行動二分法是否必要。這種觀念和做法，將傳統的宗教慈善，推向科學的慈善，注重有效組織慈善資源、集中協調、行政技術。

其次，就睦鄰組織而言，柯伊特（Coit）曾有湯恩比館的工作經驗，於1887年將英國睦鄰運動引入紐約市，成立美國第一個睦鄰中心（Neighborhood Guild），鼓勵鄰里組成各種社團，一起從事社區的服務及改革。後來，美國各地相繼成立睦鄰中心。珍·亞當斯（Jane Addams），在大學畢業後，赴英旅行，對湯恩比館有深刻印象，回國之後，也與好友史達爾（Ellen Starr）於1889年在芝加哥成立胡爾館（Hull House，亦稱霍爾館、赫爾館），是美國第二個睦鄰中心。可惜，因為財務問題，於2012年停止運作（Barker, 2014: 200）。

美國胡爾館的許多做法，與英國的湯恩比館大同小異，如表4-2：

表4-2　胡爾館與湯恩比館之比較

	胡爾館	湯恩比館
創辦人	亞當斯與史達爾	巴涅特
成立時間	1889	1884
成立地點	美國芝加哥	英國倫敦
成立動機	參照湯恩比館的做法；改善市民生活。	紀念湯恩比的奉獻；號召更多年輕人投入社區服務。
主要目的	針對不同居民，提供多元化的社區服務；關心勞動者的貧窮及職災問題。	貧民教育與文化發展；提供居民有關貧民生活的資訊，提醒大眾有關社會與健康問題，並為社會改革與社會立法而倡導。
服務項目	提供女子食宿、日間照顧、社區廚房、教育方案、藝術素養、社會運動、社會改革等活動。	提供休閒、教育、社區了解、社會行政、社會立法、政治變遷等服務。
與該館有關的名人	教育家杜威（Dewey）、社會工作專家漢彌爾頓（Hamilton）。	英國福利國家創始者貝佛里奇（Beveridge）、英國首相艾德里（Attlee）。

資料來源：參考張英陣等，2022：38；林萬億，2022a：92，整理而成。

由表4-2顯示，在性質上，湯恩比館與胡爾館都是社區服務中心；在基本主張上，湯比館強調工作者與服務對象共同生活，一同工作，胡爾館

也強調與在地居民一起生活、工作、進行決策。

 ## 第二節　社會工作的先驅者

　　歐美社會工作的發展，是許多先驅者不斷推動所累積的成果。他們全力付出，令人景仰；他們努力不懈，值得效法。以下是具有代表性的人物：

一　巴涅特與湯恩比

　　英國早期濟貧措施的睦鄰運動中，巴涅特與湯恩比是代表性人物，而且兩人關係密切，常被相提並論。

(一) 巴涅特

　　1844年，出生於英國一個富裕家庭，父親是英國鋼鐵床架的製造商，母親出身於傳統商業家庭。可是，巴涅特幼年體弱，在家自學，直到1862年才進入牛津的威爾漢學院（Wadham College）就讀。他自責花太多時間閱讀書本，而疏於認識人們（莊秀美，2004：124）。

　　因此，他當兩年教師，籌措經費，1865年赴美旅行。回國之後，先擔任東倫敦聖裘帝教堂副牧師，開始關心社會問題，推動改革，隨後出任聖裘帝教堂白教堂牧師。

　　1873年他與羅蘭（Rowland）結婚。1875年，獲羅蘭的學姊（湯恩比的姊姊）招待，到牛津大學訪問，向學生說明東倫敦貧民區的悲慘狀況，呼籲學生利用假期到貧民區參加社區服務，湯恩比也主動參與。

　　1884年，巴涅特成立大學睦鄰服務中心，有人建議該中心取名為湯恩比館，以紀念湯恩比，他欣然接受，並擔任館長，1905年卸下館長職務，1913年過世。

(二) 湯恩比

1952年出生於英國一個醫師家庭，父親是耳鼻喉科名醫，也是醫師慈善協會會員，常到貧民社區宣導衛教。湯恩比耳濡目染，對窮人處境深表同情。

1873年，他進入牛津大學攻讀經濟與歷史。1978年大學畢業，留在牛津大學擔任講師，講授經濟學。他主張改善勞工階級的生活，強調每個人都有義務為人道服務而貢獻自己。

1875年，他呼應巴涅特的號召，利用假期進住聖袞帝教會白教堂，從事貧窮研究，為貧民服務，希望透過社區睦鄰運動，消弭階級衝突。可惜，1883年，英年早逝，壯志未酬，得年31歲。

1884年，巴涅特接納夥伴建議，將東倫敦第一個社區睦鄰中心，改名為「湯恩比館」（Toynbee Hall），以紀念湯恩比終身為勞工福利與貧民社區改革的貢獻。

◯ 李奇孟與亞當斯

美國早期濟貧措施之中，李奇孟是慈善組織會社的代表性人物，亞當斯是睦鄰運動的代表性人物，她們之間的作風不同，常被拿來比較，如表4-3：

表4-3　李奇孟與亞當斯的生平事蹟之比較

	李奇孟（1861-1928）	亞當斯（1860-1935）
出生背景	家境寒微，3歲時父母雙亡，寄居姨媽家。	家境富裕，父親七任參院議員，是林肯的好友。
教育程度	巴爾的摩東部女子高中畢業。	洛克福女子學院畢業。
獲得榮譽	1921年獲史密斯學院榮譽碩士。	1931年獲諾貝爾和平獎。
主要經歷	曾任慈善組織會社訪問員及祕書長	曾任全國睦鄰組織聯盟主席。
重要著作	1917年出版《社會診斷》，1922年出版《何謂社會個案工作》。	1907年出版《和平的新觀念》。

	李奇孟（1861-1928）	亞當斯（1860-1935）
工作方法	診斷取向，蒐集資料、分析原因、與案主一起工作。	改革取向，與居民一起生活，建立信任，了解需求，參與改革。
主要貢獻	個案工作創始者、首先引入診斷方式；1898年成立暑期慈善學院，率先開辦社會工作訓練課程。	成立胡爾館、投入社會改革、促成白宮兒童會議、第一個少年法庭、保護移民聯盟；培養漢彌爾頓等多位社工專家。

資料來源：參考莊秀美，2004：203-259，整理而成。

由表4-3顯示，李奇孟是美國慈善組織會社的先驅者，於1917年出版《社會診斷》一書，被認為是現代社會工作發展的起始點，距今超過一百年。亞當斯是美國睦鄰運動的領航者，對社區工作發展有貢獻。

 第三節　社會工作的專業化

歐美社會工作的發展，經過許多先驅者的努力，由宗教慈善轉變為科學慈善，強調客觀資料分析、實際情境了解之後，再付諸行動。

李奇孟於1898年開辦暑期慈善學院，訓練慈善訪問人員；亞當斯在胡爾館也培養社工人才，促使社會工作逐漸朝向專業化邁進。社會工作專業化的追求，很難一次到位，而是漸進過程：

一　佛雷克斯諾對社工專業的評估

1915年，對德國專業教育頗有研究的佛雷克斯諾（Abraham Flexner），應邀在美國慈善與矯正聯盟年會演說：社會工作是專業嗎（Is social work a profession）？他認為專業必須具備六個要素（Gary & Webb, 2010: 3-15）：

1. **實質的知識**：以實質的知識為基礎，進行客觀分析、正確判斷。
2. **科學的學習**：本著科學精神，努力尋找相關素材，以備運用。
3. **清晰的目的**：實務操作有清晰的目的，並依一定程序達成目的。

4. **溝通的技術**：與不同人員接觸，以溝通技術，爭取支持或化解爭議。

5. **自我的組織**：有自治性組織，以規範成員的言行舉止。

6. **利他的動機**：出於利他動機，以促進社會公益，不謀個人利益。

　　佛雷克斯諾以這六個要素，檢視當時社會工作是否已成為專業。他肯定社會工作有利他動機、知識來自實驗和討論。但是批評社會工作缺乏清晰的目的、教學科目不是很有組織，仍有透過其他專業來執行工作的情形、缺乏專業人員必備的責任和權力，也看不出社會工作有何獨特的方法。

🔘 格林伍德對於社會工作專業的論述

　　李奇孟受到佛雷克斯諾評估的衝擊，立即引用佛洛伊德（Freud）的心理分析理念，來填補社會工作專業知識的基礎，於1917年撰寫《社會診斷》，1922年澄清社會個案工作是什麼，以展現社會工作診斷式實務方法。

　　1957年，格林伍德認真回應佛雷克斯諾的批評，認為社會工作要成為一種專業，必須具備五種特質（Greenwood, 1957: 45-55）：

1. **發展一套有系統的理論**：將知識發展為一套理論體系，引導實務操作。

2. **建立專業的權威**：善用專業判斷能力，以建立專業的權威與信譽。

3. **獲得社區的認可**：依一定規則控管實務，以獲得社區或社群的認可。

4. **建立共同遵守的倫理守則**：建立具有約束力的倫理守則，共同遵守。

5. **以專業文化為指引**：依組織網絡的價值、規範，形塑專業文化，作為指引。

　　格林伍德承認當時美國的社會工作已符合專業的特質，但必須持續追求更高的專業地位，以獲得專業應有的崇高聲譽、權威和獨特地位。不過，格林伍德對專業特質的界定，並不包括：有給薪的專職工作、獲得專利許可。

三 社會工作專業化的過程論與權力論

在格林伍德提出社會工作專業化的特質論之後，又出現兩種理論：

(一) 過程論

威廉斯基（Wilensky, 1964）研究美國十八種專業組織的發展過程，歸納出五個共同發展的階段：

1. 大量專業人員及工作的出現。
2. 訓練學校的興起。
3. 專業組織的形成。
4. 專業組織結盟運作，以促使法律通過來保護專業的發展。
5. 建立專業倫理守則。

顯然，威廉斯基探討社會工作是否為專業，是以專業的發展過程來檢視。

(二) 權力論

威羅丁（Wilding, 1982）認為專業的形成，是一個職業團體在行動上，能夠展現專業權力於：

1. 決策與行政。
2. 界定需求與問題。
3. 資源的獲取。
4. 對人群的影響力。
5. 控制工作領域的權力。

顯然，威羅丁認為一種職業團體能以自我組織的方法，獲得其工作領域的權力，即為一種專業。

綜合言之，社會工作專業之形成，有特質論、過程論與權力論。若以臺灣推動社會工作專業化的過程來說，1997年通過《社會工作師法》，較符合「權力論」的論點（控制工作領域的權力）；訂定《社會工作師倫理守則》，較符合「特質論」的論點（建立共同信守的倫理守則）；「設立

社會工作相關科系」，較符合「過程論」的論點（訓練學校的興起）。

㈣ 社會工作專業組織的成立

特質論、過程論、權力論，都強調專業組織的建立，是社會工作專業化的重點之一。以下是英國與美國的情況：

(一) 英國社會工作專業相關組織

1930年代，英國成立第一個社會工作的專業組織，起初稱為英國社會工作者聯盟（BFSW），後來又有一些相關組織產生。

1950年，成立社會工作者協會（ASW）。

1970年，將八個協會合併為英國社會工作者協會（BASW）。

1971年，成立社會工作教育與訓練中心委員會（CCETSW）。

2001年，成立綜合社區照顧委員會（GSCC）（取代CCETSW）。

2012年，成立健康與照顧專業委員會（HCPC）。

其中，英國社會工作者協會（BASW）與綜合社區照顧委員會（GSCC），對於英國社會工作的發展，都有其貢獻：

1. 訂定社會工作倫理守則

英國社會工作者協會（BASW）於1975年訂定社會工作倫理守則（2014年新修正），其要點：價值與倫理原則、倫理實務原則。而且，社會工作承諾五種基本價值：(1)人類尊嚴及價值；(2)社會正義；(3)對人類服務；(4)廉正；(5)稱職（Horner, 2019: 201-203）。

2. 建立社會工作職業標準

綜合社區照顧委員會（GSCC）於2002年訂定社會工作者國家標準，作為大學畢業生取得社會工作專業資格的標準，也列舉社會工作者的六種專業角色及相關標準：(1)維持專業責信；(2)實踐專業的社會工作；(3)促進接觸及參與；(4)評估需求、危機及處境；(5)規劃以人為中心的成果；(6)以行動達成改變。

3. 建立社會工作者註冊登記

綜合社區照顧委員會（GSCC）積極投入社會工作的管制程序，於

2001年建立第一個社會工作者註冊制度。2012年綜合社區照顧委員會（GSCC）廢止，將管制工作轉給健康與照顧專業委員會（HCPC）。英國社會工作者註冊工作，最近由蘇格蘭社會服務委員會（SSSC）負責辦理。

(二) 美國的社會工作專業相關組織

1918年，成立美國醫院社會工作人員協會（AAHSW）。

1919年，成立美國社會工作者專業訓練學校協會（ATSPSW）。

1952年，合併兩個教育組織，成立美國社會工作教育協會（CSWE）

1955年，合併七個專業組織，成為美國社會工作者協會（NASW）。

美國社會工作者協會（NASW）與美國社會工作教育協會（CSWE），對於美國社會工作發展，都有其貢獻：

1. 訂定社會工作倫理守則

美國社會工作者協會（NASW）於1961年訂定社會工作倫理守則（最近於2021年修正），列出社工應遵循的行為準則：對案主、對同事、對機構、對自己、對專業，以及對社會的倫理責任。

2. 認可社會工作專業教育

美國社會工作教育協會（CSWE）的委員，係由全美社會工作學院系所、社會工作教育者、各種實務領域的代表所組成。其主要職務是審核訓練社會工作專業人才的學校，認可其課程範圍、課程標準及學生應有的經驗。

 ## 第四節　社會工作重要報告書

英美國家，遇到重要議題的手議，常有重要人物或團體提出建議或報告書，以促進社會工作的改革及發展。

一 葉慈報告

這是有關紐約公共救濟改革的報告書。1824年，紐約州的州務卿葉慈（Yates）歸納該州公共救濟的方法，提出「葉慈報告」（Yates' Report），揭示改善公共濟貧的原則（莊秀美，2019：38）：

1. 各郡設置僱用機構或貧民農場（poor farm），負責貧民救濟。
2. 各郡的濟貧院應設勞役所或矯治院，收容乞丐與流浪者，禁止街頭行乞，一旦被發現就送勞役所。同時，院內救濟的貧民，不得遣返回家。
3. 以消費稅或威士忌稅支應濟貧經費。
4. 對18歲到50歲有工作能力者，不予救濟。
5. 僱用機構與濟貧院，由郡負責管理。

二 多數報告與少數報告

這是有關英國改善新濟貧法的報告書。1905年英國成立濟貧法皇家委員會（Royal Commission），針對新濟貧法實施情況進行檢討，出現有兩派不同意見（Horner, 2019: 32）：

1. **多數報告**（the majority report）：慈善組織會社（COS）的代表，主張由慈善志工繼續擔任濟貧的主要角色。
2. **少數報告**（the minority report）：費邊社（Fabian Society）的韋布（Webb）及其支持者，主張澈底打破濟貧法，推薦一種健康、教育、就業的綜合性、普及式社會服務（費邊社主張改革，支持新左派）。

英國是民主國家，濟貧法皇家委員會採納「多數報告」，乃天經地義。

三 蘭尼報告

這是有關社區組織的報告書。1939年，美國紐約市福利委員會主席蘭尼（Lane），在全美社會福利會議提出「社區組織領域的討論報告」，簡稱為「蘭尼報告」（Lane Report）。

蘭尼報告書的內容：前言、社區組織的定義、社區組織的特質、社區組織的領域、「社區組織」名詞的認定、工作人員應具備的條件及訓練、結論及建議。

這份報告書提交大會認可，確定了「社區組織」的地位，繼個案工作、團體工作之後，成為社會工作三大方法。

㈣ 貝佛里奇報告書

這是英國規劃戰後社會安全的重要報告。自1930年到二戰期間，英國為處理戰爭帶來的失業及貧窮問題，焦頭爛額，亟需對策。邱吉爾首相乃委任貝佛里奇（Beveridge）組成委員會，對社會保險及相關服務進行全面調查，提出改革方案。

貝佛里奇認為完整的社會保險，應提供所得安全（income security）的保障，以克服五大惡魔：貧窮、疾病、懶惰、骯髒、無知，讓每一國民「從搖籃到墳墓」（cradle-to-grave），都獲保障。

1942年，他提出「社會保險及有關服務報告書」，簡稱「貝佛布里奇報告書」（Beveridge Report），揭示社會保險的基本原則：

1. 保險給付一律均等（均一給付制）。
2. 繳納保險費一律均等（均一費率制）。
3. 統一管理（保險費統一建立保險基金、保險給付統一由地方單位處理）。
4. 保險給付配合受益人的基本需要（給付足以維生）。
5. 綜合性保險（全民加保，將生育、疾病、傷害、殘廢、失業、老年、死亡、遺屬等保險事故的保障，綜合納入一種保險之中）。
6. 國民分類保險（依性別、年齡之不同，辦理保險）。

這份報告獲得英國政府具體回應，於1946年制定「國民保險法」、「國民保健服務法」，1948年制定「國民救助法」、「兒童家庭補助法」、「工業災害保險法」，使國民「從搖籃到墳墓」都不虞匱乏，成為現代完備的社會安全制度的國家。

在此之前，貝佛里奇曾於1929至1932年受邀赴美協助規劃社會安全

制度，促成美國羅斯福總統於1933年提出「新政」（New Deal），於1935年通過「社會安全法案」（Social Security Act），涵蓋老人救助、盲人救助、失依兒童救助、老人保險。1939年增加遺屬保險。當時的社會安全法案，是對抗美國經濟大蕭條的改革策略，也使社工的角色出現顯著的改變，以今日觀之，是一種基進的社會工作的興起。

另外，貝佛里奇的社會保險計畫，常被拿來與德國俾斯麥（Bismarck）的強制性勞工保險，相互比較。俾斯麥於1883年創立「疾病保險法」，並於1884年正式實施，是一種強制性勞工保險，也是世界第一個社會保險，其保險對象是受僱者、保險給付依所得而定，稱為「**俾斯麥模式**」。相對上，貝佛里奇的社會保險計畫，其保險對象是全民、保險給付是均一制，稱為「貝佛里奇模式」。

🄯 楊哈斯本報告書

這是英國有關戰後社會工作改革的報告書。楊哈斯本（Younghusband）於1955年針對「社會工作者需要什麼」提出報告。

她認為社工對於人應深入了解、對於資源能夠連結運用，因而提出兩項建言（Wilson et al., 2008: 56-57）：

1. **有意識的了解**（consciously understood）：社工應詳細了解案主的人格特質、案主對自身需求的表達、對解決問題的覺知。社工可透過訓練，加深對於人的了解，以增強他們助人的意志和信心。

2. **有指引的關係**（guided relationship）：社工應詳細了解影響案主需求的相關因素，以及案主的主要問題、經濟情況、人際關係。社工應指引案主認知可用資源及連結方式，以便案主能從自己或他人所編織的困境中解脫出來。

基本上，楊哈斯本報告書除了延續早期「友善訪問員」著重個案資格訪查及受助紀錄等外在資訊之外，又增加了案主的人格特質、人際關係、需求表達、自我覺知等內在資訊，促使個案工作的專業性更加強化。

六 希伯罕報告書

　　這是有關促進英國地方政府社會服務整合的報告書。1965年，英國政府為了整合公部門、私人與慈善機構之間的社會服務，成立一個委員會，由希伯罕（Seebohm）領導，針對地方政府的社會服務組織進行檢視。1968年，提出「希伯罕報告書」（Seebohm Report），建議三種關鍵性措施（Horner, 2019: 123）：

1. 每一個地方政府成立一個社會服務部門，各指定一個領導者，對社會服務委員會負責。

2. 新成立的社會服務部門對於各種服務必須協調及整合，以打破兒童、健康、福利等相關領域的片斷情況。

3. 透過社會工作教育與訓練委員會，發展一種整合性的機制，對社工實施綜融性訓練。

　　英國政府回應希伯罕報告書的建議，於1971年制定地方政府社會服務法案，將兒童、健康、福利等部門，整合於新成立的社會服務部門。

七 巴克萊報告書

　　這是建議社會工作融入社區理念的報告書。1980年代，英國出現國家角色、貧窮衝擊、種族與性別等議題之爭論，且兒童虐待的悲劇不斷發生，突顯「後希伯罕」（post-Seebohm）綜融式社會服務已出現破洞。

　　1982年，一個由巴克萊（Barclay）擔任主席的委員會，針對英國社會工作者及其功能進行檢視，提出巴克萊報告書（Barclay Report），建議兩個改進方案（Horner, 2019: 130-132）：

1. **朝向以社區為基礎的社會工作**：主張地方性社區應該「去中心化」，回到「小區」（parch）的基本工作；社工進入地方性社區，應將社區工作、團體工作，整合為綜融社會工作。

2. **慎選社會工作的焦點與目標**：對於社會工作的焦點，明確選擇更勝於普及實施；對於社會工作的目標，目標明確更勝於目標繁雜；回應實務更勝於預防取向。

八 英國社區照顧白皮書

1989年，英國公布「社區照顧白皮書─照顧人民」，提出社區照顧的三個目的：

1. 讓人民在自己的家，或社區中類似家庭的環境下，過著正常的生活。
2. 提供適當的照護和支持，協助人民獲得高度的獨立自主性，並協助人民獲得基本的生活技能，使他們能發揮最大的潛能。
3. 提供人民對自己的生活方式及所需服務有較大的個人發言權。

進而言之，英國的社區照顧具有下列要素／特質（黃源協、蕭文高，2010：216-220）：(1)長期照顧；(2)去機構化；(3)減少對公共照顧的依賴；(4)非正式照顧；(5)參與和選擇的增加；(6)需求導向的服務；(7)成本抑制。其中，因為「去機構化」，故未廣設24小時全年無休的照顧機構；因為需求導向的服務，只以有照顧需求的人民為對象，且不是實施短期與急性照顧（acute care）。

第五節　社會工作相關公約

聯合國是第二次世界大戰結束成立的國際組織，先後公布多種公約與宣言。其中，與社會工作的關係較密切者，有三種公約、一種綱領、一種宣言。茲分別略述其要點：

一 兒童權利公約

聯合國於1989年11月20日通過「兒童權利公約」（The Convention on the Right of the Child, CRC），1990年9月2日生效，其要點：

1. **基本精神**：呼籲締約國保障及促進兒童的固有尊嚴及其平等與不可剝奪的基本人權。
2. **主要內涵**：聚焦於維護兒童權利，使兒童獲得保護、照顧、健康、教育、休閒和文化活動，並擁有自由權、表意權、法律保障。其中，在休

閒和文化活動方面,兒童權利公約第31條指出「兒童及少年有從事適合其年齡之遊戲與娛樂活動之權利」,對兒童及少年來說,遊戲的正面功能,有助於情緒放鬆與調適。

3. **一般原則**:(1)禁止歧視;(2)應以兒童最佳利益為優先考量;(3)確保兒童的生命權、生存及發展權;(4)尊重兒童的表意權。

4. **兒童教育的目標**:締約國一致認為兒童教育的目標為(第29條):

   (1) 使兒童的人格、才能、精神、身體之潛能獲得最大發展。

   (2) 培養兒童對人權、基本自由及聯合國憲章各項原則之尊重。

   (3) 培養兒童對父母和自身的文化認同、語言與價值觀、民族價值觀、不同文明之尊重。

   (4) 培養兒童於自由社會中,以理解、和平、寬容、性別平等,並與所有人民、種族、民族、宗教、原住民之間的友好精神,過著負責任的生活。

   (5) 培養兒童對自然環境的尊重。

   其中,兒童教育目標的最後一項目標,是培養兒童對自然環境的尊重,而不是對人文環境的尊重,因為其前面二項已提及對人文環境的尊重。另外,聯合國也將通過此公約的日期11月20日,訂為「國際兒童人權日」。

⬤ 消除對婦女一切歧視公約

聯合國於1979年12月18日通過「消除對婦女一切歧視公約」(The Convention on the Elimination of All Forms of Discrimination Against Women, CEDAW),1981年9月3日生效,其要點:

1. **基本精神**:締約國有義務保證男女平等享有一切經濟、社會、文化、公民和政治權利,並且譴責及消除對婦女的一切歧視。

2. **主要內涵**:聚焦於消除對婦女的一切歧視,包括:

   (1) 消除基於性別而分尊卑觀念(第5條)。

   (2) 消除在本國政治和公共生活中對婦女的歧視(第7條)。

   (3) 保證婦女在教育方面享有與男子平等的權利(第10條)。

(4) 消除在就業方面對婦女的歧視（第11條）。

(5) 消除在保健方面對婦女的歧視（第12條）。

(6) 消除在經濟和社會生活的其他方面對婦女的歧視（第13條）。

(7) 消除在婚姻和家庭關係的事務上對婦女的歧視（第16條）。

3. **一般原則**：考慮到對婦女的歧視違反權利平等和尊重人的尊嚴的原則，並採取一切必要措施消除歧視的一切形式及現象。

其中，有關於消除基於性別而分尊卑觀念，在於保證家庭教育應包含正確了解母性的社會功能，確認教養子女是父母的共同責任，在任何情況下都應首先考慮子女的利益。

三 身心障礙者權利公約

聯合國於2006年12月13日通過「身心障礙者權利公約」（The Convention on the Rights of Persons with Disabilities, CRPD），2008年5月3日生效，其要點：

1. **主要宗旨**：為促進、保障與確保所有身心障礙者充分及平等享有所有人權及基本自由，並促進對身心障礙者固有尊嚴之尊重（第1條）。

2. **一般原則**：聚焦於「人權」，包括八大原則（第3條）：

(1) 尊重與生俱來的尊嚴，包含自由做出自己選擇之個人自主及個人自立。

(2) 不歧視。

(3) 充分有效參與和融合於社會。

(4) 尊重差異，接受障礙者是人類多樣性的一部分與人類之一分子。

(5) 機會均等。

(6) 無障礙地接近環境。

(7) 性別平等。

(8) 尊重障礙兒童逐漸發展之能力，保障身心障礙兒童身分認同之權利。

3. **人身自由與安全**：確保障礙者在平等基礎上有下列權利（第14條）：

(1) 享有人身自由及安全之權利。

(2) 不被非法或任意剝奪自由。

(3) 有權獲得國際人權法規之保障。

(4) 享有符合本公約宗旨及原則之待遇。

4. **自立生活與融入社區**：障礙者享有於社區中生活之下列權利（第19條）：

(1) 有機會在平等基礎上選擇居所，選擇於何處、與何人一起生活。

(2) 享有近便性之各種居家、住所及其他社區支持服務。

(3) 針對大眾提供之社區服務及設施，可由身心障礙者平等使用。

　　該公約於2006年通過，2008年生效（不是2009年），是聯合國在二十一世紀通過的第一個人權公約，也影響全球障礙者之權利保障。雖然，各個國家各有其發展背景，但是對於障礙者的福利需求，都應積極回應。其中，基於自立生活與融入社區之權利，障礙者有權選擇居住的地方，其家人不能因為障礙者行動不便，需要他人照顧，而代其決定居住地點。

㈣ 聯合國老人綱領

　　聯合國大會於1991年12月16日通過「聯合國老人綱領」（United Nations Principles for Older Persons），提出老人五種基本權利：

1. **獨立**（independent）：老人依然有能力做事，不因老人申請救助，就視他們為依賴者，他們有權利獲得健康照顧，且能居住於安全與適合的環境。

2. **參與**（participation）：老人應能夠持續融合於社會中，且能夠尋找機會去服務社區，或擔任適合於自己興趣及能力之志工。

3. **尊嚴**（dignity）：老人能夠在有尊嚴和安全感之中生活，不因年齡、失能而遭到歧視。老人在申請服務的過程，可表達自己對服務的期待。

4. **照顧**（care）：老人應能夠獲得符合社會文化價值且來自家庭及社區的照顧與保護，且應提高老人自我照顧的能力。

5. **自我實現**（self-fulfillment）：老人應能夠適當地追求充分發展的可能，有途徑獲得教育、文化、宗教、娛樂等社會資源。

上述有關老人的五種權利，也是促進老人福利的重要指標，但不包括：品質（quality）這一項權利。

五 原住民族權利宣言

聯合國於2007年9月13日通過「原住民族權利宣言」（Declaration on the Rights of Indigenous People），其要點：

1. **基本精神**：原住民族，無論是集體或個人，都有權利充分享受「聯合國憲章」、「世界人權宣言」和「國際人權法」所確認的所有人權和基本自由（第1條）。
2. **主要內涵**：聚焦於「基本人權」，包括：
   (1) 原住民族和個人，與所有其他民族和個人平等（第2條）。
   (2) 原住民族享有生命權、身心健康、人身自由和安全的權利（第7條）。
   (3) 原住民族有權利奉行和振興其文化傳統與習俗（第11條）。
   (4) 原住民族有權利以自己的語言和適合其文化的方式提供教育（第14條）。
   (5) 原住民族有權利不受歧視地改善其經濟和社會狀況（第21條）。
3. **一般原則**：確認原住民族的權利，且在公正、民主、尊重人權、不歧視和誠意等原則的基礎上，促進和保護原住民族的權利。

最後，參考相關文獻的論述（李增祿，2012：19-20），將本章所述歐美國家社會工作專業化的發展，歸納社會工作整體的發展趨勢如下：

第一，工作觀念，由事後的補救、治療，發展為事前的預防。

第二，工作項目，由消極的救濟工作，發展為積極的福利措施。

第三，知識基礎，由片斷的理念，發展出一套有系統的理論。

第四，工作人員，由不具專業條件，發展為專精的社會工作者。

第五，工作方法，由傳統個案工作為主，發展為整體性、綜合性的福利行政、立法與制度。

第六，社會參與，由少數人的投入，發展為大眾普遍參與。

第七，效益評量，由不計代價或低估成本的工作，發展爲講究方案的評估及成本效益的分析。

第五章
直接服務(一)：
個案工作

正如前兩章所言，臺灣與歐美社會工作的發展，已進入專業化階段，社工必須使用專業方法，與服務對象一起處理問題，以達成預定的目標。

社會工作專業方法有兩個面向：一種是直接服務，使用的方法是個案工作、團體工作、社區工作；另一種是間接服務，使用的方法是機構行政，有時也納入社會研究發展（Hare, 2010: 375）。

傳統上，個案、團體、社區，是社會工作的基本方法，也稱為三大方法，再加上行政、研究，合稱五大方法。這一章，先探討個案工作方法的實施，略述其發展及意涵、實施取向、實施流程、相關議題、個案工作與個案管理。

 ## 第一節　個案工作的發展及意涵

在社會工作的專業方法之中，個案工作是起源最早、使用最廣、定義最多，也可能是最重要的一種方法。

一　個案工作的發展

1814年，查墨斯在英國推行濟貧計畫，將教區居民分為25個區，每區由專人負責調查個人的家庭環境，作為濟貧依據，已有個案工作的雛型。

1869年英國成立慈善組織會社（COS），參考查墨斯的做法，由友善訪問員對申請救濟者進行訪查，保管資料，避免重複申請（Herner, 2019: 29）。

1917年，李奇孟引用佛洛伊德的理論，撰寫《社會診斷》，強調個人差異性，關注個人、家庭、社會的相互關係，呈現了個案工作的概念。

1922年，李奇孟發表《何謂社會個案工作》，被喻為個案工作的經典，她也被稱為個案工作鼻祖。因此在1930年之前，個案工作幾乎是社會工作的同義詞。佛洛伊德精神分析的理論引進美國之後，使個案工作轉變為所謂「精神醫學的洪流」（林萬億，2022a：400）。

雖然，在1920年代，精神分析派達到高峰，但是1930年代，經濟大恐

慌引發貧窮及失業問題，也使個案工作無法將貧窮歸因於個人，而需注意
經濟結構與環境的影響及改革。

　　1960年代，自我心理學、系統理論、家庭治療等人類行為科學陸續出
現，個案工作的焦點轉而關注人與環境之互動。

　　1970年代，隨著綜融觀點的發展，以及費雪（Fischer, 1978: 16）
討論「折衷主義」（eclecticism）對於個案工作的挑戰，促使社工在協
助個人的過程，必須整合個案、團體、社區的方法，跳脫傳統的個案
工作，稱為：以個人為對象的社會工作實施（social work practice with
individual）。

　　1980-1990年代，為了提升社工的專業地位，而對機構責信有更多要
求。同時，後現代主義與社會工作專業的自我反思、女性主義、充權、多
元觀念，也促使個案工作更強調社工與案主建立夥伴關係。

⬛二 個案工作的意涵

　　即使1970年代之後，美國開始發展綜融社會工作，有些文獻使用「以
個人為對象的社會工作實施」，來取代傳統的個案工作。但是，臺灣仍習
慣使用「社會個案工作」一詞，簡稱個案工作。不過，對於個案的評估
與處遇，已逐漸融入團體工作與社區工作的成分，不再壁壘分明，各自
為政。

　　對於個案工作的意義，學者之間常有不同的解釋。以下列舉三則
定義：

(一) 李奇孟的定義

　　　社會個案工作是透過個人（工作者）對個人（案主）的方
　　式，有意識地協調人們與所處社會環境之間的關係，以發展人格
　　適應的一系列過程（Richmond, 1922: 98-99）。

　　這個定義，著重於人與環境之間的協調，其實施過程是一個社工對一
個案主；其目的在協助案主發展人格的適應性。

(二) 波爾蒙的定義

波爾蒙（Perlman, 1983: 254）在《問題解決模式》（*The problem-solving model*）一書，以四個P說明個案工作的意義（簡春安、趙善如，2008：355）：

> 總是有一個人（或一些人）（person），被一個問題（或一些問題）（problem），所圍困著，他（他們）到一個地方（place）去求助，得到一些解決問題的程序（process），這個過程就是個案工作。

這個定義，以四個要素來闡釋個案工作的意義，一般稱為4Ps。1986年，波爾蒙又增加兩個P：專業人員（professional person）和機會的供應（provision of opportunities），合稱6Ps，而其內涵也隨著時代的演變有了一些改變：

1. **個人（person）**：個案工作的服務對象不限於個人，也涵蓋個人及其家庭。
2. **問題（problem）**：個案工作處理的問題，不限於經濟匱乏的問題，也關注身體健康、心理支持、實務靈性（spirituality）、環境改變等多元問題。
3. **地方或場所（place）**：個案工作不只被動等待服務對象上門，也透過外展方式，主動發現服務對象，並提供必要服務。
4. **專業人員（professional person）**：個案工作者不只以自己的專業知能提供服務，也透過專業間或跨專業的合作，共同提供服務。
5. **過程（process）**：個案工作並非一次性服務，而是依服務對象的情況，從接案到結案，提供一系列服務，且協調及結合社會資源之運用。
6. **機會的供應（provisions）**：個案工作的服務內容，已由物質的援助，擴及心理支持等服務，並視實際需要結合團體工作與社區工作，提供綜融性服務。

(三) 美國《社會工作辭典》的定義

　　社會個案工作是由專業社會工作者，將心理、社會、行為和系統的概念，轉化為技巧設計，並透過直接面對面的關係，來協助個人及家庭，解決內在的、人際的、社會經濟和環境的問題，進而形成實務的一種導向、價值體系和型態（Barker, 2014: 396）。

　　這個定義，將相關理論的概念轉化為助人的實務技巧，其實施過程是專業社會工作者與案主直接接觸，面對面提供協助；其目的在於協助個人及家庭解決內外在相關問題。

　　觀察上述三個定義，雖各有著重點，但可據此思考個案工作的特性：

1. **就對象而言**：是有需求的個人及家庭，且尊重其獨特性及自我決定。若認為個案工作的對象是個人，不包括家庭，並不正確。

2. **就工作者而言**：是專業的社會工作者，透過實務操作，運用專業知識與技術來協助服務對象解決問題。但不是憑藉多元的潛意識分析來協助案主。若認為社工人員需有高度專業，始能跟其他專業競爭，進而取得獨家為服務對象提供服務的機會，也不是專業（profession）的正確觀念。

3. **就過程而言**：是案主來機構，或社工到案家，且重視專業關係的建立及運用，也鼓勵案主參與，一起工作。

4. **就方式而言**：是一種個別化的、直接的服務方式，且針對不同的服務對象，發揮不同的作用。若認為個案工作是社工採用團體工作的直接服務方式，並非準確。

5. **就目的而言**：是協助案主解決其所遭遇的問題，且關注人在環境中（person in the environment）的適應。

第二節　個案工作的實施取向

前述個案工作發展的過程中，我們看到在不同的時間脈絡下，個案工作引用不同的社會工作理論，作為實施的知識基礎，顯示個案工作有各種派別的取向。以下依其發展的先後順序，擇要略述：

一　心理暨社會取向

心理暨社會取向的個案工作，始於1937年，漢彌爾頓（Hamilton）在《個案工作的基本概念》書中，闡明心理暨社會治療理論。

此學派發展之初，以心理動力為基礎，強調問題的診斷，應重視個體早年生活經驗的影響，並運用潛意識、精神分析等概念，來詮釋案主的問題，因而早期被稱為「診斷派」（diagnostic approach）。1950年代，診斷派轉化為心理暨社會學派，並由哈里斯（Hollis）發揚光大。

此學派的核心理念，將重點放在改善人際關係和生活情境的壓力，主張對人及其情境的了解，採取「人在情境中」（person in the situation）的思考架構，強調個人的行為是由內在心理和外在社會因素交互反應所形成，人的內在心理結構會影響外顯的行為表現，並據此提出處遇的目標、內容、方法、程序和技術。

然而，心理暨社會取向的個案工作與心理治療之間，有所不同。心理治療處理的是深度的個人心理、精神及行為的問題，期待能促成個人內在動力的均衡，

而心理暨社會取向的個案工作，關心個人、家庭、團體、社區、組織的社會功能及其關係，並運用社會資源來協助案主解決其心理暨社會問題。

心理暨社會學派可應用於心理衛生機構。其實施程序為：初期會談、心理社會研究或研判與診斷性了解、處遇、結案及追蹤等四部分（Hollis & Woods, 1990，宋麗玉，2021：161）。

通常，此學派對個人的直接處遇，有四種主要技術（宋麗玉，2021：

165-169；許臨高，2016：284-291）：(1)支持性的技術；(2)直接影響的技術；(3)探討、描述及宣洩的技術；(4)反映性討論的技術。至於對個人的間接處遇，則是改善或修正案主的環境，運用調停、積極干涉等技術，去影響案主的環境，以符合案主的利益。

綜言之，最早應用到個案工作實務模式，是心理暨社會取向，而非任務中心取向。心理暨社會學派的理論基礎，來自心理動力與精神分析，而非人本主義心理學，因而對於問題的處置策略，聚焦於治療，包括對案主個人問題的直接治療、對案主內在情緒經驗的治療、減除環境壓力的治療，而不包括評量案主的安全需求並提供保護性措施。至於最早期的診斷學派個案工作，則是漢彌爾頓發展出來的，而非李奇孟、史金納（Skinner）、波爾蒙等人發展出來的。

二 功能取向

個案工作的功能學派起源於1930年代。當時，塔福特（Taft）與羅賓蓀（Robinson）受到佛洛伊德門生蘭克（Otto Rank）的影響，而以成長心理學作為知識基礎，認為個人的行為與意志（will）密切相關，須善用社會工作機構的功能，來協助案主改變行為。此學派的核心理念，有三項特徵（Turner, 1977）：

1. **案主是改變的關鍵**：要不要改變，取決於案主，而不是社工。
2. **協助案主發揮功能**：社工的協助，不是心理治療，而是了解案主追求成長和改變的意志，以協助其發揮自我改變的功能。
3. **社工與案主協商**：案主個人的意志是改變的原動力，社工應與案主共同協商，以決定及實施改變的行動。

此學派在實務上的應用，特別強調建立關係的過程，且服務應與機構的功能連接，讓案主學習運用機構的功能，來堅定意志和實踐其獨特性。

三 問題解決取向

問題解決取向的個案工作模式，起源於1950年代。波爾蒙（Perlman,

1957）在《個案工作：問題解決的一種過程》一書，引用自我心理學、角色理論，以及診斷派、功能派之特質，構成了「問題解決模式」。

此學派認為人類生活是一連串問題解決的過程；個人難以慣常方法解決面臨的問題，是由於動機（motivation）、能力（capacity）、機會（opportunity）之不足。

對此，托爾（Towle）認為，社工應參考案主的動機、能力或他所具備的種種機會，針對他面臨的問題，做成有效的計畫，此即MCO評定模式（MCO assessment）。M是指案主的動機，C是指案主改善問題的條件或能力，O是指問題得到改善的機會（簡春安、趙善如，2008：364）。

此學派有關「問題」的概念，深受社工的重視，而問題解決取向也廣泛應用於個案實務。康普敦與葛拉維（Comptom & Galawey, 1999）曾將問題解決的程序，分為四個步驟（許臨高，2016：308）：

1. 與案主初步接觸，了解案主所述問題，並發展初步目標。
2. 蒐集資料、預估問題、訂定解決問題的目標和行動計畫。
3. 執行介入的行動。
4. 評量成效。

四 行為修正取向

行為修正取向的個案工作，起源於1970年代，代表人物是湯姆斯（Thomas），其核心概念，認為正向行為可透過獎勵而增強，負向行為則可透過懲罰而減弱。

這種取向，立基於史金納的行為改變理論與班杜拉（Bandura）的社會學習理論，用來改變案主的困擾行為。根據史金納的理論，口頭讚美、代幣、獎賞等正增強，可強化案主的適應行為；警告、搖頭、懲罰等負增強，可能弱化案主的不適應行為。根據班杜拉的理論，學習不是被動的，行為是經由模仿而來的。行為修正取向的個案工作，有兩個特徵：

1. 案主需要修正的行為，必須是社工可觀察到的行為反應。
2. 社工以循序漸進方式，一次修正一種行為。

行為修正取向常應用於兒童福利機構，以及學校社會工作。

🖖 任務中心取向

　　個案工作的任務中心取向，起源於1970年左右。起先，美國芝加哥大學的瑞德與賽恩（Reid & Shyne, 1969），為了回應傳統個案工作缺乏焦點與案主獨立的問題，而發展出一種包含時間限制、密集處遇、集中策劃及行動的取向，稱為：以任務為中心的實務。

　　後來，瑞德與艾普斯坦（Reid & Epstein, 1972）撰寫《任務中心的個案工作》，整合了心理動力、問題解決、行為學派、以證據為基礎等知識與技術，形成一種「有計畫的短期處遇」取向，以解決人們在生活上遭遇的問題。

　　此學派的核心理念，認為社工的協助方式有四個特性或要素（Reid & Epstein, 1972；宋麗玉，2021：215-225）：

1. **界定標的問題**：所謂「問題」，是指案主生活上所面臨而等待解決的問題。通常，案主的問題較多的時候，應聚焦於一到三個關鍵性問題，依序處理。

2. **有明確目標**：所謂「目標」，是指案主在完成「任務」之後所呈現的狀況。通常，在確認所要解決的問題之後，應將問題轉化為案主能夠了解且有意願採取行動予以處理的目標。

3. **具體規劃任務**：所謂「任務」，是指案主為了緩和問題的嚴重性，所想要採取的行動。通常，可由案主與社工共同將目標轉化為具體可行的任務，或者依問題層次切割為幾個任務，以利執行。

4. **有時限**：所謂「時限」，是指系統化執行任務的期間限制。通常，是短期的（brief），在一至三個月內，進行8至12次會談，時間限制是三、四個月內完成。

　　其中，案主生活上較常出現的「問題」，有八種類型（Reid & Epstein, 1978; Heslop & Meredith, 2019: 163）：(1)人際衝突；(2)對社會關係的不滿；(3)與正式組織的關系欠佳；(4)角色執行困難；(5)社會轉變不順；(6)反應性的情緒壓力；(7)資源不適當；(8)心理／行為的問題。

　　時至今日，已有十個國家的研究，證實任務中心取向可以有效應用於精神疾病門診病人、學齡兒童、脆弱老人、有心理健康問題等類案主之處

遇（Rooney, 2018: 94）。但是，任務中心取向對於認知上有障礙、無法痊癒的慢性精神疾病患者、非自願案主等類案主，並不適用。

至於任務取向的實施程序，依據胡斐爾（Humphrer, 2018: 315-318）的規劃，有五個過程：(1)問題探討；(2)確認優先問題及同意之目標；(3)同意要求的任務；(4)執行及達成任務；(5)結束與評量。

六 復原力取向

1980年代之後，社會工作從傳統的病理取向轉變為優勢取向，促使社會工作開始運用復原力理論（resilience theory），來關注處於逆境的案主如何經由復原的過程，達到超乎預期的好的效果。

「復原力」（resilience）一詞，源自拉丁字"resilire"，有跳回或彈回之意，中文也譯為韌性、韌力、彈性、抗逆能力。依美國《社會工作辭典》的解釋，復原力是人類（個人、團體、社區）以一種健康的情緒和身體來處理危機、壓力的方法，也是一種正式經驗的能力（Barker, 2014: 365）。

社會工作對於復原力，大多數從「過程」來定義。安軋與傑隆（Ungar & Theron, 2020）主張，復原力是協助個體面對危險因子時，獲得、維持或改善其生理、心理、社會和生態多重體系的過程（引自曾華源，2022：424-425）。可見，復原力是一種動態的過程，是一種良好的適應，是一個人自我修復的力量，而不是源自一個人具固定性的人格特質。

復原力取向的核心概念，著重於復原因子，以克服逆境及正向調適。比納德（Benart, 1991）在《促進兒童復原力》（*Fostering resiliency in kids*）書中，認為有復原力的兒童應具備四種能力：

1. **社會能力**：能夠引發他人的積極反應，也能夠與同儕及成人建立正向關係。
2. **問題解決能力**：能夠自我控制，並且尋求他人的協助，以解決問題。
3. **自主的能力**：具有自我認同感，獨立性，且能夠掌握環境。
4. **迎向未來的能力**：對未來具有目標感、希望感，以及堅持的力量。

另外，吳琳與烏林（Wolin & Wolin, 1993）在《復原自我》（*The resilient self*）書中，探討在危險環境中倖存兒童所擁有的復原力因子，包括七項：(1)洞察力（insight）；(2)獨立性（independence）；(3)人際關係（relationship）；(4)進取心（initiative）；(5)創造力（creativity）；(6)幽默感（humor）；(7)道德感（morality）。以高風險的青少年爲例，其正向適應的保護因子，包括：(1)與家人、同儕、教師有正向關係；(2)較強的自我認定感；(3)個人控制和效能；(4)社會正義；(5)物質資源的便利；(6)在社區、教會、學校有凝聚力；(7)有忠誠的文化依附（Ungar, 2005，引自曾華源，2022：428）。相對上，低社經地位的家庭、父母離異、居住環境不佳、罹患疾病、未婚生子、失業、被霸凌等向，屬於危險因子。

目前，復原力取向已廣泛應用於協助兒童、少年、受暴婦女、經濟弱勢家庭等領域。通常，社工可經由下列五個過程，協助服務對象的改變（Ungar, 2018，引自曾華源，2022：429）：

1. **持續**：面對威脅時，復原力系統持續維持穩定的功能。
2. **阻抗**：動員資源，阻止內外威脅的擾動。
3. **復元**：經由重建、修復的過程，回復先前的正常水準。
4. **調適**：在逆境下，調整或學習新的運作方法。
5. **轉化**：轉變成新的樣態。

綜合上述個案工作的六種取向，其在核心理念與運用程序，略有差異，因而個案工作者在選擇干預理論與相應的工作策略時，應有不同的考慮面向。

 # 第三節　個案工作的實施過程

個案工作是社會工作的三大方法之一。就社會工作的實施而言，其主要程序包括：評估（或預估、預評）、計畫、介入（或干預、處遇、處置）、評量（或評鑑），但不包括內容分析（content analysis）。通常，個案工作、團體工作、社區工作的實施，也是依此標準程序進行，但有更

詳細的步驟。

　　就個案工作來說，社工與案主一起工作時，至少歷經七個程序，如圖5-1：

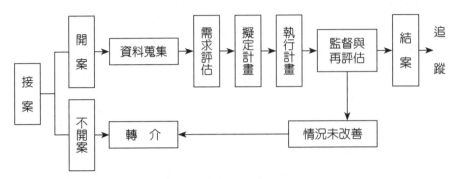

圖5-1　個案工作的流程

資料來源：筆者繪製。

　　由圖5-1顯示，個案工作方法的實施，必須按照一定程序進行。以下分七個階段說明：

一　接案與開案

　　個案工作的實施過程，始於服務對象進入機構的服務系統。通常，服務對象有三個主要來源：(1)個人主動申請協助；(2)由他人或機構轉介而來；(3)由社會工作者主動發現。另外，也有少數個案是依法律規定應接受處遇（或處分）者，此即所謂「非自願案主」（involuntary client）。

　　這些服務對象，必須經過接案與開案的程序，確定其符合機構服務的資格或法定應予處遇的對象，始能稱為「案主」（client），而不是來到機構的人，就是真正的案主。在開案之前，服務對象只是潛在案主（potential client）。這個階段的主要工作是：

1. 接案

　　社工與服務對象的第一次接觸，稱為「接案」（in take）。接案者的職責，是進行接案會談、查閱該對象的相關紀錄、了解該對象的問題是否機構可提供之服務項目。此時，尚難確定對象的需求，也難立即發展服務

計畫。

2. 開案

通常，社福機構或服務方案先依其服務宗旨、目的及功能，訂出開案的指標，作為開案或不開案的依據。如果依據先來後到的時間來提供服務，不一定適當，例如：嚴重的兒虐、家暴等類緊急事件，應立即處理（曾華源，2022：31）。如果接案者確定該對象已符合開案指標，即可開案。然後，進行開案會談，向該對象說明機構的服務原則和內容，也聽取該對象的回應和期待，讓雙方對未來的行動達成初步協議。

3. 不開案

如果該對象不符合機構的開案指標，則不開案，並且委婉說明不開案的理由，做成摘要紀錄，以備查考。必要時，也可將該對象轉介適當機構。

🎲 資料蒐集

開案之後，個案工作者應蒐集案主相關資料，作為評估案主需求的基礎。資料蒐集必須持續進行，且有多種途徑：

1. **與案主會談**：與案主面對面進行會談，直接了解案主自己對問題的看法，同時觀察案主的非語言行為：案主的動作、表情、說話的聲調等。
3. **家庭訪視**：到案主的生活場域進行訪視，是資料蒐集的重要途徑，而且實地訪視案家，可了解其家庭狀況、家人關係、家人對案主的看法。
4. **機構訪視**：針對案主有關的機構，例如：學校、工作場所、醫院、安置機構，進行訪視，以了解案主在機構之過去或現在的行為表現及適應情況。
5. **重要關係人訪談**：訪問案主的師長、親戚、朋友、同事等，以蒐集更多有關案主的資料。
6. **查閱書面紀錄**：向相關單位借閱書面資料。例如：就醫紀錄、智力測驗、人格測驗、學業成績、出缺席紀錄等。

三 需求評估

評估（assessment），也稱預估、評定，是將案主相關的資料，加以整理分析，形成暫時性判斷，作為擬定服務計畫的依據。

個案工作的評估可分為：服務需求評估、服務計畫評估。以需求評估來說，較常使用下列三種評估工具：

(一) 家系圖

家系圖（genogram）是由家族樹（family tree）演變而來，使用簡單的圖形和線條，呈現案主與家庭成員的基本資料及相互關係，作為評估之用，其圖形及含意，如圖5-2：

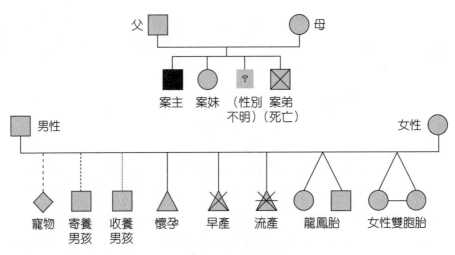

圖5-2　家系圖

資料來源：Heslop & Meredith, 2019: 145.

(二) 生態圖

生態圖是立基於一般系統理論的記錄方式，使用簡單的線條，呈現案主在社會網絡中，與相關機構／人員的關係或資源連結的情況，如圖5-3：

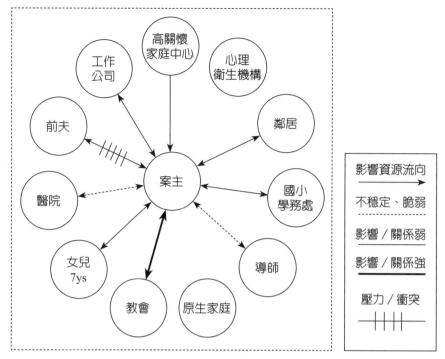

圖5-3　生態圖

資料來源：Meyer, 1983，引自曾華源，2022：14。

(三) 時間線

　　時間線（timeline）是使用垂直或水平的線條，標示案主在生命過程中，發生的重要事件，作爲評估之用，如圖5-4。

　　通常，時間線是家系圖與生態圖完成之後，再行繪製及評估。因爲案主已與社工建立初步關係，比較願意提供生命歷程中的事件。至於時間線使用的時機，可視實際需要而定。例如：家暴防治社工，可與案主一起繪製案主的婚暴史；心理衛生社工可與病人家屬共同繪製案主的病史（曾華源，2022：184）；長期照顧機構之社工，可陪同長者進行生命回顧史，作爲「靈性照顧」（spiritual care）的一種方式（靈性照顧服務，將於第九章老人社會工作中說明）。

個案編號：第○號

1998年，出生於敘利亞

2005年，開始上學

2011年，中斷學業

2012年，與父母離開敘利亞

在埃及與利比亞邊境販毒

搭小船到義大利海岸

2013年，母親死亡

與父親登陸法國北部的加萊

獨自搭貨車到英國旅遊

被警察逮捕

2014年，安置於收容所
再轉入兒童之家

2017年，付費入住庇護所

圖5-4　安娜的時間線

資料來源：Heslop & Meredith, 2019: 149.

　　顯然，社工在提供個案服務的過程中，可用來描繪個案與家人的關係
及資源連結情形之評估工具是：家系圖、生態圖、時間線，並不是ADL、

IADL、失智量表。

㈣ 擬定服務計畫

根據需求評估而擬定的服務計畫，也稱介入計畫或處遇計畫。擬定服務計畫的步驟與注意事項如下：

(一) 擬定計畫的步驟

1. 設定目的與目標

先與案主設定服務所要達成的目的，再依目的，發展階段性目標。目標設定採用「SMART」原則：(1)明確（specific）；(2)可測量（measurable）；(3)行動取向（action-orientated）；(4)實際可行（realistic）；(5)及時（timely）。

2. 選擇介入的策略

案主的問題可能是多種原因造成的，其因應策略必須多層次介入，依序為：(1)個人層次介入；(2)家庭層次介入；(3)團體層次介入；(4)社區層次介入；(5)機構或制度層次介入。

3. 簽訂服務契約

透過書面或口頭，約定案主與社工對於介入行動的各自責任。服務契約應有的內容（曾華源，2022：228-229）：

(1) 干預做法或處遇技術。例如：寫明問題解決的過程和技巧。

(2) 服務時間限制、架構與頻率。例如：會面的形式、頻率與次數。

(3) 目標達成情況的監控方式。例如：評估進步的方法。

(4) 其他服務過程的注意事項。例如：修改契約的原則與規定，但是契約並不包括參與者的背景、檢視未達成的工作目標。

(二) 擬定計畫應注意事項

希伯齡（Siporin, 1975）認為個案服務計畫應具備四個要件：

1. 要有明確的目的（goal）。

2. 要有達成目的之具體且有優先順序的目標（objectives）。

3. 要有完成目標之可行性計畫，且能掌握可用資源。

4. 要有明確的責任分工、任務完成的時間表，以及評估的標準。

　　簡言之，服務計畫的擬定，需要案主的參與，藉以充權案主。同時，擬定服務計畫的方向和重點，可依個案工作的取向而定，如果採取任務中心取向，應著重於雙方的「任務」；如果採取生態系統取向，應著重於個人與環境的互動。

五 執行服務計畫

　　執行服務計畫是個案工作流程的核心，必須多面向進行（周永新，1994：91-109）：

1. **支持和鼓勵**：支持及鼓勵案主提出意見，以增加案主的希望和自信。

2. **提供資訊及意見**：提供相關資訊和具體建議，協助案主認清自己的處境。

3. **情緒疏導**：引導案主表達情緒，並予適切回應。

4. **觀念的澄清**：協助案主澄清誤解，建立合理的思維模式。

5. **行為改變**：運用行為改變技術，協助案主修正不當行為。

6. **環境的改善**：協助案主連結社區資源，改善所處環境。

7. **直接干預**：採取直接干預的行動，協助案主處理危機事件。

　　也許，有些案主不會主動接觸福利系統，但有高度的服務需求，社工可運用外展工作向外提供服務，直接進入有服務需求的場域或社區中，或主動到潛在案主比例高的地區去發掘服務對象，提供預防性與支持性的服務。

　　必要時，社工還可視案主需求與資源狀況，提供團體服務方案、專業諮詢、陪同服務。同時，服務計畫的執行，應以案主為中心，而不是制式化服務。即使案主所需服務相同，介入的層次和技巧也不盡相同。

六 監督、再評估與評量

　　在服務計畫的執行期間，就要進行「監督」（monitoring）與「再評

估」（reassessment），而不是等到結案才來檢視與評量（evaluation），因爲定期實施「監督」，可隨時掌握服務計畫執行的方向和進度，確保其符合預期目標。而對於服務計畫執行的初步成效，定期實施「再評估」，也可滾動式修正服務計畫和行動，以確保其因應案主情境的變化（曾華源，2022：47）。這三項工作的重點：

1. **監督**：在正式監督方面，運用結構式、標準化的工具（量表），與評估的基準線比較，以了解服務計畫的效益；在非正式監督方面，社工與案主或社會支持網絡中的關鍵人物進行面談、電訪，以質性資料檢視服務的成果。
2. **再評估**：使用量表或問卷，檢視服務計畫的執行狀況、完成的目標與預期達成的目標之差距、行動和方法及達成預期目標的成效，以確保服務成效。
3. **成效評量**：使用「目標達成尺度」（goal-attainment scaling）、研究性會談或問卷設計，評量服務的成效或結果。

七 結案、追蹤與歸檔

　　服務計畫的執行結果經過成效評量（evaluation）之後，確定已達成預期目標，即可進行結案（termination），將個案資料歸檔備查，然後再追蹤一段時間。如果案主的情況未獲改善，或有其他因素未能繼續處遇，可考慮將案主轉介至其他機構。這個階段，是個案工作實施流程的最後階段，其重點工作：

(一) 結案

1. 計畫性結案

　　服務計畫的目標已達成，或機構設定的服務期程已屆滿，例如：案主安置結束返家；單親家庭的母親，已有能力保障母子的生活；接受課後輔導的少年，已將規劃的課輔活動執行完畢；保護個案的老人，明確表示不願意社工繼續跟他聯絡，即可結案。

2. 非計畫性結案

主責的社工離職、機構的功能調整，或案主因故（死亡、搬家、拒絕）無法繼續接受服務。例如：案主發生意外、案主不滿服務而消失、案主主動中斷服務，必須結案。

如果，家暴的受害者已理解暴力無法改善伴侶關係，也學到適當處理個人的情緒壓力，但是對於家暴的加害者，仍不宜結案。

3. 結案時的負向情緒反應

案主面對關係結束，理應有正向的情緒反應，案主表現出自信、滿足、喜悅、感激。但也常有負向情緒或反應（Dorfman, 1996，曾華源，2022：52；許臨高，2016：113-114）：

(1) 生氣：案主感覺被社工遺棄或背叛。

(2) 否認：案主對結案沒有任何反應，迴避社工所提出的結案討論。

(3) 逃避：案主選擇先離開，沒有任何解釋。

(4) 舊疾復發：回到原來的問題狀態，要求社工繼續服務。

(5) 出現新問題：案主突然丟出一個重要訊息，或提出新的問題。

(6) 試圖延續關係：期待結案後與社工發展私人關係，成為朋友。

4. 關係結束時的工作

社工因應結案階段轉換困難的策略：

(1) 覺察和接納案主可能出現的負向反應。

(2) 與案主一起回顧服務過程，肯定案主的優點及所獲得之成果。

(3) 提供後續注意事項，以穩固案主的改變並強化處遇的成果。

(4) 分享結束的感受，以解決彼此正負向情感反應。

(5) 運用一些結束的儀式，以降低雙方的分離情緒。

(6) 採取開放式結案，讓案主感覺結案後心理上仍有依靠，而不是與社工的關係完全不可逆，並計畫及肯定未來案主能夠持續成長。

(二) 歸檔

結案之後，隨即整理結案紀錄，並將個案工作的各種文件，以及個案服務紀錄，依機構的規定，建檔保存，以備查考。

(三) 追蹤

結案之後，社工繼續不定期地追蹤六個月到二年，以觀察案主的後續情況，確定沒有舊疾復發，才眞正結束工作關係。

綜合言之，在個案工作實施過程中，預估（assessment）、處遇（treatment）及評量（evaluation）是三個重要的階段，這三者之間相互關聯：預估影響處遇計畫，評量可監測處遇成效及預估的準確度，作爲績效考核的依據。

 ## 第四節　個案工作相關議題

● 一 專業關係的建立

在個案工作實施過程中，社工與案主建立關係是重要工作。不但個案工作開始要建立關係，後續流程也要維持關係。

(一) 專業關係的特質

在社會工作之中，專業關係（relationship）存在於社工與案主之間，彼此情緒交換、動態互動、交互影響，且連結認知和行爲，以創造助人的環境（Barker, 2014: 361）。凱斯盧克斯（Keith-Lucas, 1986）認爲助人的專業關係有八項特質（許臨高，2016：130）：
1. 是一種助人者與案主的雙方關係，而非單向關係。
2. 不一定是令人愉快的關係。
3. 專業分析與情感反映，是同等重要的關係。
4. 唯一目的是讓案主願意接受服務的方式。
5. 強調「此時此地」（here and now），從過去的經驗抽離出來。
6. 在關係發展的過程，能提供新的資源、新的思考方式、新的溝通技巧。
7. 是一種接納、尊重、不批判的關係，允許案主表達負面的情緒。

8. 能提供案主自決的機會，而社工從旁協助。

　　簡言之，專業關係是有目的性、互動的動態關係，社工應傾聽案主的意見，同理案主的想法，但不應隨著案主的情緒變化，而表示強烈認同。必要時，社工可透過「自我的使用」（use of self）之技術，適時與案主分享自己的經驗，以維持良好的專業關係。

(二) 建立專業關係的原則

　　貝斯提克（Biestek, 1957）在《個案工作關係》（*Case Relationship*）書中，提出個社工與案主建立及維繫專業關係的七項原則：

1. **個別化（individualization）**：亦稱獨特化，肯定每一個案主獨特和鮮明的特性，不以化約方式對不同的案主提供同樣的服務計畫。班克斯（Banks, 2014）認為貝斯提克的「個別化」原則，是承襲康德有關於尊重的主張。

2. **有目的地表達感受**：社工應傾聽及引導案主有目的地表達他們的感受，且對案主提供心理支持。甚至接納案主的敵意與消極性情感，再以情感帶動案主的改變。

3. **適當地情緒介入**：社工應控制自己的情緒或情感的涉入，與案主維持有距離的專業關係。

4. **接納**：對案主給予應有的尊重和價值感，以案主真實情況，而非社工所期待的狀況來看待案主。但是，接納不表示贊同案主的態度或行為。例如：社工因為案主遺棄其年邁的雙親，而責罵或憎恨案主，就是未遵守接納的原則。

5. **非批判的態度**：社工不會去評斷誰是誰非，或誰該為所發生的問題負責，但不排除對案主的態度或行為進行專業的評估。例如：服務兒虐的加害者，社工對案主（加害者）說：「不管紀錄上怎麼寫，我想先聽聽你對這件事情的說法」，這是遵守非批判的態度。相對地，服務遭受家暴的婦女，社工對該婦女說：「你怎麼不離開呢？」就是未遵守非批判的態度。又如，有毒癮的少年告訴社工，已找到工作且不再吸毒，後來在個案會談中，社工發現案主欺騙，一氣之下當場辱罵案主，該社工就違反了非批判的原則。

6. 案主自決：支持案主有權操作自己的決定。假如一個21歲未婚懷孕女性打算將孩子生下，因爲她已成年，社工應尊重案主的自我決定權。但有些情況並不適用。例如：案主危害他人、案主擬自殺或自傷、案主正在虐待自己的小孩、極重度智能障礙者擬購買機車、中高齡智能障礙者的父母有意帶案主共赴黃泉、10歲的案主拒絕到校就學、未成年少女決定不告知家長自行墮胎、青少年擬加入暴力幫派，都不適用案主自決的原則。至於案主患有輕度失智症、患有憂鬱症，並不是限制案主自決的理由。

7. 保密：這是普遍的專業倫理，對案主所告知的資訊予以保密，以保護案主提供資訊與個人私密不對外洩露。但是，在特定情況下，保密是受到限制的。例如：社工訪視一個陷入貧窮和有情緒困擾的案主，而案主說他有吸食毒品的情形，並要求社工保證不告訴任何人。此時，社工不能同意保密，而應先了解案主吸毒的原因，並明確告知案主，吸食毒品違反法律規定，應就醫戒斷，以維健康。

　　本來，貝斯提克（Biestek, 1957）的七項原則並未包括眞誠的原則，後來的文獻陸續增加同理心、尊重、眞誠、責信等原則（曾華源，2022：87-89；張英陣等，2022：152-159）：

1. 同理心：有關生活經驗對案主的意義，社工必須敏感、正確地了解，並從案主的觀點去體會案主的認知和感受。

2. 眞誠：是「透明」與「誠懇」的綜合體。社工的立場明確，言行一致，不做作，很自然，不致於讓案主有不符實際的期待。

3. 關心、溫暖與尊重：關心發生於案主身上的事，願意與案主一起工作，鼓勵案主說出自己的生命故事，尊重案主的選擇，不要試圖控制案主。

4. 責信：社工對於案主、同仁、服務機構、社會大眾，以及社工自己的專業道德，都應負責任。

　　其中，同理、尊重、眞誠，被視爲建立助人關係的關鍵態度或技巧（林萬億，2022a：414）。例如：社工能傾聽和「同理」案主的生命故事、能對個案表達關懷與「尊重」、能呈現「眞誠」和一致的想法。但是，這些原則，並不包括教導案主，也不包括贊同個案的所有態度與行爲。

如果社工並不熟悉某種特定的處遇方法，但仍執意將其用來處理案主的問題，此種狀況代表該社工沒有遵循「責信」的原則。

無論如何，社會工作強調多元觀點，其基本價值或信念，著重個別化、接納、案主自決等原則，而較少強調「結果平等」（equality of outcome）。史必克（Spicker, 1988: 125）基於社會正義原則，主張「平等」應「消除劣勢」，也就是透過平等對待、平等機會、平等結果，來預防或消除個體之間的劣勢（周采薇，2017：62）。

(三) 情感轉移的處理

所謂「情感轉移」（transference），是指案主將被壓抑的情緒投射到社會工作者的身上。例如：案主表示社會工作者像自己的媽媽一樣囉唆。對於案主的情感轉移，社工要敏感察覺及處理。

社工運用情感轉移的技巧或原則：(1)應了解案主的反應不一定是不真實的，不宜全部視為情感轉移；(2)當案主期望社工表現如同重要他人時，協助案主理解專業關係有別於其他關係類型；(3)協助案主探索和了解這些扭曲知覺的來源；(4)在案主已了解其不真實情感的本質後，社工可適時分享個人的真實感受；(5)協助案主處理情感轉移後，檢視他在其他人際關係中是否也有類似反應（Hepworth et al., 2010）。

(四) 情感反轉移的處理

所謂「情感反轉移」（counter-transference），是指社會工作者將自我的心理需求投射到案主身上，而將案主當作那個特定的人看待。例如：社工對案主表示你的遭遇像我母親一樣可憐。此種現象稱為反轉移作用，而不是：轉移作用、反向作用、干擾作用。

處理情感反轉移的技巧或原則：(1)內省和自我評量；(2)隨時提醒自己專業界線的維持，覺察可能踰越界限時，應主動尋求協助（Hepworth et al., 2010）。

此外，社會工作者必須培養自己與同仁、督導討論的習慣，也主動爭取機構在行政上的支持，以降低情感反轉移的可能性（Smith, 2010，曾華源，2022：131）。

⚫️ 個案工作者的角色

綜合相關文獻所載（許臨高，2016：35-39），個案工作者的角色，可歸納爲五方面：

1. **使能者／諮商者的角色**：以使能者，協助案主改變行爲；以諮商者，積極地傾聽和同理案主的處境。
2. **諮詢者／教育者的角色**：以諮詢者，對案主提供相關訊息，解釋規則或相關規定；以教育者，教導案主了解和處理問題的技巧。
3. **仲介者／倡導者的角色**：以仲介者，將案主與其所需資源做連結；以倡導者，爲案主的權益與需求進行辯護。
4. **研究者／評估者的角色**：以研究者，透過研究來呈現實務的績效；以評估者，診斷案主的問題，並協助案主逐步達成問題解決的目標。
5. **個案管理者的角色**：以個案管理者，針對案主複雜而嚴重的問題，轉介或連結不同資源，並監督服務的輸送，使嚴重問題得以改善。

⚫️ 家庭訪視的實施

在個案工作實施過程，社會工作者常須到案主的家庭進行訪視，其目的、內容、注意事項如下：

1. **家庭訪視的目的**：(1)與案主及其家人建立友善的關係；(2)在案主實際生活環境中蒐集更具體的資料；(3)了解問題對家庭、文化和價值面向的影響情況；(4)了解或促進案主在家庭情境的適應情況；(5)爲那些不方便來機構的案主（如：障礙者、保護性個案），提供必要的服務。
2. **家庭訪視的內容**：依據訪視的目的而定。例如：對於申請社會救助個案進行家庭訪視，其主要內容是：了解家庭經濟困難的現況、原因，以及家庭的資源網絡等。
3. **家庭訪視應注意事項**：爲使家庭訪視有效執行，必須注意訪視的基本原則（許臨高，2016：56-57）：
   (1) 確定訪視對於案主的影響與需要。
   (2) 釐清訪視的主要目的和內容。

(3) 訪視前的準備和聯繫。

(4) 訪視過程中會談要領的使用。

(5) 訪視時的空間安排。

(6) 訪視結束和下次訪視的安排。

(7) 訪視結果的評價與紀錄。

除此之外，訪視前預先了解交通路線；考量到自己的人身安全；也了解其案主所在的社區環境。有時候，訪視的目的不同，所用的時間與技巧也隨之不同；訪視的服裝可依訪視對象不同而有所調整。

四 會談的進行

會談（interview）是人們之間爲了預先決定的目的而產生的溝通，社會工作者與案主之間的會談，目的爲了問題的解決（Barker, 2014: 225）。爲了達成會談的目的，社會工作會談有不同類型與基本技巧：

(一) 會談的類型

依會談的形式，有個別會談、家庭會談、夫妻聯合會談、團體會談。其中，個別會談最常使用，且依性質可分爲三類（林萬億，2022a：419-421）：

1. **資訊或社會史會談**：是爲了得到案主個人或社會問題的背景、生命史或問題史，作爲提供服務的參考依據。

2. **評估性會談**：重點在特定的目的，而非一般性資訊，亦即研判焦點問題已突顯之後，針對決策或提供服務所需，進行較特定的會談。

3. **治療性會談**：在服務計畫確定之後，較完整而有步驟地用來完成服務目標。其實，治療會談就是諮商，經由會談而協助案主改變觀念、想法、感覺或行爲。

這三種會談可能有重疊之處，而評估資料蒐集也不可能一次到位，當資料已窮盡，仍無法眞實理解問題的成因及後果時，就必須回頭尋找更適合的觀點來指引方向，而不是急著對事實進行建構，以引導介入方向。

(二) 會談的不同階段

通常，會談依照開始、中間及結束的順序，次第進行，每個階段完成案主與機構間不同的目的（曾華源，2022：123；許臨高，2016：190）：

1. 準備階段

會談前，要準備適當的會談地點、會談的方式，也要準備相關資料，調適心理狀態，做好同理的準備。其中，在會談室進行會談，比較不會使案主分心，有助於提升會談氣氛和會談效果。利用家訪進行會談，較易受到外界干擾，使案主分心。至於電話會談，可作為輔助性的會談媒介，較不會使案主覺得不自在。

2. 開始階段

相互介紹，建立關係，界定互動的結構和方向，進入問題的探索，澄清會談的目的，說明會談的程序。

3. 工作階段

也稱中間階段或發展階段，是會談的核心階段。先行協助案主釐清其處境及所面對的問題，然後協助案主擬定行動計畫，以具體行動來改變個人的觀念、情緒或行為。

4. 結束階段

若是單次會談，須進行該次會談摘要、確認該次會談收穫、預告下次會談時間。若是整個會談結束，須評量會談目標達成的程度、回顧會談歷程的收穫、展望未來的可能面對的挑戰和因應。

以單次會談而言，在開始階段，社工通常會很清晰地告訴案主會談時間的長短，但不會預告下次會談的準備事項，而會談內容涉及的層面比較一般性，不激起太多的情緒反應。在中間階段，討論一般內容範圍之後，社工應將焦點放在特殊領域中進一步深入討論。結束階段的同時，為下一次會談作準備，預約下次會談的時間、地點（林萬億，2022a：423-424）。

有時候，在會談開始階段，進行角色說明會談（role induction interview），定義社工與案主的夥伴關係，澄清雙方的角色，確定案主的期待，以增進專業關係的建立，而擬定詳細處遇計畫是下一階段的事。

(三) 會談的基本技巧

為了協助案主進入會談的情境，有下列基本技巧（林萬億，2022a：427-428；曾華源，2022：108-128）：

1. 傾聽

專注地聽，精確地聽，聽出對方意見表達的脈絡。社會工作者要掌握會談的目的，有效地選擇訊息；對案主的了解，逐漸聚焦於議題而非細節；要了解會談中的議題或聽到的事，是暫時成立的，可能被案主推翻。

2. 同理溝通

敏感覺察案主的感受，並以符合案主當下感受的言語表達出來。同理溝通有五個層次（Hepworth, Rooney, & Larsen, 2010: 108-110）：

(1) 最低層次的同理回應：盡是一些無關緊要的回應，而不是催化溝通。

(2) 低層次的同理回應：回應表現的訊息，表達不出精確感受的質和量。

(3) 中度層次的同理回應：也稱為交互的同理回應，隨案主的改變而回應。

(4) 中高層次的同理回應：觸及案主藏在話語下的情緒，但未探索案主行為背後的意義而予回應。

(5) 高層次的同理回應：能精確地回應所有表象與深層的感受和意義。

舉例言之，案主正在找工作，接到面試通知，告訴社工：「我很怕這次面試又像前幾次一樣，沒希望。」此時，社工最高層次的同理反應是：因為過去失敗的經驗，你擔心這次也會失敗，好像不太有信心的樣子。

3. 專注的技巧

藉由身體的姿勢、手勢、眼神、表情，表示已準備好且願意與案主一起工作。亦即所謂「SOLER」：挺直（Straight）、舒展張開（Open）、向前傾斜（Leaning）、眼睛（Eye）、放鬆（Relaxed）（曾華源，2022：113）。

4. 提問的技巧

彈性運用開放式與封閉式提問。例如：「請問你對於某父親殺死自己的孩子之後再自殺這個問題有何看法？」這是開放式提問；「你對人生感到厭倦，才採取這麼激烈的手段，對不對？」則是封閉式提問。

5. 面質的技巧

透過面質（confrontation），協助案主處理矛盾的言行、扭曲的認知，以提升其自我覺察的能力。具體的做法，引領案主看見自己矛盾的言行，指出案主情緒、想法或行為的不一致，以刺激案主自我檢視。但不包括協助案主將其希望改變的狀況加以具體化。

6. 真誠回應的技巧

真誠（authenticity），是以誠懇、從容、開放與一致性回應，以協助案主在舒適安全的情境下，分享自己的訊息或提出生活中的需求。通常，運用「我」作為開頭，針對案主的訊息提供回應，較能表現出真誠回應的技巧。例如：「我想告訴你一些想法」，而不是直接給予忠告、明確給予保證、明確指出案主的矛盾。

7. 自我揭露技巧

真誠的核心內涵是自我揭露（self-disclosure），也就是有意識地與有目的經由口語與非口語行為來暴露關於自己的訊息。雖然，自我揭露具有示範功能，可引發案主溝通的動機，但要選擇適當時機分享經驗，並非分享得越多，越能引發案主與社會工作者溝通的動機。

8. 具體回應的技巧

具體（concreteness）的回應，是社工運用明確的字彙，具體說出所要表達的內容，或以自身的表達作為示範，引領案主也作具體回應。例如：妳剛剛提到妳很怕被老公知道社工又來找妳，可多說一點妳在怕什麼嗎？他的什麼行為，讓妳感到害怕？

一言以蔽之，會談是社工與案主有目的地交換意見、態度和感受，在會談過程要引發案主樂於交談，應避免不愉快的感受。

五 需求評估的實施

早期的社會工作，使用「診斷」（diagnosis），以了解問題原因及解決方法。現在，許多社工喜歡使用「評估」（assessment）（Barker, 2014: 117）。診斷是醫療模式的產物，易使人聯想到疾病、症狀或耗弱，而評估含有更寬廣的空間來判斷案主的優勢、資源、結構、社會功能及其他正

向因素（林萬億，2022a：357）。以下略述個案工作評估的特性、內容及方式：

(一) 評估的特性

依據強生（Johnson, 1998）的看法，評估有下列特性：

1. 評估是個別化的。
2. 評估強調案主的優勢。
3. 評估是持續的過程。
4. 評估具有「蒐集資料」與「規劃行動」的雙重目的。
5. 評估是案主與社工互動的過程。
6. 縱向與橫向的探索並重。
7. 判斷是評估的重要過程。
8. 評估是多面向的。

其中第五項特性，案主與社工之間互動，通常有三種模式：(1)提問模式（questioning model），由社工主導並提出問題；(2)程序模式（procedural model），依機構的功能和準則進行資料蒐集；(3)交換模式（exchange model），社工與案主交換資訊（Smale & Tuson, 1993, quote from Heslop & Meredith, 2019: 12-13）。同時，上述評估的特性，也可視為個案工作評估的基本原則。

(二) 評估的內容

評估的目的，不僅在了解案主的情況，而且是為了服務計畫而進行了解，以便設計一個行動計畫去完成目標，因而必須涵蓋四個系統，進行多面向的評估：

1. **案主系統的評估**：可參考強生（Johnson, 1998）提出的案主評估架構，進行一系列評估：(1)案主個人的各種資訊；(2)案主關心的事務、需求和問題；(3)案主在協助過程中擁有的優勢和限制。例如：從優勢觀點評估，發現案主具有樂觀、體貼、講義氣、認真負責等特質，此即案主本身的內在資源。至於案主領有低收入戶津貼、收入穩定，則屬外部資源。

2. **家庭系統的評估**：可參考歐哈雷（O'Hare, 2009）的建議，透過4Rs：角色（role）、反應（reaction）、關係（relationship）、資源（resource）等四個面向，來檢視案主的家庭情況。

3. **社區系統的評估**：對於社區脈絡之中有關案主及家庭發展的助力或阻力，以及可能運用的社區資源，進行評估。

4. **生態系統的評估**：評估案主及其家庭在社會系統中的角色定位、互動關係，以及可用資源。

　　另外，路易希等人（Royse et al., 2009）認為評估時要考慮四個要素：目的（objective）、時間（time）、倫理（ethic）、資源（resource）。

　　馬斯洛（Maslow）曾提出著名的「**需求層次論**」，認為評估人類的需求可分為五個層次，從底層向上層推演，依序為：(1)生理的需求；(2)安全的需求；(3)愛與隸屬的需求；(4)尊重的需求；(5)自我實現的需求。

(三) 評估的方式

1. **過程性評估與總結性評估**：過程性評估，是在個案工作過程中隨時進行，以適時修正服務的目標及方法。總結性評估，是對於個案工作服務計畫執行的成果和效能，進行評估。

2. **個人認知功能評估與個人情緒狀況評估**：認知功能評估涵蓋：智力、現實感、認知的彈性、價值觀、非理性信念、自我概念、動機。情緒狀況評估涵蓋：情緒表達適當、情感型精神疾病、自殺風險之評估（曾華源，2022：164-165）。其中，自我概念的評估之中，自我效能（self-efficacy）是指個人有能力達成特定任務的一種期待和信心（Barker, 2014: 382），也就是在特定情境中，對調適狀況所表現的能力感與掌握感。

　　至於多面性預估，則須同時考慮案主特性、問題特性、相關系統、資源情況等。此外，因為人和環境交互影響，個人評估也要包含環境面向。同時，對於高齡者、障礙者、慢性疾病患者等特殊案主，個人評估也要包含社會參與能力面向。至於個人的外貌，則不在評估範圍。

六 非自願案主之協助

非自願案主（involuntary client），是指一個人被迫參加社會工作者或其他專業人員的服務。例如：經法院裁定，必須接受社會工作者之服務（Barker, 2014: 226）。由於案主不是自願使用專業的服務，也稱爲強制性案主（mandated client）。就臺灣的情況而言，強制勒戒的藥物濫用者、虐待兒童必須接受強制親職教育者，都是社會工作服務中的非自願性案主。以下略述非自願性案主的心理狀態、行爲特徵與有效協助的要素：

(一) 非自願案主的心理狀態

根據相關文獻（Hepworth et al., 2010；Trotter, 1999，引自曾華源，2022：217-218），非自願案主在接受社會工作服務時，可能出現的心理狀態，如下：
1. 在信念方面，堅信機構服務是不必要的，認爲是對案主的一種侵犯。
2. 在動機方面，沒有尋求協助的動機，也缺乏改變的意願。
3. 在意識方面，具有強烈的社會不平等與角色模糊性（role ambiguities）。
4. 在因應方面，對於社會工作者的服務，可能採取負向的因應態度。

(二) 非自願案主的行為特徵

非志願案主的心理狀態，不像自願性案主那麼自動，而經常出現下列行爲特徵（許臨高，2016：158-160）：
1. 拒絕合作與參與。
2. 自覺沒有問題。
3. 維持現狀而逃避改變。
4. 將行爲合理化。
5. 不願延遲需求的滿足。
6. 表面順從且自承錯誤。
7. 運用防衛性的技巧。

(三) 如何有效協助非自願案主

涂洛特（Trotter, 2004）根據實驗研究，整合了有效協助非自願案主的四個要素或原則（引自許臨高，2016：160-170）：

1. **正確的角色澄清**：社會工作者要清楚地、誠實地與案主討論在個案過程中的角色。讓案主了解社會工作者有許多案主，能分配給案主的時間是有限的。

2. **有技巧地建立與案主的關係**：面對被強制而來的案主，在個案會談中，告知案主，社會工作者在保密上的限制。

3. **示範與增強社會價值**：社會工作者最有力的增強物是讚美。如果案主規律地來會談，可減少會談的次數。如果案主抗拒改變時，亦可縮小要求案主改變的範圍。

4. **採用問題解決模式**：將案主的問題部分化成不同的層面；優先處理實際的問題，而不是案主內心感受的問題；與案主共同設定目標；與案主簽訂契約，寫出案主的問題和目標，以及達成目標的方法；並且規律地評估案主是否清楚任務，以確保案主達成目標。

上述四個要素，也可視為協助非自願案主解決問題的工作原則。有時候，非自願案主對於問題的看法，與服務系統有很大的歧異，因而對於目標的協商，常須透過交換協商，來達成目標的設定（曾華源，2022：219）。

再者，絕大多數和非自願案主一起工作的社工，是隸屬於政府的社會福利、教育或司法部門，同時具有監督者、治療者、問題解決者等角色（Trotter, 1999，引自曾華源，2022：217），但不包括訓誡者的角色。

七 個案轉介之實施

轉介（referral）是一種社會工作的過程，引導案主轉至另一個機構、資源或專業，使其能得到必要服務（Barker, 2014: 359）。由此可知，轉介是發生於不同機構之間的變動，而與「轉案」有所區別。轉案是發生於同一機構的不同部門或不同專業之間的變動。例如：案主因為社會工作者

離職而轉換服務提供者，此種變動是轉案，而非轉介。

轉介是協助案主獲得更佳服務的一種技巧，因而有其轉介的時機、過程和注意事項或原則：

(一) 轉介的時機

主要時機：一是接案時，將不符合本機構服務要件的潛在案主轉介到適合的機構；二是服務計畫再評估時，將情況未改善的案主轉介到其他機構。此外，案主也可能因為特殊需求，主動要求轉介的其他機構。

(二) 轉介的過程

轉介是一種複雜的過程，至少包括（Barker, 2014: 359）：
1. 了解有什麼可使用的轉介機構或資源。
2. 了解案主轉介的需求是什麼。
3. 促成案主轉介有接受服務的機會。
4. 追蹤以確認轉介契約已履行。

(三) 轉介的注意事項或原則

綜合相關文獻的描述（曾華源，2012：301-302），轉介時，應注意：
1. 轉介的理由，應立基於案主的最佳利益，不能以轉介為名，而行拒絕為狀況複雜的案主提供服務之實。
2. 應向案主或潛在案主說明必須轉介到其他機構接受服務的理由，並依社會工作倫理，事先徵得案主或其監護人的同意。
3. 轉介是案主進入另一服務系統的重要途徑，機構應訂定轉介的作業程序、填寫轉介單、告知接受轉介的機構有關轉介原因與服務期待。
4. 轉介機構應避免對案主及接受轉介的機構，做出不確定的承諾或不切實際的保證。
5. 接受轉介的機構在決定是否接受轉介之前，應思考自己機構的服務是否能回應轉介的理由。
6. 接受轉介的機構，應評估轉介的原因，不能僅依轉介機構的書面資料提供服務，且應探詢案主的認知及對於服務的期待。

7. 在轉介過程，不要以為只要給案主相關機構的名稱及電話，案主就會「自然」獲得服務及改善問題，而應考慮案主對於轉介可能的反應。

八 個案紀錄的撰寫

在個案工作的實施過程，無論是接案、評估需求、擬定服務計畫、處遇經過、轉介、結案及追蹤，都要撰寫紀錄，留下證據，以備查考。個案紀錄的目的／功能、形式、原則，如下：

(一) 個案紀錄的目的／功能

綜合相關文獻的論述（Kagle & Kopels, 2008；曾華源，2022：335-336；鄭麗珍、潘淑滿，2022：169-171；許臨高，2016：117），個案工作紀錄有下列目的／功能：
1. 評估與治療／處遇的工具。
2. 服務品質的掌握／確保。
3. 案主權益的保障／維護。
4. 專業間的溝通／合作。
5. 機構專業責信的依據。
6. 提供服務的證明。
7. 教學和研究的工具。
8. 法律行動的佐證資料及機構自衛的工具。

(二) 個案紀錄的形式

每一個機構可能設計自己適用的紀錄格式，而較常見的書寫形式有二種：
1. **敘述式記錄**：亦稱過程式記錄，是敘述案主與社會工作者之間雙向溝通的過程，並將案主接受處遇期間所發生的事，全部記錄下來。
2. **摘要式記錄**：將案主發生的客觀事實，摘取重點記錄下來，再加以分類，呈現靜態資料。

(三) 個案紀錄撰寫原則

　　個案工作是一種專業方法，一份專業性的個案紀錄應注意書寫的原則（曾華源，2022：339-344；許臨高，2016：119）：

1. 記錄要在機構規定期間內完成，內容儘量簡短，但不遺漏重要訊息。

2. 對於案主很重要或有意義的談話，應使用引號呈現案主所說的話。

3. 有關案主正向與負向的敘述，應該平衡列入個案紀錄之中。

4. 避免使用情緒化的字詞。例如：不合作的、固執的、奇奇怪怪的。

5. 避免使用判斷性的字詞。例如：不負責的父親、自私的母親。

6. 清楚地描述紀錄資料與處遇目標的關聯性。

7. 案主參與服務計畫的擬定及執行，亦需列入個案紀錄。

　　除此之外，無論是紙筆書寫或電腦文書處理的個案紀錄，都應符合《個人資料保存法》之規定。同時，個案紀錄應歸入案主檔案，而非歸入社會工作者私人檔案；個案紀錄應遵守保密原則，但是基於社工督導或司法程序之需要，可在案主同意之下，適度提供個案紀錄的內容。

九 個案工作者面對的挑戰及準備

　　李奇孟於1917年撰寫《社會診斷》，呈現個案工作的概念，至今已經過一百多年的發展。綜合相關文獻的論述（曾華源，2022：20-23；鄭麗珍、潘淑滿，2022：13-14）個案工作必須面對的挑戰及準備如下：

1. 人口結構變遷的衝擊

　　近年臺灣的人口結構快速變遷，不僅呈現高齡化與少子化，而且家庭型態日趨多元。因此，個案工作者對於高齡者、兒少、婦女等不同人口群，須有不同的工作模式；對於多元的家庭結構變化及需求，也須有不同的因應策略。

2. 全球化與多元文化的因應

　　由於科技進步，國際互動增加，全球化的議題往往影響臺灣，必須有所因應。例如：新冠肺炎（COVID-19）侵襲臺灣，為了避免群聚感染，有些受助者被隔離，個案工作須採取線上服務。再者，為因應跨國婚姻、

國外移工的增加，個案工作者也須提升多元文化的知識和能力。

3. 重大災變的處理能力

臺灣是世界上較容易受到災害衝擊的地方，近年就曾發生「九二一」大地震、「八八」風災、高雄凱旋路氣爆、八仙樂園塵爆等重大災變，造成無數生命及財產的損失。未來，難保不再發生此類災變，而且在災變救援與重建的過程中，個案工作者對於緊急安置、紓困方案、創傷輔導等，都須具備緊急處理的專業能力。

4. 實證為本與關係為本並重的服務

以證據為本的實務（evidence-based Practice, EBS），是依實證研究結果來規劃工作模式，以因應大眾對社會工作服務責信的要求，並適當地滿足服務使用者的需求，發揮機構有限資源的影響，提升服務的效益。但是，以證據為本的服務，仍應注意到社會工作專業服務的核心是關係，因而須與關係為本的實務（relationship-based Practice, RBS）並重，工作者要有能力覺察及處理自己與案主互動的情緒動力，據此推動案主改變，並避免傷害到案主，同時保護工作者。

5. 以科技提供服務並提升服務責信

面臨網路時代，以科技提供服務，已然成為個案工作者必備的能力。工作者可運用資訊科技進行通報、評估、服務輸送、記錄、分析、提出成效報告。同時，為回應機構與大眾對於工作成效的要求，工作者必須精進服務方法，改善服務品質與服務效益，藉以提升服務的責信。

簡言之，個案工作者面對多元的服務對象、多元的家庭型態、多元的責信要求，必須結合學術與實務的研究，針對不同的需求而提供適當的服務，而非以同一套工作模式來因應各種需求。

第五節　個案工作與個案管理

社會工作者在助人的過程中，除了運用個案工作之外，有時也運用個案管理（case management）。以下略述個案管理的意涵、步驟及其與個案工作之比較：

一 個案管理的意涵

早在1869年，英國成立慈善組織會社（COS），將各救濟機構的紀錄集中保管及運用，看起來好像有個案管理的影子。不過，直到1980年代，美國才正式使用「個案管理」，臺灣則更晚，約在1990年代才有個案管理的論述。

何謂「個案管理」？美國《社會工作辭典》的解釋（Barker, 2014: 56）：

> 個案管理是一種過程，為了促進案主的優勢和福祉，而對於來自不同社會機構的服務、資源和支持，進行規劃、搜尋、倡導和監視，藉以協助他們達成他們的目標。
>
> 通常，這個過程是由一個機構為案主負起主要責任，並指定一名個案管理者協調介入的策略，使機構裡或不同機構相關的社會工作者協力合作，透過專業的團隊工作，為特定的案主提供必要的服務。

由這個定義可知，個案管理就是一種服務協調的過程。據此延伸思考個案管理的特質，如下：
1. 案主有多種問題，需多種助人者介入時，適合使用個案管理。
2. 案家有兩個以上案主，需不同助人者介入時，也是使用個案管理的時機。
3. 對於問題比較單純的案主，通常可由個案工作提供協助，而不一定要使用個案管理。
4. 服務案主的社福機構，應指定一名個案管理者負責服務協調的工作。
5. 個案管理者的主要角色，是服務計畫介入的規劃者、協調者、倡導者。

二 個案管理的步驟

個案管理的實施步驟，繁簡不一。樓斯門（Rothman, 1991; Rothman

& Sager, 1998）曾將個案管理的實施過程分為八個步驟（林萬億，2022a：432；莫藜藜，2011：602）：

1. **案主進入機構的服務系統**：對於轉介而來的案主，儘速連結；對於外展服務發現的案主，進行接觸。
2. **接案**：安排接案會談，探索案主的問題與需求，決定是否符合個案管理的條件；如果符合，則填寫相關表格，建立工作關係與蒐集案主資料。
3. **評估**：精確地界定案主的問題與需求，評估案家的能量、助力與限制。必要時，進行跨專業的團隊評估。
4. **設定服務目標**：了解案主對於服務目標的看法，與案主一起設定短期、中期、長期的服務目標，並衡量案主達成目標的能量。
5, **計畫介入與資源認定或搜尋**：規劃服務計畫，確認與搜尋服務計畫所需資源，並依計畫為案主提供諮商、治療（處遇）、倡導。
6. **連結案主與資源**：將案主與正式的福利機構之資源，以及非正式的家庭和社區之資源相互連結，提供資訊，預測困難，伴隨案主訪察資源。
7. **監督與再評估**：追蹤監督案主接近資源的情況，階段性再評估，排除危機，修補執行中的服務計畫。
8. **評鑑成果**：完成目標達成的評鑑，結案，整理紀錄。

三 個案工作與個案管理之比較

從個案管理的實施步驟看來，好像與個案工作的實施過程，頗為相近。事實上，兩者之間異同互見，如表5-1：

表5-1 個案工作與個案管理之比較

	個案工作	個案管理
案主的特性	問題比較單純的案主。	有多重、複雜問題的案主；一家有兩個以上案主。
問題的類型	多為單一資源可解決的問題。	需要使用多種資源、服務及支持來解決的問題。
評估的重點	深入心理暨社會層面。	關注人與情境的實際情況。

	個案工作	個案管理
介入的目標	協助案主解決問題。	促使案主有能力使用資源解決問題。
服務的模式	以直接服務模式為主。	強調綜融工作模式。
工作人員	專業社會工作者。	包含不同機構的專業人員。
工作的方法	一對一、面對面。	綜合規劃、協力合作。
常用的技術	人際關係的技巧、問題解決的技巧。	取得機構內外資源的技巧、跨專業溝通協調的技巧。
資源的運用	重視資源的連結及運用。	更重視資源的整合及運用。
工作者角色	服務提供者、使能者。	協調者、處遇者、倡導者。
處遇的時間	較為短期。	較為長期。

資料來源：參考陳政智，2002：194；高迪理，1990：96-129，整理而成。

由表5-1的比較，可看出個案工作與個案管理之間，最大的差別有四方面：

1. **案主特性之差別**：個案工作的案主，其問題或需求，通常比較單純；個案管理的案主，其問題或需求，通常比較多元而且複雜。

2. **介入目標之差別**：個案工作的目標，在於協助案主解決問題；個案管理的目標，在於促使案主有能力使用不同的服務、資源及支持來解決問題。換言之，個案管理比個案工作更重視案主充權。

3. **服務模式之差別**：個案工作以直接服務模式為主，而個案管理則更加強調綜融性工作模式。

4. **工作方法之差別**：個案工作通常由一個專業社會工作者透過一對一，面對面的方式，與案主一起工作；個案管理強調綜合性服務的規劃，且透過不同機構及其專業人員之間的協力合作，共同為案主提供必要的服務。

然而，在本質上，個案工作或個案管理都在協助案主的解決問題，在過程上，個案工作或個案管理都必須經過接案、評估、規劃、介入、評鑑結果等步驟。

歸結地說，個案管理是一種「個案協調」的工作，個案管理者可能扮

演雙重角色，一方面是個案管理者（case manager），負責協調相關協助者對案主實施有效的服務輸送；另一方面是個案工作者（case worker），針對每一案主，個別提供個案工作。

第六章
直接服務(二):
團體工作

團體（group），是兩個人或更多人組成的人群，且具有共同目標、相互信賴、人際互動、遵守規範、形成角色體系、產生相互影響，並不是人群聚集在一起，就一定是團體。例如：公園裡的遊客、舞臺下的觀眾、等候公車的人群，都不是團體，而是群眾。

　　這種互賴、互動、認同及關係的團體，與傳統的「工作團體」有所不同。傳統的工作團體，是成員同意在一起，但很少從團體中獲益，個人目標重於團體互惠的目標，互動的目的只是獲取資訊以完成自身的工作（林萬億，2015：6）。社會工作的團體，成員可從各種團體方式，得到不同的經驗和成長。

　　早期的團體工作（social group work）與後來稱為「對團體的社會工作實施」（social work practice with groups），都是透過團體方式，協助成員在互動中學習及成長。本章將略述團體工作的發展及意涵、實施類型、實施過程、相關議題、與不同取向團體之比較。

 ## 第一節　團體工作的發展及意涵

　　社會團體工作是社會工作直接方法之一種，簡稱團體工作（group work）。在中國大陸和港澳地區，稱為「小組工作」。茲略述其發展及意涵如下：

一 團體工作的發展

　　團體工作的起源，可追溯到1840-1950年代的青年組織（YMCA、YWCA）與猶太人社區中心（Jewish Community Centers），運用團體方式來改善個別成員的功能，以達成休閒與教育的目的。不過，當時從事團體活動的工作者，多數是宗教或心理學的背景，少數是社會工作者。李奇孟於1920年代已開始注意小團體心理學的重要性。

　　1923年，美國凱斯西儲大學教授查謝（Chadsey）訓練團體活動的領導者，在夜間開設一門團體工作課程。1927年，該校教授牛司泰特

（Newsteter）正式以「社會團體工作」爲名設計課程。1930年，柯義爾（Coyle）出版《有組織團體的社會過程》（*Social process in organized groups*），是團體工作的重要倡導者。在這個階段，團體工作一方面受到教育家杜威（John Dewey）影響，運用小團體來達成進步教育的實踐；另一方面受到政治學者弗烈特（Follett）的影響，民主過程與解決問題成爲團體工作的基礎。

1936年，美國成立團體工作研究協會。從1928到1945年第二次大戰結束，團體工作受到經濟衰退與戰爭的影響，開始重視社會環境的改變。1946年，全美社會工作會議接受柯義爾的建議，將團體工作列爲社會工作的方法之一。

1950年代，運用團體來提供服務有二個矛盾存在：一是著重團體培養民主意識和解決問題的功能，依據二次大戰的經驗，團體的力量可能被有心人用來滿足私慾；二是有些人將團體與心理學及精神醫學連接，視個人的問題爲內在意識而非社會責任，並以團體工作來治療個人適應問題（曾華源，2011：134）。即便如此，傳統的團體工作並未因此而消聲匿跡，睦鄰組織、鄰里中心、社區機構，青年團體，仍舊努力推動社會化及休閒的團體。

1960-1970年代，社會工作實務朝綜融觀點發展，著重直接服務方法的整合，使得團體工作的教育訓練減少，團體工作實施的質與量也有下降趨勢。

1970年代末期，行爲修正模式的推出，反映當時社會變遷停滯，個人的改變受到重視（Garvin, 1997，林萬億，2022a：478），因而發展以個人改變爲團體工作的目標。

到了1980年代，團體工作再度復活，與兩件事情有關：一是《團體工作》（*Socil Work with Groups*）期刊發行，二是1982年底，美國「促進社會工作協會」（AASWG）定期辦理專題研討會，以促進團體工作的發展。

至於臺灣團體工作的發展，落後於個案工作。早期的團體工作被當作團體活動或團康活動。事實上，團康活動與團體活動並不相同，團康活動的性質是休閒娛樂，目的是讓大家快樂，原則是在活動高潮時結束，而團體活動的本質是讓成員體驗與分享，具有團體工作的意涵。

1950年基督教兒童福利基金會（CCF）成立，其團體實務工作，先從娛樂活動起步，逐漸發展成為輔導性的團體方案，用來處理兒童問題。1970年代，醫院開始推動團體工作，以服務病人及其家屬。1987年，臺灣解嚴，團體工作方法廣泛運用於兒童遊戲治療團體、青年探索性團體、老人懷舊團體等多元領域，而團體工作也日漸受到重視。

綜言之，西方團體工作早期的發展，與教會服務活動有關，十九世紀初期，運用團體方法的工作者有宗教、心理等各種不同背景，不限於社會工作，且受到心理學與精神醫學的影響。直到1946年因為柯義爾的建議，團體工作才被接受為社會工作的專業方法。

㈡ 團體工作的意涵

社會團體工作的解釋，學者之間的看法，大同小異。其中二則定義：

(一) 崔克爾（Trecker）的定義

社會團體工作是一種工作方法，透過個人在各種社區機構的團體中，藉著團體工作者的協助，引導成員在團體活動中互動，促使成員彼此建立關係，並以個人能力與需求為基礎，獲致成長的經驗，旨在達成個人、團體、社區發展的目標（Trecker, 1972: 36）。

這個定義，認為團體工作是一種專業方法，在團體工作者的領導之下，促進團體成員的互動和成長，以達成個人、團體、社區的整體目標。

(二) 托士蘭（Toseland）與瑞瓦士（Rivas）的定義

社會團體工作是社會工作者在小型的處遇性與任務性團體中，運用「以目標為導向」（goal-directed）的活動，去滿足成員社會情緒的需求，並完成團體的任務。這些活動，都將團體中的個別成員，以及整個團體視為一個完整的主體（Toseland & Rivas, 2012）。

這個定義，認為團體工作是一種小團體的活動，以目標為導向，以成員為主體，在社工的協助下，達成處遇性或任務性的目標。

　　綜合這兩則定義的內涵，可得知團體工作的重要概念如下：

1. 就對象言，以20人以下的小團體及其成員為服務對象。
2. 就工作者言，由專業人員帶領，促使團體成員形成一個互助的體系。
3. 就過程言，經由一定的工作程序，協助成員對自己和社區做出改變。
4. 就功能言，以目標為導向，培養個人的社會適應能力，增進民主價值的社會意識。
5. 就目標言，滿足個別成員的處遇性需求，或達成整個團體的任務性目標。

　　其中，團體目標的設定，有些成員並不知如何設定，須透過工作者的協助共同設定，以指引成員的行動。團體目標的設定是否適當，影響成員是否繼續留在團體之中，工作者須向成員說明團體目標，也因應成員的需求而修正。並不是目標一經確定就不能修正。

 ## 第二節　團體工作的實施類型

　　在社會工作實務中，為了運用團體的力量，對成員提供有效的服務，常將社會工作的團體加以分類：

一 依團體的取向分類

1. **心理團體**（psych group）：加入團體是為了獲得情緒滿足與發展人際關係，一般較傾向於同質性成員的組合。例如：同學會、歌友會。
2. **社會團體**（social group）：加入團體是為了追求共同的目標，著重於工作成效的展現，一般較傾向於異質性的成員組合。例如：旅遊團體、社區發展協會。

依團體的源起分類

1. **自然的團體**（natural group）：基於自然發生的事件、人際之間的吸引力或相互間覺察到需求，未正式發起或贊助而自然形成一個團體。例如：家庭團體、同儕團體、街頭幫派。
2. **組成的團體**（formed group）：基於特殊目的，經由發起或加入而聚集在一起的團體。例如：委員會、工作團隊、社會行動團體。這類團體的組成，有些是由機構與／或社會工作者組成，有些是由服務對象促成。
3. **強制性團體**（compulsory group）：也稱非自治團體，是透過外在因素的影響或介入，經法定程序成立的團體，較不考慮成員的期待，成員在團體一開始容易保持沉默、不合作的態度。例如：藥物勒戒團體、精神科病患團體。至於精神科病患家屬所組成的團體是自助團體，而不是強制性團體。

　　這三類團體之間，有時可相互轉換。例如：街頭幫派本來是一種自然團體，經由社工的協助，轉型為「陣頭」團隊，變成一種組成的團體。反之，「八家將」團隊，也可能淪為非法的「討債」集團。

依成員進出的情況分類

1. **開放式團體**（open group）：在團體工作與團體治療之中，此類團體容許新的成員加入，以替代原有成員。例如：兒童遊戲團體、婦女成長團體、老人會。
2. **封閉式團體**（closed group）：此類團體成立之後，就沒有新成員加入，所有成員都留在團體裡，直到預定的時間到了，成員才終止他與團體的關係（Barker, 2014: 75）。例如：監獄、軍隊、幫派。

　　兩相比較，開放式團體的優點是：容許新成員加入，易有創新的意見和資源；缺點是：容許成員隨時離開，成員對團體的投入程度不一，影響團體的穩定性與凝聚力。封閉式團體的優點是：團體的成員只包括團體形成時的成員，團體變動性較小，易維持團體的隱定性與凝聚力；缺點是：團體規範及運作方法在團體形成時就決定，不易有創新的意見和資源。

然而，目前並沒有證據顯示，是開放式團體或封閉式團體比較有成效，端視團體工作如何運作而定。

㈣ 依實施的性質分類

托士蘭與瑞瓦士（Toseland & Rivas, 2012: 14-15）將團體工作的團體，依其實施的目標，區分為兩大類：

1. **處遇性團體**（treatment group）：也稱治療性團體，目的在滿足成員社會情緒的需求，解決其社會問題。通常，支持性團體、教育性團體、自助性團體、成長團體、社會化團體，屬於處遇性團體。
2. **任務性團體**（task group）：目的在完成特定的任務，達成工作的目標（許臨高，2016：27-28）。通常，團體中的任務小組、顧問團、委員會、董事會、社會行動團體，屬於任務性團體。

有時，任務性團體所要達成的特定任務，會影響相關人員的目標。但是，不一定會或不會影響團體成員個人情緒的滿足（Barker, 2014: 426）。

即使，處遇性團體與任務性團體有所關聯，然而兩者之間仍有一些差異，如表6-1：

表6-1 處遇性團體與任務性團體之比較

特質	處遇性團體	任務性團體
組成	基於成員共同關心的事件或問題而組成。	由具有必要資源或專長的成員所組成。
連結	因成員共同的需求或處境而產生連結。	成員經由一起達成任務而創造出共同的連結。
程序	由團體決定是彈性或正式化。	傾向於將會議規則正式化。
溝通模式	開放並鼓勵成員互動。	著重特定任務的討論。
角色	透過成員互動而發展出角色。	透過互動而獲得角色，或由團體指派角色。
自我揭露	成員被期待揭露個人關心的事務。	成員很少自我揭露，被期待聚焦討論團體工作的達成。

特質	處遇性團體	任務性團體
保密	程序保密，對外不公開	程序保密，有時可對外公開。
成果評量	著重成員達成處遇之目標。	著重達成任務、命令或產出結果。

資料來源：參考許臨高、莫藜藜，2013：28-29，編製而成。

　　由表6-1可知，任務性團體進行的程序，通常依照正式的議事規則；團體成員的互動模式，傾向以領導者爲中心的溝通；成果的評量，著重於是否達成團體的目標來決定團體是否成功。但是，任務性團體的目的，不包括幫助團體成員學習社會化的技巧。

五 依團體的目的分類

　　依團體成立的目的，可將團體區分爲以下類型（劉姵君、于瀟，2017：12；Zastrow, 2012）：

1. **娛樂性團體**（recreation groups）：是社會團體中最早出現的一種團體。通常只由機構提供活動的場地和設備，讓成員運用，無須固定的團體領導者。例如：男青年會、女青年會。

2. **學習休閒技能團體**（recreation-skill groups）：是一種任務取向的團體，成員可透過團體活動，學習休閒技巧。例如：橋牌社、有氧舞蹈團體。

3. **教育性團體**（educational groups）：協助成員學習扮演角色的知識和技巧。例如：父母效能訓練團體、少年性教育團體、寄養父母儲備團體。再者，「代償學習」（vicarious learning）的概念，也出現於教育團體之中。這是團體提供機會，讓成員經由模仿觀察而學習新行爲（林萬億，2015：366）。

4. **支持性團體**（support groups）：協助成員透過互助過程，處理生活中的壓力事件，恢復和增強成員的適應能力。例如：單親媽媽團體、癌症病友團體、新移民家庭兒童團體。

5. **自助性團體**（self-help groups）：是社工經常接觸的一種團體，在美國所實施的團體工作，大部分是自助性團體。此類團體協助成員自己規劃執行，創造支持系統，相互幫忙以因應問題或挑戰。例如：戒酒匿名團

體（alcoholics anonymous, AA）、自閉症兒童家屬團體、乳癌病人自發性團體。至於同性戀者聚在一起相互支持共同倡導與創造另一種生活形式的團體，也是自助性團體，而非教育性團體。再者，自助性團體的目的在協助成員解決個人或社會問題，通常領導者也是團體成員，成員的互動關係是平等的、自發的，因而拒絕專業的理論，也排斥專家的介入，他們相信經驗，不依賴專業。

6. **治療性團體**（treatment groups）：協助成員改變不當行為，因應與改善個人問題，或是成員遭到生理、心理、社會的創傷後之復健。例如：戒菸團體、毒癮戒斷團體、哀傷輔導團體。在這類團體中，需要較有深度的領導技巧與治療技術，因而團體領導者常被視為專家或權威人物。而且，此類團體常以處理成員內在本質為焦點，以幫助成員處理深度心理問題，因此成員的同質性越高越好，可藉由處理一位成員的問題來引發其他成員的體悟和改變。

7. **社會化團體**（socialization groups）：協助成員從活動中，學習社會生活所需的價值觀念與行為模式，以因應所處社會的期待。例如：社會技巧訓練團體、自我效能訓練團體。針對觀護所青少年所擬定之出院後生活計畫的團體，也屬此類。

8. **會心團體**（encounter groups）：簡稱：e-group，強調分享此時此刻的經驗，以增加個人對人際的覺知和成長。例如：教會的坦誠團契。另外，成長團體（train group）與會心團體相近，例如：以夫妻為對象的會心團體，也稱為成長團體。原則上，會心團體可能維持幾個小時或幾天的聚會，在人際覺知有所增加時，態度和行為也隨之改變。此種改變，有三個階段（Zastrow, 2010: 160）：

(1) 解凍（unfreezing）：成員覺察須改變時，原本凍結的行為模式開始解凍。

(2) 改變（change）：成員受到他人回饋的鼓勵，尋求新的行為反應模式。

(3) 再凝固（refreezing）：隨著新的行為模式，成員漸能有效與他人互動。

9. **焦點團體**（focus groups）：協助成員聚集在一起討論特定議題或單一

主題，以取得資訊和產生理念，解決共同確認的問題。這類團體，須團體領導者積極地導引成員討論的方向，避免自由發言而失去焦點。有時附加問卷（questionnaires），或運用名義團體技術（nominal group technique）、德惠法（Delphi method）及腦力激盪（brainstorming）（Barker, 2014: 164），使資料得以充分蒐集，讓討論內容更有代表性。腦力激盪法是歐斯伯恩（Osborn, 1963）所提出，適合運用於範圍定義明確的議題上，而不適合運用在大範圍模糊議題的聚焦上，腦力激盪後成員往往對團體的滿意度更高，不會因成員過度緊張，在腦力激盪後對團體不滿意。

上述九類團體的例子，難免有所重複，必須以其主要目標來判定。例如：單親媽媽團體，如果著重於情緒支持，屬於支持性團體；如果著重於經驗分享，則屬於自助性團體。另外，有關青少年物質濫用的有效做法，可將青少年組成社會化團體，教導其抵抗社會誘惑的技巧，或者參加社區服務，並且將家長組成自助性團體，鼓勵他們參與教育和治療的過程。不過，此類青少年的團體，儘量避免同質性，以利不同經驗的分享及學習。

六 依團體的任務分類

在任務取向的團體之中，可依團體成立的任務，分為以下類型（曾華源，2016：17；Toseland & Rivas, 2012）：

1. **工作小組**：也稱任務小組，為了特定案主群的利益，由工作人員一起努力。例如：醫院安寧病房中的到宅安寧照顧小組。
2. **治療會議**：也稱個案管理會議，針對特定案主而發展、協調及監督治療計畫。例如：發展遲緩兒童早期療育會議。
3. **員工發展團體**：為提高員工服務品質而施予訓練。例如：員工成長團體。
4. **董事會**：主要任務在管理組織，以達成目標。例如：NPO的董事會。
5. **委員會**：為配合組織的需求而完成特定任務。例如：長照研發委員會。
6. **顧問團**：對行政主管提供政策及建議。例如：聯合勸募的法律顧問團。
7. **社會行動團體**：設計及執行社會變遷的策略。例如：立法遊說團體。

8. **聯盟**：透過資源、專長及力量的分享，對共同的行動目標產生較大影響力。例如：住宅正義推動聯盟。

9. **代表會議**：也稱聯繫會議或聯繫會報，由各種不同的組織、分支或單位的代表，建立一種溝通、協調、行動的平臺。例如：社區發展聯繫會報。

上述任務取向的團體之中，工作小組、治療會議、員工發展團體，較聚焦於滿足案主的需求；董事會、委員會、顧問團，較聚焦於滿足組織的需求；社會行動團體、聯盟、代表會議，較聚焦於滿足社區的需求。然而，這些團體之間對於個案、組織、社區的不同任務，經常相互影響，可綜融地運用。

七 依實施的模型分類

帕波爾與樓斯門（Papell & Rothman, 1996）從團體工作的歷史發展中，找出團體工作實施的三大模型。茲參考相關文獻（林萬億，2022a：504-515；曾華源，2016：40-42；Barker, 2014），略述其核心概念、理論基礎、工作者角色及工作原則：

(一) 社會目標模型

社會目標模型（social goals model）的目標，在於促進有關於影響團體成員的制度、規範和結構之社會變遷（Barker, 2014: 397）。

此模型的核心概念，是社會意識（social consciousness）與社會責任（social responsibility），認為每一團體都擁有潛在資產，可影響社會變遷。

此模型的理論基礎，已納入危機理論、文化剝奪、共同責任及團體互動形式等多種觀念，對於新佛洛伊德學派的人格論，也用來充實文化差異的了解，突顯人際關係的重要。

此模型的特徵，是關注社會性事務，有組織和持續性、民主化，但不預設團體目標及服務順序。工作者的主要角色，是影響者、使能者，有責任協助每一成員對於想望的社會變遷更加有效地認知及行動。至於工作原

則，可歸納爲：

1. 強化本團體與相關團體、機構及社區間的關係，以確定目標，集體行動。
2. 對於團體間的關係，強調如何提高目標層次，使団體結合在一起。
3. 工作者的評估，在於了解團體的常態行爲，而非了解團體中的個人。
4. 在團體中，強調成員的參與、共識及任務達成。
5. 加強工作者的自我覺察與專業訓練，鼓勵從專家領導轉爲草根領導。

　　目前，社會目標模型的團體工作已應用於社區組織，促進社區層次的改變，但很少實施於心理診所，因爲對個人較少了解，且其理念也不同於個案工作。

(二) 治療目標模型

　　在團體工作與治療性團體的觀念中，治療目標模型（remedial goals model），簡稱治療模型，在於協助有問題的個別成員進行改變，協助每個成員達到更加有效能，並協助處於風險中的成員預防問題產生（Barker, 2014: 363）。

　　此模型的核心概念，是透過團體經驗來治療個人心理、社會、文化的適應問題，視團體爲一種治療工具。

　　此模型的理論基礎，由心理學的知識來了解個人，由社會角色理論來處理個人在團體中的行爲，也由小團體動力學的了解來協助團體的變遷。

　　此模型的特徵，將焦點放在個人失功能的問題。本質上，它是一種臨床模型，工作者的角色，不是使能者，而是變遷媒介者（change agent），經由改變團體結構與團體過程，達到個人的改變。至於工作原則：

1. 特定的目標必須被建立，以作爲案主團體中每一個成員的目標，
2. 工作者經由每個成員治療目標的總合，而不是由每個成員個別不同的治療目標，來界定團體的目標。
3. 工作者依照治療目標，來協助團體發展規範系統與價值。
4. 工作者對團體會期的內容預設，是立基於對個人治療目標的表達，以及發生於團體內的結構特性等知識。

目前，團體的治療模型已廣泛應用於臨床機構，提供團體工作與個案工作連結運用的機會。例如：針對性侵害受害者為主之治療性團體，團體的領導者就應具備治療目標模型相關理論的專業知識，在團體規劃與執行階段，應考慮治療目標模型的工作原則及相關技術之運用。

(三) 互惠目標模型

互惠目標模型（reciprocal goals model），簡稱互惠模型，也稱中介模型或互動模式，團體的成員和領導者影響社會系統，也被社會系統影響（Barker, 2014: 357）。

此模型的核心概念，認為個人具有互惠的動機和能力，社會網絡是團體、成員與工作者的互動結果。

此模型的理論基礎，是社會體系理論與場域理論（field theory）。有時，結構功能理論也被用來分析團體工作的結構和方法。

此模型的特徵，是以團體為中心，以過程為導向，建立一種互助的體系。工作者的角色是：調解者、使能者，透過團體的互動及互助，活化成員的適應能力。至於工作原則：

1. 透過工作者與團體成員的共通性思考，協助成員增強其目標。
2. 經由澄清團體成員的期待，進而澄清工作者的角色。
3. 工作者維護團體工作的焦點，以免被侵犯。

目前，互惠模型已應用於團體工作領域，然而沒有預設團體工作的成果，是美中不足之處。

綜言之，上述三大模型中，社會目標模型強調團體過程的民主性，治療模型強調臨床與個別取向，互惠模型強調中介協調與團體導向（林萬億，2015：87）。其中，社會目標模型雖強調團體過程的民主化，但其目的在於提升社會意識和社會責任，性質上仍屬於目標模型（goals model），而非過程模型（process model）。

其實，這三大模式的發展，均與當時美國的社會、政治、經濟條件的變化有密切關聯。例如：1950年代所推動的治療模型，反映當時社會變遷的停滯，重視個人的改變；1930年代的社會目標模型與1960年代的互惠

模型，正好回應當時社會追求民主化的需求，團體工作傾向於催化的功能（林萬億，2022a：478）。

第三節　團體工作的實施流程

團體工作的實施，與團體發展的過程，息息相關。團體發展也稱團體的生命循環（group life cycle），是指團體隨著一種有脈絡可循的方向、進度而推移的過程（林萬億，2022a：498）。

團體發展階段是由團體內部系統與外部環境的互動關係，逐步開展出來的，大多數團體的移動或成長，可約略找到幾個發展的階段，即使沒有任何團體的發展階段完全相同，社工還是可透過階段的預測來引導團體的進行。

亨利（Henry, 1992: 21）曾綜合葛蘭（Garland）等人與哈佛德（Hartford）的見解，將團體進行過程，分為六個階段：

一 團體初期

團體初期（initial stage），哈佛德（Hartford, 1971）稱為團體前期（pre-group phase），是在團體工作者的心中開始有組成團體的想法，想組成一個特定目標的團體、想人們可能從團體得到利益，或是機構在行政上決定提供團體服務。

此時期，團體工作者的任務，在私下期，是構思團體想要的目標、適合的成員、聚會的時間、處遇的取向或技巧。到了公開期，也就是構思成熟之後，將團體的目標、團體的限制、成員資訊保密及其他注意事項，公開並接受潛在成員的諮詢，也準備團體聚會之前的會談，與成員建立初步關係。

同時，在團體工作的初期，訂立契約的內容，應包括：(1)團體整體與機構間；(2)團體與工作者間；(3)團體成員與工作者間；(4)成員彼此間；(4)成員與團體間；(5)成員與工作者間，相互的約定（Garvin, 1981，

林萬億，2015：129-130）。但是契約不包括成員與自己之間的約定。

🅐 團體聚集期

團體聚集期（convening stage），可視為團體的開始階段，工作者召集團體成員進行第一次聚會。此期的特徵，因團體成員剛進入一個新情境，彼此不熟悉，可能出現兩種心境：一是趨避困境（approach-avoidance dilemma），既渴望成為團體的一員，又希望保有自主權；二是探索（exploration），也稱「試水溫」（testing of the water），試探其他成員的意圖。

此期的成員，面對未知的團體過程，易產生焦慮、恐懼、好奇、沉默、情緒偽裝、不友善的態度，甚至懷疑工作者的企圖，不信任專業的技巧，導致團體的過程缺乏流暢性，有待尋找共同點。有時，成員也過度依賴工作者。

此期，團體工作者的任務，首重信任感的建立，充當團體過程的代理人（surrogate），以引導成員參加活動。當成員對於加入團體有所疑慮或掙扎時，協助他們澄清對於團體的期待，促使他們了解共同需求，說明加入團體的可能效益。

🅑 團體形成期

在團體的形成期（formation phase），成員間開始出現互動行為，彼此建立初步的人際關係，開始發展認同和團體規範，也有了團體共同的目標。

此期，團體成員的特徵，可能強烈地依附於他人、團體與工作者身上。也可能發生抗拒的情形，反抗權威，反抗工作者，攻擊他人，試圖爭取權力。

至於工作者的任務，是協助成員認同團體的目標，了解其在團體中的角色及參與團體的方向，並引導成員進行溝通，以強化團體的凝聚力。

四 團體衝突期

在團體過程的中期，進入團體的衝突期（conflict stage），塔克門（Tuckman, 1963）稱為「風暴」（storming），哈佛德（Hartford, 1971）稱為「分裂」（disintegration），葛蘭等人（Garand et al., 1976）稱為「權力與控制」（power and control）。通常，團體風暴的產生，可能起因於情緒管理欠佳的成員所引發的對立爭執。但是，風暴或衝突也可能不會發生。

此期，團體成員的特徵，有衝突（conflict），也有失衡（disequilibrium）的情況。就衝突而言，有些成員與他人的觀點出現強烈差異，在意識形態上各據一方。就失衡而言，有些成員關注的議題，超越團體本身；有些成員的行為，妨礙了團體系統達成形成的階段。但是大部分成員，都希望團體能夠整合。因此，團體的衝突期，也是協商期，而不是抗拒期、聚集期。

無論如何，團體衝突是無可避免的，也不完全是團體失功能的現象，其潛在的破壞性也不一定大於建設性，有時分化後再整合，反而是一種能力的提升。

此期，團體工作者的任務，是協助成員安頓自己，來回檢視團體對他們的意義，引導成員進行意見溝通，化解衝突或失衡，回歸團體整合狀態。

至於團體發生衝突時，團體領導者是否要立即介入？應考量團體當下的目標而定，並使用重新建構及再界定的技巧，以協助成員從新的觀點來檢視問題，而不是立即介入，以示範面對衝突、不逃避衝突；也不是以緩和技巧為主，避免再度出現相互指責或批評。簡言之，團體工作者或領導者在這個時期的角色，是協商者，而不是仲裁者。

五 團體維持期

團體的維持期（maintenance stage），是團體成員經過衝突並將失衡扶正之後，他們發現本身已進入一個更強烈的依附關係。

此期，團體成員的特徵，是對於團體的選擇已趨穩定，讓自己對團體更充滿期待，衝突已成過去，就好像暴風雨之後的寧靜，成員更加緊密地結合在一起，團體的生命處於一個美好的時光。

此時，工作者的任務，是協助成員將團體的目標放在適當的位置，並致力於引導圖體內部結構性過程，使其角色、規範和溝通的模式，都朝向團體的目標，

㈥ 團體結束期

團體的目標達成，就是團體工作結束之時，這是計畫性的結束。另外，成員因為時間衝突、地點改變、安排的誤差、次團體的複雜性而中途退出、團體衝突無法解決、團體資源無以為繼，團體被迫提早結束，這是非計畫性的結束。

此期，團體成員的特徵，可能因團體結束而覺得自己有進步，或因免除參加團體的負擔和壓力，而感到開心，但也可能出現下列情節（林萬億，2022a：503）：

1. **兩極情感**（ambivalence）：直接或間接對工作者表達憤怒。
2. **否定**（denial）：支支吾吾或推卻忘記了，這是團體結束的共同現象。
3. **失落感與悲愴**（lose and mourning）：反映失落感與痛苦的表達方式，一種是敵意，另一種是過分依賴。而過分依賴，可能是期待工作者的讚美與神格化，這是一種退化行為。如果是低收入者組成團體，由於社經地位的低下，對於團體與工作者的認知，會產生一種「光環效應」（halo effects），亦即對自己的評價，立基於一個或少數顯著的特質，導致不是過度偏愛就是過度否定（Barker, 2014: 188）。

在團體結束期，工作者的任務，是在團體結束前向成員「預告」或「提醒」結束的時間，在最後一次聚會引導成員回顧團體過程及經驗分享、協助成員處理分離的情緒，以交換禮物、聚餐、合唱等儀式結束活動，完成團體工作紀錄，作為評鑑團體成效的工具。

有時候，團體領導者並不需要讓團體依序經歷不同階段，因為有些團體會自然發展，逐漸地達到團體結束。若團體結束前5分鐘出現危機議

題，則團體領導者應予處理，而不是依照時間架構的規劃來結束團體。

必要時，團體工作也有轉介與追蹤的程序。在計畫性結束後，對於需要繼續協助的成員轉介其他團體，對於需要持續觀察的成員追蹤一段時間。

第四節　團體工作相關議題

在團體工作的實施過程，需要工作者運用專業技巧，促使團體有效進行而達成目標。團體工作的技巧，有程序技巧與互動技巧兩種，前者是針對個人與團體進行反應，後者是對成員的接納、支持，以及團體目標的確定。茲就團體工作的重要面向，略述其相關議題：

⬤ 團體結構的決定

團體的生態系統有四個要素：成員、團體、工作者、團體的設施及環境。其中，決定團體的結構，安排團體的設施及環境，是工作者的重點工作。茲參考相關文獻（曾華源，2016：83-88；林萬億，2015：109-126；許臨高、莫藜藜，2013：201-206）略述如下：

(一) 團體成員年齡的考量

1. 學齡前兒童，有自我中心傾向，也有短時間參加團體活動的意願。
2. 潛伏期兒童，追求歸屬感，喜歡大團體，不易接受小團體。
3. 青春期，對未來有不確定感，需要團體相處，以分享需求及相互認同。
4. 成人期，趨向於追求角色地位，需要參與社會性團體。
5. 老年期，需要人際交往，以減少失落感，仍有參與團體的需求。

(二) 團體成員性別的考量

1. 單一性別，治療性團體以單一性別團體較有利。為了某些特殊目標，例如：少女身心發展、家暴受害經驗之討論，也適宜單一性別團體。

2. 混合性別，任務性團體、成長團體，以混合性別團體較有利。

(三) 團體成員行為特質的考量

團體工作者對於某些行為特質殊異的成員，避免突顯此類成員個人的利益，亦可引進另一相近特質的新成員，以增進其溝通機會。但是，葉龍（Yalom, 1995）指出，為了確保團體的安全與順利運作，有些成員極易被團體排除：

1. 外在因素，例如：會期衝突，聚會地點不當。
2. 團體中的偏差者，例如：某些成員的行為被其他成員抗拒。
3. 親密性問題，例如：撤退型行為，過早或過於害怕自我揭露，非現實性親近需求。
4. 害怕情緒感染，例如：對於成員的任何議題，都不願意接觸。

再者，依據芮德（Redl, 1951）所言「樂觀距離原則」（the law of optimum distance），也稱「最佳距離原則」，就是先找到二到三個相同問題的案主，再去徵求可容忍範圍內的案主。同時，團體目標的異同，也決定是否採行團體問題的同質性（林萬億，2015：112）。

通常，處遇性或治療性團體，最好是同時考慮成員問題及目標的同質性；而任務性團體，則以技巧、能力、知識、經驗越多元越理想，除了考慮目標同質性之外，宜考慮成員的異質性。

(四) 團體規模的考量

團體規模的大小，利弊互見。例如：兒童團體最好小一點，以集中注意力；治療性團體強調自我揭露和深入溝通，人數不宜過多。任務性團體的人數以單數為宜，以利於表決。大致上，決定團體規模有幾個原則（林萬億，2015：123）：

1. 團體要能圍著坐，相互看得到對方的表情，也聽得到對方的聲音。
2. 團體大到成員都能得到刺激，小到足夠參與個人的認知工作。
3. 團體小到能產生工作效果，大到能被工作者掌握。
4. 團體必須擴大時，就要將團體結構分化，使每一次結構仍有足夠的參與。

5. 封閉性團體不需考量成員的多寡,但開放性團體必須注意團體的大小,以免因成員流失而解散。

(五) 團體的設施及環境

1. **活動場地的安排**:固定的團體工作地點,可增加成員對團體的認同感。團體場域的隱密性,應以不打擾他人及不受他人打擾為原則。
2. **團體空間的安排**:圍成一圈,面對面的安排,是最佳互動的方式。
3. **團體時間的安排**:每次聚會,以45分鐘到1小時較適中。如果聚會時間少於1小時,沒有足夠的時間可周全地討論所提出的問題;如果聚會時間超過3小時,成員也會變得較無精打采、挫折及無法專注。有時,團體會持續數週聚會時間,在每次聚會之間會有若干天的間距,以便團體成員完成個人和團體目標的指定作業。

　　團體結構的決定,是要促使團體有效,否則人多嘴雜,於事無補。例如:有些人隱藏在團體裡,造成「社會打混」(social loafing)的現象,可能引發賣力的成員不滿;有些人「搭便車」(free tide),付出較少心力,卻同享成果,可能引發「冤大頭效應」(sucker effect),不想當冤大頭的成員也跟著打混,結果團體不成團體,故團體成員增加並不必然保證績效相對提高(林萬億,2015:7)。

　　同樣的道理,團體結構也不是成員的異質性越大越好,應配合團體的目標及運用的需求而定;團體的設施及環境也不是越舒適越好,而應考量團體運作的順暢性。

⬤ 從生態系統看團體的構成要素

　　團體的生態觀點,在於考量團體的外部因素。湯普曼(Tropman,2004)認為每個團體都具備五個構成要素(曾華源,2016:46)。茲略述其意義及其對於團體領導者的重要性:

1. **團體特性**(group characteristics):是指團體的組成。團體領導者在決定團體的結構時,應考慮成員的性別、年齡、人數,團體的特質。例如:團體是屬於處遇性團體或任務性團體?

2. **團體能力**（group competencies）：是指團體所具備的知識和能力。領導者在帶領團體時，應考慮成員的知識和能力。例如：帶領懷舊團體，以協助老人對生命回顧和肯定，應考慮老人對懷舊文物或歌曲的認知和體會能力。

3. **團體條件**（group conditions）：是指團體的結構和文化。領導者在帶領團體的過程中，應注意成員的文化規範和互動模式。例如：鼓勵沉默的成員勇於自我揭露，並接納同儕的情緒表達。

4. **團體變遷**（group change）：是指團體的發展過程和團體目標的達成。領導者在帶領團體過程中，應注意團體階段的移動情況，以及團體目標的達成是否符合預期進度。例如：帶領休閒技能學習團體，應掌握其學習進度和成果評量。

5. **團體脈絡**（group context）：是指團體所處的環境。領導者在帶領團體的過程中，應考慮其他團體、組織脈絡、社區脈絡、社會脈絡等層面。例如：帶領社區組織的任務團體，應考慮社區組織的架構、社區發展的程度、社會大環境的影響，並且與社區內部其他團體配合運作。

　　簡言之，團體的領導者應從生態系統觀點，考慮其所帶領的團體與環境之間的互賴關係和交互影響，以使團體順利進行。

🔴 被治療者改變的因素——希望的灌注

　　團體成員的改變，是在團體工作者所創造出來的安全氣氛下，才可能發生。葉龍（Yalom, 1975）指出治療因素包括：(1)希望的灌注；(2)普同性；(3)給予資訊；(4)利他主義；(5)原生家庭的矯正性重現；(6)社會化技巧的發展；(7)模仿的行為；(8)人際學習；(9)團體凝聚力；(10)情緒宣洩；(11)存在的因素（曾華源，2016：326-330）。

　　其中，希望的灌注（instillation of hope），是指病人之所以會改變，是從團體中獲得一種樂觀的感覺，經驗到自己的成長或進步的可能性。團體工作者應協助成員建立希望（林萬億，2015：363-364）：

1. 在成員對療效感到悲觀時，工作者可請其他成員分享他們如何克服悲觀的感受，讓成員知道或看到其他成員與其相似的問題得以解決。

2. 在成員有進步時，工作者可提出有類似條件的其他成員之進步情況，讓成員看到其他成員的成功經驗而增加勇氣，但是不對進步較慢的成員提出批評，以免成員看到其他成員也和他一樣有不愉快的經驗。

3. 團體工作者可請成員來鼓勵他人，透過不斷的鼓勵、支持，重燃希望之火，讓成員看到團體幫助成員順利處理與其類似的問題，而增加自己的希望。

四 激發團體動力

團體動力有四個向度：溝通及互動模式、凝聚力、社會控制結構（含團體規範、角色、地位）、團體文化。其中，激發團體動力，強化團體凝聚力，是團體工作者的重點工作。此處先探討團體動力的概念。

(一) 團體動力的意涵

團體動力（group dynamics）是透過資訊的交流與權力的轉換，以影響社會成員之間互動的力量。這種交換，可由團體領導者或助人工作者的調整及使用，而達到有利於成員的目標（Barker, 2014: 183）。

顯然，團體動力是存在於團體及成員之間的力量，它是一個「有機」的整體，團體中的任何現象都是整體的一部分，而部分與部分之間也有互賴關係。

團體動力學有四種不同的意義（Malcolm & Knowles, 1959，林萬億，2015：51-53）：

1. 團體動力是用來描述在團體中任何時間所發生的事情，不論是否被人覺察到，在團體中有一種動態的現象，是自然發生的，不是創造的。

2. 團體動力學被描述成一種研究的領域，是使用科學的方法來確定團體為何產生如此這般的行為。

3. 團體動力學是有關團體行為的基本知識，這種知識是由過去的研究所累積而成的。

4. 團體動力學被用來描述一種應用知識的發展體系或技術，它企圖將知識的發現與理論應用到實務的原則與方法。

據此可知，團體動力學研究的範圍，是團體的任何行為，包括：團體的組成、互動、衝突、溝通、規範、分化、整合、凝聚力、權力、領導、發展。

(二) 團體動力的發展

在團體工作的實施過程中，團體動力在不同階段有不同的展現，工作者必須妥善因應（曾華源，2016：72-74；許臨高、莫藜藜，2013：90-97）：

1. **團體形成期的團體動力**：大多來自成員個人內在動力對團體的影響，包括：成員特質、試探性互動行為。此時，工作者應引導成員建立信任關係，形塑接納及歸屬的團體氣氛，以利成員適應。

2. **團體中間期的團體動力**：大多來自衝突的發生，包括：成員之間的地位競爭或角色磨擦而產生衝突、成員挑戰工作者的領導權而引起衝突。此時，工作者應引導成員認清其在團體中的地位和角色，協助成員體會領導者與個人及團體之間的關係和影響力，使團體維持一種動態的平衡，成為有效能的工作階段。

3. **團體結束期的團體動力**：大多來自成員與團體及其他成員分離的焦慮，包括：否認、逃避，甚至期望製造問題來延長團體互動的時間，或相約於團體結束後繼續聯繫，以維持相互支持和接納的功能。此時，工作者應了解每一成員處理分離的不同方式，並提前預告團體結束的時間，使成員有所準備。

通常，在實施團體工作前，應先了解團體動力。因為團體動力可說明個人在團體中的思考方式與行動，也可用於解釋個人如何受到團體的影響，更可了解團體「表象」下的「真相」，以便於預防及處理成員在各個階段所面臨的問題。

五 強化團體的凝聚力

團體凝聚力（group cohesiveness）是個人在他們所認同的社會群體中，相互吸引、經歷相互的利益或預期的程度（Barker, 2014: 183）。簡

言之，團體凝聚力就是團體對成員有吸引力。

影響團體凝聚力的因素很多，如果成員的互動向團體的中心靠攏，團體凝聚力較高。如果成員未能形成以團體為中心的認同，就可能產生「次團體」（subgroup），而對團體的凝聚力造成干擾。以下先說明次團體，再探討凝聚力：

(一) 次團體

團體的每個成員不可能產生等量的互動，自然形成次團體。有時，團體的成員也因情感連結和利益結盟，而形成次團體。

次團體的形成，對於團體的運作有利有弊。例如：在大型任務性團體中，對於完成某一部分工作，次團體最能發揮效用；在治療性團體中，可運用成員次團體的關係，來重塑家庭的團體經驗。但是，次團體如有過度的吸引力發生，會將次團體的目標，凌駕於團體目標之上，對於團體整體表現造成負面影響，可能導致團體的分裂或瓦解。如果次團體因吸引力過強而干擾整個團體時，團體工作者可採取下列技巧來處理（Toseland & Erivas, 2012，許臨高、莫藜藜，2013：98）：

1. 檢視團體對成員有無足夠的吸引力，以免缺乏吸引力，出現次團體。
2. 發展團體規範，限制同一時間只有一人表達意見，彼此傾聽，相互尊重。
3. 要求成員經常與其他成員互動。
4. 聚會時，調整座位安排，避免次團體的成員相鄰而坐。
5. 運用方案活動或團體討論，將次團體的成員分開。
6. 重新安排不同成員組成另一團體，在團體之外完成指定的任務。

(二) 凝聚力

團體凝聚力的高低，會對團體產生正負面向的影響。就正向而言，凝聚力高，成員較能接受團體的規範、較能投入團體的任務、強化團體的功能及動能。就負向而言，凝聚力過高，可能導致成員對團體的依賴性、附和團體的意見而失去自己的獨特性；因為過度要求而造成同儕壓力，也可能構成「團體思考」（group think），也就是一群人竭力爭取全體一致同

意，導致病態的服從（Toseland & Erivas, 2012，許臨高、莫藜藜，2013：103）。

　　無論如何，團體工作者應防止凝聚力的負向影響，並強化團體的凝聚力，其主要技巧或原則：

1. 增加成員相處的時間，促進成員相互了解。
2. 協助成員分享經驗，增加人際之間的吸引力。
3. 了解成員的期望，滿足成員的需求，提高成員繼續參與的意願。
4. 善用團體之間的競爭，建立團體的連結力。
5. 提供獎賞、資源、地位或威望，增加團體對成員的吸引力。

　　然而，團體的凝聚力經常隨著團體發展的階段而產生變化，上述技巧或原則必須因應實際情境，彈性處理。

（六）團體工作的實務原則

　　社會團體工作是以團體為對象的社會工作實施，為了協助團體成員獲得有用的團體經驗，進而發揮個人的社會功能，崔克爾（Trecker）於1970年代提出團體工作實施的基本原則（Datar et al., 2008: 220）：

1. **個別化和接納原則**：包含團體和成員的個別化，並接納團體的優點和缺點。
2. **參與和自決原則**：積極鼓勵團體成員參與，並尊重其自決權。
3. **彈性和有效介入原則**：依據團體和個別成員的需求來擬定計畫，並隨著需求的變化而彈性調整計畫。而且，團體工作者的干預行為，是為了協助成員與團體的改變，並不是為了滿足工作者個人的意圖。
4. **善用資源原則**：善用團體內、外部的資源，以充實團體運作的能量。
5. **不斷評量原則**：定期實施評量，以保持團體的意圖性和適切性。

　　其中，不斷評量的原則，是團體工作實施的重點，而不是不使用評量。至於團體工作的目的，在於協助成員與團體的改變，而不在於滿足社會工作者個人意圖。當團體的資源有限時，團體工作者應協助成員了解資源的限制，而不是隱瞞不告知成員或自行爭取額外的資源來補充。

七 團體領導的技巧

領導（leading），是引導團體及其成員發展的過程。團體的領導者（leader），也稱為帶領者，多數是由機構指派社會工作者擔任，有時也由成員中具有領導魅力者出任。同時，除了領導者之外，通常還有協同領導者（co-leader）。茲分兩方面說明：

(一) 團體領導者

1. **領導者的權力來源**：實際的權力，來自：連結的權力、專家的權力、資訊的權力、合法的權力、參照的權力、獎賞的權力、強制的權力等。至於象徵性的權力，來自：專業資格、教育、組織地位、經驗等。
2. **帶領團體的技巧**：托士蘭與瑞瓦士（Toseland & Rivas, 2004；林萬億，2015：313）將領導者帶領團體的技巧，分為三組：
   (1) 催化團體過程的技巧：能納入團體成員的經驗、專注、表達、回應、焦點溝通、促使團體過程明確、澄清內容、引導團體互動。
   (2) 資料蒐集與評估的技巧：能界定與描述思想與感覺及行動、分析資訊。
   (3) 行動的技巧：能支持團體成員、再架構與再定義、連結成員之間的溝通、指導、忠告與建議或教導、提供資源、示範與角色扮演、預演與教練、面質、解決衝突。

(二) 協同領導者

1. **協同領導者的好處**（Toseland & Rivas, 2012；許臨高、莫藜藜，2013：160-161）：
   (1) 讓領導者有一個支持與回饋的來源，可促進專業發展。
   (2) 協同領導者提供另一參考架構，可增加領導者的客觀性。
   (3) 對成員在溝通、互動或爭論之處理，提供示範作用。
   (4) 領導者在治療過程，有關角色扮演等，可得到協同領導者的協助。
   (5) 領導者在設定時限和建構團體經驗方面，可得到協同領導者的協助。

2. **協同領導者的潛在傷害**：例如：角色分工不易、浪費人力、協同領導者不易學到完整的領導技巧、相互較勁、溝通困難（林萬億，2015：323）。

綜言之，在社會團體工作中需要運用協同領導者，其理由：(1)為了經驗傳承；(2)協同工作本身就是一種示範團隊合作；(3)為了減輕工作負擔；(4)為了互補的需要（林萬億，2022a：494）。顯然，不是為了相互替代的需要。因此，團體的領導者與協同領導者之間，應相互溝通，協力合作，以期有效帶領團體及其成員達成目標。

八 團體工作方案的設計

團體工作者基於成員的需求、機構的使命或社區的期待，常需設計團體工作計畫書，作為帶領團體的腳本。

團體工作計畫書，簡稱團體方案，其設計的格式，與一般方案設計大同小異，但是內容必須加入團體工作的元素。若以老人憂鬱症之處遇團體為例，必須先從處遇取向的團體之中，選取一種適合老人成員及憂鬱症處遇的團體。然後，來回思索該類團體有關方案設計的議題（團體的目標、設計的理念、團體的性質、成員、工作期間、聚會的地點空間、進行方式、評估等），據以撰寫團體計畫書。

茲以某個社會福利機構想要推動老人憂鬱症的團體處遇方案，以降低社區老人的自殺率為例，試擬一份團體方案設計：

---

1. **方案名稱**：○○市照管中心推動社區老人憂鬱症處遇團體方案。
2. **方案緣起**：根據本市上年度社區照顧關懷據點關懷訪視對象意見調查，全市接受關懷訪視的老人有21%表示孤獨無助，有18%表示生不如死，故應及早運用處遇性團體方案，協助社區老人擺脫憂鬱傾向，降低可能自殺的比率。
3. **方案目標**：
   (1) 在生理面，透過健康促進的團體活動，增加老人互動與身心健康。
   (2) 在心理面，透過生命故事分享，緩和老人的孤獨、無助與失落感。

(3) 在社會面，透過互助活動，協助老人肯定自己存在的價值。

4. **招募對象**：由社區照顧關懷據點志工鼓勵65至75歲有憂鬱傾向的老人報名參加，分為東、南、西、北四區，每區招募8-12名老人。各據點報名人數多寡列入下年度績效考核成績。

5. **團體領導者**：由照管中心社工師一名擔任團體領導者，社區資深志工二名協同帶領團體活動。

6. **實施時間**：○○○年○月○日至○月○日，每週一次，每次1.5小時。

7. **實施地點**：東、南、西、北四區，各選一個位置適中的社區活動中心，作為團體進行的場地。

8. **實施內容與進度**：分為六次單元，其會期議程之配當表：

推動社區老人憂鬱症處遇團體方案議程之配當表

時間	單元名稱	活動目標	活動內容
9.30 | 11.00	第一單元 芳香紓壓	1. 紓解精神壓力。 2. 促進身心健康。	1. 洽請芳香劑治療師示範芳香療法。 2. 引導成員相互施用喜歡的芳香劑。 3. 引導成員分享施用後的紓壓感受。
9.30 | 11.00	第二單元 種下希望的 花草	1. 動手做活動筋骨。 2. 增加對未來的樂觀 期待信心。	1. 提供薄荷、九層塔、左手香等類香 草及小型塑膠盆。 2. 成員兩人一組，共種一盆花草。 3. 引導成員討論所種花草的用途。
9.30 | 11.00	第三單元 養生資訊 傳遞	1. 提供身心靈福祉相 關資訊。 2. 促進成員關心養生 議題及相關資訊。	1. 洽請社區耆老傳授長壽之道。 2. 引導成員分享自己的養生心得。 3. 針對養生資訊的取得管道，進行腦 力激盪。
9.30 | 11.00	第四單元 施比受更 有福	1. 發揮利他主義的精 神，肯定自己有能 力助人。 2. 由助人得到療癒， 提升自尊心和 自信。	1. 由老人自己或家人協助準備1-2件 自製的小禮物，於聚會時交社區照 顧據點轉贈弱勢家庭的兒童。 2. 引導老人在團體中分享自製贈品的 經驗和感受。
9.30 | 11.00	第五單元 情緒宣洩— 打沙包	1. 認知抒發情緒的管 道及方式。 2. 領悟情緒宣洩的 效用。	1. 準備一個小型沙包，引導成員將沙 包當作出氣筒，輪流打沙包。 2. 引導成員發表打沙包的感受。 3. 針對情緒宣洩的各種方式，進行 腦力激盪。

時間	單元名稱	活動目標	活動內容
9.30 | 11.00	第六單元 活著真好— 生命故事分 享會	1. 回顧生命歷程， 肯定生命，揮別 憂鬱。 2. 提升靈性健康的 境界。	1. 團體領導者依時間線自我揭露生命 歷程的轉折，以引發成員回響。 2. 協同領導者協助成員繪製或口述自 己的生命歷程，並完成摘要紀錄。 3. 徵得一位成員同意，以匿名方式呈 現紀錄，共同討論如何安渡關口。

9. **經費預算**：外聘芳香治療師之鐘點費、團體活動材料費等，計新臺幣○
萬○千元整，由照管中心的輔導費支應，核實報銷。

10.**成效評量**：實施憂鬱量表「前測」與「後測」，於第六單元聚會結束
前實施滿意度調查，據以評估團體方案的執行成效。

11.**附則**：本方案經照管中心主任核定後實施，修正時亦同。

九 團體工作倫理的考量

　　社會團體工作是社會工作的一環，應依照社會工作價值和專業倫理
來提供服務，在運用團體工作的過程，必須思考倫理的問題（曾華源，
2016：22-24；李增祿，2012：141-142）：

(一) 知後同意

　　這是團體成員的權益之一，成員有權利知道其與團體領導者的任務分
配，以及這段助人過程的目的與性質。因此，團體工作者應告知成員有關
於團體工作的目標、參與的潛在風險、參加團體的費用、參加期間擁有的
權利等，且經成員同意後實施。例如：團體工作者告知障礙者家長支持團
體的成員：「在團體內討論的事情，無法保證不被團體外的其他人知道，
若您還願意參與團體，我們就開始今天的團體」，此即告知暨徵求同意。
而不要將「告知」與「同意」分開考量。如果，團體的決定有風險時，團
體工作者要提醒成員注意，而不是尊重成員不介入。

(二) 優先考量成員需求

組成團體之前，應實施團體成員甄選，以維護成員利益。團體的實施，應符合團體的目標，能使成員在團體中獲得需求滿足，否則應提供適當的轉介。領導者可表露自己的價值觀，但應避免強迫成員接受，或強烈暗示成員順從。領導者對於成員在團體中適度宣洩自己的情緒，不宜向其他成員釐清此情緒宣洩是為了滿足特定成員的需求。領導者應具敏感度，適時覺察並妥善處理團體內的特殊成員，以保障其他成員的利益。團體領導者也不宜為了成員在團體外的個人議題，而改變團體討論主題。

(三) 工作者須有帶領能力

團體工作者應具備領導團體之專業知能和經驗，能夠協助團體成員發展與實踐團體的目標，而不是有團體經驗者就可擔任團體領導者。為了確實執行工作者的倫理責任，應考量：(1)工作者受過或符合團體工作能力的教育訓練；(2)提供工作者的督導資源；(3)提供工作者持續進修。必要時，基於團體發展的需要及特殊性考量，領導者有責任安排協同領導者或其他相關專業人員來協助帶領團體。

(四) 顧及成員的安全

團體工作者的任務，是尊重團體成員的人格完整，領導團體應採取一切必要的安全措施，以保護成員的身心安全，並且公平對待每一成員，不可因為好奇而強制成員過度揭露，應避免產生代罪羔羊角色對成員之傷害，也應避免因自身利益而剝削成員應有的權益。雖然，團體領導者可能在活動中觸摸成員，但是要很謹慎，清楚解釋為何觸摸，可將這個主題帶入團體中討論，以確定成員的隱私或界線未被侵犯。

(五) 謹慎處理保密議題

團體工作者應確保每個成員的隱私，並告知成員對團體實施的內容必須保密；讓成員知道團體過程之錄音或錄影的用途，且不得轉為他用。不過，保密也有其限制，例如：有成員揭露危及個人生命安全的訊息，團體

工作者應向相關單位進行通報；轉介團體成員至其他機構或服務方案時，提供所需的團體工作資訊，可不受保密的限制。但是不包括：新進社工人員未簽署保密同意就可參閱團體工作紀錄；實習生未經機構同意而將其團體工作紀錄提供給學校督導。

此外，團體的實施也應遵守社工倫理守則的規範，例如：尊重服務對象的自我決定，團體領導者對於成員自行決定要探索什麼，要進行到什麼程度，給予基本的尊重。團體成員也有不參加的自由，若團體工作者認為成員會因參加團體而受益，對工作者是一種挑戰，應在適當壓力及適當倫理中找到平衡。若成員無意願參與，就不要因為考量成員福祉而要求其繼續參與該活動。例如：強制親職教育團體，就有可能有違柯諾卡（Gisela Konopka）所提出的社會團體工作倫理之界線。同時，團體的實施亦應符合機構的宗旨和精神。但是不包括團體工作經費的籌募需要依程序辦理。

至於團體實施的兩難議題，在所難免。例如：成員因故退出團體，又想再次加入團體；被法院強制的非自願性成員，堅持要退出團體，都會造成倫理兩難，應予適當處理。但是，機構為確保團體工作品質而工作者卻缺乏帶團體的熱忱和意願，或者機構的督導能力有限而未能提供工作者合適的督導，並不涉及倫理兩難，可由機構設法改善而獲得解決。

 ## 第五節　團體工作與其他取向的團體

透過團體過程提供服務的專業，除了團體工作之外，還有其他取向的團體。例如：團體輔導（group guidance）、團體諮商（group counseling）、團體治療（group psychotherapy）。

這些非團體工作取向的團體，與團體工作之間的異同，可比較如表6-2：

表6-2　團體工作、團體輔導、團體諮商、團體治療之比較

	團體工作	團體輔導	團體諮商	團體治療
主要目標	調適社會關係，促進社會功能	獲得知識和資訊	改變態度和行為	修正行為，重建人格
功能取向	側重發展	側重預防	兼顧預防及發展	側重治療
主要對象	團體成員	一般學生	學生、青少年	病人、犯罪者
工作人員	社工師、社工人員	專業輔導人員、班級教師	諮商心理師	治療師、臨床心理師
助人關係	夥伴關係	專家指引	人際互動	正式治療
團體動力	高度重視	低度重視	中度重視	中度重視
處遇焦點	個人社會功能的表現	學習、生活及生涯發展的指引	意識面認知、態度及行為的改變	潛意識層面的行為修正及心理治療
專業技巧	帶領團體的技巧	教育活動的技術	自我引導及領悟	心理治療技術
實施期間	短期或長期	短期	短期	長期
應用機構	社福機構、各級學校、家庭、社區	各級學校、教育機構	各級學校、諮商機構	醫院、心理衛生機構、犯罪矯正機構

資料來源：參考林萬億，2015：15-22；李郁文，2008：12，整理而成。

　　由表6-2顯示，團體工作與其他取向的團體之間，異同互見：

(一) 主要目標之異同

　　其相同處，都是目標取向。不同處是：團體工作以促進社會功能爲目標，團體輔導以引導正向學習及成長爲目標，團體諮商以解決困擾問題爲目標，團體治療以矯正行爲及人格爲目標。

(二) 助人關係之異同

　　其相同處，都重視專業關係的建立。不同處是：團體工作強調夥伴關係，團體輔導強調專家指導，團體諮商強調動態的人際關係，團體治療強調正式的治療關係。

(三) 處遇焦點之異同

相同處，都聚焦於關鍵性問題的處遇。不同處是：團體工作聚焦於社會功能的表現，團體輔導聚焦於正向學習的指引，團體諮商聚焦於意識面的行為改變，團體治療聚焦於潛意識面的行為修正。

(四) 應用機構之異同

其相同處是：團體工作、團體輔導、團體諮商，經常應用於各級學校。不同處是：團體工作應用於社福機構為主，團體輔導還可應用於其他教育機構（如：成人教育機構），團體諮商應用於諮商機構為主，團體治療應用於矯正機構為主而很少應用於學校或教育機構。

歸結地說，比較社會團體工作與非社會工作的團體之不同，更突顯社會團體工作具有下列特質（林萬億，2015：21-22）：

1. **以改變為焦點**：團體工作聚焦於個人與環境的交流，不只涉及個人內在行為的改變，而且關照到個人社會功能的表現及環境對個人需求的滿足。
2. **以服務為取向**：團體工作為服務取向，團體的組成須立基於機構對社會職責的承諾，以有利於案主權益為優先，而不是以機構或領導者獲得經驗為優先。
3. **考慮成本效益**：團體工作考慮到團體組成的成本效益，任何一個團體的組成必然以案主最迫切的需求為前提。
4. **實施範圍廣泛**：團體工作廣泛運用於醫療、犯罪矯正、社區、學校、工業界、家庭服務、兒童少年、老人等機構，實施範圍較廣。
5. **服務理念完整**：團體工作的不同模型發展，從治療功能到社會目標的達成，並不是一個同義字或連續體的概念，而是較配合成員需求與社會變遷的完整服務理念。

無論如何，社會團體工作與其他團體技術之間，仍可相互支援或轉介。例如：團體工作中的治療性團體，可用來協助失功能的成員，減緩情緒痛苦或改變行為。至於需要醫療處遇的成員，應轉介其接受團體心理治療。另外，團體輔導未能處理的問題，可轉介團體諮商，而團體諮商涉及

潛意識面的行為問題，可轉介團體治療。必要時，其他非同體工作取向的團體，亦可轉介團體工作來協助處理。

第七章
直接服務(三)：
社區工作

社區工作（community work），與個案工作、團體工作並列爲社會工作直接服務的三大方法。雖然，社區工作的起步較晚，但其重要性不容忽視。例如：2019年，新冠肺炎（COVID-19）襲擊全球各地，嚴重影響人民生活。《遠見雜誌》記者（林讓均，2020/8/27）透過視訊訪問美國芝加哥大學講座教授拉詹（Ragharan Rajan）對於疫後重建的看法。拉詹表示社區是社會安定的第三支柱（第一、二支柱是國家、經濟），疫後重生的力量來自社區，各國應加速培力社區領袖、結合各方資源，重建疫後的新世界。

事實上，培力社區領袖、結合社區資源，改善社區生活，正是社區工作的目標及任務。本章即將探討社區工作的發展及意涵、實施模式、實施程序、相關議題、社區工作與社區營造之比較。

 # 第一節　社區工作的發展及意涵

改善社區生活條件的工作，最初稱爲社區組織、社區發展，到了1970年代逐漸出現社區工作。

一 社區工作的發展

社區工作的特質之一，是地方性（locally）。因而我們除了要了解英美先進國家的社區工作發展之外，更應了解臺灣社區工作的發展情況。

(一) 英美社區工作的發展

英美早期的社區工作，以社區組織的概念呈現，且可追溯到英國的睦鄰運動。

1880年代初期，巴特涅號召大學生進入社區，與窮人一起生活，以了解貧窮問題，有效協助窮人。當時，湯恩比也進駐社區參加貧民服務，可惜因病於1883年逝世。

1884年，巴涅特爲了紀念湯恩比對社區的貢獻，將東倫敦的睦鄰中

心命名爲湯恩比館（Toynbee Hall）。湯恩比館對於社區工作有重要啟示：(1)強調助人者要與受助貧民一起生活，在共同生活中發生影響；(2)彈性的工作計畫，視社區的情況、發展及需要而定；(3)強調激發受助者對改變困境的盼望，貧民必須爲其幸福與改變而付諸行動，不只口頭說說而已；(4)湯恩比館作爲協助其他弱勢社區的窗口，開啟貧民社區的工作（簡春安、趙善如，2008：35）。

1889年，亞當斯於美國芝加哥成立胡爾館（Hull House），參考湯恩比館的做法，對居民提供多元化社區服務，成爲美國最具影響力的睦鄰中心，也促進社區工作的出現。

1939年，美國紐約市福利委員會主席蘭尼，在全美社會福利會議提出「蘭尼報告」（Lane Report），通過「社區組織」爲社會工作的三大方法之一。

1950年，美國在亞特蘭大城（Atlantic City）舉行社會工作會議，也建議將社區組織列入社會工作方法。

1952年，設置「社區組織與社區發展小組」推動社區發展，使社區發展成爲一項世界性運動。

1962年，美國社會工作教育協會正式將社區工作納爲社會工作主要三大方法，傳統的社會工作方法於焉齊備。

(二) 臺灣社區工作的發展

社區組織是臺灣傳統的社會工作方法之一，後來加入社區發展，到了1970年代，開始以「社區工作」來綜合社區組織與社區發展（李增祿，2012：175）。以下略述臺灣社區工作的發展情況：

1895年，滿清在中日甲午戰爭失敗，將臺灣割讓日本。1934年起，日本殖民政府在臺灣各地設置鄰保館或社會館，從事低收入民眾的社區服務，包括：嘉義鄰保館（1934年）、臺中鄰保館（1936年）、東勢社會館（1937年）、彰化鄰保館（1937年）、豐原社會館（1937年）、清水社會館（1937年）（臺灣文獻會，1960，引自鄭怡世，2013）。

1945年，臺灣光復，百廢待舉，在聯合國支助下，於1955年推動「基層民生建設」。可見，臺灣早期社區工作的發展，不僅有一部分受到晏陽

初推動平民教育的啟發，而且社區發展的起源，也與聯合國有密切關係。

1965年，政府頒布「民生主義現階段社會政策」，將社會保險、社會救助、國民就業、國民住宅、福利服務、社會教育（1967年被刪除）、社區發展等七項，列為社會福利重要項目，採用社區發展的方式，推動民生建設。

1968年5月，行政院頒布《社區發展工作綱要》，臺灣省於1968年9月公布「臺灣省社區發展八年計畫」，臺北市、高雄市亦分別訂定社區發展計畫，推動社區發展工作，著重於社區基礎工程建設。

1970年，內政部運用中美基金及政府補助，成立中華民國社區發展研究訓練中心，辦理幹部訓練，出版刊物（該中心於1994年6月裁撤）。

1991年5月，政府公布《社區發展工作綱要》，採取人民團體方式，由居民發起成立社區發展協會，配合政府政策推動公共設施、生產福利、精神倫理等三大建設。

1995年，行政院召開「國家建設研究會」，與會學者建議，落實社會福利政策，推動社會福利社區化。

1996年，內政部公布「推動社會福利社區化實施要點」，結合社會福利體系與社區發展工作，提供社區的兒、少、婦、老、障及低收入者之福利，並揭示實施要領：(1)選定福利社區；(2)確定福利需求；(3)加強福利業務；(4)落實社區照顧；(5)配合國宅整建。福利社區化的目的：一是福利服務取得的可近性、方便性，使服務對象在社區內照顧（care in the community）、由社區來照顧（care by the community）：二是福利社會的實踐，運用正式與非正式的社區照顧資源，整合社區服務網絡來提供服務。可見，福利社區化推動的項目，聚焦於弱勢兒少的照顧等福利措施，但未包括社區守望相助、資源回收、社區產業。

2005年，社會福利社區化轉型為福利社區化旗艦競爭型計畫（簡稱旗艦社區計畫），鼓勵社區聯合提案申請政府補助，辦理福利服務。

同一年，行政院提出「臺灣健康社區六星計畫」，推動：產業發展、社福醫療、社區治安、人文教育、環境景觀、環保生態等六大面向。有些社區將社區巡守隊轉變為「獨居老人關懷社區巡守隊」，結合了社區六星計畫的社福醫療與人文教育兩個面向。

2014年，中央政府鼓勵縣市政府成立「社區培力中心」，引進社區工作專業人力，輔導社區發展協會推動社區工作，而社工也有累積社區專業及增加就業的機會。

大致上，臺灣的社區發展，自1883至2005年進入社區組織社團化，由下而上，鼓勵居民申請成立社區發展協會，將原先偏重於政府主導的社區發展，改為人民團體型態運作。如今，社區發展的主責單位是社區發展協會，而不是社區發展理事會。可惜，目前的社區發展工作，未能針對社區需求的差異進行規劃，公共設施缺乏後續維護，其效益大打折扣，埋下了後期社區總體營造興起的種子。

⬛ 社區與社區工作的意涵

顧名思義，社區工作是實施於社區的一種助人工作。在探討社區工作的意涵之前，有必要先了解社區的概念：

(一) 社區的意涵及功能

社區（community）的希臘文，是夥伴（fellowship），指一群人集居在一起，共享互助，滿足基本需求，發現生命意義。在傳統的社會裡，社區很容易界定，通常指一群人住在一定的地理範圍內，與其他聚落有明顯的疆界區隔（林萬億，2020：5-5）。

依據美國《社會工作辭典》的解釋，「社區」（community），是指個人或家庭的群體，分享著共同的價值、服務、制度和利益，也可指附近的地理區域（Barker, 2014: 81）。可見，社區是一種地理區域或人們組成的社群。

社會學家希拉蕊（Hillery, 1995）曾整理90種社區的定義，得出社區的構成，包括：人民（people）、土地（place）或地盤（territory）、社會互動（social interaction）、認同（identification）等四種要素。

至於社區的類別，約有下列幾種：(1)地理社區：因地裡的相近性而構成；(2)利益社區：因共同的利益，或者對某事物有共同興趣而構成；(3)信仰社區：因宗教信仰，或者對於族文化忠誠而構成；(4)組織社區或

工作社區，因共同的活動而形成的社區，例如：在工廠、工業區、加工出口區等場所，長時間從事相同活動，久而久之形成一個社區；(5)鄉村社區與都市社區：因城鄉的人口數量或社經地位等屬性，而構成的社區。鄉村社區的居民互動較密切，但是問題較多，資源較少，因而社區工作者應有獨立的工作能力，最好是一個資源專家。

其中，加工出口區屬於工作社區，而不是地理社區、利益社區或信仰社區。同時，地理社區經常交織著心理與社會的地盤，因為地理上的區隔也會產生獨特的信仰、價值、行為和目標。

至於社區的基本功能，約有下列六種（Streeter, 2008: 356）：

1. **生產、分配與消費**：亦即經濟的功能，社區有人從事物品或勞務的生產、分配，有人進行消費。這是滿足經濟需求，不是商業活動。

2. **社會化**：社區引導居民習得適當的知識、價值及行為模式。

3. **社會控制**：社區透過正式與非正式的措施，規範居民言行。

4. **社會參與**：社區可提供居民的參與機會，與他人互動。

5. **相互支持**：居民可透過社區網絡，相互照顧或相互協助。

6. **防衛**：社區可保護居民免受傷害或壓迫。例如：社區守望相助。

其中，在社區參與的功能方面，社區居民關心切身的公共事務，有表達意見的機會，也可視為一種政治的功能，而不是社會、經濟、教育的功能。

(二) 社區工作的意涵

由前述社區的構成要素，可界定社區工作是：在一個特定的空間範圍內、有共同生活特性與共同認同的一群人，但不一定有共同職業。至於學者的定義：

1. 馬幽（Mayo, 1998）認為：社區工作是共享利益的人們，團結在一起，理出他們的需求，藉由方案發展，鼓動關切祈求獲得滿足的人們，採取集體行動來滿足這些需求（林萬億，2022a：533）。這個定義，強調整理社區成員的需求，發展出社區方案，並透過集體行動，以滿足需求，共享利益。

2. 德維夫斯（Twelvetrees, 2008: 1）認爲：社區工作是協助人們在自動自發的集體行動之下，去改善他們自己社區的過程。這個定義，將社區工作視爲居民自行改善社區情境的一種過程，強調居民的主體性、自動自發、集體行動，而專業的社區工作者與／或其他專家，只是從旁協助他們進行社區的改善或改變。

(三) 社區工作的構成要素

社區工作是一種改善社區條件的過程，涉及下列構成要素（Ledwith, 2016: 5）：

1. **社區**：確定社區工作的範圍，以回應where？
2. **居民**：以居民爲主體，以回應whom？
3. **願景**：協助居民建立未來的期待，以回應why？
4. **社區工作者**：由專業工作者從旁協助，以回應who？
5. **社區方案**：擬訂計畫，據以實施，以回應what？
6. **過程**：分段進行，以回應when？
7. **協力合作**：以集體行動，達成目標，以回應how？

(四) 社區工作的核心價值

綜合相關文獻的論述（Gilchrist & Taylor, 2016: 14-16; Forde & Lynth, 2015: 14），社區工作有五種核心價值：

1. **社會正義**：在社區相關政策中，列入社會正義。
2. **平等與反歧視**：覺察社會制度的不平等，反對任何形式的歧視或壓迫。
3. **集體行動**：社區成員透過夥伴型態，一起參與社區事務。
4. **社區充權**：協助社區成員從參與中增加信心、動機和能力。
5. **一起工作與學習**：社區成員一起參與社區事務，從做中學。

(五) 社區工作的目標

樓斯曼（Rothman, 1964）將社區工作的目標，歸納爲同等重要，且可相輔相成的兩大類（甘炳光、莫慶聯，2016：13-14）：

1. **任務目標**（task goals）：在於解決特定的社會問題，滿足特定的社區

需求。

2. **過程目標**（process goals）：在於建立社區互助合作的關係，喚起民眾關心及參與社區事務，增強解決問題的信心、能力和技巧。

(六) 社區工作相關名詞

1. 社區組織（community organization）

這是美國常用的名詞，依美國《社會工作辭典》的解釋，社區組織是一種介入的過程，由社會工作者或其他專業人員用以協助個人、團體，以及有共同利益或來自相同地理區域的人群，透過有計畫的集體行動，來處理社會問題，增進社會福祉（Barker, 2014: 82）。

2. 社區發展（community development）

這是聯合國經常使用的名詞。依據聯合國的文獻，社區發展是居民本著自動自發的精神，結合政府及外來者的協助，共同改善本社區經濟、社會、文化等條件的過程。

3. 社區治理（community governance）

這是社區工作為快速地回應政治、社會、經濟等社會問題，而融入新公共管理（new public management）的觀點，強調政府、民間機構、非營利組織與社區之間建立夥伴關係，將社區歸還給當地居民，讓他們選擇自己有興趣的項目，以自己熟悉的運作方式，參與社區事務的管理與決策，發揮屬於自己的社區特色。

如果將「社區組織」與「社區發展」的意涵加以比較，其相同處：工作對象，都是社區居民；工作目標，都在改善社區條件；工作過程，都需集體行動。其不同處：起源，社區組織較早，在睦鄰運動時產生，而社區發展較晚，於二戰後聯合國提出；範圍，社區組織聚焦於建立組織及相關資源，其涉及層面較小，而社區發展聚焦於啟發及充權社區居民，其涉及層面較大。

如果說，社區組織著重於鄉村地區的培力工作，社區發展重視都會地區人際疏離的改善；或者社區組織源自改善第三世界社會經濟生活，社區發展源自改良當代濟貧組織促進專業發展，均有待商榷。難道，社區組織不適用於都會地區，而社區發展不適用於鄉村地區？難道，社區組織與改

造當代經濟組織無關？而社區發展與改善第三世界社會經濟生活也無關？

　　無論如何，英國常見的社區工作、美國慣稱的社區組織，以及聯合國常用的社區發展，沒有什麼差別，甚至可說社區工作就是社區組織與社區發展的結合（林萬億，2022a：11）。

第二節　社區工作的實施模式

　　論及社區工作的實施模式，最常被提及和引用的是樓斯曼（Rothman, 1968）的社區組織實施三種模式。後來的學者也提出其他實務模式。

一 樓斯曼的社區組織模式

　　1968年，樓斯曼（Rothman）在全美社會福利會議演講時，提出社區組織實務的三種模式：地方發展模式（local development modal）、社會計畫模式（social planning modal）、社會行動模式（social action modal）。1987年，再將「地方發展模式」，調整為「地區發展模式」（locality development modal）：

(一) 地方發展模式

　　地方發展模式，也可稱自助模式（self-help model），是針對傳統的、衰敗的社區，透過實務工作者的協助，培植草根的社區領袖，以帶動居民自助與互動，一起解決社區問題，其要點：

1. **實施目標**：著重過程的目標，強調居民自主，鼓勵其參加社區事務，進而發展解決問題的能力。
2. **社區問題的情況**：社區有組織衰敗、社會紊亂、行為脫序、關係疏離等社區問題，需要引導居民覺察及處理。
3. **社區改變的策略**：引導居民參與社區問題的討論、共同決定社區目標與行動方案。
4. **社區改變的技術**：透過溝通與討論的民主過程，使居民對於社區問題的

解決方案，形成共識，付諸實施。如需表決，先開放討論，再行表決。

5. **實務工作者的角色**：促成者，促使居民自動參與；協調者，協調居民不同意見；教育者，教導居民面對問題及解決問題的技巧和倫理。

其中，社區改變的技術強調居民的民主參與，要做到：(1)開放機會給居民參與決策及執行；(2)開放討論空間，讓他們投票表決；(3)鼓勵居民以其能力所及開始參與，不因居民缺乏知識、經驗、能力，就拒絕他們參與；(4)協助居民克服參與的困擾，鼓勵表達意見，同理他們的不成熟，接納可能的小錯誤；(5)人人都一樣重要，別讓居民覺得自己不重要而打退堂鼓（林萬億，2022a：556）。

另外，阿姆斯丁（Amstein, 1969）提出公民參與階梯的概念，以六個層次探討居民參與的程度，由低到高（引自王光旭、黃怡臻，2018：75）：

1. **告知**：僅告知社區成員可能影響他們的相關政策或計畫。

2. **出席**：社區成員能出席會議，但決策已事先被決定。

3. **表達**：社區成員能表達意見，分享相關資訊，試圖影響當局的決策。

4. **討論**：在社區行動階段，成員能給予想法上的討論，以影響最終決策。

5. **決策**：社區成員能針對影響他們的事務做出決定。

6. **倡議與自我管理**：社區成員能依自身理念與想法而行動，並動員社區固有的資源，來達成目標。

談到決策，在此補充說明桑德斯（Sanders, 1970）有關社區的決策理論，他指出社區決定計畫之變遷過程，可分為四個程序或步驟：

1. **爭論**：面對有爭論的問題。

2. **評價**：對實務方案進行評估分析。

3. **決定**：在討論的基礎上達成共識，共同決定方案或工作方法。

4. **經管**：精心策劃，分頭工作，協力合作，完成任務，實現工作目標。

綜言之，地方發展模式假設人們有能力、有意願，應鼓勵居民參與解決社區的問題，而解決問題的關鍵在於建立強有力的社區感和合作的基礎。同時，地方發展強調兩方面：一是期待產生人民生活實質條件、設備、服務的進步；二是強調過程的重要性，進一步為了促進社區的發展（Garvin & Tropman, 1998，林萬億，2022a：552-543）。

(二) 社會計畫模式

社會計畫模式，也可稱技術援助模式（technic assistance model），是在社區發生嚴重的、複雜的問題，而居民無法自行解決時，由專業的規劃者，引導居民規劃方案，改變社區不利情境，其要點：

1. **實施的目標**：著重任務性目標，強調理性規劃或有計畫的變遷過程，以促使社區變革或解決問題。

2. **社區問題的情況**：社區有嚴重影響居民生活的實質問題，例如：環境髒亂有礙身心健康、住宅供給不足、休閒設施缺乏，而居民無力自行解決。

3. **社區改變的策略**：針對社區問題的情況，蒐集相關資料，經過客觀分析，再以理性決策的方式，提出解決問題的具體計畫。

4. **社區改變的技術**：結合專業的規劃者、具特殊功能的團體（如：環保、都發、文化）、社區成員或其代表，共同分析、規劃及執行，促使社區變革。如有利益衝突，則溝通協調，形成共識。

5. **實務工作者的角色**：資料蒐集分析者、方案規劃專家、方案執行的催化者。

(三) 社會行動模式

社區行動模式，也可稱衝突模式（conflict model），是針對社區出現相對剝削的情況，由實務工作者協助居民以集體行動去對抗壓迫者，以促使社區改變，其要點：

1. **實施的目標**：著重過程目標或任務目標。前者強調權力關係與資源的改變，後者強調基本制度由不公轉變為公平。

2. **社區問題的情況**：社區有一部分弱勢族群，遭到權力擁有者的壓迫、剝削、不平等對待，導致社會不正義，必須訴諸行動，始能有效解決。

3. **社區改變的策略**：先界定問題是出於資源配置不公或利益衝突，然後將弱勢人群組織起來，以集體行動，對抗壓迫，捍衛權益，伸張正義。

4. **社區改變的技術**：針對弱勢者與掌權者之間的衝突，運用面質、談判、直接行動來解決問題。直接行動有：聯合杯葛、抵制、站哨監視、示威、抗爭，直到問題解決或緩和為止。

5. 實務工作者的角色：社區權益的倡導者；社區資源的協調者、仲介者；組織民眾抗爭的鼓動者、行動夥伴。有時也扮演教育者，協助居民了解自己的處境，而挑戰不公不義也是理所當然。

　　上述三個模式的運用時機，在社區組織有衰敗的問題而不知如何處理時，適用地區發展模式；在社區有實質有害的問題而無法自行處理時，適用社會計畫模式；在社區有不正義的問題而需集體行動始能解決時，適用社會行動模式。舉例來說，醫務社工協助遭受工業區排放汙水、廢氣，而動員癌症病友之家屬，一起走上街頭向廠商抗爭，以爭取醫療賠償的權益，此種社區工作方法是社會行動模式，而非社區計畫模式。假如非營利組織（NGOs）進入部落，想要協助居民開創產業經濟，並且採用「社區組織」的方法來推動，則可從地方發展模式的工作目標、工作策略及工作者角色，來規劃和執行。

● 二 其他相關社區工作模式

(一) 克里茲曼與麥克奈的ABCD模式

　　1993年，克里茲曼（Kretzmann）與麥克奈（McKnight）認為傳統的社區發展，以「社區資源匱乏取向」（Deficiency of Community-based Approach, DCBA），容易使貧困的社區更貧困，乃提出一種以資產為基礎的社區發展（Asset-based Community Development Model），簡稱ABCD模式。這種模式是以社區資產為基礎、以社區內部為焦點、以夥伴關係來推動社區發展。社區資產包括：居民及其生活圈、可用的硬體設備、公私部門組織。茲比較ABCD模式與DCBA取向，如表7-1：

表7-1　社區資產累積模式與社區資源匱乏取向之比較

	ABCD模式	DCBA取向
對社區看法	重視自我動力、推展社區本身的資源、透過互助合作來滿足需求。	重視發掘社會問題、評估社區底層缺乏的需求、引入外界援助來填補需求。

	ABCD模式	DCBA取向
社區領導者	社區領導者以打造社區能力為工作目標而努力。	社區領導者以爭取外界資源為重要目標而努力。
與外部關係	強調夥伴關係	給與取的關係
工作過程	從蒐集成功案例著手,以自我動員、自我組織方式追求社區變革和改善。	以社區問題與需求為取向,結合具專業能力的外部工作者,來解決社區問題,滿足居民需求。

資料來源:參考Mercado, 2005: 409,整理而成。

由表7-1顯示,立基於資產的社區發展模式(ABCD模式),關注的是社區的資產與能力,而非社區的不足與問題,再透過個人或組織的資產運用來建立關係,並以關係作為促進資產連結與資產發揮的基礎,進而在資產連結的組合刺激之中,激發社區的想法和行動,朝著既定的目標前進。

(二) 波普羅的社區工作實施模式

2005年,波普羅(Popple)檢視英國社區工作文獻,選取六種已獲多數同意的模式,再加上女性主義、黑人與反種族歧視的評論,提出八種實務模式。2015年,再調整為九種模式(Popple, 2015: 93-94):

1. **社區照顧模式**:建立網絡,培植志工,發展自助觀念及有組織的行動。
2. **社區組織模式**:改善不同福利機構之間的協調與合作。
3. **社區發展模式**:協助社區居民積極參與,習得改善生活的技術。
4. **社區教育模式**:將社區與教育導入更密切的關係。例如:加強貧窮區域的補充教育、勞工與居民的成人教育,透過教育來提高居民的社會參與動力。
5. **社區行動模式**:以階級為基礎、以衝突為焦點,在地方層次直接行動。
6. **社區經濟發展模式**:建立一種以地方為基礎的非營利企業或合作社。
7. **女性主義社區工作模式**:改善婦女福利、集體挑戰對婦女的不平等。
8. **少數族群與反種族歧視模式**:經營少數族群支持團體、社區支持團體。
9. **環境主義與綠色運動模式**:充權社區的能力,以回應氣候變遷,且與永續發展及氣候正義的團體,一起工作。

其中，女性主義社區工作模式，肯定單一性別的獨特性，其目的在於鼓勵女性透過集體的努力，挑戰女性不平等的社會影響因素，進而改善女性福利，促進社區改革。而且此模式，在工作主軸重視女性本身的團體經驗，在工作方法強調改善社區過程中女性參與，而不是強調女性從事社區照顧工作，或者針對少數族群提供服務。

至於少數族群與反種族歧視模式之中，社工的主要角色是行動主義者，而不是使能者、促進者、教育者、組織者、管理者。

再回到臺灣的情況來說，自2005年起推動「旗艦社區計畫」，採取聯合社區的模式。這個模式，是由一個領航社區帶領其他協力社區（類似母雞帶小雞），共同提案申請政府補助（含專案經理人一人之經費），推動跨社區（至少五個社區）、跨局處（至少二個局處）、跨年度（期限三年）的福利社區化工作。

論其優點：領航社區與協力社區之間，相互觀摩及交流，共同學習及成長，正符合社區教育專家彼得·聖吉（Peter Senge）倡導的「組織型學習」原則，可讓組織的成員保持創新的能力。而且，有專業經理人協助社區執行聯合服務，可緩和專業人力不足的問題。至於缺點：各協力社區的參與程度，較不易平衡。而且，聯合社區的服務項目相當多元，較無法突顯績效，必須費時溝通協商，以期協力合作，提高績效。

 ## 第三節　社區工作的實施程序

有關社區工作的實施程序，學者之間的論述大同小異。但階段的劃分，繁簡不一。有的分為七個階段：(1)進入社區；(2)確認議題；(3)優先順序；(4)發展策略；(5)付諸實施；(6)移轉；(7)研究／評量（Stepney & Popple, 2008: 121）。有的分為五個階段：(1)建立關係；(2)情境評估；(3)發展計畫；(4)社會行動；(5)成效評估（徐震、林萬億，1983：267-278）。

社區工作程序分為幾個階段，沒有對或錯，也不是越多越好，必須審視社區的資源、時間及社區脈絡，而發展出適當的程序，因為社區發展的

實際運作，是一種「藝術」（Green & Haines, 2016: 79）。以下分為六個階段，參考臺灣的社區脈絡，將「成立社區組織」放在第二個階段，因為社區發展協會成立之後，才會正式推動社區發展。

一 接觸社區階段

社區工作者可能接受政府的委託，或接受社區的邀請，而有機會進入社區，提供專業協助。

社區工作者進入社區的第一步，是與社區及居民接觸，秉持「入鄉問俗、入境問禁」的原則，順應社區的風土民情，與社區建立專業關係。這個階段，社區工作者的主要任務：

1. **接觸前的準備**：決定接觸的對象、選擇接觸的時間、了解接觸的場所、準備交談的話題、思考可能的狀況。例如：先了解社區的地理環境、找人帶路或結伴同行，以免發生危險。

2. **接觸中的工作**：依約定時間到達社區。見面時介紹自己、說明來意、進行交談，並依約定時間準時結束。其中，依約定的時間接觸，是社工的特質，也表示尊重，不要為了不打擾社區生活的日常步調，以不期而遇的心態及方式，來與社區居民接觸。

3. **接觸後的處理**：即時書寫交談及觀察的紀錄，以備查考或改進。

簡言之，在接觸社區階段，社區工作者的角色是親善者，類似英國早期的「友善訪問員」（friendly visitor）。

二 建立社區組織階段

在社區工作者與社區居民初步接觸及交談時，對於是否成立社區發展協會，可能會有一段申請或試探的互動期間。如果社區有意願成立社區發展協會，社區工作者即可開始協助他們進行籌組：

1. **成立社區發展組織**：亦即籌組社區發展協會，其主要流程：(1)發起與連署：由社區人士發起，並動員設籍於社區的居民、年滿20歲以上者、至少30個人連署，報請主管機關准予籌組協會；(2)召開籌備會議及徵

求會員；(3)召開成立大會，通過組織章程，向政府申請立案。

2. **成立社區內部團體**：社區組織內部需要一些團體。例如：社區守望相助隊、社區志工隊。德維夫斯（Twelvetrees, 2008: 44-45）認為社區工作者協助社區成立自治性的社會團體，有一定的步驟：(1)接觸；(2)聚會；(3)了解需求；(4)確定目標；(5)組成團體；(6)確認資源；(7)設計行動方案；(8)任務分工；(9)評量成果。

簡言之，在建立社區組織階段，社區工作者在社區組織內的主要角色是：促進者、教導者、組織者，而不是領導者、指導者。

🔺 評估社區需求階段

社區的組織及內部團體成立之後，可正式展開社區發展相關工作。首先，評估社區的需求，以便規劃社區方案有所依據。此時，社區工作者的任務，是與社區一起進行評估工作：

1. **探索社區的問題**：檢視社區有何問題亟待解決，尤其是，大多數居民關心的問題是什麼？因為社區的需求常以問題的方式呈現。

2. **認識社區的概況**：了解社區的：人（人口結構）、文（文史特色）、地（地理空間）、產（產業經濟）、景（環境景觀），進而思索社區的潛在需求與可用資源。另外，社區工作者可從權力的角度，透過三個途徑：(1)聲望途徑（reputational approach）；(2)職位途徑（positional approach）；(3)決策途徑（decisional approach），來了解社區的權力結構，找出社區中具有影響力的人，觀察他們在社區中的影響力（Martinez-Brawley, 1990，引自林萬億，2022a：548）。例如：拜訪社區中退休企業主，此種社區評估，是立基於聲望途徑的評估，而不是資源途徑或職位途徑的評估。

3. **評估社區的需求**：決定評估需求的內容及方法，據以蒐集資料，進行需求分析及應用（有關需求評估的方法，見第四節）。

通常，在社區工作初期的評估階段，優先的任務是進行社區資源評估及盤點、訪談社區組織的幹部及相關人員、了解居民對社區事務的參與態度，而不是規劃及執行具有成效導向的方案。

通常，認識社區的概況，可視為社區背景調查；評估社區的需求，可視為社區需求調查。兩者都是社工用來了解社區的重要方法，不過，社區背景調查所運用的方法較廣泛，應以關注社區廣泛的現象、提升對社區的基礎認識為主。相對上，社區需求調查所運用的方法較聚焦，應關注特定議題的在地需求，以發展社區服務方案為主。至於社區背景或需求調查階段的社工角色是：資料蒐集者、研究分析者、判斷者。

㈣ 規劃社區方案階段

社區組織（社區發展協會）在提供社區服務之前，應依社區需求評估的結果，規劃適當方案。然而，多數社區對於方案設計缺乏經驗，需要社區工作者提供專業協助：

1. 工作方案之選擇

根據社區需求評估結果，分析需求或問題的重要性與急迫性，以決定採用中長期方案、年度方案或單項方案。方案的選擇應盡量符合下列原則：公共性、公共能見度、參與門檻較低、能誘發居民的興趣、未來的擴展性（林萬億，2022a：51-52）。

2. 撰寫社區方案計畫書

參考方案設計的架構：(1)緣起或依據；(2)目標；(3)主辦單位；(4)實施對象；(5)實施時間；(6)實施地點；(7)實施內容與實施流程，(8)人員分工；(9)經費編列；(10)預期效益與評量方式；(11)附則，來撰寫社區工作方案的計畫書。方案目標的設定，應兼顧過程目標與成果目標，並符合SMART的原則：簡單明確（simple）、可測量（measurable）、可達成（achievable）、有資源（resourced）、有時限（time-limit），作為後續方案執行與成效評量的指引。

這個階段，規劃社區工作方案的重要程序，包括：目標的確定、工作的進度、方案的評估，並不包括社區宣導。

3. 檢視方案的整備度

為了確保社區工作方案在預定期限達成，可運用「社區整備程度模式」（Community Readiness Model, CRM）（黃肇新、邱靖媛，朱宏漢，

2009），從六個面向：(1)社區對此議題已有的努力；(2)社區對已有努力的認知；(3)領導；(4)社會氣氛；(5)社區對此議題的相關知識；(6)社區取得及運用此一議題相關資源的情形，來檢測社區方案整體的準備程度。社區整備程度模式是一種全面性、可測量的工具，社區工作者應從多面向來檢測社區領導者與居民對方案的整備度，否則很難只由個人的努力而提升整體準備度。

五 執行社區方案階段

　　方案規劃，貴在執行，且應由社區組織的成員負責執行。必要時，社區工作者從旁提供指導及協助：

1. **召開行前會議**：透過會議來確認方案的項目、進度、分工、責任歸屬，以形成共識。這種運用會議來推行社區工作，可落實民主與參與的工作原則。
2. **動員社區內外資源**：執行方案，必須有足夠的資源，可依方案執行所需，連結及動用社區內部與外部的可用資源。
3. **集體行動**：除了集合社區居民一起行動之外，亦可由社區組織（社區發展協會），主動結合外部的組織及團體，一起投入方案的執行。集體行動，有兩種方式：(1)聯合行動；(2)社會運動。

　　簡言之，執行社區方案階段，也是重要工作階段。當社工帶領一個社區組織並培力其成員成為社區工作的核心人員時，其主要角色是：使能者，而不是規劃者、評估者、倡導者。

六 評量執行成效階段

　　對於社區工作方案執行的成效，應進行客觀評量，以了解社區成員共同努力的成果。

　　社區方案執行成效的評量，並不像滿意度調查那麼簡單。有時，社區成員也不知如何實施成效評量，因而需要社區工作者協助：

1. **設定評量項目**：不是只有方案執行的達成度與滿意度兩種，而應依據該

社區工作方案計畫書所載的實施內容，來設計適切的評量項目及指標。例如：是否符合居民需求、居民的參與比率、居民的反映情形。

2. **整理工作紀錄**：在成效評量之前，將方案執行過程中的各項工作紀錄及相關資料，按照評量的項目及指標，分別整理就緒，以備評量人員查閱。其中，社區工作的紀錄，有助於了解過去的計畫，使工作有延續性，故應著重於記錄各種決策的過程及其依據，以作為社區目前及未來行動的依據，但不一定要以逐字稿呈現。

3. **進行成效評量**：依照該社區工作方案計畫書所載的評量方式，擇期由適當的人員進行評量，以檢視社區是否按照原訂計畫進行及達到預期的目標，但是評量的標的是對事不對人，評量應在合作的氣氛下進行。

4. **共同檢討改進**：針對方案執行成效的評量結果，以及評量人員的評語及建議事項，在社區相關會議中，進行檢討及改進，且列管、追蹤其改進情形。

扼要地說，在評量方案執行成效階段，社區工作者的主要角色是：行動者、輔導者、諮詢提供者或顧問，有時也擔任評量者。在此補充說明三點：

第一，社區工作者的角色會隨著社區工作的歷程而有所不同，但是很少扮演：心理諮商者、治療者、個案服務者、改革者。因為這些都不是社區工作者典型的角色。就個案服務而言，社區工作的目標不在於滿足個人的福利需要，如遇社區中的個人問題，可轉介個案工作者。不過，社區工作者會扮演團體工作者，為社區組織內的團體提供服務。

第二，在社區方案執行成效的評量之外，各級政府也會針對社區推動社區發展的績效進行評鑑。評鑑項目包含：社區發展協會的會務、財務、業務。經評鑑為績優的社區，可獲政府表揚及發給獎助金，以提高榮譽感，強化社區意識。

第三，社區工作的主要目標，並非為了參加政府的評鑑或競賽（如：社區照顧金典獎），取得社區獎助金，以充實社區經費。因為社區發展協會不是營利組織，也不宜轉型為企業；而應透過績效評鑑及獎勵，來促進居民參與解決自己的問題，滿足居民需求，改善生活素質，使社區永續發展。

談到社區永續發展，其理念源自聯合國大會於2015年通過「2030年永續發展議程」，提出17項全球邁向永續發展的核心目標（SDGs），其第11項核心目標「永續城市與社區」（Sustainable Cities and Communities）。社區永續發展包括三個層面：環境永續（environment sustainability）、經濟永續（economic sustainability）、社會永續（social sustainability），合稱3Es（Green & Haines, 2016: 58）。

通常，社區工作者為了促進社區永續發展，在社區工作方案接近完成時，應該有計畫地培養社區人才來接手推動，而不是社區工作者在社區中擔任永久的職務，才能持續推動社區發展。即使，社區工作方案結束，社區工作者離開了社區，仍應持續追蹤輔導一段時間，如果社區再度遇到困難時，可再扮演協助的角色，而不是離開社區就完全不再涉入。

 ## 第四節　社區工作相關議題

社區工作不但強調地方性，而且重視實務。為了確保社區工作實施的成效。不能忽視相關實務的運作：

一 社區工作的基本原則

社區工作的專業活動，受到許多因素的影響，例如：社會發展的趨勢、社區需求的特性、政府的施政方針與制度設計、跨領域專業及其組織的參與情況，都可能影響社區工作的運作。因此，社區工作應遵循一定的原則或準則。

很早以前，美國社區專家羅斯（Ross, 1955）在定義社區組織時，提出支持社區發展的五個工作原則（引自姚克明、王惠娣，1984：25-31）：

1. **自決**：專家若要有效的與民眾一起工作，必須將構想與民眾溝通，鼓勵他們嘗試自我決定，而不是強迫他們接受專家的意見。
2. **社區的步調**：任何社區民眾自行發展出來的步調，局外人總覺得太慢，

但是這種步調正可適應改變之引進。

3. **當地自擬的計畫**：一個計畫再好，假如計畫的對象不覺得那是屬於他們的，此計畫是不會成功。

4. **社區能力的成長**：一個社區在因應某一問題所培養出來的技巧和能力，對於往後面臨新問題之解決有所幫助。

5. **對改變的意願**：假如民眾有改變的意願與欲望，改革就很容易進行。

最近，國際社區發展協會（IACD）也揭示社區發展的指導原則（Gilchrist & Taylor, 2016: 78-79）：(1)由地方領導；(2)有政府支持；(3)協力合作的取向；(4)維持平衡；(5)尊重地方性價值；(6)差異、平等與社會包容；(7)透明與責信；(8)夥伴及利益分享；(9)共同願景；(10)聚焦於社區的資產；(11)志工主義。

這兩種文獻提及的原則，可歸納為：社區參與、社區培力、社區互助與合作、社區民主與自決、社區自主與自立等核心原則。

因此，社區工作者在實務運作過程中，應儘量讓社區內的不同群體都有參與的機會，讓不同年齡層居民都能參與社區事務的決定，尊重社區居民的自我決定，而不應以專業權威或專業能力來主導社區決定或社區變遷。

● 社區需求的評估方法

在社區工作的程序中，評估社區的需求，是一項關鍵性的專業實務。社區需求如何評估？

布雷蕭（Bradshaw, 1977）曾將需求分為四類：(1)感覺性需求（felt need），由個人的感覺或慾望來界定；(2)表達性需求（expressed need），由個人的感覺轉換成具體的行動來界定；(3)規範性需求（normal need），由專家依既有的標準或指標來界定；(4)比較性需求（comparative need），由社區之間的比較來界定。

這是方案規劃進行需求評估常引用的觀點，若是透過問卷調查來了解社區居民對於設置社區老人日間照顧中心服務的需求，顯然屬於表達性需求。

至於社區需求的評估方法，相關文獻的描述甚多，但是社區動員並不被視為評估方法，以下是常見的評估方法：

1. **問卷調查法**：採用問卷或調查表，透過當面、郵寄、電話、網路等途徑，請居民填寫或回答自己對於社區問題或需求的意見。例如：調查社區居民對於社區托育服務的需求，是一種感覺性需求。

2. **訪問法**：採用結構性或非結構性的訪談，對社區重要人物或意見領袖進行訪問，了解他們對社區問題或需求的看法。

3. **實地觀察法**：採取參與觀察與／或非參與觀察的方式，觀察社區景象與社區活動，以了解社區的問題或需求。

4. **社區會議**（community meeting）：也稱社區論壇（community forums）或社區公聽會（community hearing），透過開會的方式，召集居民與／或相關人士公開討論社區的特定議題，是短時間之內發現社區需求的一種方法。

5. **名目團體技術**（nominal group techniques）：也稱「團隊共創法」，是一種評估社區既存的問題、需求、利益或目標的結構性集會之技術。參與者將意見寫在小卡片，領導者收回卡片，將意見分類，呈現出來，然後團體成員考量各個議題，並決定如何進行，交替考量可能的成本、準備度，動機、接受度和其他資源的可近性（Barker, 2014: 293）。

6. **社區印象法**（community impressions）：結合社區居民的訪談、社區重要人物或意見領袖的訪談、實地觀察等社區資訊，而得出社區綜合性的印象。

7. **社會指標法**：將政府既存的社會統計資料，選取其足以呈現社會整體現象的項目，編製成為長期累積的表格與圖形，以利比較各時期變動趨勢的一種統計報告（林萬億，2022a：544）。例如：運用社會與健康指標分析（social and health indicator analysis），以政府既有的社會統計與公共衛生統計的資料，來分析社區各種福利人口群的需求。

8. **服務資料分析**：根據公共機構服務供給的統計資料，來分析服務使用者的需求。例如：運用兒童福利機構的個案統計，來分析社區兒童的需求。

9. **德惠術**（Delphi technique）：也稱德菲法（Delphi method），是社會計

畫或社區組織之中，以專家的團體或專題討論的參與者（如：社區領袖），透過一種高度結構、多階段的意見調查程序，形成有目的之規劃或政策相關需求、價值和可行性的評估，也包括結果的回饋（Barker, 2014: 111）。

上述社區需求的評估方法之中，社區公聽會、社區印象法、德菲法，可與社區居民和意見領袖進行較多雙向的溝通與互動，有助於相互學習。相對上，心理測驗、實驗法，較少用於社區需求評估。

有些社會工作者宣稱，他正在某社區「蹲點」，其意涵不只是在社區停留一段時間。為了貼近社區，他也會進行社區踏查、觀察、訪談，以了解社區問題與居民需求，或者幫助公部門做一些服務。不過，社區需求評估不應從公部門的角度來考慮，而應詢問社區居民及服務使用者的不同看法，再綜合評估。

三 提升社區意識的策略

社區意識（sense of community），是推動社區工作的必備條件之一。社區能夠號召居民參與，凝聚社區意識，始能動員居民，以集體行動，有效地解決社區問題及推動社區事務，其要點：

(一) 社區意識的意涵

社區意識是指反映社區成員之間的連結程度，以及對環境相互關係的認知，包括集體持有的共同價值、規範和願景之程度，進而強化社區居民的歸屬感、榮譽感與凝聚力（MacMillan & Chaivas, 1986；李聲吼，2018：4-5）。社區意識有五種面向：

1. **熟悉感**：認識社區裡的人、熟悉社區的環境設施，了解社區的歷史文化。
2. **歸屬感**：有一種「我群感」（we-felling），認為自己與社區休戚相關。
3. **認同感**：肯定社區存在的價值，認同社區活動的意義。
4. **榮譽感**：以居住於本社區為榮，樂於告訴他人：我住在這個社區。

5. **團結感**：認為社區是一種「生命共同體」，衝突很少，有凝聚力。

這五種面向之間有一種連動的關係，最前端是熟悉感，彼此熟悉之後，自發性產生歸屬感，再轉化為正向的認同感。且在認同社區的作為之後，更積極投入社區事務，做出績效，獲得外界肯定，產生榮譽感，促使社區成員之間更有凝聚力，行動上也更有團體感。

(二) 如何提升社區意識

提升或促進居民的社區意識，有很多途徑。除了提供社區相關訊息、宣傳社區工作績效之外，可針對社區意識所涵蓋的面向，提出可行策略，並予實踐：

1. **辦理社區活動**：常辦各種社區活動，增加居民相互認識及熟悉感。
2. **解決社區問題**：及時解決社區問題，讓居民看見社區有做事，提高認同感。
3. **提供參與機會**：提供居民參與社區事務的機會，由參與感轉為歸屬感。例如：目前在社區議題中推動的參與式預算，就是審議民主在社區參與中的實踐，而不是社區需求在社區理念的實踐，也不是社區服務在社區資源的實踐或社區培力在社區能力的實踐。
4. **展現社區績效**：參加社區評鑑及競賽，突顯社區績效，以提高居民榮譽感。
5. **鼓勵集體行動**：多溝通，多協調，凝聚共識，集體行動，以促進團結感。

(三) 社區衝突的處理

社區意識的提升，可能受到社區衝突的影響。社區的居民之間或團體之間，常有價值、文化、利益、資源分配、信仰、生活目標的差異，其發生社區衝突，在所難免。尤其，當弱勢的一方受到強勢者的剝削而群起反抗，就會產生嚴重的衝突，甚至付諸社區行動。

社區衝突可以是計畫性的衝突，也可以是非計畫性的衝突。計畫性的衝突是指人們刻意使用衝突來改變社區現狀，其目的是為了使社區更好。因此，衝突是可以管理的（林萬億，2022a：563）。

即使，社區衝突不完全爲了爭奪有限的資源，但是社區衝突也是分析社區資源的項目之一。如果社區發生非計畫性的衝突，顯示社區意識出了問題，至少是認同感與團結感有所不足，必須妥善處理，其主要策略：

1. 由社區領導人檢視社區衝突的因素，設法將關鍵性因素移除或減弱。
2. 委託社區公正人士邀請發生衝突的利害關係人，充分溝通，化解衝突。
3. 邀請引發衝突者擔任社區的顧問，化阻力爲助力。
4. 如因派系引發社區衝突，社區應與各派系等距發展，視議題與資源與他們做連結，而不只與某派系密切互動（黃彥宜，2020：159）。
5. 重新打造社區願景，強化社區居民之間或團體之間的了解，以凝聚共識。

㈣ 社區能力建構與社區培力

社區工作者、社區領導者、社區居民，都應建構某些社區能力，並透過社區培力（充權）而擁有某些權力，以便有效參與推動社區工作：

(一) 社區能力的分類

1. **靜態與動態的社區能力**：社區能力涵蓋「擁有」與「行動」的能力（黃源協、蕭文高，2010：107）。前者稱爲靜態的社區能力，例如：有形資本、人力資本、社會資本、財務資本、環境資本、政治資本、文化資本，是社區擁有的能力，屬於靜態能力。後者稱爲動態的社區能力，例如：地方參與治理、社區凝聚和融合、志願行爲、志願和社區部門及其代表地方政府輸送特定的公共服務，是社區付諸行動的能力，屬於動態能力。
2. **外顯與內隱的社區能力**：社區工作者對於社區能力的評估，可分爲外顯的客觀能力與內隱的心理認知及意願兩個部分。前者是可觀察到的能力，例如：居民的參與程度、社區領袖和幹部的共識與領導能力、社區組織的網絡能力、行政能力和方案執行能力。後者是無法觀察到的能力，例如：個人的社區意識、社區領袖和幹部的領導意願、社區組織的願景和目標形塑。

綜合地說,居民的志願行為是動態能力,而不是靜態能力;居民的歸屬感及認同感,是內隱能力,而不是外顯能力。

(二) 社區能力的建構

社區能力涵蓋的範圍,相當廣泛。查斯金等人(Chaskin et al., 2001)認為社區能力是人力資本、組織資源與社區資本的互動,可作為解決集體問題,改善社區福祉的方法。因此,社區能力的建構,在於提升社區整體的技巧和能量〔儲能〕,以便有效解決社區問題,達成社區目標,而其適用層次及主要內涵如下:

1. 社區能力建構的適用層次

根據查斯金等人(Chaskin et al., 2001)的見解,社區能力建構的方法,是經由個人、組織與存在於他們之間的社會網絡,以及社區的體系來運作。因此,社區能力建構適用於三個層次:

(1) 個人:指社區工作者、社區領袖、幹部及社區居民個人。

(2) 組織:指社區發展協會及其相關組織,例如:社區志工團隊。

(3) 社區:指社區整體,將社區視為社會網絡體系的一部分。

2. 社區能力建構的主要內涵

葛立克曼與沙蒙(Glickman & Servon, 1998; DeFilippis & Saegert, 2012: 54-69)指出,社區必須建構下列五種能力:

(1) 資源的能力:有能力維持社區資源的穩定性,取得多元、長期的資源。

(2) 組織的能力:有能力組織及管理社區的人力、財務、評量等事項。

(3) 方案的能力:有能力撰寫、執行、控管社區工作方案。

(4) 網絡的能力:有能力建立社區關係網絡,爭取更多資源及支持。

(5) 政治的能力:有能力透過政治參與,倡導社區權益,處理社區議題。

這五種社區能力,以資源的能力為首,而且相互拉扯。例如:有了資源的能力,就有經費來強化組織的能力;有了社區網絡的能力,亦可幫助社區增進政治的影響力。德維夫斯(Twelvetrees, 2008)就曾指出社區組織要發展社區能力的前提條件之一,是有良好的政治權利關係及影響力。

(三) 社區培力的策略

培力（empowerment），也稱充權、增強權能。透過社區組織進行培力，稱為社區培力，其主要概念如下：

1. 社區培力的面向或層次

根據美國《社會工作辭典》的解釋，培力可用以協助個人、家庭、團體和社區，增強他們的個人、人際、社會經濟政治之優勢，進而發展其改善處境的影響力（Barker, 2014: 140）。如就社區的部分而言，社區培力的實踐，可從下列三種面向或層次著手（黃彥宜，2020：175）：

(1) 個人培力：著重個人的心理改變，讓個人擁有自我效能，肯定自己有能力，並且能採取行動以達成目標。

(2) 人際培力：能與其他人形成夥伴關係，相互協助，透過團體的形式，採取行動破除權力障礙，以處理共同的問題。

(3) 結構培力：也稱集體培力，從結構的層次，與被壓迫者或團體一起挑戰不正義，爭取平等權利及促進資源更公平分配。有時，也可經由跨組織的連結，以集體行動來挑戰壓迫者的權力。

這三種面向或層次，與社區權力建構的三個層次類似。但是，社區培力著重於權力，社區能力建構著重於能力。若兩者結合，推動社區工作將更有力。

2. 社區培力的實務特性或指標

在社區工作實務運作中，社區工作者必須了解社區培力的特性，並依此特性為指標來檢視社區培力的情況（黃彥宜，2020：185）。這些特性或指標包括：

(1) 自信：增進社區居民的自信心，相信行動可帶來社區改變。

(2) 融入：亦稱包容，正視社區內存有歧視和偏見對於社區居民的影響，並促進機會均等。

(3) 組織：居民與社區組織及團體，形成結盟，針對特定社區議題採取聯合行動。

(4) 合作：和其他團體發展策略聯盟，並參與聯合行動。

(5) 影響：社區能夠影響政治系統的決策。

綜言之，社區培力的主要途徑是：居民參與，透過居民與社區組織的集體合作，以解決社區問題，而不是依靠社區工作者的指導或外來資源的引進。因此，社區培力或社區充權之適當做法是：鼓勵居民組成自助團體，聆聽居民的社區生活經驗，協助社區居民發聲，而不是要求社區必須參與輔導和評鑑。

五 社區資源的運用

在社區能力的建構之中，首先建構的是資源的能力。而在社區工作實施過程中，也經常運用社區內外資源。以下略述社區資源類別與運用程序：

(一) 社區資源的類別

廣義地說，凡是有助於推動社區工作的資源，都是社區資源；狹義地說，社區資源是指民間資源，而不包括政府部門所提供的資源。社區資源的主要類型有下列幾種：

1. **人力資源**：運用人們的勞力、技術、時間、經驗，來協助社區工作。例如：運用社區志工。我國《志願服務法》為鼓勵公、民營團體運用志工，規定運用單位應為志工辦理教育訓練（第9條）、應為志工辦理意外事故保險（第16條）、應與志工簽訂服務協議（第6條），而中央主管機關應〔不是得〕至少五年舉辦志願服務調查研究（第5-1條）。顯然，志工是很重要的社區資產，志願服務不僅提供個人學習與成長的機會，而且提供多元參與的機會，協助政府提供公共服務輸送。因此，運用志工的單位，不能因為志願服務是無給職，而不提供志工保險及訓練課程。

2. **物力資源**：運用他人提供的場地、設備、器材，或募集物資，來辦理社區服務活動。例如：募集食品來設置社區食物銀行。但是，食物銀行的服務，並不是為了增加社區服務的亮點，而是為了協助弱勢者物資的需求，且可透過食物銀行的服務，評估服務對象的其他需求，以便深入服務對象的家庭，提供專業服務。有時候，社區會與媒體合作，透過專

題報導，以提高民眾對於食物銀行的重視，而社區工作者扮演行動者的角色。

3. **財力資源**：亦即金錢資源，爭取外界的補助或金錢贊助。例如：社區發展協會是公益性社團法人，可運用《公益勸募條例》公開募款，作為社區救災專款，但不可發動遭遇不幸的居民來進行個人募款。

4. **組織資源**：運用其他組織或團體的資源，來支援社區工作。例如：商請宗教團體，來支援社區服務活動。

5. **文獻資源**：運用相關的文獻資料，作為規劃及執行社區方案的參考。例如：運用專家學者有關社區研究的報告，作為規劃社區方案的依據。

6. **方案資源**：是組織的資源之一種，專指各種組織或機構所提供的重要服務或方案而言。例如：社區資源相關資訊的交換、合辦社區服務活動。

7. **策略資源**：係指取得或發展上述資源或方案的所有明確和無形的方法，包括：共籌經費、分享資源、互惠服務、觀摩訪問。例如：某社區以「觀摩訪問」的方式，協助社區居民解決問題。假如，甲社福機構的工作人員覺得乙社福機構的某項方案做得有聲有色，在徵詢乙機構同意之後，組成參訪團赴乙機構觀摩訪問。此種觀摩訪問活動，屬於策略資源，而不是方案資源、人力資源、物力資源。

概括地說，社區境內可用的人力、社區境內的設施、社區內相關組織所擁有的經濟資源、社區所認識的外部專家，都可視為社區資源。

(二) 社區資源運用的程序

為了確保資源的運用，能夠因應社區的需求，對於資源的連結及運用，應依一定程序進行：

1. **資源盤點**：先盤點或調查社區需要哪些資源，已有哪些資源？還缺乏哪些資源？如何取得所需資源？

2. **發掘資源**：針對社區尚缺乏的資源，從可能提供資源的民間單位或個人，多方試探，以找出所需資源。或者透過網路、媒體，公開徵求資源。事實上，在進行社區資源調查的同時，也可進行資源開發。

3. **儲備資源**：將找到的潛在資源，依照資源的類型、數量、提供者、聯絡方式等資料，分類建檔，以備運用。

4. **規劃資源**：在實際運用資源之前，針對資源的輸送，妥加規劃。以物力資源為例，由誰負責接洽、勘察、維護、歸還？其他類別的資源，可依此類推，分工合作，分層負責。

5. **動用資源**：社區資源動員的前提，是社區居民對社區行動已經有了基本認同，而資源的動用應以社區內在的資源為優先，其次才是外來的資源，且按先前的資源規劃逐步動用，以發揮資源的最大效用。

6. **維繫資源**：資源得來不易，必須設法維繫。

(三) 社區資源運用的原則

　　社會資源得來不易，必須有效運用。不是使用的資源類別越多，社區福利服務就越有保障。至於社會資源運用的原則，包括：

1. **切合社區的需求**：以居民的需求為前提，使資源充分發揮效用。

2. **顧及資源的負荷**：避免過度依賴單一資源或單一服務。

3. **重視社會的責信**：資源的運用過程儘量透明化，且有徵信及查核的機制。

4. **統合資源的使用**：藉由資源的統整和協調，發揮整合運用的效果。

5. **與資源提供者建立永續關係**：確保資源提供者持續提供資源的意願。

　　綜言之，社區資源的運用，以人力資源最重要，以此帶出物力、財力及其他類型的資源。而且，廣義的人力資源也不只志工人員，還可爭取社區重量級人物的支持及協助，例如：村里長、民意代表、在地望族、專業人士等。不過，社區專業人士不一定有意願參與社區工作，可能要選擇適當的社區方案，再商請他們參與推動或提供意見。

六 社區發展協會的運作

　　社區發展協會是我國最重要的社區組織，屬於人民團體之一種，其運作方式係依《社區發展工作綱要》（1991年公布，2014年修正）之規定：

1. **社區劃定**：社區係指經鄉（鎮、市、區）社區發展主管機關劃定，供為依法設立社區發展協會，推動社區發展工作之組織與活動區域（第2條）。

2. **組織結構**：社區發展協會設會員大會、理事會及監事會（第7條）。會員大會為社區發展協會的**最高權力機構**，由個人會員、團體會員組成（第8條）。其中，最需依法律規定而召開的會議，是社區理監事會議，而不是志工隊共識會議、方案成果發表會、社福措施宣導說明會。

3. **活動場所**：社區發展協會得〔不是應〕設社區活動中心，作為舉辦各種活動之場所（第14條）。

4. **經費來源**：社區發展協會辦理各項福利服務活動，得經理事會通過後酌收費用（第16條）。社區發展協會為辦理社區發展業務，得設生產建設基金（第18條）。各級政府應按年編列社區發展預算，補助社區發展協會並得動用社會福利基金（第20條）。

5. **服務項目**：社區發展協會應針對社區特性、居民需要、配合政府政策及社區自創項目，訂定社區發展計畫及編列經費預算，並積極推動。前項配合政府政策之項目如下：(1)公共設施建設；(2)生產福利建設；(3)精神倫理建設（第12條）。

6. **推動方式**：社區發展工作之推動，應循調查、研究、諮詢、協調、計畫、推行及評估等方式辦理（第6條）。

7. **評鑑及獎勵**：各級主管機關對社區發展工作，應會同相關單位辦理評鑑、考核、觀摩（第21條）。推動社區發展業務績效良好之社區，各級主管機關應予下列獎勵：(1)表揚或指定觀摩；(2)頒發獎狀或獎品；(3)發給社區發展獎助金等獎勵（第22條）。

　　臺灣社區發展協會所轄範圍，通常不大，只有少數協會的範圍涵蓋幾個村里，多數協會（約94%）是以一個村里的範圍成立一個協會，因而協會服務的領域不一定比村、里大。

　　同時，社區發展協會係參照《人民團體法》而成立，村里是依《地方制度法》而產生，兩者之產生的法令依據不同，也沒有隸屬關係。即使一個村里的範圍成立一個社區協會，也沒有規定理事長與村里長必須同一人擔任。

　　不過，村里長是社區居民，可申請加入社區發展協會，參與推動社區發展工作，也可被選為理事長（無給職）。反之，理事長是村里民，也可參與村、里的事務，或被選為村里長（有給職），此時就會出現村里長與

理事長同一人擔任的情況。

七 社區照顧的推動

社區照顧是社區工作的重要項目之一。英國波普羅（Popple, 2015）在社區工作實務模式中，以社區照顧為首要模式。我國於1996年公布實施福利社區化，也以社區照顧為主。可申請成立社區照顧關懷據點的單位是：(1)立案之社會團體（含社區發展協會）；(2)財團法人社會福利、文教基金會捐助章程中明定辦理社會福利事項者；(3)其他社區團體，含宗教組織、農漁會、文史團體等非營利組織，並非只限社區發展協會為執行單位。茲略述社區照顧的概念如下：

(一) 社區照顧的意涵

大致上，社會照顧的發展，起先是家庭照顧，然後是機構照顧，最近強調去機構化，乃開始重視社區照顧。

何謂「社區照顧」？簡單地說，是將有照顧需求的人留在社區內照顧（care in the community），再由社區透過正式組織的專業人員來照顧（care by the community）。例如：因家人有事未能給予照顧的老人，到離家不遠的社福中心參加日間照顧，即為社區照顧之一種。

然而，社區照顧的目的，並不是要替代家庭照顧，而是支援家庭照顧，而且社區照顧的時間之外，應由家庭照顧。同時，社區照顧也無法完全取代機構照顧，因為有些人需要收容安置及服務，所以機構照顧仍有存在的必要。

再者，政府在推動社區照顧的過程中，政策上優先考慮的項目是：社區是否有服務使用者？社區是否準備好擔負起部分的福利責任？社區是否有做決定的自主性？而不是社區是否有民意代表的支持。

(二) 社區照顧的項目

社區照顧可提供的項目很多，且常因被照顧者的需求、照顧提供者的量能、政府的政策等因素，而有所變化。以臺灣為例：

1. 長期照顧十年計畫1.0（2007-2016年）的項目：(1)照顧服務（居家服務、日間照顧、家庭托顧）；(2)喘息服務；(3)居家護理；(4)復健服務；(5)輔具服務；(6)交通接送服務；(7)營養餐飲服務；(8)長照機構服務（有相關經費補助）。

2. 長期照顧十年計畫2.0（2017-2026年）的項目：除了延續長照1.0的八個項目之外，再增加九個項目：(1)社區整體照顧（分為A級社區整合服務中心、B級複合型日間服務中心、C級巷弄長照站）；(2)小規模多機能照顧；(3)失智者照顧；(4)照顧者服務據點；(5)社區預防照顧；(6)原民社區整合照顧；(7)預防／延緩失能；(8)延伸出院準備；(9)居家醫療。

　　在政策上，政府鼓勵社區性的組織（包含社區發展協會），設置社區照顧關懷據點，運用社區志工來提供電話問安、關懷訪視、健康促進、餐飲服務，以實踐長者在地安老的宗旨。

　　綜言之，日間照顧、家庭托顧、營養餐飲服務、社區整合照顧（C級巷弄長照站，也稱長照柑仔店）、原民社區整合照顧，都是社區發展協會可申請補助來辦理的社區照顧項目。但是社區整合照顧，只分ABC三級，並無D級家庭服務中心之照顧服務。

(三) 社區照顧的資源

　　社區要有效推動社區照顧，須有足夠的資源來支援。否則，社區的照顧人力不足、財務能力不穩、服務的持續力有限，可能導致社區居民無法「由社區來照顧」。因此，社區照顧必須結合正式與非正式資源：

1. 正式的照顧資源

　(1) 政府部門，例如：社政單位提供的臨托中心、團體家屋、在宅服務。

　(2) 志願部門，例如：社區發展協會運用志工，以老人為服務對象的社區照顧關懷據點。

　(3) 私人機構，例如：私立機構（收費）的老人安養中心。

2. 非正式的照顧資源

　(1) 個人關係網絡，例如：被照顧者的家人、親友。

(2) 社區志工,例如:社區照顧關懷據點的餐飲服務志工。

(3) 鄰居,例如:同住於社區的鄰居。

(4) 互助網絡,例如:社區居民互助團體。

(5) 社區培力網絡,例如:社區理事長聯誼會。

　　簡言之,在地社會福利機構、村里辦公室,屬於正式資源;社區志工、鄰居、個人關係,屬於非正式資源。雖然推動社區照顧時,可運用非正式資源,但應儘量結合政府部門、志願部門、私人機構的資源,設計一種「組合式照顧」服務方式,以因應被照顧者的不同需求。而且社區照顧應以需求評估來引導(need-led),以符合被照顧者的實際需求,而不是讓被照顧者使用有限的服務。然而,不是有了社區照顧,就不要公部門的服務,因為政府部門本來就有照顧人民的責任。

　　就資源的特性來說,政府資源具有公信力,但缺乏彈性;非營利組織的財力通常不穩定,其所提供的資源,也常與組織的使命相連結;非正式部門資源,係立基於鄰里互助及家庭倫理。

　　綜言之,社區如有經濟弱勢的家庭,居民中有兒童、障礙者或失能老人需要照顧,社區工作者可透過社區照顧、社區培力或倡導、推動福利社區化等方法,來協助他們。

八 推動社區產業的技術及原則

　　推動社區產業發展,是當前社區工作的重點項目。波普羅(Popple)於2015年修正他的著作,特別增加「社區經濟發展」的模式,鼓勵區域取向的經濟產業,建立社區資本。我國於2014年修正《社區發展工作綱要》,也在生產福利建設方面增加「推動社區產業發展」一項,足見社區產業對社區之重要。茲略述社區產業的意涵、推動的技術、推動的原則如下:

(一) 社區產業的意涵

　　何謂「社區產業」(community-based industries)?它是立基於社區,以人為本,從永續發展的角度投入於經濟活動,以促進社區永續,創

造社會、環境、文化、財務等多重效益（高永興，2015：103）。

由此定義，可知社區產業是由社區居民自主投入的一種經濟活動，具有充實社區財務與增進居民福利的雙重效益。

(二) 社區產業的類型

社區產業，也稱地區產業，大致上有四種不同的類型：

1. **名產或特產型**：具有地區特性的產業。例如：魚池鄉山楂腳社區的紅茶。

2. **合作生產型**：由相關聯產業經營者合作促進產業發展。例如：瑞穗鄉東豐社區的柚子產銷合作社。

3. **公共資產開發利用型**：運用社區的公共資產來開創產業。例如：北投區奇岩社區「白房子」的共同購買站。

4. **共同事業型**：由社區組織成立企業，也有能力聘用在地居民來經營在地特色產業。例如：蘇澳鎮白米社區的木屐產業。

(三) 推動社區產業發展的技術

本質上，社區產業的發展是一種商業模式，可運用社會企業已經發展出來的技術，從「產、銷、人、發、財」的角度，制定營運計畫及實務操作（高永興，2015：118）。茲依此角度，略述推動社區產業的技術：

1. **產品**：由社區選擇一、二種產業，精心設計產品，打造品牌，建立口碑。例如：宜蘭縣蘇澳白米社區推出「木屐DIY」，形塑「白米心，木屐情」的形象。

2. **行銷**：社區推出的產品不多，為節省行銷成本，可採取聯合行銷或網路行銷。例如：高雄市鳳山各社區小農的有機蔬菜，定期定點在小市集聯合展售。

3. **人文**：任何類型的社區產業，可賦予歷史、文化、故事性，使產品更具生命力。例如：南投縣埔里「長青村」運用九二一震災的組合屋，由老人居民自製「半杯咖啡」（老人走路不穩，咖啡溢出，顧客只喝到半杯），提供顧客購買，也讓顧客在「感恩牆」書寫心中對九二一震災的感念。

4. **開發**：社區產業如同商品，必須不斷研發創新，長保活力。例如：臺北市北投奇岩社區的社區產業，由家庭主婦聯盟利用社區閒置房屋（白房子），協助社區婦女成立共同購買機制，再逐步轉型爲共同廚房、烘焙教室，並將收益按一定比率，充作社區獨居老人送餐之用。

5. **財務**：社區產業的財務收支，另設專戶，定期公布，以昭公信。如果產值超過營業稅徵收門檻，應有避稅技術。因爲社區產業所獲利益，不是分給個人，而是用於社區公益。

　　無論如何，社區產業發展的目標，是爲了整個社區的利益，而不是爲了社區中的個人著想，而增加居民就業機會、從中獲利、增加財富。因此，社區產業必須扎根於社區，展現社區特色，讓社區的特色產品，銷出去，錢進來，社區有了穩定財源，以促進社區永續發展。

(四) 推動社區產業發展的原則

　　推動社區產業不能急就章，或者遷就政府補助作業而草率投入，也不能只顧短期利益，而不思考長期發展。因此，推動社區產業必須遵循一些原則。奇絡士（Giloth,1998）曾透過七種隱喻來說明振興社區經濟的可能策略。這些策略可視爲推動社區產業發的原則：

1. **塞住漏洞**（plugging the leaks）：將弱勢社區有限的經濟資源留住。以免流失。

2. **仲介連結**（brokering connections）：如同仲介者，在社區的經濟活動與當地的經濟活動之間，促其相互連結。

3. **資產管理**（asset management）：管理社區有價值的資產，以累積社會資本。

4. **建立階梯與網絡**（building ladders and web）：對社區經濟發展的目標設定，循序漸進，並建構社會網絡，透過協力合作，逐步達成目標。

5. **開創平臺或場域**（creating level playing fields）：在社區內創造經濟運作的平臺，或者提供生產資源集散的場地。

6. **振興經濟市場**（enhancing markets）：強化市場運作，以活絡社區經濟發展。

7. **以基礎設施來支持多元創新**（infrastructure to support multiple

innovations）：強化社區經濟發展方案，藉以活絡社區經濟發展，創造社區經濟產值。

簡言之，推動社區產業發展的基本原則，是立基於累積社區的社會資本的目標，促使社區得以永續發展，而不是要與在地商家搶生意。當然，市場競爭在所難免，但是社區應儘量避免與商家產生衝突，導致兩敗俱傷，影響社區消費者的利益。

九 維護及促進健康社區

1984年，世界衛生組織（WHO）提出健康社區的理念，強調培育社區民眾的能力和權力，激勵社區的參與及有效投入，以維護和促進社區的健康，營造適合居住的健康城市。

韓考克與杜魯（Hancock & Duhlru, 1986）將健康城市（healthy city）定義為：「健康成市是一個具有持續創新和改善城市中的物理和社會環境。同時，能強化及擴展社區資源，讓民眾彼此互動，互相支持，實行所有的生活機能，進而發揮彼此最大潛能的城市」（林秀娟，2014：18）。

這個定義顯示，健康社區不僅是一種過程，而且是一種成果。因此，健康城市的維護和促進，必須透過社區工作方法，協助居民形成社區共識，有意願共同改善與健康有關的社區環境，而不是單指社區居民的健康達到某一特定水準。

十 社區工作倫理的考量

在性質上，社區工作是一種道德的活動（community work as moral activity），在於協助社區成員創造一種更美好（better）與更公平（fairer）的世界（Shevellar & Barringham, 2019: 62）。

首當其衝，社區工作者在第一現場，協助社區決定那更美好與更公平世界，然而社區相當多樣而且複雜，不是由上而下（top-down）或由下而上（bottom-up）的二分法，就能判斷哪一種決定適當或不適當，而需要一種倫理架構（ethical Framework），來引導實務之運作。這種倫理架

構，包括四個層次（Shevellar & Barringham, 2019: 63-67）：

1. **專業的倫理**（professional ethics）

    這是第一個倫理層次。社區實務工作者可能來自不同領域。一旦受僱於社區組織，對於實務的運作，必須遵守國家社會工作倫理守則的規範。

2. **組織的倫理**（organizational ethics）

    這是第二個倫理層次。社區實務工作者來到社區參加工作，可能發現社區組織的實際要求，比想像中嚴苛。但是，「入鄉問俗，入境問禁」，既然在社區提供服務，就得遵循嚴苛之組織倫理的規範。

3. **個人的倫理**（personal ethics）

    這是第三個倫理層次，聚焦於行為。社區實務工作者運用個人擁有的實務架構，來決定工作如何進行，憑藉專業的智慧，來判斷什麼工作是「正確的」（right），以強化工作的執行。

4. **情境的倫理**（situational ethics）

    這是第四個倫理層次，聚焦於工作情境。社區實務工作者進入工作脈絡，可能有三種挑戰：

    (1) 工作本身的性質：社區工作是多層次（multilayered）、雙重關係（dual relationships）、多元角色（multiple roles）。必須認清社區的複雜性和資產，將工作做好，但不能奢望只扮演專業者，而有遭到倫理譴責的風險。

    (2) 工作發生的場所：社區工作可能發生於：會議室、咖啡廳、公園、街角、超市、居民的家，或其他社區設施。這些設施，可能沒有門窗、桌子、電話，也沒有督導在現場。儘管工作已規劃，卻常超過預定時間，社區活動界線也常不清不楚。

    (3) 工作方式的性質：雖然社區工作已有一定的實施程序，但工作者能運用的資源有限，常無法掌控工作內容或按優先順序處理。而且，社區成員不是職員，不能使用權威，也不能單純以生產線的型態回應其所面對的問題。因此在工作上有許多變數，超過工作者的控制範圍。

    面對這四個倫理層次的影響，社區工作者必須比其他助人專業有更多的倫理考量，在協助社區決定什麼是更美好、更公平的世界，或者自己在

工作上遭到倫理兩難困境，必須在一種較寬廣的經濟、政治、社會、文化的脈絡，做成最適當的決定。必要時，與督導一起討論，相互鼓勵，這也是一種社區工作倫理。

 第五節　社區工作與社區營造

1990年代，臺灣各種社會運動，風起雲湧，此起彼落，連帶影響社區相關政策的改變。1994年，文化建設委員會（文化部前身）從日本引進「社區總體營造」（簡稱社區營造），形成社區工作與社區營造雙元發展的情況。這兩種社區模式，異同互見，可簡單比較如表7-2：

表7-2　社區工作與社區總體營造之比較

	社區工作	社區總體營造
起始時間	1965年（現階段社會政策綱領）	1994年（文建會從日本引進）
主管部門	社政部門	文化部門
工作本質	以社區為基礎的助人工作	建立生命共同體
工作項目	1. 公共設施建設 2. 生產福利建設 3. 精神倫理建設	1. 造景 2. 造產 3. 造人
工作人員	社區工作者	文史工作者、藝術工作者、建築景觀設計者
工作方式	1. 依社區工作程序，規劃及實施 2. 連結社區內外資源 3. 鼓勵居民共同參與	1. 依地方文化，設計及執行 2. 以地方文物為資產 3. 由文史工作者主導
工作目標	1. 經濟條件改善 2. 文化條件改善 3. 社會條件改善	1. 工作有品質 2. 生活有品味 3. 為人有品德

資料來源：筆者整理。

由表7-2顯示，社區工作與社區營造兩者，在起始時間、主管部門、工作本質、工作人員與工作方式，有所不同。至於工作項目與工作目標，雖用詞不一，但意涵相近。因此，兩者的關係是夥伴，不是敵對，應可交互運用，共同為地方社區的事務而努力。茲略述兩者如何交互運用：

(一) 社區工作可運用社區營造之處

1. **申請社區營造補助**：社區發展協會是民間團體，有資格向文化部門申請經費補助，一起參與社區營造工作。
2. **增強自主提案方式**：社區工作較常配合政府政策，執行規定項目，可參考社區營造的做法，增加自主提案的件數，眞正落實居民參與的原則。
3. **推動社區文化產業**：社區工作可運用社區營造的補助，結合文史工作者的相關資源，加強文化產業的推動。

(二) 社區營造可運用社區工作之處

1. **加入社區工作的部分程序**：社區營造的實施步驟，缺乏「需求評估」與「成效評量」，可將社區工作的相關程序加入，使社區營造的實施步驟更加周延。
2. **增強社區組織的力量**：社區營造的推動，常以文史工作者個人或小團體爲主力，缺少組織體系，可參考社區工作的做法，增強社區組織的力量。
3. **擴及民間資源的運用**：文史工作者在社區營造過程，較重視行政資源的整合運用，可參考社區發展的經驗，擴及民間資源的運用，以強化營造的量能。

　　復有進者，除了社區營造之外，政府於2010年8月公布實施《農村再生條例》，鼓勵農村社區內的在地組織及團體，參與推動農村「生活、生產、生態」的整體發展及建設（簡稱農村再生計畫）。

　　2019年1月，政府爲減少城鄉落差與人口失衡，經行政院核定「地方創生國家戰略計畫」（簡稱地方創生計畫），其主要戰略：(1)企業投資故鄉；(2)科技導入；(3)整合部會創生資源；(4)社會參與創生；(5)品牌建立；(6)法規調整。

　　綜合言之，上述社區總體營造、農村再生計畫、地方創生計畫，以及醞釀中的「共生社區」方案（社區整合性老人照顧），都是以社區爲基礎的計畫，而社區發展協會是立案的非營利組織，均可參與這些計畫的推動，並與他們交互運作，相輔相成。

第八章
社會工作間接方法

社工在實務的運作上，經常使用直接方法，與服務對象直接接觸，針對服務對象的需求提供直接服務。然而，社工在提供直接服務的過程中，也需要間接服務的支援，始能確保有效提供服務。

通常，社會工作的間接方法，是指「社會工作行政」與「社會工作研究」而言。一方面，透過社會工作機關（構）為直接服務提供人力與財務的支援；另一方面，透過社會工作研究者「以實務為基礎的研究」，為直接服務提供「以研究為基礎的實務」。然而，隨著社會工作行政的發展，「社會工作督導」與「社會工作倡導」已成為行政運作的重要議題。因此，本章將社會工作的行政、研究、督導、倡導，一併列為間接方法，進行探討。

 # 第一節　社會工作行政

行政（administration），是社會工作實務中重要的一部分，因為每一個機構所實施的方案，都需要有能力的行政人員來完成（何金蘭、詹宜璋，2011：156）。

習慣上，臺灣將「社會工作行政」稱為「社會福利行政」。通常，社會福利行政比較側重於政府部門，較少討論民間部門。然而社會工作必須結合公私部門的力量，以擴大服務對象及服務效果，所以我們仍以「社會工作行政」進行探討。以下略述其意涵、組織類型、運作程序、相關議題。

一　社會工作行政的意涵

史基摩（Rex A. Skidmore）曾歸納美國早期學者肯德奈（Kidneigh, 1950）、鄧漢（Dunham, 1962）、崔克爾（Trecker, 1972）等人對社會工作行政看法，而提出一個綜合性的定義（蔡啟源，2008：3-4）：

　　社會工作行政是機構內的工作人員，將機構政策轉換成服

務提供的行動過程；其間牽涉到執行者（指領導者及所有工作人員）、團隊成員（或屬下）之間的關係。行政過程中最常使用的方法是：規劃、組織、人事、領導、控制等活動。

這個定義有三個重點：一是行政必須將政策轉換為服務的行動或方案；二是採借公共行政的基本要素：計劃（planning）、組織（organizing）、人員任用（strafing）、領導（directing）、控制（control），作為行政運作的過程或方法，使服務活動更加有效；三是行政的適用範圍，包括社會工作的機關與機構。

⬛ 社會工作相關組織的類型

社會工作與組織有不解之緣，大部分社會工作服務是由機構所提供，而大部分社會工作者也受僱於機構之中，所以社會工作就有「以機構為基礎的社會工作」（agency-based social work）之說法（Weissman, Epstien, & Savage, 1983；林萬億，2022a：584）。

通常，社會工作機關（構）包括：政府部門、與政府有合約關係的機構，或者與政府合作執行社會工作服務的機構。圖8-1（見次頁）是政府部門、非營利組織、私人企業之區別。

由圖8-1顯示，社工可能參與及執行業務的組織或機構，有四種主要類型：一是政府機關，例如：中央政府衛生福利部、縣市政府社會局處；二是公立機構，例如：各縣市社會福利服務中心；三是民間非營利組織，例如：各種社會福利基金會；四是民間自助性組織，例如：康復之友會。

其中，衛生福利部，是社會福利與社會工作的中央主管機關。例如：老人虐待事件，其在中央是歸於衛生福利部負責，而不是由內政部、勞動部或教育部負責。

同時，有些民間非營利組織也接受政府的委託（契約外包），承辦各種福利服務方案。例如：承辦公共托育服務、老人日間照顧、老人安養（公費名額）、社區培力中心。

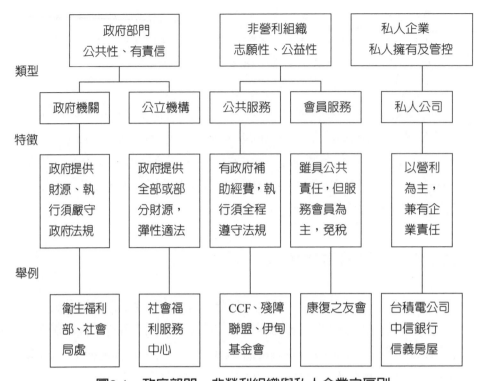

類型	政府部門 公共性、有責信		非營利組織 志願性、公益性		私人企業 私人擁有及管控
	政府機關	公立機構	公共服務	會員服務	私人公司
特徵	政府提供財源、執行須嚴守政府法規	政府提供全部或部分財源，彈性適法	有政府補助經費，執行須全程遵守法規	雖具公共責任，但服務會員為主，免稅	以營利為主，兼有企業責任
舉例	衛生福利部、社會局處	社會福利服務中心	CCF、殘障聯盟、伊甸基金會	康復之友會	台積電公司中信銀行信義房屋

圖8-1　政府部門、非營利組織與私人企業之區別

資料來源：構圖取自Starling著，陳志瑋譯，2015：9；內文係筆者自編。

另外，有些企業組織為了履行企業的社會責任，也推出相關福利服務。例如：中國信託銀行推出「臺灣夢」，贊助民間團體推展弱勢兒童福利服務；信義房屋仲介公司推出「信義一家」，獎助民間團體辦理社區改善工作。

🔢 社會工作行政的運作程序

無論何種類型的社會工作機關（構），其行政運作必然涉及：計劃、組織、任用、領導、控制等要素。這些要素，也稱社會工作行政的內涵、功能、程序。以下從運作程序的角度略作說明：

(一) 計劃

計劃（planning），是擬定社會工作機關（構）行政運作的藍圖，作為行政人員執行業務及提供服務的依據。

通常，社會工作機關（構）的服務計劃，可依其執行的期間，分為中、長程計畫、年度計畫、單項方案。這些計畫或方案的規劃，必須把握下列要點：

1. 依據組織成立的宗旨，來設定服務計畫或方案的目標。
2. 計畫或方案的目標設定，必須簡單明確，且能在預定期間內達成目標。
3. 計畫或方案的服務內容，必須與目標一致，且讓執行人員充分了解。
4. 為了提高計畫或方案的執行成效及服務品質，必須有行動的配套措施，至少要考量執行人員的工作負荷，以及所需資源的合理配置。

(二) 組織

組織（organizing），是執行服務計畫或方案的機制，每一個計畫或方案都應有相對稱的部門或單位來執行。

社會工作機關（構）是人群服務組織的一種，其組織設計大致上有四種方式（林萬億，2022a：599-600）：

1. **依功能區分**：組織的結構有兩大部門；一是業務部門，按機關（構）的主要業務或服務項目，配置相關單位；二是幕僚部門，分為人事、會計、政風、祕書等單位。這樣的組織設計，權責分明，層級節制，稱為金字塔設計或樹形鏈設計。
2. **依方案區分**：每一個專案，由一個團隊負責執行，稱為專案團隊（project teams）。這種團隊，強調團隊合作（teamwork），結合不同專業的成員，形成一種互賴的團體，基於民主信念，接納不同意見，協力合作來執行專案計畫。
3. **混合矩陣設計**（mixed-matrix design）：在既有的金字塔設計之外，加上專案組織設計，亦即在金字塔的設計之中，輔以臨時性任務編組的專案團隊。
4. **協作結構**（collegial structure）：由數個獨立的部門或專業組織所形

成，每個部門依其專業各自運作，但分工合作，溝通聯繫。

(三) 任用

　　任用（staffing），也稱人員布署。對於人員任用，不是遇缺就補，而是依人力資源管理的程序，找到所需要的人員來任用：

1. **招募**：依據組織既有的人力資源計畫，公開招募所需人員。
2. **遴選**：按照所需人員的職位分析，經由面談選出適合該職位的人員。
3. **任用**：將「對的人」放在「對的位置」，並經試用合格，正式任用。
4. **培訓**：對新進人員提供職前訓練，對在職人員提供員工發展訓練。
5. **考核**：定期實施督導、考核，以提高工作績效，促進員工持續發展。
6. **遷調**：依據組織需求與員工績效或意願，實施升遷、輪調或退休。

(四) 領導

　　領導（leading），是一種過程，由領導者在組織的環境之中，帶領組織的成員執行他們的計畫、方案或活動，以完成組織的任務（Northouse, 2010: 3）。

　　在社會工作機關（構）的環境中，領導者有各種不同的領導取向：

1. **特質取向**：認為領導者與生俱來有一些特殊屬性，例如：智慧高，外表帥，自然流露出一種吸引人群的魅力，而心甘情願追隨他。有時，這類領導者也善於操作追隨者的意念和行動。這些特質，是天生的，不是教育訓練所能改變。
2. **行為取向**：著重領導者的行為表現，可分兩種型態（Patti, 2009: 306）：一種是以領導者為中心，交付部屬任務，並監視其工作績效；另一種是以部屬為中心，領導者對部屬關心和體恤，也獲得部屬的信任和服從，在領導者與部屬（成員）之間形成一種交流、互惠、轉化的關係。
3. **權變取向**：在不同情境中，有不同的領導方式。例如：在曖昧不明的情境中，採用指導型的領導行為；在部屬感到乏味與焦慮的情境，採用支持型的領導行為（House, 1971；吳瓊恩，2016：474）。

(五) 控制

控制（controlling），是監視及評量組織成員執行計畫或方案的成效，確認其達成組織目標的情況，並指導他們進行必要的改善或改變。

本質上，控制就是績效管理，包含兩大系統：一是目標管理（management by objective），用以控制組織設定的目標能夠如期達成；二是績效監測系統（performance monitoring system），用以監視及檢測計畫或方案執行的績效。同時，社會工作機關（構）也常透過控制的過程，實踐他們的責信（林萬億，2022a：601）：

1. 效率責信（efficiency accountability）：是指投入與產出的比值。
2. 效果責信（effectiveness accountability）：是指計畫或方案的執行結果。
3. 品質責信（quality accountability）：是指服務是否適當、周到。

(六) 決策

決策（decision making），是組織之中擁有決定權的人物，對於執行計畫或方案相關事務的可能策略，做出評估、選擇及決定的過程。

就社會工作機關（構）的行政運作而言，上述五個過程都涉及決策。例如：對於計劃，決定何種計畫或方案最能達成組織的目標；對於組織，決定何種組織的類型最適合於執行計畫或方案；對於任用，決定將面談遴選出來的人員安置於何種職位；對於領導，決定運用何種取向來領導部屬；對於控制，決定何種方式來檢視預算與評量績效。至於決策的方式，不外下列三種：

1. **個人決策**：由組織中的個人做成決策，其優點是節省時間、容易保密、責任明確；缺點是資訊較不完整、可能的替代方案較有限，不利於團隊士氣的提升。
2. **團體決策**：由團體、團隊、任務小組，進行決策，其優點是視野較寬廣、可腦力激盪、資訊較豐富、較易有創意、有利於執行；缺點是較費時間、易被少數人壟斷、責任模糊不清。
3. **組織決策**：以組織為單位，進行決策，其優點是提供多元選擇、重視問題分析、參與人員廣泛；缺點是涉及的變數較多、參與者經常流動、較

難形成共識、決策進度緩慢。

㊃ 社會工作行政相關議題

即使社會工作是一種間接方法，但可支援或結合直接方法，爲他們的服務對象提供更佳服務。因此，社工應強化行政實務的運作，其重點：

(一) 面對新公共管理之影響

本質上，社會工作行政是公共行政的一環，會受到公共行政發展的影響。

1980年代開始，世界各國掀起一股政府再造的風潮，認爲在行政改革中，致力於改變組織的結構，將可帶來良好的效率與提升決策品質，因而引發政府再造的學理依據，是新公共管理。

研究新公共管理頗負盛名的胡德（Christopher Hood）指出構成新公共管理有七項特性（林鍾沂，2018：65）：

1. 授權公部門的管理者可逕行「臨場的」專業管理，並賦予組織裁量控制權。
2. 重視績效的明確標準與衡量，以績效考核來檢視目標、效率和責信。
3. 注重產出的控制，依據績效評量結果，做好資源的分配。
4. 將公部門產品由分支單位負責的方式，讓各單位有獨立的預算與職責。
5. 透過公開投標、降低成本和增加收益等競爭機制，引領公部門更多競爭。
6. 強調管理實務的「私部門型態」（private sector styles），講究彈性化的僱用和報酬。
7. 強調較嚴格的資源使用紀律和節約，以達成企業化管理。

社會工作行政面對上述七項新公共管理特性的影響，其因應策略，是在政府精簡組織及企業化管理的大趨勢之下，對於社會服務契約委外、社會工作績效考核、補助款制度等，都應該儘量將「企業化管理」的概念，列入考量。

(二) 政府社會服務之「契約委外」

公共服務與社會服務的執行，除了由政府機關（構）自行執行之外，有時也委託民間團體代爲執行。這種情況，稱爲契約委外（contracting out），也稱購買服務契約（purchase of service contracting）。茲略述其內容、特性及限制（林勝義，2023：170-172）如下：

1. **契約委外的內容**：一般可分爲：個案委託、方案委託、公辦民營，或是依《政府採購法》辦理工程、物品、勞務的採購。其中，工程、物品的採購項目，屬於非社會服務，其他項目屬於社會服務。

2. **契約委外的特性**：通常必須透過公開招標程序，本著公開、公平、合理、良性競爭的原則，評選最適當的個人或團體來承辦政府委託的社會服務。接受委託者在執行業務時，會有相關經費支應，但其目的是爲了順利執行，而不是爲了營利或增加員工的報酬。而且，簽約的雙方都須依契約行事，契約外包並不包括「責任」外包，政府機關（構）仍應進行監督及輔導，並擔負執行成敗的責任。

3. **契約委外的限制**：政府機關（構）將日常的、非核心的社會服務方案或業務，釋出一部分，委外辦理，雖可降低政府負荷、增加工作彈性、提高服務效率，但也有一些限制：(1)行政責任較不明確；(2)實際成本可能增加；(3)人民較難感受到政府的美意。

由此可知，並不是任何業務都可契約委外。例如：高風險家庭的服務、非自願性案主的處遇，或其他需要公權力介入的社會服務，就不適宜契約委外。

(三) 面對新冠肺炎疫情之挑戰

新冠肺炎（COVID-19）在2019年末期爆發之後，襲擊全球各個角落，臺灣也無法倖免。在疫情下，無以計數的民眾遭到波及而喪失生命，他們的家人悲傷哀痛，更多的家庭頓失收入，那些原處於脆弱環境的族群受創最深，需要政府緊急紓困。

新冠疫情，突如其來，對誰都是史無前例的壓力和試煉。尤其，社會福利機關（構）的行政人員爲實施防疫工作，已經焦頭爛額，還要緊急辦

理紓困作業，更是雪上加霜。針對福利行政來說，新冠疫情帶來的挑戰及壓力，至少有五方面：

1. 福利人口爆增

受到疫情影響，百工百業暫停或關閉，無薪假或失業者增多，收入減少或中斷，易陷入貧窮或貧窮的邊緣。再者，疫情嚴重期間，依防疫規定應避免前往人潮擁擠處所。因此，有些學生在家遠距學習，家長居家辦公，宅在家裡，易生衝突，兒虐、家暴，比平日增多的服務對象，也增加機關（構）服務提供的壓力。

2. 福利經費短缺

由於百業受疫情波及，營運轉趨衰退，導致政府稅收減少，公彩盈餘分配款也受影響，用於因應福利人口增加的經費，難免捉襟見肘。尤其民間福利機構受到疫情衝擊，捐款減少，庇護工廠的產品銷路受阻，申請政府補助也有不確定性。要張羅既有服務及日常開支，困難重重，壓力甚大。

3. 行政負荷加重

社會福利機關的行政人員，除了原有業務之外，還要配合防疫措施辦理紓困方案的說明，申請、審核、撥款、核銷、申訴，以及臨時交辦或偶發事件的處理。例如：養護機構因院民感染確診而暫時關閉，必須指導及協助機構轉介安置。這些，都是「最速件」，且須親力親爲，負荷超載，壓力緊繃，也是無可奈何。

4. 服務技術需要改變

依照防疫規定，疫情期間應儘量減少人際接觸，以免相互感染。一旦快篩確診，就得隔離或自主健康管理。這種情況，服務輸送方式，也可能改變爲線上服務。然而，科技的應用，對於服務提供者與弱勢對象，都是一種挑戰。況且行政人員還要策劃、訓練、督導社工提供線上服務，不能說沒有壓力。

5. 效率與公平性被質疑

以紓困振興方案爲例。對於受疫情衝擊的自營工作者，一次發3萬元，沒有排富條件：有工作無參加軍公教、勞農保之舉廣告牌、賣玉蘭花、流動攤販，每人發1萬元，有排富條件，因而有「排富大小眼，三萬

爽爽領，一萬查身家」之說，其公平性被質疑。同時，舉廣告牌、賣玉蘭花、流動攤販，因為有排富條件，必須填寫申請表，檢附所得稅、工作證明、銀行存摺等文件，向各地公所申請。他們多數沒有申請補助的經驗，文件不齊，在所難免，且在大熱天、帶口罩、排長隊，萬一缺少某種文件，來回奔波，其不滿情緒自然高漲，因而又有「申請沒有效率，排隊排到臉部發黑」，之說，其效率也被批評，甚至被稱為「紓困之亂」。

當然，新冠疫情的衝擊，對於社會福利行政人員的壓力與挑戰，不只上述五項。況且，疫情何時趨於緩和？難以預料。說不定，未來產生變種病毒，捲土重來。無論如何，社會福利行政人員都無法置身度外，面對壓力，就要克服；面對挑戰，就要因應。

(四) 社會服務規劃模式之選擇

社會工作機關（構）經常用來規劃服務計畫或方案的模式，有兩種：
1. **理性規劃模式**：此種規劃，先預設目標，再規劃一個可達成目標的計畫或方案，其主要步驟：(1)選擇及設定目標；(2)衡量機構可用的資源；(3)列出各種可供選擇的方案；(4)評量各種可供選擇的方案；(5)選擇最適當的方案；(6)規劃具體的行動方案；(7)方案的修正（Field, 2007；黃源協、莊俐昕，2019：99）。
2. **策略規劃模式**：是為了因應外部環境的變遷，或考量組織未來的需求、資源、願景，而規劃服務計畫或方案，其主要步驟：(1)發動及爭取認同；(2)認清權限；(3)分析需求；(4)澄清願景、使命和價值；(5)評估外部環境的機會和挑戰；(6)評估外部環境的優勢和劣勢；(7)認定策略性議題；(8)形成策略性計畫；(9)採用策略性計畫；(10)發展執行過程；(11)定期監視和更新（Bryson, 2004, cited in Lewis, Packard, & Lewis, 2012: 49）。

(五) 努力成為好的行政人員

社會工作機關（構）想要有效執行他們的計畫或方案，以順利達成組織的目標，必須擁有稱職的基層行政人員（科員）。

普魯格（Pruger, 1973）建議社會工作者應做以下努力，以成為一個

好的科員（引自林萬億，2022a：611）：

1. **保有持續力**：應有長期的堅持，避免時斷時續，一停下來，難再發動。
2. **維持行動活力**：守法是基本規範，但不是毫無彈性，應靈活應用。
3. **善用行政裁量權**：了解自己在組織中的潛在能量，充分利用有限的裁量空間，為服務對象謀取最大福祉，而不陷於科層的困境中。
4. **儲存能量**：避免浪費時間與精力在個人短時間無法改變的事件上，多為下一個改變而保留實力。
5. **駕馭行政而非被行政所使役**：行政是達成組織任務的手段，不是組織的目標，社工千萬不可本末倒置，被行政困死。

　　其中，由基層（第一線）的社工利用工作上擁有自由裁量權的空間，來決定誰符合服務的資格，獲得什麼補助，或者應受到什麼限制，稱為「**街頭官僚**」（street-level bureaucrats）（Lipsky, 1980，張英陣等，2022：319）。

(六) 了解及運用領導的權力基礎

　　通常，社會工作機關（構）的領導者是以他所擁有的權力，來帶領組織成員，因而領導者必須了解領導的權力基礎。

　　傅蘭奇與雷文（French & Raven, 1968: 262-268）認為領導者有五種權力基礎或來源（引自蔡啟源，2008：166-167）：

1. **法定的權力**（legitimate power）：也稱合法權，是來自組織所賦予的地位和角色，使領導者有合法的權力來決定任務，要求員工執行，並監視其工作績效。
2. **強制的權力**（coercive power）：也是來自組織所賦予，讓領導者有行使命令的權力，對於執行任務不力者，也有指責或懲罰的權力。
3. **專家的權力**（expert power）：來自領導者的專業知識與專業能力，藉此得到工作人員的信任，願意接受他的指導和建議。
4. **酬賞的權力**（reword power）：也稱資源權（resource power）。領導者有權力給予或取走工作人員的資源或酬賞。
5. **參照的權力**（referent power）：也稱理性權（relational power）。來自於領導者個人特質所形塑的人格，藉此獲得工作人員的認同，以他為仿

照的榜樣。

另外，還有一種資訊的權力（information power），可包含在其他權力之中，認為領導者能夠連結或過濾資訊，也是一種權力（Howe & Gray, 2013: 33）。

(七) 社會工作的行政、管理與治理之異同

除了社會工作行政之外，尚有社會工作管理、社會工作治理，這三者之間，異同互見。簡單的說，在1980年代以前，社會工作行政是慣用詞；到了1980年代，因應管理主義的發展，有人偏愛使用社會工作管理；進入1990年代，隨著網路的發展，又出現社會工作治理。

這三者之間的相同處是：(1)在適用方面，三者都可能發生於公部門及大型的民間機構；(2)在取向方面，三者都以達成組織的使命與願景為指導方針；(3)在目標方面，三者都在於增進服務使用者的權益。

至於三者的差異處：(1)在政策導向方面，行政是以福利國家為導向，管理是以福利多元主義為導向，治理是以最佳價值為導向；(2)在政府的角色方面，行政強調「伐槳者」的角色，管理強調「導航者」的角色，治理強調「協力夥伴」的角色；(3)在使用者的角色方面，行政視服務使用者為案主，管理視服務使用者為顧客，治理視服務使用者為公民（黃源協、莊俐昕，2019：20）。

無論如何，社會工作行政、社會工作管理、社會工作治理，三者之間可相互包容，也可交互使用。

 第二節　社會工作研究

研究（research），是社會工作實務不可忽視的一環。因為沒有研究，組織結構可能難以持續發展，行政功能可能難以有效發揮。如果，我們想以最有效率的方法執行工作，或者做得比別人更完整的話，就必須立基於研究的有效推論。以下扼要說明社會工作研究的意涵、取向、步驟、相關議題。

一 社會工作研究的意涵

本質上，社會工作研究是社會科學研究之一種，有關於研究的過程與方法，應與一般社會科學研究大同小異。可是，社會工作是一種助人專業，著重於實務工作，在研究上，也應有其特質。

根據美國《社會工作辭典》對於「社會工作研究」（social work research）一詞的解釋（Barker, 2014: 404）：

> 是針對預防性介入、嚴重的心理社會問題之處遇、有長期性障礙的個人之照顧和復健、社區發展的介入、組織的行政，以及社會政策對於社會工作及其案主的影響之系統性研究。
>
> 它的研究可能涵蓋退休生涯期間，它的標的也可能放在臨床的、政策的議題，聚焦於個人、家庭、團體、社區或組織層次的介入和分析。
>
> 這些研究工作，主要是由受過社會工作領域教育且獲有學位的人來擔綱，或者是經審定合格的教育體制中有才能的成員來執行。一般慣例，社會工作研究是在大學與／或以社區為基礎的機構之援助下實施，或者透過專業人員、政策人員、獨立研究者，來從事研究。

由這個相當冗長的定義，可看見社會工作研究的一些重點，同時也突顯社會工作研究的一些特質：

1. 研究主題都與社會工作有關。例如：嚴重的心理社會問題、長期性障礙的問題、預防性的問題；臨床社會工作的議題、社會政策的議題。
2. 研究領域兼顧直接服務與間接服務。例如：對於個人、家庭、團體、社區的介入與分析，屬於直接服務領域；對於組織的行政、社會政策的影響之研究，屬於間接服務領域。
3. 研究焦點放在社會工作的介入或處遇。例如：預防性的介入、心理社會問題的處遇、長期性障礙者的照顧和復建、社區發展的介入。
4. 研究結果可運用於社會工作實務。例如：社會政策對於社會工作及其案

主的影響之系統性研究。

5. 研究人員以社會工作專業人員居多。例如：由擁有社會工作學位的人來進行研究。有時，社會工作相關的專業人員、政策人員、獨立研究者，也從事社會工作研究。

對於上述重點或特質，尚可延伸性思考，將社會工作研究擴及相關領域的議題。例如：愛滋病患者及家屬的心理需求與社會需求、全民健保對於低收入戶的影響、中輟生的心理與社會調適等類研究題目，雖然不是社會工作的主題，但可從社會工作的角度來研究（簡春安、鄒平儀，2016：16）。

二 社會工作研究的取向

社會工作研究的取向，可概括分為量化取向（quantitative approach）與質性取向（qualitative approach），每一種取向各有其獨特「關切和熱衷的事務」（cluster of concerns and preoccupations）（Bryman, 2004: 45）。量化研究與質性研究之比較，如表8-1：

表8-1　量化研究與質性研究之比較

屬性	量化研究	質性研究
主要理論取向	歸納法	演繹法
目標	精確性、通則化	深度了解、背景描述
研究結構	事前訂定研究步驟	在資料蒐集之後，逐步形成彈性步驟
樣本數量	較大	較小
研究設計及方法	實驗設計、準實驗設計、單案設計、調查、訪問	民族誌、生活史、焦點團體、紮根理論
資料蒐集工具	封閉式卷調查與測量	開放式訪談與探查
資料的本質	數字性	文字性
著重主觀或客觀	客觀性	主觀性
研究發現的深度和通則化	比較表面，但比較通則化	比較深入，但缺乏通則化

資料來源：Rubin & Babbie, 2013，引自趙碧華，2019：244，並將18項精簡為10項。

由表8-1可知，社會工作量化研究與質性研究之間的關鍵性差異，有三方面：

1. **研究起點**：量化研究嘗試在事前建構全部或一部分研究步驟，以找出事實的共通原則。質性研究是在蒐集資料之後，逐步形成彈性運作的步驟，以期深度了解研究對象的敘述所代表之意義。

2. **研究過程**：量化研究使用實證的方法，進行較大樣本的資料蒐集，再經過整理及分析，得出研究結果。質性研究使用探索的方法，進行較小樣本的資料蒐集，再經過背景描述及意義詮釋，得出研究結果。

3. **研究結果**：量化研究的發現，雖然比較表面，但比較通則化，可推論及應用於類似的服務對象。質性研究的發現，雖然缺乏通則性，無法推論，但比較能深入了解研究對象的內在世界，並給予適當的支持或協助。

簡言之，社會工作研究可視研究的問題及條件，使用量化研究或質性研究。必要時，這兩種取向也可綜合使用。例如：在研究初期進行量化研究，獲得探索性了解之後，再進行質性研究。

▤ 社會工作研究的步驟

社會工作的量化研究與質性研究，各有特定的研究步驟，以下僅就社會工作研究過程的一般階段，進行綜合說明。

通常，研究的過程，涉及四個階段：思索的階段（thinking phase）、操作的階段（doing phase）、撰寫的階段（writing-up phase）、發表的階段（dissemination phase）（Becker & Bryman, 2004: 61）。

(一) 思索的階段

社會工作研究一開始，至少要先思考索三個關鍵性問題：研究什麼？有人做過類似的研究嗎？如何蒐集研究資料？也就是：

1. **確定研究主題**：對於社會工作研究起心動念，可能是想要解答某一社會問題、想要探討某一社會議題、想要評量某一社會政策、想要驗證某一社會工作理論，或者自己對某一主題有興趣，想要一窺究竟。

2. **進行文獻探討**：研究主題確定之後，接著就是「上窮碧落下黃泉，動手動腳找資料」，從圖書館、學術網路或其他適當途徑，蒐集相關文獻，進行描述及分析。文獻蒐集很難一次到位，而是來回的過程。文獻也有不同類型，如依時效性排列，大致為：研討會論文、期刊論文、學位論文、書籍；如依學術品質排列，則為：期刊論文、書籍、學位論文、研討會論文、雜誌（畢恆達，2020：56-57）。

3. **選擇研究取向與方法**：文獻探討的功能，只為研究設定一個背景，提供研究的一些素材，必須進一步選擇適合於回應研究問題的取向，並採取適當的方法來蒐集研究所需資料。

(二) 操作的階段

這是社會工作研究的核心階段，也就是將確認的研究主題，與所選擇的研究取向與方法，形成研究設計，據以進行研究資料的蒐集與分析。

1. **提出研究設計**：如果採用量化研究，應提出研究的假設及變項，以及用以蒐集量化資料的方法，例如：調查法、訪談法、觀察法、實驗法。如果採用質性研究，應提出研究的假設及概念架構，以及蒐集質化資料的方法，例如：次級資料分析、個案研究、紮根理論（grounded theory）。

2. **蒐集研究資料**：依據研究設計所定方法，進行研究資料的蒐集。量化研究，可依解釋性研究，追求研究假設的證實，或者依描述性研究，強調研究數據的客觀性，來進行結構性資料的蒐集。質性研究，可依了解特定對象的意義，或者由此產生的假設，來進行概念性資料的蒐集（趙碧華，2019：240）。

3. **分析研究資料**：對於蒐集到的研究資料，先行檢視是否完整、正確、合理、一致，接著利用適當的方式，進行資料整理。然後，根據研究資料整理的結果，進行分析及解釋。如果是量化研究，探討各個變項統計數據之間的關聯性，並經過解釋來回應研究的問題。如果是質性研究，對於資料的概念，推演與討論其可能的關係。最後，將研究資料的分析結果，整合為一份完整的研究報告。

(三) 撰寫的階段

研究報告的撰寫，在文獻探討時就應開始，而不是等到研究完成才著手。即使事先已規劃撰寫報告的期程，但是及早書寫草稿，比較有時間進行補充、修改、統整、潤飾，順利完成研究報告。

通常，研究報告最重要的部分，是研究資料的分析與研究結果的討論，不但分析要求完整，討論也要深入，如有建議事項，必須具體可行。至於文獻探討，雖為研究報告的一部分，但其分量不宜超過全部報告的三分之一。

簡言之，撰寫社會工作研究報告，必須立基於研究發現，客觀陳述，謹慎推論，而且要符合一般研究報告撰寫的格式。

(四) 發表的階段

這一個階段，是將研究的成果，公開呈現出來，一方面讓研究成果被相關的單位及個人看見，而有利於支持或協助社會工作實務的改善；另一方面公開發表才有機會接受他人的質疑或批判，而有助於未來研究的改進。

通常，具有一定水準的研究報告，可投稿相關的研討會、期刊、雜誌，經審查通過後公開發表。有些研究者在自己的網頁公布研究成果，或者將研究報告的摘要，以電子郵件寄送幫助他填答問卷、接受訪談、提供資料的單位或個人，作為一種感謝及回饋的方式。

綜合言之，社會工作研究的主要步驟，依序為：選定題目、文獻探討、研究設計、蒐集資料、分析資料、撰寫報告。

四 社會工作研究的相關議題

社會工作研究很重要，但不容易達到理想程度。因為研究工作涉及許多實際操作的技巧。必須了解，始能運用。以下列舉三項相關議題：

(一) 研究主題的選擇

　　研究主題，是社會工作研究的指引，如果主題的選擇不當，後續的研究工作可能迷失方向。魏羅森等人（Wilson et al., 2008: 248）提出研究5C（five Cs for research），有助於確認所選主題是否適當：

1. **令人讚賞**（compelling）：研究主題切合當前需求？看過的人都表示肯定？

2. **清楚**（clear）：研究主題的涵義明確？研究的對象及內容都很清楚？

3. **令人信服**（convincing）：研究主題是你的專長領域？相信能完成這個研究？

4. **有條理**（coherent）：研究主題的語詞陳述，前後連貫？合乎邏輯？

5. **有可能**（capable）：對於這個主題的研究，能蒐集到所需資料？有足夠的時間來完成？有足夠的經費來支應？

(二) 研究方法的操作

　　工欲善其事，必先利其器。從事社會工作研究，必須選擇適用的方法，始能有效運作。

　　由前面表8-1可知，量化研究的方法有：實驗設計、準實驗設計、單案設計、調查法、訪問法；質性研究的方法有：民族誌、生活史、焦點團體、紮根理論。研究者可就研究主題的屬性，從中選擇適當的方法來使用。

　　社會工作研究較少使用實驗設計、準實驗設計，而較常使用調查法、訪問法、生活史、焦點團體。有些研究方法，在前面的章節已提及，此處僅略述單案設計、民族誌、紮根理論：

1. **單案設計**（single-system design）：這是利用一組受試者之實驗設計，在還沒有給受試者實驗處理之前，先進行一次測量，稱為「前測」；而在實驗處理之後，再進行一次測量，稱為「後測」；再將「後測」與「前測」進行比較，可看出受試者前後的改變情形（李增祿，2012：242）。

2. **民族誌**（ethnography）：是有關於人們特定文化或團體的行為型態之

研究及描述（Barker, 2014: 147）。通常，它是使用長期參與觀察的方法，深刻描述某一特定文化，包括：生活方式、社會組織、價值系統等（畢恆達，2020：122）。

3. **紮根理論（grounded theory）**：是一套研究策略，研究者對某個領域有興趣，但是並沒有特定的發問或假設，而是針對事件進行觀察或訪談，以了解發生了什麼，參與者的主要關切為何？然後分析資料，從中發現有意義而切題的概念。接著根據幾個浮現的概念，進行理論抽樣，選取下一個觀察或訪談的對象，如此蒐集資料、分析、筆記撰寫，來回互動，直到核心概念出現，新的資料無助於既有觀念之補足時，就達到理論飽和，研究就可結束（畢恆達，2020：138）。

(三) 符合研究的倫理

社會工作研究有賴研究對象的參與及配合，而這些被研究的對象通常屬於弱勢者，為了避免他們受到研究的傷害，必須有倫理的考量。

魯賓與貝比（Rubin & Babbie）曾提出社會工作研究應有的倫理（傅從喜等，2009：379-399）：

1. **事先徵得參與者同意**：即告知同意，例如：先告知受訪者，同意後進行。

2. **不傷害研究參與者**：即最小傷害，例如：避免指稱研究對象「像gay」。

3. **匿名性與保密性**：即尊重隱私，例如：研究對象的個人資訊，不對外透露。

4. **不欺騙和隱瞞參與者**：即誠實，例如：對受試者，不應隱瞞研究的目的，或以欺騙的方法而取得研究資料。

5. **根據事實來分析資料與撰寫報告**：即實踐公平正義。例如：有幾分證據，說幾分話，不避重就輕或過度推論，也不故意忽略或竄改某部分。

有時候，由於研究題目的特性，而特別需要考量某些研究倫理。例如：社工師設計及執行處遇計畫，並進行處遇的評估研究。此種處遇性評估研究，特別需要考量的是：告知同意原則、最小傷害原則、實踐公平正義原則，而研究時最不需考量的是：遵循處遇的步驟。

第三節　社會工作督導

　　督導（supervision），是社會工作機關（構）人力資源發展的傳統方法。前述社會工行政程序中，曾提及人員任用之後，必須定期實施督導，以協助員工發展。

　　社會工作督導（supervision in social work），是行政的一部分，也是間接方法之一。依規定，社會工作機關（構）應任用督導者，來督導新進人員及實習生，作為專業訓練的一種方法。同時，督導也是社會工作研究的一個主題，透過研究持續提升督導的成效。以下略述社會工作督導的意涵、主要功能、實施方式、相關議題。

◉ 一 社會工作督導的意涵

　　卡都遜與哈克尼斯（Kadushin & Harkness, 2014: 11）曾為社會工作督導下了一個綜合性的定義：

> 　　社會工作督導是由機構中領有證照的工作者擔任督導者，並授權他／她依工作職責對受督導的工作表現進行指導、協調、增進、評量。
>
> 　　在執行這些職責時，督導者是在一種正向關係的脈絡，與受督導者互動而發揮行政的、教育的、支持的功能。
>
> 　　督導的最終目標是根據機構的政策和程序，對機構所配置的案主，盡其可能輸送最佳數量和品質的服務。

　　由這個定義，可延伸思考社會工作督導的特質：

1. **督導者必須具有合格條件**：社會工作機關（構）通常由受過督導訓練且領有證明的社工人員擔任督導者，扮演督導者與中階管理者的雙重角色。
2. **應建立正向的督導關係**：督導是一種互動的過程，督導者必須與受督導

者建立正向的督導關係，透過雙方的良好互動，達成有效督導。

3. **督導的基本功能**：傳統上，督導有行政、教育、支持的功能，三者同樣重要。即使督導者兼任中階管理職務，也不應偏於督導的行政功能而忽視其他功能。

4. **依機構的政策和程序進行督導**：督導者受僱於機關（構），獲得機關（構）授權，故應依機構內部工作指導與監督的程序，執行督導工作。

5. **督導的最終目標是為了案主**：社會工作督導所討論的議題，以案主的問題居多，這是為了協助受督導者改善實務，而其最終目標是受督導者改善之後，能為案主提供更佳的服務。

社會工作督導的功能

早期，卡都遜（Kadushin, 1976）認為督導者的責任，是在正向關係的脈絡中，與受督導者互動而發揮行政的、教育的、支持的功能。這是社會工作督導的傳統功能。

後來，莫里森（Morrison, 2005）在傳統的三種督導功能之外，新增一種調解的功能（function of mediation）。晚近，麥克斐遜等人（McPherson et al, 2015: 5）認為安全的需求是有效督導的核心，應該將「安全」（safety）列為督導的第五種功能。以下略略述這些督導功能的要點：

(一) 行政的功能

督導者經常被機構提醒，必須完成特定的任務，以實踐行政督導的功能，包括：(1)員工的招募和遴選；(2)新進員工的引導和安置；(3)說明督導工作相關事宜；(4)工作規劃；(5)工作分配；(6)工作授權；(7)工作的監督檢視和評量；(8)工作協調；(9)溝通；(10)倡導者；(11)行政的緩衝劑；(12)變遷的經紀人（Kadushin & Harkness, 2014: 28）。其中，督導者作為倡導者，必須為受督導的社工爭取權益；作為中階行政主管，必須扮演高階管理者與第一線社工之間的行政緩衝器；作為經紀人，必須促進機構政策與所處社區環境的整體變革（Tsui, 2005: 72）。

(二) 教育的功能

在於協助受督導者發展實務工作所需的知識、技巧和態度，以使他們的工作更加有效。因此，教育督導的內容應涵蓋五個領域（5Ps）：(1)服務對象（people）；(2)社會功能的問題（problem）；(3)社會機構（place）；(4)助人的過程（process）；(5)專業工作者（personnal）（Kadushin & Harkness, 2014: 96-97）。再者，教育督導與行政督導有共同的目標，可透過行政控制、發展專業導向及同事之間忠實的互動，補充行政督導功能之不足（Kadushin & Harkness, 2014: 126）。

(三) 支持的功能

將督導的重點放在工作壓力的來源，因為社工受督導者面對工作的壓力，明顯比其他專業人員更多。除非有一些資源可用以協助他們處理壓力，否則他們的健康、他們的工作，都可能受到影響，甚至辭去工作，進而傷害機構的有效運作。因此，督導者有責任以有效的行動，協助受督導者克服工作上的壓力，包括：(1)協助工作者預防壓力；(2)協助工作者脫離壓力源；(3)協助工作者減少壓力的衝擊；(4)協助工作者適應壓力（Kadushin & Harkness, 2014: 183）。

(四) 調解的功能

調解，是一種溝通的過程，督導者是溝通的樞紐，在調解功能中應有的工作，包括（Noble et al., 2016: 23）：
1. 評估工作者與其他人之間的溝通情形。
2. 告知工作有關於政策、實務和組織的變革。
3. 協助工作者了解如何適應組織文化。
4. 協助工作者克服組織的目的與實務執行之間的緊張關係。
5. 提供實務建議或支持的相關資訊。
6. 管理因為資源不足而影響實務的議題。
7. 倡導社會工作者在組織裡的利益。

(五) 安全的功能

綜合相關文獻的描述（O'Donoghue et al., 2006: 83; Beddoe, 2015: 26），督導者在安全功能中的主要工作是：

1. **協助受督導者辨識及因應職場風險**：例如：訪視的對象眼露凶光、緊握雙拳、口出惡言時，宜儘速藉故離開現場。

2. **檢視職場安全的空間**：例如：破損的窗戶是否修繕？社區安全地圖是否更新？

3. **協助受督導者危機處理**：例如：案主開罵，延後協商；案主威脅，走為上計。

4. **安撫受督導者創傷的情緒**：例如：知悉受督導者遭到案主打傷，督導者應立即介入，安撫其情緒反應，並將該案主轉案或轉介。

5. **培育受督導者的復原力**：例如：運用社會支持網絡、發展克服風險的技巧、與認同的文化和靈性相互連結。

簡言之，社會工作督導的傳統或主要功能，是：行政、教育、支持的功能。但是，調解、安全的功能，也漸受關注及運用。

三 社會工作督導的實施方式

社會工作督導的功能是否充分發揮，端視督導者如何運用適當的督導方式，以協助受督導者改善實務及專業發展，進而為案主提供最佳服務。當前較常使用的督導方式，有下列四種：

1. **個別督導**（individual supervision）：是一位督導者給予一位受督導者個別指導的方式，也就是受督導者以一對一（one to one）、面對面（face to face）的方式，定期舉行個別督導會議，討論相關議題，藉以協助受督導者處理實務問題，並促進其專業生涯的發展。至於督導會議安排的頻率、內容與取向，則根據受督導者的經驗與能力而定。

2. **團體督導**（group supervision）：是督導者與受督導者的全部或一部分成員，透過團體的聚會（meeting），進行督導會議或督導活動，其實施方式：(1)由一個設定的督導者；(2)監督他們的工作品質；(3)對他們

作爲一個實務工作者進行了解；(4)爲了滿足他們所服務的案主及服務輸送的需求，由他們彼此的互動，加上督導者的引導，而達成他們的目的（Beddoe & Davys, 2016: 124）。

3. **同儕督導**（peer supervision）：是發生於相同機構或相同實務領域中，一起工作的實務工作者小團體。這種督導工作的實施，無須正式的督導者來分享實務經驗或關切他們（團體成員），而是由他們（實務工作者）對他們自己的學習和專業發展所設定的議程，以及滿足機構對服務輸送標準的要求，而共同負責（Beddoe & Davys, 2016: 224）。它在較獨立且能共同學習的環境之中，是一種團體督導的延伸（Noble et al., 2016: 21）。

4. **跨專業督導**（inter-professional supervision）：可以是一個督導者與相同組織的實務工作者一起工作，或者督導者是未被實務工作者的組織所僱用的外部督導。換言之，跨專業督導是團體督導的延伸，包含多學科團隊、實務的社群、跨機構和跨專業的團體（Nobel et al., 2016: 20）。例如：矯正部門有觀護人（矯正社工）、輔導員（心理、諮商）、法律人士）等多種成員，其督導者也橫跨不同的學科或專業。這種不同領域的社會工作督導，由來自不同學科的專業人士一起實施督導，就是一種跨專業督導。

四 社會工作督導的相關議題

社會工作督導是一種互動的過程，也就是督導者與受督導者對於社會工作的實務議題進行交流。爲了有效督導，必須強化督導的專業實務。茲列舉三個相關議題：

(一) 有效督導的元素

在督導的過程中，督導者應與受督導者共同分享他們對於問題的關心、看法、觀察和評估，甚至一起選擇解決困難問題的方法。這是一種互相了解、互相信賴、互相合作的過程。芒森（Munson, 1993）表示，有效的督導應該具備五個元素（莫藜藜，2012：218）：

1. **有結構的**：應建立督導制度，詳細規定工作的任務、角色和方式。
2. **有規則的**：應定期進行督導，每一次督導都有一定的要求和做法。
3. **態度一致的**：受督導者期待督導者的督導風格應前後一致。
4. **個案導向的**：督導關係存在的主要意義，在於討論個案處遇的問題。
5. **有評估檢討的**：定期透過正式或非正式的方式，檢討督導的效率和成效。

　　其中，有關督導的風格，芒森（Munson, 2002/2009）在《臨床社會工作督導手冊》（*Handbook of clinical social work supervision*）中，提出兩種主要風格：主動性（active）與反應性（reactive）。主動性的督導，是直接要求受督導者提出問題，且以問題為焦點，了解案主的動態，從處遇的過程與互動的議題，來發覺可替代的干預策略。相對地，反應性的督導，是比較緩和與間接地涉入問題，詢問受督導者數量有限的一般問題，讓受督導者自行發覺可能的答案（Munson, 2009: 121）。

(二) 建立反壓迫的督導關係

　　在督導關係建立和發展的過程中，督導者經常立於主導的位置，來引領受督導者執行任務。這樣的督導關係，意味著督導者的權力凌駕於受督導者之上，因而產生一種權力不平等的動力（Brown & Bourne, 1999: 32）。

　　這種督導者的權力，如果再結合他個人的因素，很可能利用自己的權力，壓迫受督導者；相對地，受督導者就成為不合理的權力之被壓迫者。

　　影響受督導者權力使用的個人因素很多，包括：階級、性別、年齡、種族、身心障礙、性傾向（Brown & Bourne, 1999: 42-47）。

　　由於各種權力在督導者與受督導者之間有所落差，因而督導者或受督導者都必須正視壓迫與被壓迫的事實，而建立一種反壓迫的督導關係，並實施正向的督導措施（Brown & Bourne, 1999: 47）。包括：
1. **發展一種開放而誠實的關係**：督導者必須與受督導者坦誠交換有關權力差異的看法，以增進雙方的互相了解與互相信任。
2. **尊重受督導者對於督導者選擇的偏好**：督導者應了解受督導者可能有其偏好的督導者，當他有意接近其他督導者時，應視為一種補充性資源，

而不是一種威脅。

3. **發展一種相互充權的過程**：督導者想要發展互相信任、互相尊重及互相認知的關係，必須透過相互學習，充權自己，也協助受督導者充權。

簡言之，為了降低因為權力落差太大而造成壓迫或反壓迫，應將壓迫或反壓迫的議題，列入督導訓練課程，以促進督導關係的持續改善。

(三) 做一個良好的督導者

根據霍肯斯與索海特（Hawkins & Shohet, 2012: 52）的研究結果，要成為一個「好的」督導者，應有下列特質：

1. **有彈性**：能靈活運用相關理論的概念，以及各種不同的介入和方法。
2. **有多元觀點**：對同樣情境，能從不同的角度進行觀察、分析和處理。
3. **有扎實的督導知識**：對於受督導者所面臨的問題，能迅速評估及介入。
4. **有跨文化能力**：能針對不同背景的受督導者，而採取適當督導方式。
5. **有管理焦慮的能力**：管理督導者本身的焦慮，包容受督導者的焦慮。
6. **開放的學習態度**：從受督導者身上學習、從參加的情境中學習。
7. **對議題有敏感性**：對於督導的重要議題，都能敏感覺察，立即處理。
8. **掌握權力**：能適當地操作督導者所擁有的權威和權力。
9. **幽默、謙虛、有耐心**：與受督導者互動時，用語幽默、態度謙虛、耐心傾聽、耐心回應。

 ## 第四節　社會工作倡導

前面討論社會工作督導的行政功能時，曾提及督導者作為倡導者，必須為受督導的社工爭取權益。

事實上，作為社會工作者，無論督導者或受督導者，更應該為案主的權益而倡導。我國《社會工作師法》第12條明文規定，社會工作師的任務，包括：人民社會福利權的倡導。有鑑於此，以下略述社會工作倡導的意涵、類別、過程、相關議題：

一 社會工作倡導的意涵

社會工作是一種助人的專業，其服務對象通常處於社會經濟不利的地位，必須運用社會工作倡導，增進他們的權益、機會及服務。

對於社會工作倡導的解釋，見仁見智，不一而足。齊內德與李克特（Schneider & Lecter, 2001: 64-65）在《社會工作倡導》（*Social Work Advocacy*）書中指出：

> 倡導一詞，在社會工作網絡中界定時，可擴展運用於每一個人的努力，以增進人群服務的範圍，它（倡導）是為了一個個案（case）或一種原因（cause），在公共論壇中，相互表達與相互包容，試圖對於不適當或沒有回應的體系，進行有系統的影響，以促其改進或改變。

由這個定義，可知社會工作督導有下列特質或基本原則：

1. 倡導必須回應需求，針對滿足需求的體系出現不適當，或者體系對於需求沒有適當地回應，而進行倡導。
2. 倡導的參與者之意見表達，必須進行討論，藉以影響相關政策的決定。
3. 倡導的參與者必須協力合作，相互包容，共同努力。
4. 倡導必須有焦點，可能是為了某一個案而倡導（advocacy for client or case），也可能是為了某種原因而倡導（advocacy for cause）。

二 社會工作倡導的類型

前述有關倡導的定義，提及社工可能為了某一個案或某種原因而進行倡導，這已涉及倡導的分類（McNutt & Hoefer, 2016: 134）。以下是比較常見的類型：

(一) 依據倡導者的介入層次分類

1. **個案倡導**（case advocacy）：是有關於個人或家庭的方案之倡導。例

如：爲輕度障礙者倡導自主生活方案。

2. 原因倡導（cause advocacy）：是有關於組成大團體、發起社會運動的原因之倡導。例如：爲轉性者，倡導及推動反性傾向歧視運動。

(二) 依據倡導者的屬性分類

1. 團體倡導（group advocacy）：組成倡導的團體或聯盟，對立法者與決策者施加壓力，以影響立法。例如：透過消費者聯盟，倡導居住正義。

2. 自我倡導（self-advocacy）：個人或團體在他們自己的利益上，訴諸行動或表達意見。例如：「靠北」社群透過網路串連，召集社工一起到衛福部要求部長增加社工人員高危險工作加給的額度。

3. 獨立倡導（independent advocacy）：也稱「獨立倡導人」（independent advocacy person），是透過非政府與非服務提供者的獨立機制及第三者的倡導平臺，爲弱勢群體發聲或倡導。例如：獨居老人入住機構之後，老盟以第三者身分爲他們發聲，要求機構提供家人性質的關懷。

(三) 依據倡導的主要訴求分類

1. 政策倡導（policy advocacy）：是有關於改變既有社會政策的倡導。例如：對決策者施壓，促其調降弱勢兒童的公共托育費用。

2. 議題倡導（advocacy of issues）：是有關於提出或修改社會工作議題的一種倡導。例如：遊說公立醫療機構，給予HIV/AIDS患者公平處遇。

三 社會工作倡導的方法

倡導者要在有限的時間，將倡導的理念傳送標的對象，讓他們願意聽你說話、看你提供的資料，接受你的影響，做成支持你的決策，可能是很大的挑戰。因此，倡導者對於標的對象進行倡導時，必須運用一些有效的方法。

霍非爾（Hoefer, 2016: 104-131）長期從事社會工作倡導研究及實務，依據他的經驗，提出有效進行倡導的三種方法：

(一) 教育

將「教育」（education）運用於社會工作倡導，在於引領標的對象認識倡導的主題，慎重思考倡導者提出的理念，而做成符合或接近倡導者期待的決定。

教育是一種循序漸進的過程，經常分階段實施。在經驗上已有兩種策略可運用於倡導：

1. **意識覺醒**（consciousness raising）：在進行倡導，促使標的對象改變之前，先引發他們認識當前情境所產生的實際傷害。倡導者對於意識覺醒的提升，必須運用一些技巧（McNutt & Hoefer, 2016: 146）：

   (1) 不要急著催促標的對象付諸行動，以免引起反彈而拒絕進一步討論。

   (2) 不要嘮叨抱怨，因為還有其他必須關心的事情可以討論。

   (3) 不輕言放棄，當標的對象知道更多真實資訊，也了解你想要的決定，那道自我防衛之牆，通常可以迎刃而解。

2. **社會解放**（social liberation）：是為個人開創更多的選項及選擇、對於關鍵性問題提供更多的資訊、對於想要改變的人給予公開支持的一種過程。倡導者運用社會解放的策略，至少有三個技巧（McNutt & Hoefer, 2016: 146-147）：

   (1) 自問，假如標的對象表示支持倡導的事項，對他的實際利益是什麼？

   (2) 自問，標的對象是站在想要改變情境、打造更佳空間的這一邊嗎？

   (3) 尋求並歡迎已經準備傾聽及支持倡導者想要的成果之標的對象，提出另外的選項。

(二) 說服

說服（persuasion），是獲得另一方認同倡導者所提意見的一種方法。進行倡導時，倡導者所呈現的意見，如果未能獲得標的對象的認同，可能就要運用說服的方法，提出更多證據，促使標的對象信服。通常，說服至少涉及四個組成元素：

1. 脈絡（context）：是指負責說服的人與被說服的對象，對於說服情境的一種看法。倡導者必須架構一種情境，或提出一種參考架構，引導其他人認同，而達到你想要的成果。

2. 訊息（massage）：是指倡導者企圖對於標的對象進行說服的資訊。就倡導的效果而言，發送給標的對象的訊息，其特質比內容更重要，可採取口語或非口語的方式，發送說服的訊息。

3. 訊息發送者（massage sender）：是指進行說服的人，也就是倡導者。根據傳播研究，再好的訊息，大多數的說服是仰賴發訊者的能力。倡導者必須努力創造並維持可信度。能夠被信任，才有說服力。

4. 訊息接收者（massage receiver）：是指被說服的人，也就是倡導的標的對象。作爲一個倡導者，必須評估標的對象接收訊息的取向，而調整說服的技巧。

(三) 協商

協商（negotiation），也稱「談判」，但是社會工作倡導強調倡導者與標的對象之間的協力合作，而非較量高下，因而比較適合使用「協商」一詞。

協商，是各有其目的、需求與觀點的雙方或多方之間，尋求一種共同的意見，達成一種協定，或解決衝突的一種過程。倡導者在協商之前，必須爲想要達成的結果，設計一系列性的基準及其因應技巧（McNutt & Hoefer, 2016: 126-131）：

1. 底線（limit）：協商的底線，是指標的對象對於倡導議題的回應，即使不能盡如人意，也在可接受的範圍。

2. 起始點（initial position）：是指協商的起始點，當你被問到你想要的是什麼，你所說出的第一個意見，其在重要性層次所排列的位置。

3. 退讓點（fallback position）：爲了保持協商繼續進行，雙方必須做一些讓步。退讓的位置，雖然比起始點低，仍在可接受的範圍。

目前，是網路迅速發展的時代，社會工作倡導已可使用電子化倡導（electronic advocacy），透過網站、電郵、臉書、優兔（YouTube）、推特（Twitter）等電子工具，對於倡導的標的對象，進行教育、說服、協

商，而達到倡導的效果（McNutt & Hoefer, 2016: 170-176）。

（四）社會工作倡導的相關議題

社會工作倡導是根據想要倡導的議題，採用適當的方法，逐步付諸實施，以達成預期的目標。因此，社會工作倡導必須重視下列相關議題：

(一) 社會工作倡導之核心元素

「倡導」的概念，源於法律領域，是指辯護律師代表案主向法院爭取案主的最佳利益。雖然，社工不是律師，但是「代表性」正是倡導的核心元素，也就是社工爲了協助案主，有時可扮演類似律師的角色，向擁有權力的個人或組織爭取案主的權益。

根據傅利多林諾等人（Freddolino et al., 2004）的說法，社工的倡導工作，大致上包括四方面（引自宋麗玉，2021：410）：

1. 保護易受傷害的族群免受壓迫。
2. 建構支持網絡以增強生活功能。
3. 保護與促進訴求和倡導的實現。
4. 身分確認和自我掌握的發展。

(二) 彈性運用動態倡導之模式

在社會工作倡導的類型之中，議題倡導的「議題」及政策倡導的「政策」，都是動態的，都可能隨著時空環境的不同而有所轉變。至於個案倡導的「個案」、原因倡導的「原因」，以及團體倡導、自我倡導、獨立倡導，當其涉及倡導的實務時，也經常與當時的社會脈絡，息息相關，環環相扣。

寇克斯等人（Cox, Tice, & Long, 2016: 74）曾採取動態取向，將倡導置於社會工作實務之中，並針對特定人口群（兒童、婦女、老人、障礙者）的需求，設計四種相互交纏的主張，形成一種「動態的倡導模式」（dynamic advocacy model）。這個模式，可協助社會工作倡導者了解倡導與政策之間的連結因素，而能彈性運作倡導的實務。這個模式的四個基

本主張，在規劃及執行倡導的項目時，經常列入考慮的重點：

1. **經濟與社會正義**（economic and social justice）

社工的服務對象，大多數處於社會經濟不利地位，必須經由倡導實務的運作，協助他們擺脫或改善不利處境，以增進生活福祉。

2. **支持的環境**（supportive environment）

社會工作服務所涉及的範圍，不只是一個案主或一個服務使用者，還包括案主系統，或者服務使用者的社會脈絡。因此，對於環境的澈底評估與整體覺察，是倡導者改變案主處境的重點工作。

3. **人類需求與權利**（human needs and rights）

滿足人類需求、保障基本權利，是社會工作服務的主要目標。社工不僅要關切案主有何種需求未獲滿足，有何種權利受到壓抑，更應關切是誰來支配案主的需求與權利，並將案主應該得到的需求與權利，放入倡導實務之中。

4. **政治的接近**（political access）

無可否論，倡導是一種政治的過程。有關於人類需求與權利的界定，或者社會工作服務相關的政策、法令、行政程序，幾乎都是由少數掌權的政治人物，做成最後的決定。反過來說，有關於社會工作倡導的議題，包括：需求和權利的爭取，以及政策、法令、程序的改變或更新，也無法規避政治及政治人物的影響。因此，倡導者可憑藉案主的權益為理由，創造與政治人物接近及對話的機會，以影響政治的過程，達到倡導的目的。

(三) 倡導與充權之結合運用

社會工作倡導的進行，通常是由社工協助案主發聲，讓他們爭取應有的權益，此種做法似較消極。更積極的做法，應該結合及運用充權的方法，讓案主有能力為自己發聲，為自己爭取權益。

有關於倡導或者充權的文獻，也經常將倡導與充權相提並論，可見兩者關係密切，可相互為用，包括：

1. **倡導可經由充權的過程而付諸實施**：將倡導使用於社會工作領域，是經由直接介入或充權的過程，來保衛個人或群體權益（Barker, 2014: 10）。

2. **倡導可能在充權之後轉型**：由他人介入倡導，轉型為自我倡導，通常是經過充權之後，自然而然擴展為自我倡導。

3. **充權的實務內涵包括倡導**：充權的實務內涵應包括下列元素的組合：倡導與自我倡導、自我管理、反科層主義、互惠性的合作協同、營造共同生活體（Lee, 2008；宋麗玉，2021：421）。

4. **充權社會工作者的角色介入與倡導有所關聯**：早先，索羅門（Solomon, 1976）在建構充權取向的概念時，指出充權的社工所扮演的角色是：案主的訓練員、資源的諮詢者、提升意識覺醒的大師（sensitizer）。其中，提升意識覺醒，就是倡導的一種方法。後來，索羅門（Solomon, 1994）又指出，在充權實務的協同關係之建構中，社工被視為案主的協同夥伴，為了因應案主的問題需要與助人歷程的階段發展，而扮演不同的角色，例如：照會者（conferee）、中介者（broker）、調解者、倡導者、諮商者、個案工作者、個案管理者、團體領導者、組織者、評估者、行政者、政策形成者（policy formulator）等（宋麗玉，2021：421）。

簡言之，倡導與充權之間有一種連帶關係，一方面，充權不足的人，他們缺乏為自我利益發聲的能力，需要倡導者介入協助他們發聲；另一方面，倡導者亦可透過充權的過程，培養充權不足的人為自我利益發聲的能力。不過，充權的焦點是「權力」（power），倡導的焦點是「權利」（right），兩者之間仍有一些區別。

第九章
社會工作的實施對象

社會工作是服務弱勢者的一種專業，其主要實施對象包括：兒童及少年、婦女、老人、身心障礙者、原住民與新住民，以及具有多元文化背景的案主，將以「多元文化社會工作」進行討論。

雖然，一般認爲社會工作與社會福利有密切關係，但是社會福利較重視政策面和制度面，而社會工作較重視工作者角色、工作原則及實務運作。本章將從社會工作觀點進行探討，並從兒童及少年社會工作展開序幕。

 ## 第一節　兒童及少年社會工作

兒童及少年是人生的起步階段，他們的未來有無限發展的可能。因此，各國都重視兒少的社會工作，希望能爲他們打造一種健康、幸福、快樂的成長環境。以下略述兒少社會工作的意涵、服務項目、社工角色、實施原則、相關議題：

● 兒童及少年社會工作的意涵

魏伯（Webb）在《兒童社會工作實務》（*Social work practice with children*）一書，定義兒童及少年的社會工作服務爲（引自黃瑋瑩、辜思微，2006：5）：

> 社會工作者對於兒童及少年的專業服務，在於提出一些助人方法，協助那些有著心理、情緒及行爲問題的兒童少年及其家庭。因爲兒童及其所處之社會環境可能交互影響，因而必須考量有困難的兒童及其同時存在之生物的／本質的／發展的狀態、周遭的家庭支持網絡，以及物理與社會環境。

由此定義，可知兒童及少年社會工作有下列特質：
1. **服務對象**：兒童、少年及其家庭。

2. **工作內涵**：協助兒童及少年解決其面臨的心理、情緒、行為等問題。

3. **工作方法**：運用社會工作的專業方法及技巧。

4. **指涉層面**：立基於兒童、少年與其所處社會環境之間的交互影響，在介入過程中，不僅考量兒童及少年的生理面、心理面、社會面之發展狀態，也要運用兒童及少年的家庭支持網絡與社會支持網絡來協助他們。

5. **服務目的**：協助兒童及少年解決問題，滿足需求，促進身心健全發展。

　　簡言之，兒童及少年社會工作是福利服務的一個領域，聚焦於兒童與少年福利的相關議題、問題和政策，社工必須運用兒少議題的知識及技術，強化兒少的社會功能，以確保兒少的最佳利益。

⬤ 兒童及少年社會工作的服務項目

　　卡都興與馬丁（Kadushin & Martin, 1988）從社會工作對兒童少年及其家庭的介入程度深淺，將兒少服務區分為：支持性服務、補充性服務、替代性服務。後來，兒少的虐待事件不斷增加，又發展出保護性服務。另外，矯正性服務也在醞釀之中，但其服務對象，以兒少的父母及監護人為主。

1. **支持性服務**（supportive services），是為了保持家庭的完整性，不將兒童少年帶離家庭，而將服務帶入家庭，來支持、增進與強化父母的能力及責任之服務，其主要服務項目，包括：(1)兒童及家庭諮詢；(2)親職教育；(3)兒童早期療育，(4)未婚媽媽及其子女的服務；(5)休閒活動；(6)少年就業服務。其中，社工在服務未婚的「小爸爸、小媽媽」時，為了幫助他們面對衝擊，較有效的方法是安排支持性團體。其他還有法律服務、食物銀行等服務（Alexander, 2004: 419）。至於親職教育，如果是兒少的父母或監護人，因為違反《兒童及少年福利與權益保障法》（簡稱兒福法），而對其實施強制親職教育，則屬於矯正性服務的範疇。

2. **補充性服務**（supplementary services），在於滿足兒少的基本需求，補充親職功能之不足，提供補充或補強的服務措施，包括：(1)兒童經濟補助；(2)兒童托育服務；(3)課後照顧服務；(4)居家照顧服務。其中，

兒童托育服務的首要工作是「照顧」，附帶功能是「教育」，且在於補充父母的照顧功能，而不是要替代父母的照顧。即使，由鄰居提供居家托育服務，也要範定其法定資格，以確保托育服務的品質。另外，我國於2018年實施兒童與少年未來教育及發展帳戶，由政府在帳戶中撥補相對存款，是兒童經濟補助的一種方式，也是強調資產累積而設計的社會救助方案。臺灣最早實施資產累積的兒童救助方案，是2001年臺北市家庭發展帳戶。

3. **替代性服務**（substitutive services），是針對兒童、少年及其家庭的照顧需求，提供照顧方案，暫時或長期替代原生家庭的照顧功能，依序包括：(1)寄養服務；(2)機構安置教養；(3)收養服務。其中，遴選寄養家庭的原則，以親戚家庭為優先，其次才是一般家庭。對於年齡較大的寄養少年，也提供獨立生活服務，以協助他們順利轉銜進入成人時期。

4. **保護性服務**（protective services），是基於維護兒少的利益，而對於被虐待或疏忽的兒童及少年提供保護措施，其服務項目：(1)緊急通報；(2)緊急救援；(3)緊急安置；(4)家庭維繫服務（family preservation）；(5)家外安置；(6)家庭重建服務（family reunification）。其中，緊急通報專線「113」是24小時全年無休的專線電話，任何關心或發現兒童少年受虐的民眾都可撥打，且可使用一般家用電話、行動電話或公用電話等通訊系統，撥打通報專線。「113」並不是「網內互打」免付費的專線電話。另外，對於家外安置的處理，當社工接獲兒少受虐案件的通報時，並不是立即啟動家外安置，而是先緊急救援、緊急安置之後，再評估兒少的需求，進行家外安置。

至於「家庭維繫服務」應優先於「家外安置」，其最主要的理由，在於增強家庭功能，讓兒少在原生家庭成長，而不是考量社會福利經費不足，或者家外安置的機構欠缺、寄養家庭不夠的一種權宜措施。再者，長期家外安置的優先順序是：親屬家庭、一般家庭（非親屬家庭）、住宿式機構。對於一般兒童的長期安置，應該如此；災難中失依兒童的長期安置，也是如此：第一優先是災區內的近親安置，第二優先是災區外的非親屬收養，第三優先是機構安置。

三 兒童及少年社會工作者的角色

兒少社工經常扮演的角色，包括：(1)個案工作者；(2)少年輔導員；(3)個案管理者；(4)兒童權益倡導者；(5)親職教育者；(6)家事調解者；(7)收養催化者等（林萬億，2022a：632）。

通常，社工對於相關服務項目，必須選擇適當的角色，以因應兒少的需求。例如：社工在協助目睹家庭暴力的兒童時，其主要角色是提供直接服務者、監督者、倡導者，而不是個案管理者、照顧者。又如：辦理兒童寄養時，社工的角色是評估者、轉介者、諮商者。

另外，社工也常因兒少遭到嚴重的虐待或傷害，而介入法院系統，以「作證」（testify）的角色，出席家事法庭並陳述意見（Glicken, 2011: 97）。換言之，保護性社工的角色職責，是協助受虐兒童及少年申請保護令、陪同出庭，或轉介法律資源，但不包括陪同案主接受宗教儀式去除惡運。

四 兒童及少年社會工作的實施原則

依據兒福法第5條與第9條之規定，對兒少提供服務或協助，必須遵守下列基本原則：

1. **考量最佳利益**：以兒少最佳利益為優先考量，而非以父母利益優先。
2. **權衡心智成熟度**：依兒少心智成熟度，權衡其意見表達情況。
3. **優先保護及救助**：兒少之保護及救助，應優先處理。
4. **保護基本權益**：兒少權益受到不法侵害，應予適當協助及保護。
5. **主動規劃福利**：針對兒少需要，尊重多元文化差異，主動規劃所需福利。
6. **機關相互配合**：涉及相關機關之兒少福利業務，應全力配合。
7. **重視安全維護**：各機關應辦理兒少安全維護及事故傷害防制措施。

其中，兒少的最佳利益，最常被提及的核心原則是：權衡兒少的心智成熟度，包含尊重兒少的個別性與獨立性，發掘兒少的優勢為原則。

至於權衡或評估兒少的權益與福利時，經常採取生態系統的觀點，將

評估視爲一種過程，而不是一個事件，而且考量兒童及少年的家庭所處之外部及巨觀系統，藉以辨識環境中的不利因素，不宜率爾界定遭遇困難的兒少本身就是問題的主要來源。

近年來，受到2019年新冠肺炎（COVID-19）疫情蔓延的影響，各級學校爲避免群聚傳染病，而採取線上教學，但因每個學童家庭數位資源不同，亦應注意數位均等的原則。宜由教育部門補助相關經費，針對弱勢家庭的學童，提供平價或免費網路，最好能到宅指導安裝及使用線上設備，藉以縮短學童家庭之間數位教育資源的差距，而不是以電子書替代紙本書籍所能奏效。

五 兒童及少年社會工作相關議題

社工運用專業方法協助兒童、少年及其家庭的過程，涉及很多實務工作。茲列舉其要點如下：

(一) 兒少社會工作相關法規

1. **兒少案件處理及調查之期限**：依《兒童及少年福利與權益保障法》（簡稱兒福法）規定，主管機關受理兒少案件之通報，應立即處理，至遲不超過24小時，其承辦人員並應受理案件後4日內提出調查報告（第53條）。

2. **兒少案件緊急安置之期限**：緊急安置不得超過72小時，得聲請法院裁定繼續安置，並以3個月爲限（第56條）。

3. **緊急安置裁定之抗告期限**：緊急安置之兒童或少年、監護人、父母、縣市主管機關，對法院裁定不服者，得於裁定書送達後10日內提出抗告（第59條）。

4. **幼兒教育及照顧之規範**：依《兒童教育及照顧法》之規定，幼兒園的主管機關（監督管理者）爲教育部門（第2條）；幼兒園收托的對象爲是2歲以上至入國民小學前之人（第3條），不是出生即可收托；教保服務之實施，應與家庭及社區密切配合（第11條）；幼兒園得視需要配置學前特殊教育教師及社工人員（第17條）。

(二) 兒少的基本權利

聯合國於1959年發表「兒童人權宣言」；1989年通過「兒童權利公約」。2001年提出「適合兒童成長的世界」行動宣言，並要求各簽署兒童權利公約的國家，提出其保障兒童權利的進度報告。

我國為響應聯合國保障兒童權利的主張，於2014年訂頒《兒童權利公約施行法》，並依規定於施行之後二年（2016年）提出國家報告，其後每五年提出進度報告。在國家報告中，涵蓋聯合國兒童權利公約的四種兒童人權：

1. **生存權**：兒童應受特別保護，並以法律或其他方法，給予兒童機會及便利，使其在自由與尊嚴的情境中，獲得身心、道德、社會各方面的健全發展。

2. **保護權**：兒童出生之後，應受親生父母的照顧及保護；兒童在身體、心理、智力或社會適應方面有障礙者，應得到特別的治療、復健、教育和福利。

3. **教育及發展權**：兒童有受教育的權利，在義務教育階段應該免費；應由父母負起兒童教育與輔導的責任，並以兒童最大利益為指導原則。

4. **表意及參與權**：對兒童最為重要的議題，兒童都有權自由、安全地表達意見；父母、教師及兒童工作者應該促進兒童在家庭、學校、社區的參與。

另外，兒福法規定，主管機關審議、諮詢及推動兒童及少年福利政策，得邀請少年代表列席（第10條），這是參與權。至於兒童及少年有權對一切影響自己的事物發表意見，則是表意權。

其中，兒少的教育及發展權至為重要。舉例來說，有一單親母親罹患憂鬱症，讀國中的姊姊被要求請假在家照顧弟妹與外婆，導致經常缺課、學業成績落後、人際關係不佳。社工為改善此案主教育權被剝奪，較有效益的做法是：轉請心理衛生單位協助母親就醫、協助案弟妹申請公共托育或課後照顧、引進長期照顧提供外婆照顧，至於提供案主課業輔導與才藝班學費，相對上效益較小。

(三) 父母離婚後未成年子女最佳利益之審酌

依《民法》第1055-1條規定，法院對於夫妻離婚者，得參考社工人員訪視報告或家事調查官之調查結果，依子女最佳利益審酌一切情狀，尤應注意：

1. 子女之年齡、性別、人數及健康情形。
2. 子女之意願及人格發展之需要。
3. 父母之年齡、職業、品性、健康情況、經濟能力及生活狀況。
4. 父母保護教養子女之意願及態度、父母一方是否支持共同親職。
5. 父母與子女間或未成年子女與其他共同生活之人間之感情狀況。
6. 父母之一方是否有妨礙他人對未成年子女權利義務行使負擔之行為。
7. 各族群之傳統習俗、文化及價值觀。

(四) 兒少收養制度

收養，以家庭收養為主，機構永久安置教養為輔，且以國內收養人優先收養為原則。在收養過程，必須依兒福法規定之收出養制度，逐步辦理：

1. **委託媒合服務**：父母或監護人因故無法對兒少盡扶養義務而擬予出養時，應委託媒合服務者代覓適當之收養人。但近親或繼親之收養，可直接向法院聲請核准收養，不經收出養媒合服務者。
2. **訪視調查**：收出養媒合服務者接受委託後，應進行訪視調查，作成評估報告。聲請法院認可兒少之收養，應檢附評估報告。不能因保障個資，而不將收養父母的居家環境與生活狀況列入訪視及調查報告的內容中。
3. **認可收養前之措施**：法院認可收養前，得採取下列措施，供認可之參考：
   (1) 由專業人員進行訪視，提出訪視報告及建議。
   (2) 命收養人與兒少先行共同生活一段時間。
   (3) 命收養人接受親職準備教育課程。
   (4) 命收養人接受精神鑑定、酒癮藥癮檢測或其他必要事項。
4. **法院認可**：收養兒少經法院認可者，收養關係發生效力。

簡言之，收養程序應依照制度，提出聲請並經許可，而不是私相授受，更不是讓收養人在一群被收養的孩子中，「挑選」一個來收養，且相關資訊，應予保密。

(五) 兒童及少年虐待的類型

兒少受虐的現象，存在於各種社經背景的家庭中，但是沒有證據顯示會虐待兒少者對於所有人都會暴力相向。兒少虐待可分為四種類型：

1. **身體虐待**：是指父母或照顧者對兒童身心加以攻擊的行為。

2. **精神虐待**：也稱心理虐待，指成人對兒童所行使的一種行為，而造成兒童心靈上的傷害。例如：持續地用不當口語辱罵兒童，屬於精神虐待範疇。

3. **性虐待**：性虐待的受害者，多數是女孩，但是男孩也可能是性虐待的受害者。依據行政院性別平等處的解釋，任何大人與兒童或少年之間的性接觸，就是兒童性虐待。例如：對兒童施以身體的侵入、身體的觸摸，或強迫觀看色情影片，都屬於性虐待範疇。又，根據海波渥斯等人（Hepworth et al., 2010）的看法，可運用下列指標來評估兒童性虐待：身體指標、情緒指標、認知指標、人際指標、行為指標，但不包括經濟指標。

4. **疏忽**：疏忽，也是兒虐的一種類型。依據美國《社會工作辭典》的解釋，兒童疏忽是指父母或照顧者沒有負起照顧兒童之責任，對於兒童的健康、身體、情緒、社會發展等基本需求，沒有提供足夠的資源（Barker, 2014: 66）。繆克爾（Munkel, 1972）將兒童疏忽的分為四種基本類型：養育上的疏忽、安全上的疏忽、保健上的疏忽、教育上的疏忽。例如：讓6歲以下之兒童獨處或由不適當之人代為照顧，或者讓兒少持續處於骯髒、不衛生或衣著不當的情況下，都屬於疏忽範疇，而不是身體虐待範疇。

通常，兒童及少年的施虐者，可能是父母、手足或其他照顧者。如果施虐的父母也是來自受虐的成長過程，這種兒童虐待模式的解釋，可歸因於社會學習的原因，而不是歸因於家庭結構或心理疾病。

(六) 兒少保護的三級預防

1. **初級預防**：事前防止危害兒少權益或身心健康的事件發生。例如：加強家長親職教育、協助家庭處理經濟壓力、鼓勵發現者即早通報。
2. **次級預防**：也稱二級預防，接獲或知悉兒少受到傷害，立即介入處理。例如：兒虐發生時，提供緊急救援；兒少生活困難時，隨即到宅訪視，協助申請救助。
3. **三級預防**：對於已接受協助的受虐兒少或貧困家庭、提供長期性服務。例如：協助兒少的父母建立社會網絡、提供兒童托育的機會。

(七) 兒少脫貧與自立生活

　　2016年，衛生福利部頒布「協助積極自立脫離貧窮實施辦法」，以協助兒童、少年及其家庭積極脫貧與自立生活，其主要措施：
1. **教育投資**：改善教學設備、課業輔導、提升學歷。
2. **就業自立**：協助就業準備、提供就業服務、職業訓練、小本創業。
3. **資產累積**：協助儲蓄、投資、融資、累積有形資產與無形資產。
4. **社區產業**：結合地方特色產業、增加在地謀生技能或在地就業。
5. **社會參與**：協助參與相關教育訓練、社區活動、志願服務或公共服務。
6. **其他**：由各級政府視實際需要，發展創新、多元或實驗性計畫。

 ## 第二節　婦女社會工作

　　我國於2004年訂定「婦女政策綱領」，作為擬定婦女相關政策之最高指導原則。2011年，立法院通過《消除對婦女一切形式歧視公約施行法》。2012年，行政院成立「性別平等處」，是臺灣第一個性別平等專責機制。2019年，立法院通過《司法院釋字第748號解釋施行法》（同性婚姻專法）。2020年，司法院大法官會議宣告《刑法》第239條通姦罪違憲（通姦除罪化）。

　　這些政策或立法，除了「婦女政策綱領」於2004年實施之外，都是在

民國100年（2011年）之後的作為，顯示我國近年對於性別平等與婦女權益格外重視。以下針對婦女社會工作略加敘述：

➊ 婦女社會工作的意涵

對於婦女與社會工作的關聯性，有：婦女工作（working with the women）、性別社會工作（gender-based social work）、女性主義社會工作（feminist social work）、以婦女為中心的社會工作（women-centered social work）等概念（宋麗玉，2021：195；梁麗清、陳錦華，2006：3-23）。茲就後兩者略述其意涵：

(一) 女性主義社會工作的解釋

這是女性主義觀點與社會工作實務的結合，依美國《社會工作辭典》的解釋（Barker, 2014: 160）：

> 女性主義社會工作是社會工作與一種女性主義導向的價值、技巧及知識的整合，藉以協助個人與社會克服那些來自性別歧視（gender discrimination）的情緒和社會之問題。

這個解釋顯示，女性主義社會工作有下列特質：
1. **工作取向**：是社會工作與女性主義的整合，涵蓋女性主義的取向。
2. **工作方法**：運用社會工作方法，但融入女性主義的價值、技巧和知識。
3. **工作過程**：協助個人與社會克服性別歧視所引發的情緒和社會問題。
4. **工作目標**：不僅協助女性案主克服性別歧視的壓迫，也喚醒社會大眾反歧視、反壓迫的意識，讓女性有能力追求個人的成長與發展。

(二) 以婦女為中心社會工作的解釋

漢瑪與史鐵順（Hanmer & Statham, 1999）認為，性別對於女性的生活經驗影響甚大，而提出以婦女為中心的工作實務方法和原則，包括：
1. **準備自己**：社工應準備及發展專業知能，以回應婦女多面向的問題。

2. **發展以女性為中心的實務**：將婦女視為服務使用者，接納婦女及其問題。
3. **任何服務方法與性別連結**：增強婦女對其所帶來的問題之掌控及因應。
4. **連結相關女性資源**：增加資源給各年齡層婦女，且減少取得服務的限制。
5. **鼓勵女性參與決策過程**：應讓女性參與政策決定過程，以回應婦女需求。
6. **以團體的形式服務婦女**：透過團體參與，讓婦女在團體中體驗自主經驗。

　　簡言之，以婦女為中心的社會工作，在處遇過程中，應與女性案主建立平等的關係，尊重案主自己的想法、感覺和意見。

🌑 婦女社會工作的服務項目

　　婦女社會工作的項目很多，包括：人身安全、健康、經濟、就業、教育、社會參與等層面（宋麗玉，2002：284-297），茲擇要略述其中三項：

1. **增進女性的經濟安全**：一個家庭，如果缺乏男性的經濟支持，則女性的經濟安全較易陷入困境，而形成所謂「貧窮女性化」（feminization of poverty）。這是由於勞動市場的性別歧視，女性薪資較男性為低，一旦婚姻破裂，女性為了照顧小孩，往往難以維持家計。因此，社工可透過倡導，以破除職場的性別歧視，增加女性的就業機會，並且針對特殊境遇家庭的婦女，提供家庭扶助等方案。

2. **降低女性家庭照顧的負荷**：一般家庭，係由女性承擔照顧年幼兒童、失能老人、身心障礙者的責任，這不僅影響女性照顧者的就業機會，也容易造成照顧角色的負荷和壓力。社工除了鼓勵男女兩性共同參與家庭照顧之外，也可為女性照顧者提供個別諮詢、支持性團體、喘息服務、居家服務、日間托育等服務。

3. **維護女性的人身安全**：一旦發生家庭暴力、性侵害、性騷擾等人身安全的事件，其受害者以女性居多。社工除了對受害婦女提供緊急庇護、適

當安置、諮詢服務、轉介心理諮商、醫療服務、法律諮詢之外，也應結合相關服務體系，為目睹父母受害的兒童及其家庭提供協助。

其中，發生於夫妻之間的家庭暴力，稱為婚姻暴力（marital violence）或親密暴力（domestic violence）。婚姻暴力的行為，包括：肢體暴力、性暴力和精神暴力，但是婚姻暴力事件的當事人，無論男性或女性，並非全然是低社經地位和族群的問題，而且婚姻暴力事件對於男女雙方及其他家庭成員都有影響，不只對當事人有影響。通常，國人在婚姻暴力事件之後，多數以尋求家人與朋友的協助為主，如果社工接獲通報或外展發現，應立即介入處理，以維護當事人的人身安全。

除此之外，社工有時也依司法系統交付的事項，對於受暴婦女的加害人安排相關處遇方案，避免再度傷害婦女。

🉈 婦女社會工作者的角色

婦女社會工作者的服務對象，以弱勢婦女居多，且以家庭為核心提供服務，常須扮演多元型態的角色：

1. 個案管理者：婦女在生活上常須面對多重問題，而需多重層面的協助，因而個案管理是必要的介入。
2. 照顧者：協助女性案主建立自尊及健康認同，並教導必要的生存技能。
3. 催化者：協助女性案主掃除充權的過程之各種障礙。
4. 動員者：動員案主群，採取集體行動，爭取公平的權益。
5. 倡導者：為維護婦女應有的權益而代言或辯護。

舉例言之，在《家庭暴力防治法》修法過程中，社工代表目睹兒童及受暴者發言，主張簡化保護令聲請程序，就是扮演倡導者的角色，而非情緒支持者或教育者的角色。

🉃 婦女社會工作的原則

2004年，行政院婦女權益促進委員會通過「婦女政策綱領」，提出基本原則：

1. 兩性共治共決的政治參與。

2. 提升婦女勞動參與率，建立女性經濟自主的勞動政策。

3. 降低婦女照顧負擔，協助婦女自立的權利政策。

4. 落實具性別平等意識，尊重多元文化之教育政策。

5. 建構健康優先，具性別意識醫學倫理的健康政策（不限於女性意識）。

6. 創造一個尊重及保障的婦女人身安全環境。

7. 所有政策均納入不同族群女性及弱勢婦女的需求。

🈺 婦女社會工作相關議題

(一) 婦女社會工作相關法規

1. 《家庭暴力防治法》（簡稱家暴法）界定：家庭暴力是指家庭成員間實施身體或精神上不法侵害之行為（第2條）。家庭成員是指下列各員及其未成子女（第3條）：

   (1) 配偶或前配偶。例如：前夫、前妻，無論同住與否，是家庭成員。

   (2) 現有或曾有同居關係者。

   (3) 家長家屬或家屬間關係者。

   (4) 現為或曾為直系血親或直系姻親。例如：不同住之女婿，是家庭成員。

   (5) 現為或曾為四親等以內旁系血親或旁系姻親。

   (6) 上述各員之未成人子女。

   由此可知，曾有同居關係者之未成年子女，是家庭成員；現有同居關係者之成年子女、不同住之堂外甥（四親等以外），則不是家庭成員。

2. 家暴相對人評估小組之成員：衛生福利部依家暴法第54條規定，頒布「家庭暴力加害人處遇計畫規範」，規定縣市應遴聘受過家暴相關訓練，且具實務經驗之下列人員，組成相對人評估小組，辦理處遇計畫及其評估：

   (1) 精神科專科醫師。

   (2) 諮商心理師、臨床心理師。

(3) 社會工作師、少年調查官、少年保護官或觀護人（不含家事法庭法官）。

(4) 其他具家暴加害人處遇工作實務經驗至少三年之人員。

3. **有關「保護令」之規定**：民事保護令（簡稱保護令），分為三種：暫時保護令、通常保護令、緊急保護令。

(1) 暫時保護令之核發：法院為保護被害人，得於通常保護令審理終結前，依聲請核發暫時保護令。

(2) 通常保護令之核發：通常保護令之有效期間為二年以下，自核發時起生效，得聲請撤銷、變更或延長。延長之期間為二年以下（第15條）。

(3) 緊急保護令之核發：法院認為被害人有受家庭暴力之急迫危險者，應於4小時內〔不是24小時〕以書面核發緊急保護令（第16條）。至於緊急保護令之聲請，由檢察機關、警察機關或縣市主管機關為之，而不是由被害人聲請。

4. **《性侵害犯罪防治法》之實施要點**：該法於1997年公布實施，其要點：

(1) 各級中小學〔不是各級學校〕每學年應至少有4小時以上之性侵害防治教育課程（第7條）。

(2) 被害人之法定代理人、配偶、直系或三親等內旁系血親、家長、家屬、醫師、心理師、輔導人員或社工人員得於偵察或審判中，陪同被害人在場，並得陳述意見（第15條）。

(3) 加害人有期徒刑執行完畢，或保安處分執行完畢，經法院裁定強制執行之後，經評估有施以治療輔導之必要者〔不是強制〕，應命其接受身心治療或輔導教育（第20條）。

(二) 受創婦女的處遇策略

　　婦女遭受家庭暴力、性侵害及其他嚴重傷害之後，在身體上與心理上造成嚴重創傷，需要社工介入協助她們及早復原。其主要處遇策略（劉珠利，2008）：

1. **情緒支持**：協助案主平復情緒，面對問題。

2. **動機與力量的激發**：鼓勵案主重組自己的生活，以行動來處理問題。

3. **社會資源的提供**：提供案主復原所需資源，例如：經濟救助、就業服務。

4. **社會工作者的生命體驗與自我揭露**：將同理傳送給案主。

5. **陪伴與不放棄**：讓案主感受到溫暖與關懷。

6. **家人關係的處理**：妥善處理案主的家人關係，以免阻礙或減緩案主復原。

　　通常，案主遭受創傷的程度有別，其復原的階段也不盡相同，上述處遇策略並非一體適用。例如：陪伴，適用於個案初始階段，其後應鼓勵案主自立。

 ## 第三節　老人社會工作

　　依聯合國所訂標準，一個國家的老年人口占總人口達7%，稱為「高齡化社會」（aging society）；占總人口達14%，稱為「高齡社會」（aged society）；占總人口達20%，稱為「超高齡社會」（super-aged society）；占總人口達28%，稱為「極高齡社會」（ultra-aged society）。

　　我國已於1993年進入高齡化社會，2018年進入高齡社會，預估於2025年進入超高齡社會（每五個人有一個是老人），2036年進入極高齡社會。

　　根據國家發展委員會2020年的統計與推估，我國的老年人口扶養比（簡稱扶老比），2025年為3.4比1，2070年將上升為1.21比1，也就是每1.2個青壯人口將扶養一位老人。顯然，我國的「人口紅利期」將逐漸縮短，青壯人口扶養老人的負擔加重，對於勞動力也有不利影響。

　　為了因應高齡社會的各種老人需求，英美等先進國家從1980年代就開始著重老人社會工作的推展。聯合國也將1999年訂為「國際老人年」，要求各會員國提出全國性與地方性的老人方案，處理涉及代間之議題，邁向一個全齡共享的社會（toward a society for all ages）。

➊ 老人社會工作的意涵

依據美國《社會工作辭典》的解釋（Barker, 2014: 177），老人社會工作（gerontological social work）是：

在社會工作中，有關於老年人心理社會的處遇，以促進老年人所需社會服務與方案的發展及管理的一種導向和專業領域。

這個解釋，顯示老人社會工作與社會服務有所關聯，且呈現下列特質：

1. **服務對象**：老人及其家庭，包括：健康的老人與衰弱（frailty）老人。
2. **工作方法**：運用社會工作方法，發展及管理老人社會服務方案。
3. **服務內容**：有關於老人生理面、心理面、社會面的介入。
4. **工作目的**：透過社會服務方案，滿足老人的需求，促進老人的福祉。

如果說「老人都是弱者，需要他人協助」，這是將老人視為「依賴者」的一種迷思，而不是敬老的迷思、心理的迷思、情感的迷思。事實上，多數老人在初老階段，身體仍健康，可自立生活，不需依賴他人的協助。

➋ 老人社會工作的服務項目

1. **所得維持方案**：亦即經濟安全，由政府針對貧困家庭的老人，提供補助方案。例如：對於未接受安置之中低收入老人，按月發給老人生活津貼、特別照顧津貼、辦理不動產逆向抵押貸款制度（以房養老）。
2. **健康與醫療服務**：由政府提供預防保健與經費補助。例如：老人免費健康檢查、免費流感與肺炎預防注射；提供中低收入老人醫療補助、中低收入老人重病看護補助。
3. **老人保護服務**：由政府或非營利組織設置通報專線。例如：113保護專線、社會安全網關懷e起來、定期訪視獨居老人、設置緊急救援連線系統。

4. **長期照顧服務**
   (1) 社區型照顧服務：由政府鼓勵民間團體及社區成立關懷據點，配合長期照顧2.0，設置C級巷弄長期照顧站（巷弄柑仔店），提升老人照顧服務的能量。
   (2) 機構型照顧服務：由中央政府辦理北區、中區、南區老人之家，並補助民間團體辦理老人福利機構，改善設備及設施。
   其他類型的老人照顧服務，尚有醫療型日間照顧、社會型日間照顧、居家型照顧、護理之家、榮民之家。其中，護理之家、榮民之家，還有仁愛之家，屬於機構式老人服務。至於社區心理衛生中心，可為老人提供醫療性日間照顧，稱為「日間病房」，晚上回家，由家人照顧，並不屬於機構式老人服務。

5. **教育、休閒與社會參與**
   政府自行辦理或鼓勵民間辦理下列活動：
   (1) 教育活動：例如樂齡學習中心、長青學苑，提供終身學習。
   (2) 休閒活動：例如老人文康中心，提供運動、休閒。
   (3) 志願服務：例如招募高齡者擔任志工，在社區關懷據點提供服務。

6. **交通接送服務**：有一部分老人福利機構，為老人提供類似復康巴士的「預約叫車」（on-call）服務，接送老人就醫、共餐、參加文康活動。

三 老人社會工作者的角色

(一) 社工在老人服務領域的一般角色

1. **直接服務者**：提供諮商服務、支持性團體、行為評量。
2. **教育者**：引導老人認知老化過程，適應老年生活。
3. **人力資源發展者**：辦理志工訓練、員工協助方案。
4. **倡導者**：維護機構住民、居家老人之權益，進行倡導。
5. **研究者**：針對老人服務相關議題進行研究，適時發表成果。
6. **發動者**：覺察人口老化趨勢與社會問題警訊，開啟長照制度之規劃（呂寶靜，2012：264）。

(二)社工在護理之家的角色

1. 參與心理社會評估工作，評估住民對於社交、情感和心理的需求及服務。
2. 確認心理社會的議題，與護理之家的住民及其家屬一起工作，擔任住民、家屬和護理之家員工的諮詢者。
3. 提供個案管理服務，協調以社區為基礎的服務及出院計畫。
4. 參與照顧計畫相關活動。
5. 和護理之家團隊中的專業人員一起工作，促進住民的權利。但是，不包括主動為住民的膳食費用而進行募款。
6. 參與個別化服務的決策及執行。
7. 倡導住民參與相關決策，包括：日常活動、個人喜好、善終決定之選擇（張英陣等，2022：509）。

另外，社工在高齡者照顧機構的工作及角色，還可包括：說明及推動《病人自主權益法》、擬定及執行長者入住適應計畫、鼓勵機構裡的長輩參與社區獨居老人電話問安服務。

無論如何，社工在老人服務領域或護理之家，都有重要的角色職責，而不應該向住民或其家屬說明：社工在醫療評估過程並無角色功能。

四 老人社會工作的原則

長期照顧服務，是老人社會工作的主要服務項目。依據我國《老人福利法》第16條之規定，老人照顧服務應依下列原則規劃辦理：

1. 全人照顧。
2. 在地老化。
3. 健康促進。
4. 延緩失能。
5. 社會參與。
6. 多元連續服務。

如果將這些原則，對照前述「聯合國老人綱領」所揭示的五大權利

（見第四章），我國《老人福利法》似乎也可將該綱領所主張的「老人有權利且能居住於安全與適合的環境」，列入老人照顧服務的原則。同時，現代的老人社會工作，強調以社區為基礎的工作，當然不宜採取集中照顧原則。

🖐 老人社會工作相關議題

(一) 有關老年之理論觀點

1. **活動理論**（activity theory）：認為個體進入老年期之後，體能退化，行動不便，社會參與減少，出現失落或被排除之負面感受，因而主張老人越積極參與社會事務，越可享有滿意的生活。

2. **撤退理論**（disengagement theory）：認為有些老年人因為生理衰退而從社會撤退，變成自我貫注（self-preoccupied），情緒上減少與他人連結，對世事降低興趣，慢慢地與社會分離。此理論也包含社會對老人個體的分離，相互分離的結果，會使生活滿意度降低（Barker, 2014: 122）。簡言之，老化是個體與社會朝向相互分離的自然過程，導致老人與社會系統及他人的互動逐漸減少。

3. **社會繼續理論**（social continuity theory）：認為有些個體在老年期，仍舊繼續維持一致的行為模式，其人格質仍與過去類似，不會產生戲劇化改變。因此，能否正常地老化，端視個體生活能否適應環境的變遷而定。

(二) 解釋老化之不同理念

1. **活躍老化**（active aging）：也稱活力老化。世界衛生組織（WHO）於2002年主張尋求老化對策時，應正視老人的主體性，重視老人的能力；對於老化政策，強調健康促進、社會參與、安全維護等三大基礎原則。

2. **在地老化**（aging in place）：支持老年人安全地、獨立及舒適地生活於自己所擁有的家庭和社區，避免推動他們住進一種援助生活的設施或護理之家。

3. 成功老化（successful aging）：根據羅威與卡恩（Rowe & Kahn, 1997: 39）的定義，成功老化有三個基準：(1)良好的身體健康；(2)高度的認知功能；(3)在一種高層次參與社會活動。但是，這項基準並不包括：財務能夠完全自主。

4. 生產性老化（productive aging）：卡羅、巴斯與秦恩（Caro, Bass, & Chen, 2006: 247）等人的定義，生產性老化是指老人從事任何生產財貨或勞務的活動，以及發展生產能力的任何有酬或無酬的活動。

另外還有一種「心理老化」，是指個體隨著歲月的增長，在腦力、智力和抗壓能力，出現衰退的狀況。

(三)《老人福利法》對於老人保護之規定

1. **責任通報**：醫事、社工、村里長（幹事）、警察、司法人員，有通報責任（第43條）。

2. **調查訪視**：當地主管機關接獲通報後，應即處理，進行訪查（第43條）。

3. **保護或安置**：老人有被疏忽、虐待、遺棄之情事，老人因無人扶養，致有生命、身體之危難，或生活陷於困境者，地方主管機關得依老人之申請或依權責，予以適當短期保護及安置（第43條）。但其安置對象，並不包括獨居。如果依據老人之申請而安置，其安置經費並非全由政府負擔。而且，主管機關執行短期安置及保護時，應結合當地村里長定期主動連絡，掌握當地老人生活狀況（第4條）。

4. **建立老人保護體系**：以縣市為單位，結合警政、衛生、社政、民政、民間力量，建立老人保護體系，定期召開聯繫會報（第44條）。

5. **違反老人保護之處罰**：實際照顧老人之人，對老人有不當行為，其情節嚴重者，應施予4小時至20小時之家庭教育與輔導（第52條）。

(四)《長期照顧服務法》對老人照顧之規定

1. **長期照顧的服務對象（第3條）**
   (1) 身心失能者：身體或心智功能部分或全部喪失，持續已達或預期達6個月以上，日常生活需他人協助者。

(2) 家庭照顧者：於家庭中對失能者提供規律性照顧之主要家屬或家人。

2. **長期照顧的服務方式**：有四種：(1)居家式；(2)社區式；(3)機構住宿式；(4)家庭照顧者支持服務（第15條）。但是法定之長期照顧，並不包括醫院式照顧。

3. **長照特種基金之來源**（第15條）

   (1) 遺產稅與贈與稅率，由10%調增至20%以內所增之稅課收入。

   (2) 菸酒稅品應徵收之稅額，由每千支（每公斤）徵收500元調增至1,500元所增加之稅課收入。

   (3) 政府預算撥充、菸品健康福利捐、捐贈收入、基金孳息收入。

　　此處必須補充說明：由於臺灣高齡化速度增加，各類型長期照顧機構出現人力缺口。行政院為推動照顧服務產業，已透過各種方式吸引相關科系畢業生加入，藉以彌補照顧人力缺口，提升照顧服務人員的社會形象。通常，照顧服務產業必須有系統地推動，其效果較佳。我們可參考系統理論學者賓克斯與米納翰（Pincus & Minaham, 1973）的社工實務四大系統（將於第十一章說明）來分析前述狀況，以利於照顧產業的有效推動：

1. **案主系統**（client system）：此處是指使用長期照顧服務的長者，也就是受助者。

2. **標的系統**（target system）：此處是指照顧相關科系畢業生，也就是試圖改變（照顧方法及技巧）的標的對象。

3. **行動系統**（action system）：此處是指照顧相關科系、照顧相關機構，以及他們的相關人員。也就是助人者及其共同努力以達到改變行動之人們，而不是專指行政院相關部會。

4. **改變代理者的系統**（change agent system）：此處是指機構業者、長者家屬及提供照顧者等，也就是機構系統。

(五) 保護老人財產安全之相關措施

　　《老人福利法》規定，為保護老人之財產安全，縣市主管機關應鼓勵其將財產交付信託；金融主管機關應鼓勵信託業者及金融業者辦理財產信託、提供商業型不動產逆向抵押貸款服務（第14條）。

信託，是老人保護的重要方法之一，且以「財產權」為中心，與信託單位簽定契約，建立法律關係，以保障財產安全。除了存款、房地產的信託之外，專利權、著作權，也可辦理信託，但是人格權、身心權，不能辦理信託。

至於「逆向抵押貸款」，一般稱為「以房養老」，也是一種社會福利措施，其目的在於解決老人的資產管理問題，而不在於解決老人的經濟問題、照顧問題或休閒問題。

(六) 評估老年生活功能之工具

長期照護的對象是功能障礙的老人，包括：身體功能障礙與認知功能障礙。經常用來評估老人功能障礙的工具，有下列三種：

1. **日常生活功能評估量表**：英文為Activities of Daily Living，簡稱ADLs。其評估項目十項，包括七項自我照顧能力：進食、修飾／個人衛生、如廁、洗澡、穿脫衣服、大便控制、小便控制；三項身體行動能力：移位、室內行走能力和上下樓梯能力之評估。但是ADLs不包括：服藥、食物烹煮。

2. **工具性日常生活活動能力量表**：英文為Instrumental Activities of Daily Living，簡稱IADLs。其評估項目包括八項能力：使用電話、逛街購物、準備餐食（食物備製烹飪）、家務處理、洗衣、戶外交通、服用藥物、處理財務，且以最近一個月的表現為準。但是IADLs不包括：上下樓梯的能力。

3. **臨床失智評分表**：老人失智症屬於腦部功能的退化，可使用「臨床失智評分表」（Clinical Dementia Rating, CDR）來檢測，包括六項能力：(1)記憶力；(2)定向感；(3)解決問題能力；(4)社區活動能力；(5)家居嗜好；(6)個人照料。

失智症患者常見的症狀是健忘、失去方向感與時間感；注意力無法集中，容易發怒。有時候，失智症患者會出現所謂「黃昏症候群」，到了黃昏或晚上，會到處遊走，必須特別注意其安全。

(七) 老人的社會適應問題

　　現代社會變遷加快，老年期經常面對身心衰退、收入減少、地位下降、角色失落、伴侶喪失等課題，以及下列社會適應問題：

1. **經濟安全**：進入老年期，收入減少，甚至沒有收入，可能的結果是生活水準降低，產生依賴的感覺，必須自我調適。

2. **老人歧視**：老人常因年齡因素而遭到歧視，稱為「老年歧視」（ageism）。例如：尋找工作有年齡的限制、以「老不修」形容老人。

3. **老人虐待**：老人無論在住家或在機構，可能遭到照顧者、機構人員或任何其他人的歧視，老人必須自我保護或尋求保護服務。

4. **家人關係改變**：由於核心家庭增多，老人與家人的關係發生變化，老人照顧勢必由家庭與國家來分擔，老人也必須學習適應家庭以外所提供的照顧服務。

　　如果老人有下列現象：視覺退化、齒牙動搖、關節病變、憂鬱症，並不是社會適應的問題，而是疾病問題，應就醫治療，其中，齒牙動搖可能是牙齦萎縮、牙周病、琺瑯質磨損的因素，這是正常老化的現象。但是，因為齲齒而損壞齒牙，是衛生習慣不良或保養不當，而不是正常老化。

　　至於老人憂鬱症，可能與老人常見的疾病：中風、心臟病及關節炎有關。憂鬱症也可能引發較多腸胃不適、睡眠問題等症狀。在美國，年齡越老的族群如有憂鬱症，其自殺死亡率越高，且近年來，老年女性的自殺率有攀升的趨勢，但是憂鬱症患者之中，男性老人與女性老人之間的比率，並無顯著差別。

(八) 友善關懷老人服務方案

　　行政院於2009年訂頒「友善關懷老人服務方案」，納入世界衛生組織（WHO）於2007年公布的「全球化友善老人城市準則」（Global Age-friendly Cities: A Guide）之八大參考指標：(1)戶外空間與公共建設；(2)交通；(3)房屋住宅；(4)社會參與；(5)尊重及社會包容；(6)公民參與及就業；(7)傳播與資訊；(8)社區與健康服務。

　　隨後，行政院於2013年核定「友善關懷老人服務方案」第二期計畫，

強調活躍老化、友善老人、世代融合三大理念，並以健康老化、在地老化、智慧老化、活力老化及樂齡老化五大目標，推動各項具體行動措施，以期滿足老人全方位的需求。

(九) 推動高齡者靈性照顧服務

行政院於2016年發布「高齡社會白皮書」，2021年修正，其中有一項重要政策是：提升高齡者靈性照顧。

政策上的推動策略，一是培育靈性照顧相關專業及志願服務人力，鼓勵醫院與長期照顧機構成立靈性照顧團隊，提供社區和機構高齡者靈性諮詢與服務。二是鼓勵青年世代投入高齡服務的行列，培育青年世代投入高齡者相關的照顧、生活支持、休閒、運動、交通等服務。大專院校青年並可透過服務學習、志願服務與社團活動，投入及發展高齡者服務方案。

目前，衛生福利部推動「青銀人力互助方案」，鼓勵青年世代參加志願服務，為高齡者提供靈性服務，並且鼓勵公私部門召募高齡者參與志願服務，並透過服務項目再設計，友善高齡志工，另積極辦理志願服務宣導及訓練，協助高齡者透過志願服務，與青年世代維持生活連結。

一般而言，高齡者的靈性需求涵蓋四個面向：(1)個人與社會關係的連結；(2)個人對己我生命意義及價值的實踐；(3)個人對靈性或信仰的修養；(4)個人對宇宙自然的融合。因此，靈性照顧服務的推動，可透過「青銀人力互助方案」，由長期照顧機構的社工人員，指導及協助青年世代的志工，運用「時間線」（timeline）為工具（見第五章個案評估），在其服務高齡者過程，徵得同意或鼓勵長者透過口述歷史的方式，回顧自己的生命歷程，並於生命的關鍵點，例如：出生、就業、結婚、生子、重病等關口，與高齡者一起緬懷過去，包容現在，安頓未來，讓高齡者保持心靈平和，增進靈性健康。

當然，對高齡者提供靈性照顧服務，還有很多方式，例如：靈性諮詢、靈性關懷、靈性陪伴、靈性療癒等。至於社會工作專業，亦可配合多元文化需求，以「靈性處遇」作為靈性照顧的一種方式（劉珠利，2009：127）。

除了上述議題之外，臺灣的人口急速老化，社工面對服務對象的老病

死，有時也會參與安寧照顧服務（hospice care）（將於第十章說明）。如果，社工接到市民通報某處有「路倒老人」，應即前往處理。必要時，也可依照社會工作標準程序：建立關係→評估→規劃→介入→評鑑→結案，展開路倒老人的社會工作服務。

第四節　身心障礙者社會工作

依據世界衛生組織（WHO）的解釋，障礙（disability），是指一個人在功能上有一種短期或長期的降低（Cox, Tic, & Long, 2016: 159）。

依國際健康與功能分類（International Classification of Functioning Health and Disability, ICF）的系統，身心障礙，是指一個人的功能不全，因疾病、意外事故或其他健康方面的因素，經與環境互動後，造成日常生活中的限制或社會參與之侷限導致之結果（林萬億、劉燦宏，2014：87-88）。

可見，身心障礙無論是先天遺傳，或者後天意外事故、生病、病毒所造成，都是個人因素與環境因素互相影響的結果。

● 身心障礙者社會工作的意涵

英國社會工作中央教育與訓練委員會（Central Council for Education and Training Social Work）認為身心障礙者社會工作（social work with/for disabled people）（葉秀珊、陳汝君，2004：9）是：

> 以個人、團體或社區為基礎，提供身心障礙者個別的社會
> 工作協助，因為身心障礙者在這些層面上經歷著特殊的困境（例
> 如：附加的內外環境壓力）。通常，社工人員能獨立或協同其他
> 專業計畫及協調服務，從案主生活的環境中發動計畫，包括居住
> 支持的服務及任何與社區相關問題都能考慮在內。

由這個定義，可得知身心障礙者社會工作的一些特質：

1. **服務對象**：是處於特殊困境的身心障礙者，並不是有障礙就需要協助。
2. **工作人員**：社工協同其他專業人員，提供專業計畫及協調服務。
3. **工作方法**：使用個案、團體、社區等社會工作方法。
4. **主要內容**：包括居住方面的支持，與障礙有關的社區問題之處理。
5. **工作目的**：協助障礙者獲得必要的支持及服務，以克服生活的困境。

其中，服務對象方面，牽涉到「身心障礙者」的認定，也關係到福利資格的決定，比較不會關係到工作資格的規定、家庭照顧的負荷、消除歧視的努力。

身心障礙者社會工作的服務項目

我國於1980年制定《殘障福利法》，是身心障礙最早的法規，著重於維護障礙者的生活和福利。1990年，《殘障福利法》修正內容，強調維護障礙者的合法權益。1997年修正為《身心障礙者保護法》，重視障礙者公平參與社會生活之機會。2007年再修正為《身心障礙者權益保障法》（簡稱身障法），更具體指明國際上強調「平等參與社會」的概念，且應涵蓋社會、政治、經濟、文化等面向的平等參與，以免侷限於「社會」面向之參與。

依據《身心障礙者權益保障法》之規定，我國身心障礙者社會工作的主要服務項目，包括：

(一) 健康及醫療服務

包括健康檢查、醫療、復健、保健服務等項。社工在此方面的工作，是參與身心障礙鑑定，並依障礙者的需求，提供健康檢查、就醫或復健相關資源之資訊；協助障礙者克服就醫或復健可能遭遇的困難。其中，障礙者就醫過程，可能遭遇的主要困難，包括：缺乏交通工具，沒有人陪伴，定向行動能力不夠，醫院程序太冗長，難以獨自完成掛號等手續，而不是醫院沒有無障礙設施的問題。因此，社工應協助障礙者搭乘醫療接駁車或復康巴士、借用所需之輔具（含輪椅），並運用志工指引障礙者完成醫院

相關程序。另外，障礙者就醫過程，也可能遇到各種障礙，若因不被尊重而被疏忽或貶抑等負向經驗，因而不信任醫療服務提供者，這是屬於「態度」面向的就醫障礙，社工應協調相關單位消除障礙者就醫障礙。

(二) 經濟安全相關服務

包括各類社會保險的障礙給付或失能給付，以及障礙者生活補助、照顧費用補助、醫療費用補助、輔具費用補助等項。社工在此方面的工作，是協助障礙者辦理社會保險及領取保險給付的手續，協助障礙者申請及領取生活補助及其他相關補助或津貼。

(三) 教育服務

包括障礙兒童的特殊教育，提供個別化教育計畫。社工在此方面的工作，是協助障礙兒童接受學前教育、就讀特殊學校或特殊班級，並且主動協助障礙兒童及其家庭減少就學障礙。目前，政府對於障礙兒童的教育，有許多輔助措施，社工可將相關資訊，轉告障礙兒童及其家長加以運用。例如：政府對於無法自行上下學的兒童，提供交通工具或補助交通費，且依障礙者之家庭經濟條件，優惠兒童接受教育所需相關費用。同時，為了彰顯「身心障礙者權利公約」（CRPD）的精神，社工可協調學校相關人員，對於肢體功能障礙兒童轉換教室時，提供輪椅推送服務；對於視覺功能障礙兒童，讓導盲犬進入教室陪伴；對於聽覺功能障礙兒童，於課後安排手語翻譯，協助兒童複習功課。至於考試空間與時間的安排，如果讓障礙生與修課同學一致，可維持公平，但較難以彰顯CRPD的精神。

(四) 就業安置服務

著重於障礙者就業權益的落實。社工在此方面的工作是：

1. **職業重建服務**：包括職業重建個案管理、職業輔導評量、職業訓練、就業服務、職務再設計、創業輔導及其他職業重建服務。
2. **創造障礙者就業機會**：因應2011年起取消障礙者按摩職業保障，特別規定應輔導視障按摩師提升專業技能，經營管理能力，補助其營運費用。
3. **保障障礙者的勞動權益**：不論支持性就業或庇護性就業，雇主均應為障

礙勞工辦理勞工保險、全民健保，並依相關勞動法規確保其權益。社工在此方面的工作，是依障礙者的障礙程度、就業意願及就業能力，協助或轉介他們參加勞動部門的職業訓練評量、職業重建訓練，就業服務，並協助障礙者維護勞動權益，為爭取自己的權益發聲。

(五) 保護服務

為了維護障礙者的尊嚴，保障身心障礙者的人身及財產安全，避免遭到歧視或不當對待，社工在此方面的工作，是禁止虐待或疏忽、禁止媒體歧視性報導、禁止不當利用障礙者之行為、辦理障礙者財產信託服務。其中，保障身心障礙者的人身安全，其負責的主管機關是社福主管機關，而不是警政主管機關、衛生主管機關或教育主管機關。

(六) 支持性服務

提供障礙者多元連續性的服務。社工在此方面的工作，著重於下列支持性服務：
1. 為使障礙者獲得所需之個人支持及照顧，應提供居家照顧、生活重建、心理重建、社區居住、日間住宿型照顧、家庭托顧、課後輔導、自立生活支持服務。
2. 為提高障礙者家庭生活品質，應提供臨時或短期的照顧、照顧者支持、照顧者訓練及研習、家庭關懷訪視及服務。
3. 為協助障礙者參與社會，應提供休閒文化活動、體育活動、公共資訊無障礙、公平之政治參與、法律諮詢及協助、輔助科技設備及服務、社會教育及社會宣導。

其中，支持性服務有關於輔助科技設備及服務，是針對利用網路、電信、廣播、電視等設施有障礙者，提供視、聽、語等無障礙的閱讀、觀看、轉接或傳送等輔助措施。但是支持性服務，並不包括障礙者的保護及安置。

💬 身心障礙者社會工作者的角色

社工在身心障礙領域，可扮演下列角色（宋麗玉，2021：165-166；Glicken, 2011: 230）：

1. **個案工作者**：在日間照顧、社區日間作業設施、家庭托顧等服務之中，運用個案工作方法，進行障礙者個人及家庭評估及處遇。

2. **團體的催化者**：帶領障礙者的自助性團體，催化成員之間的動力，促使團體有效運作。

3. **社區資源的提供者**：撰寫服務計畫，結合社區內外資源，為障礙者及其家庭提供多元的支持性服務。

4. **溝通協調者**：與障礙者家屬、教保人員、家庭托顧者、專業團隊的其他成員（專科醫師、治療師、心理師、特教老師）進行溝通協調，為障礙者及其家庭提供整合性服務。這個角色，如同個案管理者。

5. **權利倡導者**：與障礙者及其家屬共同檢視他們應有的權益，協助他們為自己的權益發聲，或以集體的力量爭取權益。

另外，對於受監護宣告或輔助宣告的障礙者，社工也可經法院選定而扮演「監護人」或「輔助人」的角色。監護人的服務，包括：生活照顧、護養療治、財產管理或協助遺產處理；輔助人的角色，依《民法》第15條或其他法律規定，經輔助人同意之法律行為執行職務。

至於刑事方面，若刑事被告或犯罪嫌疑人因精神障礙或其他心智缺陷無法為完全之陳述時，地方主管機關可聲請法院同意指派社工人員擔任「輔佐人」的角色，而不是擔任法定代理人、出庭輔導人或權利保障人的角色。

簡言之，障礙者常需多種資源的介入，也需相關人員的協助，因而社工不宜單獨以專家的角色來協助障礙者，而應透過溝通協調，結合相關專業共同服務。

🔲 身心障礙者社會工作的原則

除了聯合國於2006年公布「身心障礙權利公約」，提出歧視等八

項基本原則（第四章已提及）之外，障礙者是弱勢中的弱勢（under-disadvantaged），基於保障弱勢與維護社會正義的使命，社工的介入必須特別注意下列原則（周月清，2000：254-255）：

1. 排除障礙者參與之障礙。
2. 增加障礙者參與決策的機會。
3. 協助障礙者進行自我充權。
4. 尊重障礙者的獨特性與多元性。

五 身心障礙者社會工作相關議題

(一) 身心障礙的分類

我國於2007年修正《身心障礙者權益保障法》，係依聯合國世界衛生組織（WHO）於2001年所提出的「國際健康功能與身心障礙分類系統」（ICF）進行障礙分類。新制身心障礙類別有八種：

1. **神經心智障礙**：神經系統構造及精神、心智功能，有損傷或不全。
2. **視聽覺障礙**：眼、耳及相關構造與感官功能，有損傷或不全。
3. **語音障礙**：涉及聲音與言語構造及其功能，有損傷或不全。
4. **免疫呼吸障礙**：循環、造血、免疫與呼吸系統構造及功能，有損傷或不全。
5. **代謝分泌障礙**：消化、新陳代謝與內分泌系統相關構造及其功能，有損傷或不全。
6. **泌尿生殖障礙**：泌尿與生殖系統相關構造及其功能，有損傷或不全。
7. **肌肉骨骼障礙**：神經、肌肉、骨骼之移動相關構造及功能，有損傷或不全。
8. **皮膚障礙**：皮膚與相關構造及其功能，有損傷或不全。

這些障礙類別並非固定不變，而且ICF的主要精神，是從「動態」的角度來了解障礙的現象，認為障礙是個人健康狀態、身體構造及功能、與環境因素及個人因素之間互動的結果。

(二) 身心障礙的服務模式

　　對於障礙的解釋，可由障礙者與社會互動的關係，區分為下列模式：

1. **醫療模式**（medical model）：也稱醫療化／個人化模式，或稱悲劇模式（tragedy model），認為障礙是個人的缺陷，經常悲慘過日。為了減輕障礙的悲哀，應透過醫療與復健的過程，協助障礙者克服身體的限制，對自己產生正向認同。例如：我國1980年的《殘障福利法》，界定障礙為殘障，須醫療復健，屬於醫療模式。

2. **社會模式**（social model）：認為障礙是結構因素、環境阻礙與人們態度所造成的限制，導致障礙者的潛能無法發揮，應由集體方式解決。例如：我國2007年修正的《身心障礙者權益保障法》，重視障礙的環境因素，屬於社會模式。

3. **權利模式**（rights model）：也稱人權模式、普同模式，認為障礙是人類多樣性的一部分，每個人不論其障礙差異，都應有一樣的人權。換言之，障礙者有平等機會參與社會生活，國家有責任確保障礙者能與社會上的每一個人過著同樣的生活。例如：我國於2014年制定《身心障礙權利公約施行法》，納入聯合國身心障礙權利公約有關保障身心障礙者人權之規定，屬於權利模式。

　　另外，還有功能模式（functional model）與互惠模式（mutuality model）。功能模式，著重於障礙者參與社交活動，增進人際交流，自他人得到支持。互惠模式，認為障礙者與非障礙者有共同面對的問題，可一起尋求社會的回應。

　　至於身心障礙福利的政策模式中，一般分為社會福利與公民權利兩種。社會福利模式認為：身障福利的取得是基於資格認定，而非法律保障。公民權利模式認為：障礙是社會排除的後果，而非個人身心缺陷的結果。

(三) 身心障礙工作的新理念

　　為了保障身心障礙者的權利，讓障礙者在生活中有最少限制的選擇，應有下列新的服務理念（張英陣等，2022：403）：

1. 主流化（mainstreaming）：在教育場合中，鼓勵障礙學童在正常班級就讀，以特殊教育的資源，協助他們融合於一般學生，並獲得學習成就。

2. 常態化（normalization）：讓障礙者能像一般人參加適齡的日常活動，在教育、就業及休閒活動中，是「正常且一樣」，而非「分開且特殊」。

3. 去機構化（deinstitutionalization）：提供最少限制的社區型服務，而非機構型的照顧。以小規模、鄰里為基礎的獨立居住環境，替代將障礙者隔離的大型機構所提供的服務。

(四) 障礙工作相關法規

1. **定額僱用比例**：依身障法規定，公家單位員工人數34人以上者，進用障礙者比例不得低於員工總數3%。民間單位員工人數67人以上者，進用障礙者比例不得低於員工總數1%，且不得少於一人（第64條）。

2. **同工同酬原則**：依身障法規定，進用障礙者之機關（構），對所進用之障礙者，應本同工同酬之原則，不得為歧視待遇，所核發正常工作時間薪資，不得低於基本工資。庇護性就業之障礙者，得由進用單位與庇護性就業者議定，依其產能核薪（第39條）。不是依議定之薪資核薪。

3. **庇護工場之內容**：依身障法規定，各級勞工主管機關應協調各目的事業主管機關及結合相關資源，提供庇護工場之經營及財務管理；市場資訊、產品推廣及生產技術之改善與諮詢；員工在職訓練及其他必要之協助（第36條）。但不包括營運計畫書審核、營運虧損定額定率補貼。

4. **復健之醫療費用及輔具補助**：依身障法規定，障礙者復健之醫療費及醫療輔具，其未納入健保給付範圍者，地方主管機關應依需求評估補助之（第26條）。該法強調依「需求評估」的結果補助之，而非依醫療處遇之建議、個別化服務計畫或支持性服務之需求補助之。

5. **障礙機構評鑑**：依身障法規定，各級主管機關應定期輔導、考核及評鑑身心障礙機構，其評鑑結果應分為優等、甲等、乙等、丙等、丁等。評優等級甲等者，應予獎勵；評丙等及丁等者，應輔導其改善（第64條）。

6. **參加諮詢機制之比例**：依身障法規定，主管機關應遴聘（派）身心障礙

者等相關人員,辦理身心障礙者權益保障事項,其遴聘身心障礙者或其監護人代表及民間相關機構、團體代表之比例,不得少於三分之一(第10條)。

另外,行政院2012年頒定「中華民國建國一百年社會福利政策綱領」,揭示政府照顧老人及身心障礙者應以居家式服務和社區式服務為主,機構式服務為輔。

(五) 無障礙環境之規劃

身心障礙者社會工作的實施,必須在無障礙環境之下,始能將服務有效輸送到障礙者個人及其家庭。無障礙環境的規劃有下列層面:

1. **設施無障礙**:著重於生活環境的無障礙設施。例如:在公共建築物及活動場所,提供無障礙的通道、升降設備、輪椅觀眾席位、語音引導設施等(黃耀榮,2014:469-470)。

2. **訊息無障礙**:著重於訊息取得或意見表達的無障礙。例如:提供手語翻譯、聽打服務、點字文件、無障礙網路。

3. **制度無障礙**:著重於身心障礙者權利的維護,不因身心障礙而在制度上遭受不平等的對待,例如:(1)教育制度無障礙,對障礙學生採取「零拒絕」(zero reject)原則;(2)就業制度無障礙,求職、工作分配、升遷、核薪,不對障礙者設定特殊條件;(3)醫療制度無障礙,設置障礙者特別門診,提供輪椅或輔助設施。其中,就業制度無障礙,包括:無障礙職業訓練、無障礙就業服務,連同前述的庇護工廠,都是促進障礙者就業服務的重要措施,但不包括「以工代賑」。

再者,歐美近年提出一種「通用設計」(universal design)的思維,是指產品、環境、方案和服務,必須讓所有的人均可用,盡最大可能不需要為特定人改造或設計(林萬億,2022b:326)。通用設計,就是「為全民而設計」(design for all users),無障礙環境應能提供任何人使用,並非特定為障礙者而設計(黃耀榮,2014:450)。

至於,近年各國重視的「共融遊戲場」(inclusive playground),係立基於「正常化」(normalization)觀點,針對有共同需求的人口群(例如:障礙者、兒童、老人),進行通用設計的一種遊戲場所,既避免標籤

化，又促進融合，是值得推展的一種福利措施。但是「共融」如同「通用設計」的思維，並非專指公園、遊戲場硬體空間設計，也涵蓋方案和服務的設計，讓所有的人「共融」使用。

簡言之，無障礙環境不僅在於規劃，而且要落實於生活中。例如：醫院完成硬體建築無障礙，就認為身心障礙者可享有就醫平權，這是一種迷思，至少軟體上也能提供障礙者特別門診。同時，檢視身心障礙者與全國同世代上網率，存在著相當的差距（60歲以上身心障礙者是數位機會分配最少世代）之後，就應有具體的改善措施。至於各級機關申辦活動，也應進行活動設施設備無障礙檢核，如有缺失，立即改進。

(六) 障礙者就業安置的型態

1. **競爭性就業**（competitive employment）：對於障礙程度較為輕微，且有就業意願與工作能力的障礙者，協助其尋找一般就業市場的就業機會。
2. **支持性就業**（supported employment）：對於有就業意願與工作能力，尚不足以進入競爭性就業環境的障礙者，提供個別化就業安置與一段時間的專業支持，以使其能在職場中獨立工作。
3. **庇護性就業**（sheltered employment）：是對於在社區中使用其他方法無法找到工作或維持工作的障礙者，提供個別化工作的一種方案，案主（被安置者）必須在緊密的督導之下工作，而其報酬通常低於最低工資（minimum wage），或以工作的生產量為基準，依一定產能支付工資（類似按件計酬）（Barker, 2014: 390）。

 ## 第五節　原住民族社會工作

臺灣的原住民族屬於少數族群。通常，少數族群具有文化多元性（cultural diversity），其經濟地位與社會處境較為脆弱，容易受到主流團體的歧視或壓迫，需要社工介入，協助他們改變不公平的處境，維護應有的權益（DuBois & Miley, 2011: 160-161）。

ㄧ 原住民族社會工作的意涵

臺灣的原住民族社會工作（aboriginal social work）尚在發展階段。1978年，臺灣省政府推行「山地社會工作員制度計畫」，甄選54位山地社會工作員，其中原住民籍39位（高中及大學畢業），非原住民籍15位（大學畢業），配屬於各縣政府民政局，派駐全省30個山地鄉公所。

1996年，原住民族委員會成立。2002年，原民會補助地方政府推動原住民家庭服務中心，配置原住民族社會工作員（師）。截至2019年，全國原住民族社會工作員340人，其中原住民家庭服務中心185人，縣市政府原住民行政34人，縣市政府社會處及鄉公所47人，民間社福機構74人（林翰生，2020：85）。

根據2001年原住民族委員會委託學者辦理「建構山地鄉原住民社會工作體系之研究」的報告，將原住民族社會工作定義為：

> 以服務原住民地區或原住民為目的之社會工作體系，其任務乃在運用專業知能，合縱連橫，串連中央到地方，由政府到民間，形構一個以原住民福利為軸心之立體服務網絡。

這個定義，顯示原住民族社會工作有下列特質：
1. 服務對象：以原住民為服務對象，包含居住於原鄉及都市的原住民。
2. 實施過程：從中央到部落，形成一種以原住民為主軸的服務網絡。
3. 工作方法：以原住民為主體的工作方法，並與一般社會工作體系結合。
4. 服務目標：以消除各種形式之種族歧視，增進原住民族的福利為目標。

這些特質，顯示原住民族社會工作與一般社會工作不盡相同。原住民族社會工作在服務目標方面，著重於縮短原漢福利的差距；在實施過程方面，強調原住民族的主體性，由在地族人參與服務方案的規劃及執行；在工作方法方面，應選擇原住民比較能接納的方法，例如：團體活動，部落工作，可能比個案、社區更受歡迎，也更有效。至於工作者的角色，除了一般社工角色之外，倡導者、文化傳譯者，可能更被期待（角色將於第三段討論）。

■ 原住民族社會工作的服務項目

根據《原住民族基本法》的內容，有關原住民的健康、安居、融資、就學、就養、就業、就醫及社會適應等事項，應給予保障及協助。這些也是原住民族社會工作服務項目的重點：

1. **福利服務**：為原住民兒童、老人、婦女、障礙者提供福利服務，並連結教育、衛生、勞工等資源，共同維護原住民弱勢者的權益。

2. **職場諮詢及生活輔導**：由政府補助經費，鼓勵僱用原住民50人以上的民間機構，任用社工人員為原住民員工提供職場諮商及生活輔導。

3. **發展儲蓄互助**：政府應針對原住民集體生活的習性，在原住民地區積極推動儲蓄互助合作社，以改善原住民的經濟生活。

4. **推動部落更新**：部落制度仍然存在，但需運用社區工作方法，協助原住民營造新部落，改善居住環境。

5. **輔導離開原鄉的原住民**：原住民移居都市謀生者日多，必須對其居住、就業、子女就學、生活適應等問題，提供必要的輔導及協助。

其中，福利服務之中，有關老人服務方面，原住民族同樣面臨人口老化的問題，原住民長者同樣有照顧需求。然而，目前公私部門所提供各式各樣的老人長期照顧服務，只有少數符合原住民老人長期照顧的需求，應予改進。例如：護理之家、榮民之家，應開放原住民長者申請入住。

另外，多數長照設施，並不符合原住民老人長期照顧的需求。例如：社區型照顧服務（C級巷弄長照站）、機構型照顧服務（北、中、南的仁愛之家），都應改進。至於改善之道，可在部落增設文化健康站，替代前述的巷弄長照站。並由原民會鼓勵及補助非營利組織在部落創設部落型與居家型的長照機構，為部落長者提供近便性且符合族人生活文化的長照服務。

一言以蔽之，只要是原住民經驗到結構性不平等待遇之處，就是社工要介入服務的切入點（Menzies, 2001: 310）。

㊂ 原住民族社會工作者的角色

原住民族社會工作者受僱於原住民家庭服務中心、政府機關與民間福利機構，從事原住民服務時，其主要角色包括：

1. **協助者**：透過個案工作、團體工作、社區工作，為原住民提供直接服務。

2. **資源連結者**：連結政府相關部門（社政、衛生、勞動）與民間的資源（捐款、物資、志工），為原住民提供更佳服務。

3. **觸媒者**：社工扮演觸媒者的角色，協助原住民運動的發展，作為原住民發聲的管道。

4. **倡導者**：在原住地區倡導及推動部落托育、老人照顧（文化健康站）、文化產業等。

5. **文化轉譯者**：扮演部落內、外橋梁的角色，以熟稔原部落文化與族語的優勢，將主流社會的福利服務轉譯為族人可以理解和具有文化敏感度的服務（王增勇等，2021：45）。

進而言之，原住民族社會工作必須以改變原住民族所面對的不公平體制之社會改革為導向，避免「以福利為名，行殖民之實」，成為社會控制者的角色（宋麗玉，2021：211）。

㊃ 原住民族社會工作的原則

(一) 《原住民族基本法》之規定

依據《原住民族基本法》對於原住民各項權益保障所揭示之原則，包括：

1. **多元**：應依原住民族意願，本多元、平等、尊重之精神，保障原住民族之權利（第7條）。

2. **平等**：應依原住民族意願，保障原住民族之平等地位及自主發展（第4條）。

3. **尊重**：政府處理原住民族事務，應尊重原住民族之族語、傳統習俗、文

化及價值觀（第30條）。

4. 自主：政府於原住民族地區劃設國家公園及其他資源治理機關時，應徵得當地原住民族同意，並與原住民族建立共同管理機制（第22條）。

(二) 原住民族學者的看法

加拿大原住民族社會工作學者默里斯特等人（Morrissette et al., 1993）認為，原住民族社會工作應包括四項原則（引自宋麗玉，2021：213）：

1. **肯定原住民世界觀的獨特性**：社工必須深入了解原住民的文化、歷史之過去、現在與未來，肯定原住民文化的價值和特殊性。

2. **發展原住民本身反殖民主義的意識**：社工必須運用原住民被殖民過程的歷史性反省，激發原住民內在的動力，協助他們掙脫弱勢族群的無力感。

3. **運用原住民傳統文化來保存原住民認同與集體意識**：社工與原住民一起工作時，必須融入原住民傳統文化，以強化原住民的文化認同與集體意識。

4. **以充權作爲實務工作方法**：充權必須發生於不同層面。例如：在集體層面，催化原住民集體認同的產生；在政治經濟結構上，協助原住民在政策上集體發聲，以改變結構上對原住民的限制。

其中，以充權作爲實務工作方法，是臺灣推動部落社會工作可借鏡之處。至於充權策略，可從培養專才性的部落社工著手，再採取對族人有效的專業方法，扶植原鄉的在地團體，建立網絡間的夥伴關係，並結合族人的力量，以部落爲整體進行服務規劃，優先解決失業、酗酒等問題，協助弱勢族人改變及改善福祉。

🔟 原住民族社會工作相關議題

(一) 原住民族社工的思維模式

依據社工與原住民的主客關係，可將原住民族社會工作區隔爲兩種不同的思維模式（王增勇等，2021：9-10）：

1. **傳統社會工作**：以社工專業為主體，將原住民視為客體，是需要協助的案主。因此，原住民文化不被重視，社工專業取代在地文化，成為治理的邏輯。此種思維，類似醫療模式。

2. **解殖社會工作**：社工專業與原住民互為主體，社工視原住民為具有解決能力的主體，社工向原住民學習文化；原住民透過社工重新認識自己與世界的關係。因此，社工專業與原住民文化進入彼此對話與學習，發展出彼此鑲嵌與共同參與的治理機制。此種思維，類似基進模式。

　　本質上，原住民族社會工作是基進的，要解放原住民族被殖民的歷史悲劇，重新返回原住民為主體。

(二) 原住民族的社會問題

　　原住民族委員會於2021年公布「109年臺灣原住民族經濟狀況調查」報告，指出原住民族主要的社會問題：

1. **經濟問題**：亦即貧窮問題，是臺灣原住民普遍存在的問題，也是原住民社會議題的核心。問題的原因是地理限制、交通不便、資源不足，而非原住民懶惰、酗酒等個人因素。因而需要政府提供補助金、原住民綜合基金貸款。

2. **失業問題**：原住民在部落就業機會不多，年輕人外出工作又容易受到產業外移、外籍勞工引進的影響，造成就業不穩定或失業。而非全然屬於原住民教育偏低的因素。因而需要政府提供職業訓練、就業諮詢、就業服務。

3. **醫療保健問題**：臺灣原住民有一些「特殊疾病」，例如：痛風、口腔癌、肝硬化。且常因喝酒、嚼檳榔等不良習慣，影響身體健康。部落的醫療資源有限，設備不足，需要政府強化部落醫療保健的可近性。

4. **老人照顧問題**：臺灣原住民人口老化情況頗為嚴重，多數青壯族人到平地工作，讓老人在部落留守，需要政府提供長期照顧服務，包括：擴展文化健康站、推動家庭托顧、提供交通接送服務等措施，以減少人口老化對原住民部落可能產生的影響。

　　簡言之，無論是原住民個人、家庭、社區的問題，都必須積極因應，

以「優勢」替代「弱勢」的服務理念，以「就業」替代「救助」的服務模式。

(三) 原住民族家庭服務中心的工作內容

目前，原住民人數較多的地區，已設置原住民族家庭服務中心，其工作內容有七項，這也是社工發揮功能之所在：。

1. 社會工作個案服務（含關懷諮詢服務、個案管理）。
2. 專業服務（含社會團體工作、社區工作及專業服務）。
3. 原住民族各項權益宣導及講座。
4. 推展志願服務。
5. 建立社會資源網絡平臺（含社會資源網絡會議）。
6. 建立地區人文與福利人口群統計資料。
7. 其他創新服務。

2018年起，原家中心配合社會安全網計畫的實施，強調以家庭、部落、社區為基礎的服務模式，逐漸擺脫傳統個人問題或病態模式。同時，也強調政府與原住民族團體的協力合作，逐漸擺脫過去的從屬關係。

第六節　新住民社會工作

在歷史上，臺灣是一個移民的社會，除了原住民之外，大約三百年前，有些漢人從大陸沿海地區渡海來臺開墾。1662年鄭成功治理臺灣，1949年國民政府遷臺，相繼帶來一批移民。1980年代之後，又有來自大陸、港澳與東南亞國家的婚姻移民，以女性居多，最初稱為外籍新娘、新移民。2012年，移民署實施「全國新住民火炬計畫」，是官方首次使用「新住民」（new immigrants）一詞。

由於婚姻關係而移居臺灣的新住民，不僅面對語言溝通、生活及文化適應的問題，且兼負家庭經濟與子女照顧的壓力，以及不友善或歧視的社會環境，亟需社工的專業協助。

一 新住民社會工作的意涵

有關新住民社會工作的界定，現有文獻殊少著墨。此處參考美國《社會工作辭典》對於「移民」（immigrant）與「社會工作」（social work）兩個名詞的解釋（Barker, 2014: 207/402），綜合說明新住民社會工作（new immigrant of social work）的意義如下：

> 新住民社會工作，是對於跨國婚姻而移動且意圖永久居住於另一國家的新住民及其家庭，運用助人專業的方法，協助其心理社會功能達到有效層次，並回應社會的變遷，以增進所有成員的福祉。

由上述綜合性定義，顯示新住民社會工作有下列特質：
1. **服務對象**：包括新住民個人及其新組成的家庭成員。
2. **工作方法**：運用社會工作助人的專業知識和技巧。
3. **工作重點**：協助新住民在心理面與社會面，能有效適應新國家的生活。
4. **服務目的**：因應社會變遷，持續增進新住民個人及其家庭成員的福祉。

二 新住民社會工作的服務項目

我國對於新住民及其家庭的服務工作，早期根據內政部於1999年訂定的「外籍新娘生活適應輔導實施計畫」。該計畫於2016年更名為「新住民照顧服務措施」，2018年修正，提出新住民及其家庭八項重點工作：
1. **生活適應輔導**：協助新住民解決文化差異所衍生的生活適應問題，以期迅速適應社會生活。
2. **醫療生育保健**：提供新住民及其子女之醫療保健服務。
3. **保障就業權益**：保障新住民工作權，促其經濟獨立、生活安定。
4. **提升教育文化**：透過教育規劃，提升新住民教養子女的能力。
5. **協助子女教養**：加強親職教育，協助新住民父母處理子女之健康、教育及照顧，對於發展遲緩兒童提供早期療育。但此項服務並不包括子女就

學優待。

6. **人身安全保護**：提供保護扶助措施，確保新住民人身安全，維護受暴新住民的基本人權。

7. **健全法令制度**：加強查處違法之跨國婚姻媒合行為及廣告，蒐集新住民相關研究資料，作為改進法令依據。

8. **落實觀念宣導**：加強宣導族群平等與相互尊重的觀念，促進異國通婚家庭的和諧關係，建立必要的實質審查機制。

顯然，目前新住民的服務項目聚焦於：生活適應輔導、就業服務與親職教養服務。

🈪 新住民社會工作者的角色

社會工作人員在提供新住民及其家庭相關服務的過程，經常扮演下列角色（宋麗玉，2021：247-248）：

1. **評估者**：評估新住民個人及其家庭的問題或需求，以提供必要協助。

2. **傾聽者**：傾聽新住民對生活適應問題的想法，以提供支持及協助。

3. **陪伴者**：在新住民遭遇婚姻／家庭問題時，陪伴她們走出困境。

4. **問題解決者**：連結相關資源，協助新住民解決自己或家庭面臨的問題。

5. **激發者**：激發新住民及其家人共同面對問題，尋求改變。

6. **倡導者**：促進新住民與主流社會對話，協助社會大眾認知及了解新住民的多元文化。

🈦 新住民社會工作的基本原則

歸納相關文獻的論述（宋麗玉，2021：247；林勝義，2021a：228-229；戴世玫、歐雅雯，2017：31），社工在服務新住民及其家庭的過程中，必須遵守下列工作原則：

1. **依不同移民階段可能遭遇的問題給予協助**：入境之前，提供移民程序諮詢服務；初次入境，提供自信心支持性服務；居留期間，提供生活適應輔導；取得身分證之後，提供就業服務；長期在臺生活期間，提供子女

教育服務。

2. **針對新住民個人及其家庭成員的不同需求給予協助**：對新住民本身提供醫療生育保健服務，對新二代提供就學服務，對新住民的配偶提供婚姻諮詢服務，對新住民的公婆提供家庭衝突管理服務。

3. **將新住民服務中心定位為個管中心**：由社工擔任個案管理員，針對新住民及其家庭的多重問題或需求，提供整合性的服務。

4. **尊重新住民多元文化的特質**：來自中國、港澳、越南、印尼、柬埔寨、泰國的新住民女性，各有不同的語言（含腔調）及生活習慣，應予尊重。例如：對於來自越南的新住民，不能說：「你」，那是侮蔑的用語。

5. **運用新住民及其第二代的優勢**：新住民從鄉下貧窮的家庭，希望嫁到臺灣以獲得更好的生活，這種向上流動的意圖，應予鼓勵。例如：新二代有機會學習原生母親使用的語言，可協助其「語文拓能」，取得相關證照及就業機會。

🖐 新住民社會工作相關議題

(一) 對於新住民社會權的主張

各個國家對於新住民是否享有社會福利，可歸納為兩派主張（Castles & Mills, 2003，宋麗玉，2021：243-244）：

1. **社群模式（ethnic model）**：不贊成新住民領取社會福利，強調國家資源的分配應該限於該國成員，重視每個成員對社群的忠誠和認同，以及社群成員之間的依附與承諾。

2. **共和模式（republic model）**：贊成新住民可領取社會福利，認為社會權不應侷限於特定社群的成員，而是政府基於集體政治社群的身分，在法律許可下給予新住民相當權利，但是新住民被要求同化。

目前，我國對於新住民居留期限與公民身分取得之規定已有變遷，社會福利政策趨勢也強調包容，對於新住民及其子女的社會權，已由封閉與排他的社群模式，逐漸轉移為開放與接納的共和模式。

(二) 新住民文化適應的策略

協助新住民適應主流文化，可助其早日融入當地生活。貝利（Barry, 1992）在《跨文化心理學》（*Cross Culture Psychology*）書中，提出文化適應的策略，如圖9-1，並略作說明如下：

對新文化的認同	對自己原生文化的認同	
	高	低
高	整合	同化
低	分離	邊緣化

圖9-1　文化適應的策略

資料來源：Barry, 1992.

1. **整合**（integration）：個體既重視保存原生文化，也注意其他族群日常的交往。此為主流文化與非主流文化相互改變。
2. **同化**（assimilation）：個體不願意保持他們原有的文化認同，卻與其他文化群體有頻繁的交流。此為非主流文化逐漸趨向於主流文化。
3. **分離**（separation）：個體重視自己原有的文化，希望避免與其他群體進行交流。此為主流文化與非主流文化相互排斥。
4. **邊緣化**（marginalization）：個體既不能保持原有文化，又不被其他群體文化所接受。此為主流文化支配非主流文化。

舉例言之，新住民（移民者）專注於適應新環境，只與主流文化建立關係，同時刻意拒絕自己原本的文化和傳統，這是同化，不是整合，也不是邊緣化。

(三) 新住民社會工作相關法規

1. **新住民居留之年限**：依據《入出國及移民法》之規定，臺灣地區無戶籍國民向移民署申請在臺灣地區停留，其停留期間為三個月，必要時得延期一次，並同入國之翌日起，併計六個月為限（第8條）。
2. **未入籍兒童之福利權益**：依據《兒童及少年福利與權益保障法》之規定，兒童及少年於戶籍未完成前或未取得居留之許可前，其社會福利服

務、醫療照顧、就學權益等事項，應依法予以保障（第22條）。

(四) 新住民家庭服務中心的工作內容

　　臺灣各縣市設有新住民家庭服務中心，任用社工人員，爲新住民及其家庭提供多元服務，包括三種類型（宋麗玉，2021：247）：

1. **諮詢服務**：提供家庭關係（含家人溝通、價值觀差異、親職教育、子女教養）、經濟問題、生活適應、就業權益、人身安全及文化差異等方面的諮詢服務。

2. **個案管理服務**：由社工人員擔任個案管理員，運用「問題解決」、「生態系統」、「優勢觀點」及「充權模式」，爲新住民及其家庭成員提供相關服務。

3. **方案服務**

    (1) 生活適應服務方案，例如：生活適應輔導、技藝學習、親子成長團體。

    (2) 就業服務方案，例如：轉介就業服務、媒合職業訓練。

    (3) 多元文化教育和社會推廣服務方案，例如：家庭教育宣導活動。

    (4) 人身安全服務方案，例如：受暴新住民的保護扶助及通譯服務。

(五) 協助新住民女性增加權能

　　來自東南亞國家的女性新住民人數較多，但容易遭到臺灣社會不公平與不友善的對待，且經常面臨各種生活考驗，包括：婚姻關係、家庭問題、子女生養與教育問題，甚至還有居留與工作權、種族歧視、汙名化等社會問題，因而陷入多重弱勢的生活困境。

　　針對新住民的不利處境，社工可從三個層次介入，以促使新住民女性增強權能（Gutierrez, Parsons, & Cox, 1998；宋麗玉，2021：414）：

1. **個人的層次**：是指個人感覺到自己有能力去影響或解決問題。例如：協助新住民女性體認自己對於子女生養與教育有直接的經驗，是這方面的專家，以提高自信心，先由自己處理子女教養的問題，必要時再向專家諮詢。

2. **人際的層次**：是指個人和他人合作促成問題解決的經驗。例如：引領新

住民女性參加南洋姊妹等類自助團體，彼此分享處理婚姻關係、家庭問題、反歧視、去汙名化的經驗，必要時再與自助團體的成員合作，共同促進相關問題的解決。

3. **環境的層次**：是指促進或降低案主自助努力的社會制度。例如：透過新住民家庭服務中心、賽珍珠基金會等正式支持網絡，向政府相關部門請願或遊說，促使政府改善居留期限及工作規定之不合時宜的制度，並透過社區參與及教育宣導，增加社會大眾對於新住民文化的認知和包容，藉以降低種族歧視或汙名化，進而營造一種公平與友善的社會環境。

第七節　多元文化社會工作

　　1970年代，西方社會經過女權運動、原住民與新移民權利倡導，逐漸了解族群差異與性別差異的存在，以及身分認同的重要性，開始關注多元文化背景的服務對象，也促使多元文化社會工作（multicultural social work）的發展。

ㄧ 多元文化社會工作的意涵

　　多元文化社會工作，是社會工作的一個分支，其比較完整而扼要的解釋（李明政，2011：4）：

　　　　多元文化社會工作係基於文化多元主義、社會正義的價值理念，重視跨文化服務能力的培養，並運用充權、反壓制或反壓迫的理論觀點，來進行干預或介入的社會工作方法，其目的在於修正「主流文化的社會工作」和「普遍主義的社會工作」的缺失，使社會工作追求美好的社會理想和使人人都能夠獲有幸福之可能的價值理念，更能充分實踐。

　　這個定義，有三個重點：一是多元文化社會工作的知識和技術，須

立基多元文化主義與社會正義的價值理念；二是社工應具有不同文化背景案主所需的文化能力，始能勝任服務工作；三是社工應尊重服務對象的不同文化背景，且與服務對象一起努力，以實踐更美好、更幸福的社會為其目的。

㊂ 多元文化社會工作的實施項目

在多元文化社會工作的定義下，社工必須遵循的理論觀點，較屬於生態觀點、優勢觀點、充權觀點，而不是精神分析觀點。

就生態觀點而言，日本學者柯米寇（Kumiko, 2009）認為，多元文化社會工作應兼顧微觀面與巨觀面的實務要項（引自李明政，2011：16-17）：

(一) 微觀面的實務要項

1. 尊重案主的社會文化背景。
2. 覺察本國主流文化價值中存在的偏差或錯誤。
3. 評量案主在本國主流文化下的調適情況。
4. 為案主群代言，讓主流社會更能了解其困境和心聲。
5. 提供案主適當的翻譯。
6. 建立正式與非正式的跨文化資源系統。

(二) 巨觀面的實務要項

1. 提供多邊或多元文化服務體系。
2. 發展主流文化語言教學方案。
3. 連結跨文化組織與團體的網絡。
4. 辦理社會工作者與其他專業提供者的文化敏感訓練。
5. 推動本國人參與跨文化的討論。
6. 推動外國人居住者參與跨文化的討論。
7. 發展實例研究。

🜲 多元文化社會工作者的角色

由多元文化社會工作的實務要項之中，可看見社會工作者的主要角色：

1. **評量者**：評量案主的文化背景及其在主流文化情境的適應情況。
2. **服務提供者**：提供多元文化服務，必要時也提供不同語言的轉譯服務。
3. **資源連結者**：連結跨文化單位的正式和非正式資源，以因應服務之需。
4. **媒介者**：媒介本國人、外國人居住者，參與跨文化討論。
5. **倡導者**：為喚起社會大眾尊重不同文化，進行相關倡導。

🜳 多元文化社會工作的實施原則

多元文化社會工作的實務項目中，無論是微觀面或巨觀面，都重視跨文化服務。因此，多元文化實務工作者應遵循跨文化服務的一般原則（Murphy & Dillon, 2011: 39-40，引自李明政，2011：8-9）：

1. 了解自己的族群、性別和文化遺業，以及所屬族群文化價值及其偏差錯誤。
2. 了解服務對象的文化、習俗、案主群集體的世界觀。
3. 運用自我覺察及文化知識，來設計有效實踐且有價值共識的干預策略。
4. 在初步建立關係的過程，懂得如何適當地自我揭露是重要的。

簡言之，社工在多元文化實務中，應理解服務對象所處特定文化之歷史脈絡，以免產生先入為主的偏見。否則，社工與案主之間的族群差異，可能構成任服務的障礙。

🜴 多元文化社會工作相關議題

(一) 多元文化主義之界定

多元文化社會工作源自於多元文化主義（multiculturalism），且依其主張而建立理論基礎，因而社工必須了解多元文化主義的界定。

多元文化主義的政策，大約在1970年代，由加拿大政府首先提出。時至今日，重視多元文化，已成為世界各地日趨普遍的景象。

多元文化主義可定義為：肯定、欣賞、了解文化的多元性之專業態度（Ewalt et al., 1996: xi, adopted from Segal, Gerdes, & Steiner, 2016: 133）。這個定義，強調多元文化主義應推崇人們的差異，反對民族優越感，也就是反對文化中心主義對於其他文化較為低劣的想法。由於社會工作服務的對象，來自不同的文化背景，且有不同的團體認同，因此社工人員必須發展出探索文化差異的能力。

(二) 文化能力基本要素的四個層面

根據柯羅斯等人（Cross, Bazron, Dennis, & Isaacs, 1989）的解釋，文化能力（cultural competence）是一個體系、機構或專業領域之中，一套一致的行為、態度和政策，使得體系、機構或專業可在跨文化情境下有效工作。

這個解釋，點出文化能力的目的，在使社會服務更有效。為達到這個目的，社工在與不同文化背景的案主一起工作時，必須具備文化能力。

綜合相關文獻的描述（Segal, Gerdes, & Steiner, 2016: 135-136; Sue, 2006），文化能力的基本要素，可歸納為四個層面：

1. 自我覺察（self-awareness）：是指服務提供者對於自己和他人的文化與價值之覺察。

2. 態度（attitude）：是指服務提供者對於異文化使用者所持的態度。

3. 知識（knowledge）：是指服務提供者對於少數族群的知識、社工專業知識，以及這兩者的交接面。亦即社工將其專業知識，運用於差異文化。

4. 技巧（skills）：是指服務使用者基於自己對於族群文化、社工專業知識的了解，以及文化覺察，而將專業技術進行整合，使其適用於個別服務使用者的多元文化情境。

上述文化能力的四個層面，彼此相互關聯，不僅可用於協助多元文化族群，也可用於協助危機家庭或脆弱家庭（見第三章社安網）。換言之，自我覺察、態度、知識、技巧等四項文化能力，都是社工提供危機或脆弱

家庭服務等實務工作所不可或缺的基本要素，但此基本要素並不包括「文化認同」。

(三) 文化能力的連續光譜

柯羅斯等人（Cross, Bazron, Dennis, & Isaacs, 1989）認為，文化能力是由六個階段所組成的連續光譜（adopted from Segal, Gerdes, & Steiner, 2016: 138）：

1. **文化摧毀**（cultural destructiveness）：是指社工所抱持的態度、政策，以及實務工作，會摧毀文化。

2. **文化無能**（cultural incapacity）：是指社工相信主流團體的優越感，不支持非主流團體，且有歧視的行為。例如：社工認為他不能接受新住民需要資源，才能夠維繫婚姻關係，即為文化無能。

3. **文化盲點**（cultural blindness）：是指社工相信人類沒有差異，且主流文化具有普同性。與此相關名詞是「文化入侵」（cultural evasiveness）。例如：社工認為案主的文化、階層、膚色都是沒有差別的，而以慣用的方法適用於所有人身上；認為原住民與新住民都是少數族群，可合併舉辦活動；認為所有族群的青少年都面臨類似的發展階段和議題，因此設計相同的培力活動即可，這些都是文化盲點。

4. **文化初始能力**（cultural pre-competence）：是指社工開始尊重其他文化，且經由一些行動表示尊重，但是社工認為他已經做得夠了，此即文化初始能力。

5. **基本文化能力**（basic cultural competence）：是指社工接受並尊重差異，能持續擴展文化的知識和資源，積極爭取和非主流的案主及協同合作者合作。例如：機構或社工接受及尊重不同文化之需要，努力規劃文化能力的訓練，進用不同文化的工作者，提供相關服務等措施；機構設置服務中心時，徵詢居民與部落耆老對空間規劃的意見；或者機構訂定少數族群員工比例，再與少數族群 NGO 共同規劃社區活動，都屬於文化基本能力，而非文化初始能力。

6. **精通文化能力**（cultural proficiency）：社工對其他文化賦予很高的肯定，並且從事研究或外展來建立文化知識，且專精於必須具備文化能力

的實務工作。

上述文化光譜，是從低層的文化能力，逐步發展到高層的文化能力。最低的層次是文化摧毀，最高的層次是精通文化能力。

(四) 社會工作者應具備的文化能力

社工面對不同文化背景的服務對象，必須具備多元文化能力，始能有效提供服務。至於社工應具備哪些文化能力？美國社會工作者協會（NASW, 2001）揭示十種文化能力：(1)倫理與價值；(2)自我覺察；(3)跨文化知識；(4)跨文化技巧；(5)服務輸送；(6)充權與倡導；(7)服務場所多元化；(8)多元文化專業教育；(9)多元語言能力；(10)跨文化領導。

(五) 培養多元文化能力的途徑

多元文化能力是當前社工必備的基本能力，美國已訂出文化能力指標，並且實施多年，其他國家雖可採借美國的經驗，但必須融入本國文化。

對於多元文化能力的培養或建構，巴巴杜普斯等人（Papadopoulos et al., 2000, adopted from Furness & Gilligan, 2010: 39-41）提出四個步驟：

1. 增進文化覺察（promoting cultural awareness）：這是培養文化能力的第一個步驟，社工必須開啟反身性的自我覺察，辨識不同族群的文化差異性。
2. 獲取文化知識（gaining cultural knowledge）：社工必須有興趣參加案主群的活動，找出案主的生活型態和傳統習俗，以及這些型態受到他人尊重、信任和接納的情形，這是獲得文化知識的重要途徑。
3. 形成文化敏感性（becoming cultural sensitive）：社工必須透過行動，表達自己對其他族群的尊重和接納，而不將自己的價值觀，強加於他們身上。通常，透過有效的溝通行動，可了解其他族群的文化價值和行為模式，減少對他們的誤解。
4. 驗證文化能力（demonstrating cultural competence）：這個步驟，需要社工將所獲得的文化知識和文化敏感性，在與個別案主或不同族群的互動中運用，並經由有經驗的同事提供督導或諮詢，然後反映在實務上，持

續擴展文化的知識和資源。

(六) 反壓迫的實務

一般而言，婦女、身心障礙者、原住民、新住民，比較容易遭到壓迫或歧視的傷害，社工應有多元文化的敏感性，覺察案主受害的情況，採取反壓迫實務（anti-oppressive practice）來協助她／他們。

反壓迫實務的理念及實施，與反歧視實務（anti-discriminatory practice）、反種族主義實務（anti-racist practice）相近，甚至包含這兩者。只是反歧視實務受到女性主義的影響較深，而反壓迫實務受到馬克斯主義與反種族主義的思想啟發較多（林萬億，2022a：324）。

社工以反壓迫實務來協助服務對象，必須同時將族群、社會結構、機會不平等、居住區域等因素，納入整體考量。反壓迫實務所包含的面向或原則（劉珠利，2008：323），如圖9-2：

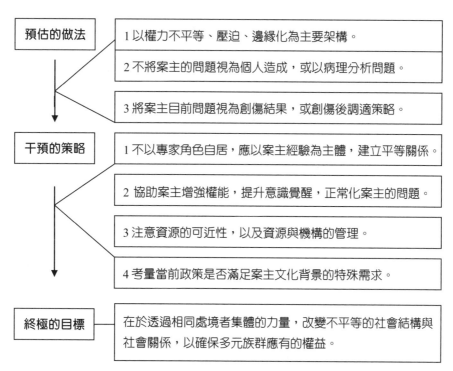

圖9-2　反壓迫實務的原則／方向

資料來源：參考劉珠利，2008：323，整理而成。

平情而論，培養多元文化雖然會受到組織、制度或政策的影響而遇到阻礙，然而，事在人為，社工必須先能覺察自己的觀點，挑戰自己的文化和價值信念，了解自己對於服務對象的認識，以及如何受到他們的文化與經驗之影響。

　　苟能如此，社工面對各種不同性別（婦女）、年齡（兒少、老人）、族群（障礙者、原住民、新住民）的服務對象，必能勝任跨文化的專業實務，為服務對象提供有效服務。

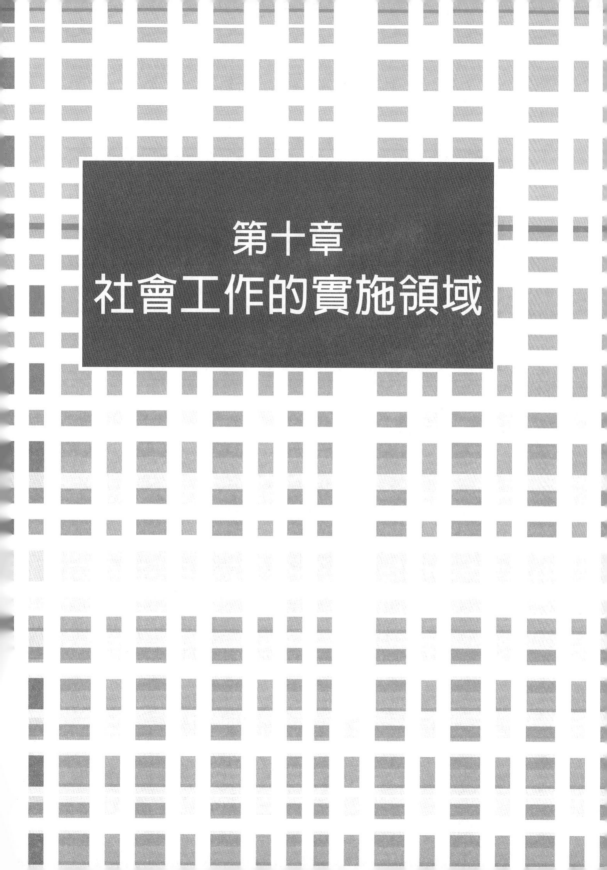

第十章
社會工作的實施領域

社會工作是一種助人的專業，其目的在於滿足人類的共同需求。有關於滿足人類需求的機制及其專業服務領域，可整理如表10-1：

表10-1 滿足人類需求的機制及其專業服務領域

人類的需求	生理及心理的福祉	認知及學習的需求	社會正義的需求	經濟安全的需求	親密及友誼的需求
滿足的機制	衛生	教育	司法	就業	家庭
社工專業服務的領域	醫務社會工作/心理衛生社會工作	學校社會工作	司法社會工作	職場社會工作/災變社會工作	家庭社會工作

資料來源：參考Constable et al., 1999: 1-14，整理而成，並增加心衛社工、災變社工。

由10-1顯示，社會工作專業實施的主要領域，包括：家庭社會工作、醫務社會工作、心理衛生社會工作、學校社會工作、司法社會工作、職場社會工作、災變社會工作。本章先從家庭社會工作開始探討。

第一節 家庭社會工作

在歐美國家，家庭社會工作（family social work），是社會工作最早實施的領域。1869年，英國慈善組織會社（COS）運用友善訪問員，對貧窮家庭進行訪視和救濟。1917年，李奇孟在《社會診斷》書中，肯定家庭關係對個人的重要性。到了1960年代，社會工作引進家庭系統理論，更重視家庭社會工作。

在臺灣，早期有「家醜不可外揚」的觀念，家庭尋求外來協助的情況，並不普遍。1998年，政府實施《家庭暴力防治法》，打破「法不入家門」的限制，社會工作強調家庭的支持功能，開始關注家庭關係的改善。2018年，行政院核定「強化社會安全網計畫」，建構「以家庭為中心，以社區為基礎」的服務模式，突顯家庭社會工作之重要性。以下略述家庭社會工作的意涵、服務項目、工作角色、實施原則、相關議題；

一 家庭社會工作的意涵

何謂「家庭社會工作」？美國1987年版的《社會工作百科全書》有如下的解釋（引自周月清，2001：42）：

> 凡是以社會工作方法或理論，且以家庭為中心，維護家庭的完整，視家庭為一個整體，顧及家庭中每一成員的需求，而透過評估、介入及評量等過程，提供各項家庭服務，從事各項社會問題之解決，即為家庭社會工作。

由這個定義，顯示家庭社會工作有下列特質：
1. 工作取向：以家庭為中心，將「家庭」視為一個整體（wholeness）。
2. 服務對象：以「家庭整體」為對象，而不是服務家庭中有問題的成員為主。
3. 工作方法：以家庭功能為評估重點，以個案、團體、社區為主要方法。
4. 服務內容：提供各項家庭服務，解決各種家庭問題。
5. 工作目標：改變或改善家庭的功能，滿足家庭每一成員的基本需求。

雖然，家庭社會工作以「家庭整體」為對象，但是不能忽略家庭「個別成員」的需求滿足。即使家庭社會工作使用個案工作，視家庭為「案主家庭」，也是將個別成員放在家庭的脈絡下處理。至於家庭社會工作的目標，在於改變家庭的功能，通常在家庭治療之後或治療之前，提供家庭支持服務，有別於以改變家庭系統為目標之家庭治療。

二 家庭社會工作的服務項目

家庭社會工作係以「家庭」為中心而介入服務，其實施的範疇包括：家庭政策、家庭實務、臨床工作等層面的服務（呂寶靜，2021：324）。茲分述如下：

(一) 在家庭政策層面的服務

家庭政策是政府「對家庭」或「為家庭」所做的任何事務。依其牽涉到家庭事務的程度，可分為兩種：一種是明顯的家庭政策，是政府對家庭提出有目標的政策，例如：家庭計畫、所得維持；另一種是隱含的家庭政策，政府不是為了家庭而特別提出的方案，但間接影響家庭的運作，例如：增進就業設施、鼓勵婦女就業。

2015年，行政院社會福利推動委員會修正公布「家庭政策」，政策內容及目標如下：
1. 發展全人照顧與支持體系，促進家庭功能發揮。
2. 建構經濟保障與友善職場，促進家庭工作平衡。
3. 落實暴力防治與居住正義，促進家庭和諧安居。
4. 強化家庭教育與性別平等，促進家庭正向關係。
5. 宣導家庭價值與多元包容，促進家庭凝聚融合。

2018年，行政院核定「強化社會安全網計畫」，作為政府推動各種服務的整合及補強的依據，以達到「家庭社區為基石，前端預防更落實」、「簡化受理窗口，提升流程效率」、「整合服務體系，綿密安全網絡」之目標。

簡言之，我國現行家庭政策的內容及目標，聚焦於保障家庭經濟安全、分擔家庭照顧責任、增進性別平等，但不包括：提升跨國婚姻比率。不過，我國現行的家庭政策並不明顯，也缺乏支持性服務項目，這是我國家庭社會工作的困境。

(二) 在家庭實務層面的服務

以家庭為中心的社會工作，至少可提供三種服務（張英陣等，2022：447-448；林萬億，2022a：461-464）：
1. **家庭支持服務**：是一種有前瞻性、以社區為基礎的服務，其目的在於降低家長的壓力並協助他們照顧孩子，以避免危機發生。例如：提供喘息照顧、親職教育。
2. **家庭維繫服務**：是一種有時間限制，以家庭為中心，以居家為基礎的服

務，希望在家庭面臨危機之前，有效且密集地介入，以協助家庭因應危機，也協助家長有能力照顧孩子。例如：提供諮詢服務、技巧訓練、轉介社區資源。

3. **以家庭為中心的服務**：將家庭視為「案主」體系來提供服務，鼓勵各種家庭支持方案的提出，以保護家庭安全，增強家庭功能，避開家外安置。例如：提供個案管理、諮商輔導、教育、倡導、食物銀行。

(三) 在臨床工作層面的服務

以家庭為中心的臨床工作，在臺灣已實施於三個領域（呂寶靜，2021：332-333）：

1. **早期療育**：例如：建構早期療育工作模式，以維繫家庭生活品質。
2. **醫務社會工作**：例如：在醫務社工實務中，採用家庭取向的工作模式。
3. **司法社會工作**：例如：透過家庭訪談，建構家事調解歷程的階段及任務。

三 家庭社會工作者的角色

家庭社會工作的實施過程，可分為：初期階段、預估階段、介入階段、評估和結束階段。在這些實施過程中，案主是積極的夥伴與參與者。家庭社工與案主家庭形成夥伴一起工作時，經常扮演下列角色（魏希聖，2013：313-314）：

1. **同理的支持者**：多數父母愛護他們的孩子，社工應支持這種家庭關愛。
2. **教師／教練**：藉由教導活動，促使父母成為他們子女的「治療師」。
3. **諮詢者**：家庭遭遇特定問題時，提供諮詢服務。
4. **使能者**：協助家庭成員增強權能，為將來的成功鋪路。
5. **動員者**：激發各種社區團體的參與，管理社區各種參與，以服務案主家庭。
6. **調解者**：對於發生衝突的各個家庭成員之中，進行調解。
7. **倡導者**：透過社會運動和政治行動，促進有利於案主的立法改革。

四 家庭社會工作的實施原則

為了使社工重視家庭優勢，且對家庭社會工作有正向選擇，可參考下列實施原則（魏希聖，2013：61-62）：

1. 最適合於協助家庭的地點，是他們的家裡。
2. 協助家庭增強權能，以解決自己的問題。
3. 實施處遇必須個別化，且以家庭的社會、心理、文化、教育、經濟和物質特質之評估作為處遇的基礎。
4. 必須先回應家庭的立即需求，再處理他們的長期目標。

五 家庭社會工作相關議題

(一) 家庭的定義、結構與功能

家庭，是家庭社會工作的中心焦點與實施場域，應了解其定義、結構與功能。

1. 家庭的定義

貝克（Barker, 2014: 155）將「家庭」定義為一種初級團體（primary group），成員彼此之間負有明確的責任，通常住在一起。他也引用美國社會工作者協會（NASW）的定義：家庭是二個以上的人認為他們是一家人，成員彼此有歸屬、義務、功能和責任，以維持健康的家庭生活，包括：兒童照顧、兒童社會化、經濟支持，以及家庭生活功能中的其他照顧之提供。可見，社會工作實務對於家庭的界定，強調的並非僅只成員間的血緣關係與法律上的關係，還包括義務、責任及功能等。

2. 家庭的結構

一般分為核心家庭、擴大家庭、折衷家庭（或主幹家庭）三種型態。目前，我國家庭的組合也有一些變遷（宋麗玉，2021：312-316）：

(1) 家庭人口組成逐漸縮小：家戶規模逐漸縮小，家庭人口數變少。戶長的年齡有增加之趨勢。
(2) 家庭結構核心化：夫婦及未婚子女〔不是已婚子女〕所組成的家庭

型態占比最多。

(3) 家庭結構趨向多元化：家庭型態已趨向於多元化及涵容性，並不排斥女性單親家庭、非婚同居家庭、同性戀家庭、好友同住的家庭。

(4) 離婚率升高：離婚家庭數越來越多。

3. 家庭的功能

　　社會學家烏格朋與泰比特（Ogburn & Tibbits, 1934）指出家庭有六大功能（劉鶴群等，2011：366）：(1)生殖；(2)保護；(3)社會化；(4)性規範；(5)情感交流；(6)提供社會地位。其中，在社會化過程，也進行家庭的代間傳遞、複製或循環，包括：價值觀與婚姻觀的傳承（例如婚姻暴力）、親職管教與壓力因應的傳承（例如濫用藥物、精神疾病）、福利依賴與資產的傳承（例如教育、貧窮）（謝秀芬，2019：128-131）。

　　時至今日，家庭趨向於多元化，出現許多非傳統的單親家庭、同居家庭、同性戀家庭，而且家庭有些功能已被取代、轉變或衰微，一旦遭遇危機事件或壓力，家庭容易脆弱（vulnerable），更需家庭社工介入服務。

　　就此而言，現代家庭的主要功能是社會化、經濟、照顧，但不包括醫療的功能。現代「脆弱家庭」增多，是家庭社工的核心對象，不侷限以「高風險家庭」為對象。面臨多元家庭型態，應提供不同的支持及服務，而非提供相同服務。

(二) 家庭系統理論

　　就家庭系統理論而言，所有的家庭都是社會系統的一部分。因此，家庭社工對於家庭系統的探討，不只探討核心家庭，還要探討家庭系統的核心元素與核心概念。

1. **家庭系統的核心元素**：家庭系統有下列六種核心元素，這些元素彼此可能重疊，而不是等加（魏希聖，2013：67）：

(1) 一個家人的改變，會影響所有其他家人。

(2) 家庭整體，大於其部分的總和。

(3) 家庭試圖在變動與穩定的中間，取得平衡。

(4) 家庭成員的行為，最好以因果循環來解釋。

(5) 家庭被涵蓋在更大的社會系統中，而其中又包含許多次級系統。

(6) 家庭運作，遵循著固定的家庭規則。

　　據此可知，家庭不是單獨存在的社會系統，也不是最小的系統。在家庭系統之中，又包含許多次級系統，例如：夫妻次系統、親子次系統、手足次系統。同時，家庭系統本身也是大系統的一部分，甚至可將家庭再延伸到鄰里、城市、國家或一群國家等更大的系統。

2. 家庭系統理論的核心概念

　　綜合相關文獻的描述（謝秀芬，2019：71/125；魏希聖，2013：80-81），家庭系統理論有四個核心概念：

(1) **家庭界限**（boundary）：界限是一種象徵的線條，區分誰被包含在特定家庭或次系統中。例如：在特定家庭中，鄰居不能踰越界限，管到別人的家務事；在親子次系統中，父母周邊的界限，讓他們得以在孩子之外擁有私人生活。

(2) **親職化兒童**（parental child）：也稱兒童父母化。本來，父母有養育及照顧子女的責任，如果父母放棄自己的角色，而讓孩子擔負起父母角色，這個孩子被稱為「親職化兒童」。例如：父母罹患精神疾病，由未滿12歲的大女兒扛起買菜、煮飯、照顧弟妹、出席弟妹的學校家長日等角色，這個大女兒，就屬於親職化兒童。

(3) **三角關係**（triangulation）：當雙人的關係出現緊張，第三者（通常是孩子）被拉進關係之中，以穩定局勢和舒緩緊張，就形成三角關係。

(4) **雙重束縛**（double binding）：同時出現兩種相互矛盾的關係，使得某個家庭成員無所適從。例如：母親對女兒說：「我不反對妳嫁給心愛的人，只是擔心爸爸會被妳氣死。」此時，女兒有「來自心愛的人」與「父親會氣死」的雙重束縛。

(三) 家庭生命週期

　　探討「家庭生命週期」（family life cycle），可了解案主家庭處於何種發展階段，並預測其可能的任務和角色壓力，以便提供適當處遇。通常，家庭生命週期可分為七個階段，如表10-2：

表10-2　家庭生命週期及其家庭任務

生命週期	家庭任務
1. 婚姻調整期	設定配偶的界限，角色與責任的分配，發展溝通的型態。
2. 學前子女期	重新界定角色與職責，學習親職技能，建立家庭規則。
3. 學齡兒童期	協助兒童適應制度化的環境，發展異性關係，建立是非的標準。
4. 青少年子女期	父母角色再調整，支持青少年想獨立的願望，以商討的方式對待，協助子女正確的性別認同對象。
5. 子女準備離家期	親子分離的調適，協助子女建立新的婚姻關係，適應公婆或岳父母的新角色，處理婆媳衝突。
6. 空巢期	子女成家後，家庭又恢復只有夫妻兩人的生活，且須安排退休生活，發展新的溝通模式，增加社區參與，維護健康。
7. 孤寂期	處理孤獨的情緒，發展新的生活意義，接受老化現象。

資料來源：參考謝秀芬，2013：103-103，整理而成。

由表10-2可知，「空巢期」是指兒女輩成家後，離開原生家庭，家中只剩下父母輩的成員，而不是兒女輩進入青春期，需要更多的自主空間；也不是父母輩喪偶，兒女需要回巢奉養長者。

同時，從家庭生命週期，可了解每一階段都有家庭任務。不過，家庭在各階段的發展路徑和軌跡，只是一般家庭情況的概括化，在現實生活中仍存在多種的家庭模式，各有其獨特的議題。因此，一個家庭從新婚開始到完成人生階段，並沒有固定發展的規律可成為服務的依據。而且，家庭發展是動態歷程，各階段的家庭任務也會受到社會變遷（例如：文化趨勢、晚婚晚生）與家庭變遷（例如：離婚、同居）的影響。

無論如何，從家庭生命週期的概念來看，家庭生命經驗到轉換階段時，尤其是家庭中的重要危機或意外失落，常是破壞家庭平衡的重要因素。家庭社會工作者為了協助家庭重新建構平衡的家庭關係，可從家庭規則的彈性、權力分配的平衡、成員之間的溝通、增加家庭的資源、發展及強化支持網絡等面向，著手改善家庭關係。

(四) 家庭壓力模式

家庭壓力理論，在於詮釋家庭承受的壓力及其所需資源：

1. 家庭的壓力

家族治療大師海羅（Hill）於1949年出版《壓力下的家庭》（*Family Under Stress*）一書，提出家庭壓力觀點，1958年再發展出ABC-X家庭壓力模式（周月清，2001：133）：

A，是指產生家庭壓力的事件（event），也稱家庭壓力源（stressor）。

B，是指家庭處理壓力事件的資源（resources）。

C，是指家庭對於壓力事件的定義或認知（perception）。

X，是經由A與B和C的互動之後，所產生的壓力程度或危機（crisis）。

後來，魏克勒（Wikler, 1981）引用海羅（Hill）的理論，陳述家庭因應壓力事件的兩個中介因素：一個是家庭如何解釋這個壓力源或事件，另一個是這個家庭是否有適當的資源來因應這個壓力源。

2. 家庭因應壓力所需要的資源

(1) 家庭內在資源：家庭所擁有的資產，可用來面對壓力，包括：家庭的整合與凝聚力、適應力、溝通能力、經濟安全、健康、智力、工作技巧、家庭成員的特質（例如：洞察力、正向思考、勇於改變、樂觀、獨立）。

(2) 家庭外在資源：家庭與外部系統的連結，包括：親戚、朋友、鄰居、同事、教會、俱樂部、醫師等。

另外，傑恩與哈里斯（Janzen & Harris）認為有四種類別的資源，可視為家庭的優勢和資產：(1)家庭的整合與凝聚力；(2)家庭的適應力；(3)家庭的溝通能力；(4)家庭與外在系統的連結（謝秀芬，2019：180）。不過，傑恩與哈里斯提出的資源類別，並不包括：家庭的間接溝通能力。

換言之，社工運用所需資源時，應以優勢觀點來看待家庭壓力，體認家庭充權和復原力的重要性，以便於經由優勢和資源的運用，促進家庭的成長和改變。

優勢觀點的概念，強調案主的資源、能力、支持系統和動機，以因應挑戰和克服困境。這不是忽視問題、病態、家庭失功能的存在，而是強調案主的資產，應該使用於達成和維持個人及社會的福祉（Barker, 2014:

414）。

至於復原力（resilience）的概念，是恢復個人的理性或明智，承認先前的不合理，並試著在未來更加有理性（Barker, 2014: 365）。就此而言，可從三個層面來觀察家庭復原的過程：(1)家庭信念系統（family belief system）：以良好的信念系統，凝聚彼此的力量；(2)組織的型態：在家庭組織中，合作來面對困境；(3)溝通過程：開放表達，同理回應，以解決困境（謝秀芬，2019：90）。

(五) 家庭評估的面向

社工在進行家庭評估時，應特別注意家庭功能對案主的影響。家庭功能評估的面向，包括下列五個部分（曾華源，2022：203）：

1. 家庭的基本資料。
2. 以家庭作為一個系統，進行描述。
3. 確認家庭系統所關心的問題與需求。
4. 找出家庭在滿足需求及解決問題之中，擁有的優勢條件與限制。
5. 家庭的環境脈絡。

(六) 家庭生態處遇的內容

社工在運用家庭內外資源，協助家庭解決困境時，必須從生態觀點來檢視家庭與環境的關聯，以便進行家庭生態處遇，其內容（Hepworth & Larson, 1993，魏希聖，2013：326）：

1. 補充居家環境中的資源。
2. 培養與提升支持系統。
3. 將案主移到新環境。
4. 增加各種組織對人們需求的回應性。
5. 促進各組織和機關的互動。
6. 改善制度環境。
7. 改善機構環境。
8. 發展新的資源。

其中，培養與提升支持系統，應該涵蓋家庭內外的支持系統；而改善

制度的環境，應著重於降低環境對家庭帶來的壓力，而不是重新框架家庭成員對於家庭問題的認知及定義。

(七) 家庭內部溝通的型態

美國家族治療大師薩提爾（Virginia Satir, 1972）認為家庭內部成員在面對威脅或壓力的情境，有五種溝通型態（曾華源，2022：196-197）：

1. **討好型**（placating）：不敢有自己的意見，怕得罪他人，經常讓步，總是同意，向人道歉，且不斷試圖取悅他人。

2. **指責型**（blaming）：經常吹毛求疵，批評、攻擊，找別人的錯誤，並為自己辯護，要求別人為他自己承受一切責任。

3. **超理智型**（super-reasonable）：也稱電腦型。進行溝通時，如同電腦般的冷靜，隨時保持著穩定、理性、客觀、分析，以避免自己情緒化。

4. **打岔型**（irrelevant）：經常不顧溝通的情境，說話抓不到重點，表現出無辜的樣子，以博得家人的注意。

5. **一致型**（congruent）：是一種「自我肯定型」。關心對方，也顧及自己，在溝通過程，意識、感覺和行為，都有一致的反應，使人感到溫暖和信任。

事實上，最直接、最真誠的溝通型態，是一致型的溝通。這種一致型的溝通，有助於提升自我價值感，是家庭每一個成員都要學習的一種溝通型態。

第二節　醫務社會工作

醫務社會工作（medical social work）的起源，可追溯到十六世紀英國的醫院救濟員，提供現金或物資給貧困的病人。1945年，英國成立醫院救濟員協會，1964年更名為醫務社會工作者協會。

在美國，1905年麻州綜合醫院成立社會服務部，推行醫務社會工作。1918年，美國醫院社會工作者協會成立，1934年更名為美國醫務社會工作者協會。2013年，美國社會工作協會（NASW）為了因應醫療環境的

改變，將醫務社會工作擴大為「健康照護社會工作」（Health Care Social Work），除了在醫院的臨床社工服務之外，也關注人們健康上的調整與改變，並由社工在公共衛生或急／慢性醫療照護之場域，提供健康教育、危機處遇、支持性諮商及個案管理等專業服務（謝秀芬，2019：438）。

臺灣較少使用健康照護，習慣以醫務社會工作稱之，且其發展可追溯到大陸時期。1921年，由美籍社工專家普魯特（Ida Pruit）在北平協和醫院成立社會服務部。1949年，政府遷臺，於省立臺北醫院（今臺北市立聯合醫院中興院區）成立社會服務部。1983年，成立中華民國醫務社會服務協會，這是臺灣第一個社會工作專業團體，而臺灣社會工作界最早出現的專業人員，也是在醫院領域。1991年，該協會更名為中華民國醫務社會工作協會。

簡言之，醫務社會工作是運用於醫療衛生機構的社會工作，可實施於醫院、診所、公共衛生單位、護理之家，但不包括鄉鎮市區公所。而早期的醫院社會工作，後來的精神醫學社會工作，也是醫務社會工作的一個領域，不能說醫務社會工作和醫院社會工作是兩個完全不相關的領域。

● 一 醫務社會工作的意涵

何謂「醫務社會工作」？簡單地說，就是將社會工作實務運用於醫院和其他健康照顧設施，以促進健康、預防疾病、援助心理疾病患者及其家人解決與疾病有關的社會與心理的問題（Barker, 2014: 264）。另外，有一個綜合性的定義，認為醫務社會工作是（莫藜藜，2020：17）：

> 社會工作者運用社會工作知識與技術於醫療衛生機構，從社會暨心理層面來評估並處理案主的問題，以醫療團隊成員的身分，共同協助病患及家屬排除醫療過程中之障礙，不但使疾病早日痊癒，病患達到身心平衡，並使因疾病而產生之各種社會問題得以解決，同時促進社區民眾之健康。

這個綜合性定義，呈現了醫務社會工作的一些特質：

1. **服務對象**：以「病人」為核心對象，也納入病患的家屬，並將服務對象擴及社區民眾，以促進社區民眾之健康。。
2. **工作取向**：以「社會暨心理」為主要工作取向，回應病人社會暨心理需求。
3. **工作方法**：運用社會工作的知識和技術，以個案工作與團體工作為主要方法，社區服務與權益倡導為輔助方法。
4. **工作目的**：協助病人及其家屬排除醫療中的障礙，解決因疾病而產生的問題，以達到身心平衡及健康。

⬛二 醫務社會工作的服務項目

　　醫務社會工作的服務內容，常因醫院的規模與層級而有不同的工作重點。一般而言，醫務社工的服務項目可包括（呂寶靜，2021：280）：

1. **對病患及家屬的協助**：與病人及家屬互動，提供精神支持，協助適應疾病。
2. **資訊與資源的提供**：傳達醫療及復健的資訊，提供或轉介社會資源。
3. **社會支持網絡的建立**：使病人得到家庭、鄰里和社區的支持。
4. **病人出院準備服務**：資料彙整，建議出院計畫，協調溝通，共同行動。
5. **社會福利業務**：辦理保護案件（家暴、性侵害）、老人長照、安寧療護等。
6. **配合醫院行政工作**：協助醫院辦理社區健康促進、健康檢查、器官捐贈宣導、申訴電話處理、志工訓練和管理，以及特殊的服務方案，例如：路倒病人之處理，但是醫務社工不處理醫療法律訴訟業務。

　　由上述服務項目，可知醫務社會工作的主要任務是：配合醫療需要，主動篩選高危險群病患，進行病人之社會心理評估，參與病人之出院準備計畫，但不包括追討病人積欠之醫療費用。

　　進而言之，為了因應醫學進步、社會變遷及高齡化趨勢，醫務社工的內容及型態已有轉變。例如：(1)過去以醫院為主軸，轉變為以患者為服務的重心；(2)過去以疾病為焦點的服務，拓展為連續照顧與全人照顧的服務模式；(3)從有具體服務對象的臨床工作，擴展為了改善健康不平等

而投入相關政策的倡導；(4)病人的主體性日受重視，醫療使用者的自主與自決帶來健康照護管理的革新（謝秀芬，2019：447-448）。

🈪 醫務社會工作者的角色

茲依相關文獻的論述（呂寶靜，2021：271-276；溫信學，2017：188-251/386-387），彙整醫務社工在醫院的主要角色：

1. **評估者**：例如：評估個案因疾病而衍生出來的需求、資源及負擔能力。
2. **資源連結者**：例如：協助即將出院的患者銜接後續的社區醫護機構。
3. **支持者**：例如：當病人面臨死亡威脅時，給予情緒上的支持和引導。
4. **溝通協調者**：例如：在醫院中擔任統整和協調的角色，但不是附屬或從屬於醫事人員的角色，也不是負責協助醫師對病症客觀診斷的角色，更不是醫療業務負責者的角色。
5. **增強權能者**：例如：增強出院病人持續復健的動機。
6. **倡導者**：例如：為那些因為政策、條例、措施等因素而被拒絕受理的病人，爭取應有的服務與資源。
7. **個案管理者**：例如：對於罹患重症疾病、罕見疾病、特殊醫療之病患，因其接受醫療時程較長，需要較多服務，而以個案管理者角色，促使服務連貫。

上述這些角色，並非單獨使用，而是經常使用二、三種以上角色。

🈘 醫務社會工作的實施原則

醫務社會工作兼具「醫務服務」與「社會服務」雙重任務，其實務工作也應遵守這兩方面的基本準則（溫信學，2017：26-34；侯建州，2016：376）：

1. 維護病人的最大利益；以病人為中心，而不是幫助醫院獲得最大利益。
2. 關注病人的多元需求：評估案主問題的生理、心理、社會、心靈等需求。
3. 重視全人照顧與整體服務：配合醫療團隊，為病人提供整體照護。

4. 秉持社會工作的基本價值進行服務：重視個人的尊嚴與價值、相信個人有發展的潛能，尊重案主的自我決定。

5. 強調以實證為基礎的實務工作：舉凡評估、計畫、干預與預期成果，都應該在充分證據參照之下，才提出服務輸送計畫，且讓案主參與執行。

　　其中，配合醫療團隊為病人提供整體照顧方面，醫院常見的團隊模式有三種（溫信學，2017：380）：

1. **多專業團隊模式**（multi-disciplinary model）：相關專業人員各自和病人接觸，各自做自己的專業評估診斷、計畫及實施。

2. **專業間團隊模式**（inter-disciplinary model）：不同專業人員之間有較多的互動及合作方式。

3. **跨專業團隊模式**（trans-disciplinary model）：專業人員之間的互動機會較其他模式多。

🈦 醫務社會工作相關議題

(一) 對於危機病人的處遇

　　醫務社工可能接觸到車禍重傷、家暴、自殺等緊急事故的病人，應採取危機介入工作模式，及時處理。其主要流程（宋麗玉，2021：193-197）：

1. 主動接納案主情感表達與建立親和性信任關係。
2. 評估致命性與安全性的需求。
3. 指認主要問題是什麼。
4. 處理焦慮感受並主動提供必要協助。
5. 探討各種可能的行動與選擇優先因應的行動。
6. 協助病人列出處遇目標和行動計畫。
7. 決定結案的標準。
8. 決定追蹤的處理方式。

　　綜言之，醫務社工對於需要危機處遇的病人，首先是立即給予支持、同理與傾聽，建立信任的專業關係；接著，透過會談以了解病患的危機因

素，並且協助病患認識問題，討論處遇策略及優先處理事項；然後，採取行動，持續協助病患完成任務。最後，評估出院或轉介服務，辦理結案及追蹤服務。其中，處遇策略，必須與病人或其家屬討論後決定，而不是由醫務社工自行決定。

(二) 病人自主權法之相關規定

立法院於2015年通過《病人自主權利法》，2016年總統公布，2018年正式實施，其要點：

1. **立法目的**：尊重病人醫療自主，保障善終權益，促進醫療和諧（第1條）。

2. **規定預立醫療決定之人的資格**：具完全行為能力之人，得為預立醫療決定，並得隨時以書面撤回或變更之（第8條）。

3. **意願人預立醫療決定應符合之規定**：(1)經醫療機構提供預立醫療照護諮商，並經其於預立醫療決定上核章證明；(2)經公證人公證或具完全行為者二人以上在現場見證（第9條）。

4. **應參與預立醫療照護之人**：意願人、二親等內之親屬至少一人及醫療委任代理人應參與預立醫療照護諮商，經意願人同意之親屬亦可參與（第9條）。

5. **對於醫療委任代理人之規定**：意願人指定之醫療委託代理人，應以成人且具行為能力之人為限，並經其書面同意（第10條）。

可見，《病人自主權利法》在於保障臨終病人接受醫療照護時之權益，因而相關人員及文件都須嚴格規定：預立醫療決定者，應具完全行為能力；參與醫療照護諮商之親屬，應在二等親內，或經意願人同意之親屬；醫療委任代理人，應為成人（年滿18歲之人）且具行為能力；有關證件，應書面為之。

《病人自主權利法》是繼《安寧緩和醫療條例》之後，以病人為主體訂定的法律，更是亞洲第一部病人自主權利之專法。緩和醫療是指為了減輕或免除病人之生理、心理及靈性痛苦，施予緩解性、支持性之醫療照護。然而，病人自主權利專法，其適用的對象不僅包含末期病人，也包含植物人或重度失智者。而且是以保障末期病人為核心的醫療決定，而不是

爲了保障病人家屬，也不是追隨歐美國家潮流而範定安樂死及協助自殺之有關法規。

(三)「診斷關聯群」（DRGs）制度之實施

美國自1980年起重視醫院經營成本的控制，並於1983年實施診斷關聯群（Diagnosis Related groups, DRGs）制度。

診斷關聯群（DRGs）是美國聯邦政府針對醫療保險使用者的醫療和醫院照護成本而設計的一種預估支付機制，其支付額度根據467種疾病類別、病人住院的次數、病人的年齡、手術的必要性而決定。對某些個案，也要求申請給付者必須在現場，且將每一項相關因素累計，以支付固定額度。假如支付額度超過預定總數，醫院必須承擔超出的部分；假如低於預定額度，醫院可以有不同計價（Barker, 2014: 117）。要之，診斷關聯群（DRGs）就是「同病同酬」包裹式支付制度。

我國也於2010年實施全民健康保險住院診斷關聯群（DRGs）支付制度，藉以改善論件計酬（fee for service）可能發生的醫療浪費，例如：不必要的手術、用藥和檢查，藉以提升醫療服務的效率，使病人獲得更完整的照護（溫信學，2017：21）。

(四) 醫務社會工作之訪視及紀錄

在實務上，醫務社工無論是接到其他醫療成員的「轉介」或「照會」而進行訪視，或者主動探訪病人或家屬，在進行訪視前應有所準備，在訪視後應系統記錄（溫信學，2017：79-86）：

1. 訪視前的準備
   (1) 閱讀病人病歷：以了解病人的基本資料、病症、就醫歷程。
   (2) 與醫師／護理師聯繫：以了解醫師照會的原因、病人照護的概況、病人疾病的治療情形、有無特殊需求或問題。
   (3) 評估訪視的時間：依病人的作息時間、體能、表達能力、訪視需求，彈性調整訪視的時間及其長短。

2. 訪視後的記錄
   可使用社會系統紀錄方式（4Rs）。這種紀錄方式源於多雷瑪斯

（Doremus, 1976: 121-139）所提出的社會醫療評估角度，從四個面向進行病人的檢視、評估及記錄（引自溫信學，2017：86）：

(1) 角色（role）：病人現有的角色、社會所期待的角色。

(2) 反應（reaction）：病人對於患病的情緒和態度之反應情形。

(3) 關係（relationship）：病人在人際關係上的表現情形。

(4) 資源（resource）：病人有無足夠的資源可滿足其需求，社工評估能提供的資源範圍。

簡言之，社會醫療診斷模式用以檢視與評估的4Rs，包括角色、反應、關係、資源，而不包括復原力（resilience）。

(五) 病人出院準備

出院準備（discharge planning），是指醫院確定病人需要出院服務時，由醫院與相關機構協助病人案主，適時地、健康地從醫院照顧轉為適應另類照顧資源或自我照顧的一種社會服務（Barker, 2014: 121）。

在實務上，由醫務社工協助病人出院準備的實施流程，有六個步驟（溫信學，2017：384-385）：

1. **個案篩選**：確認符合出院標準的病人或案主。

2. **個案評量**：評估病人需求、家庭支持功能及社區資源，核定完成的時間。

3. **整合適切的計畫**：協調醫療團隊相關成員，提供病人所需服務。

4. **出院前評估**：出院前，進行家庭訪視、了解出院後的安置及照護。

5. **轉介計畫**：協調病人及家屬，安排後續服務。例如：預約門診、社區照護、輔具出借、交通服務。

6. **後續追蹤及評估**：對於病人自我照顧、轉介執行情形、再住院率及急診率，進行追蹤及評估。

其中，病患再住院率較高者，或一再住院，是醫院的「高社會危險」（high social risk）指標之一，常需醫務社工再介入或轉介。

(六) 安寧照顧服務

安寧照顧服務（hospice care），也稱安寧療護、善終服務、緩和

服務，是爲末期病人及其家屬提供一種整體的照顧設施、方案和服務
（Barker, 2014: 198），其目的在於減輕末期病人身心靈之痛苦，維護其
生活品質，尊重其生命尊嚴。

安寧照顧服務的特性，強調：全人、全家、全隊、全程的照顧，稱爲
「四全」。有時也擴及「全社區」，稱爲「五全」照顧。

「全隊」，是指團隊合作的服務，成員包括：醫師、護理師、社工
師、心理師、宗教師及志工等人員。

安寧照顧服務的地點，可在醫院安寧病房，也可在社區或居家實施
安寧照顧。我國於2014年開始推動社區安寧照顧，有些病人選擇居家照顧
的模式，其優點是：病人對環境有較高的掌握性、自主性、隱私性、自在
性；缺點是：照顧者的負荷較重、社區資源有限（田麗珠等，2015：25-
35）。同時，「hospice」是指安寧（善終）照顧，而不是指醫院治療、悲
傷治療或早期治療。

 ## 第三節　心理衛生社會工作

心理衛生社會工作（mental health social work）係由早期的「精神醫
療社會工作」發展而來，也就是從醫院的精神醫療實務，逐步擴展至社區
的心理衛生實務。

在美國，1841年，狄克思（Dorothea L. Dix）致力於改善精神病人在
監獄的處境，對於心理衛生的發展有很大的影響，是心理衛生社會工作的
先驅者。1913年，約翰霍普金斯大學附屬醫院創設精神科門診，推動病人
社會評估、社工家訪、病人出院計畫，成爲精神醫療的新模式。1926年，
美國精神社會工作者協會成立。

臺灣的精神醫療社會工作，是從醫院臨床服務開始。1947-1955年，
在臺大醫院精神科草創時期，開始有社會服務員的編制。1956年，在
WHO支持下，成立臺北兒童心理衛生中心，任用三名社工，運用當時美
國社工師的治療模式，對兒童及家庭進行評估診斷及治療，並且參加精神
醫療分組指導會議。這個階段精神醫療社會工作的主要內容，是以個案工

作進行病人及其家庭的評估診斷及轉介服務、規劃與執行團體工作（家屬衛教團體）、推動自助團體、協助成立康復之友協會（張如杏，2006：123）。

1970年代初期，臺大醫院精神科的資深社工，曾邀請各醫院精神醫療社工，於每週四上午在臺大聚會，以自主集結、同儕督導的方式，促進精神醫療社會工作專業的發展。

1983年，高雄市康復之友會成立，是臺灣第一個精神障礙公益組織，2018年更名高雄市快樂堤心理協會。

1986年，辦理臺灣精神科醫院評鑑，將社會工作服務列入評鑑項目。1990年，政府頒行《精神衛生法》。1995年實施全民健保，對於精神醫療社工實務提供給付。健保支付精神醫療社工師的項目包括：家族治療、社會生活功能評估（張如杏，2006：132）。2004年，臺灣心理衛生社會工作會成立。

2009年，在專科社工師分類之中，列有心理衛生專科社工師。2018年，行政院核定「強化社會安全網計畫」，在各縣市衛生局設置社區心理衛生社會工作員（師），並且在該計畫實施策略（策略三），將「合併精神疾病與保護性案件加害人」的共同案主，列為優先服務對象。

● 心理衛生社會工作的意涵

所謂「心理衛生社會工作」，從字面來看，就是對於有精神疾病（mental disorder）或心理健康（mental health）脆弱的人，提供社會服務（Barker, 2014: 267）。從內容來說，臺灣心理衛生社會工作學會曾提出一個詳細的定義（引自汪淑媛，2016：331-332）：

> 「心理衛生社工作」是指社會工作者在精神疾病防治機構所提供的專業服務，目的在協助病患及家屬面對及處理其經歷診斷、治療、復健及社會復歸各階段所出現的心理暨社會的問題，以及在社區推動心理衛生初級預防工作。
>
> 社會工作者進行心理暨社會評估、運用個案、團體和社區組

織三大社會工作方法進行社會工作處遇，為病患及家屬提供支持性、教育性及治療性的專業服務，開發、整合及運用社會資源，期使病患皆能得到適當的安置及回歸社會，協同病患及家屬達到充權，以進行倡導權益及福祉，促使病患適應社會之能力能充分發揮，並督促政府訂定符合社會正義之相關政策及立法。

由這個定義，可扼要分析心理衛生社會工作的特性如下：

1. **實施場域**：精神疾病防治機構，例如：精神醫療院所、社區心理衛生中心。
2. **服務對象**：精神疾病患者及其家屬，也針對社區民眾進行衛教。
3. **工作方法**：運用個案、團體、社區等社會工作方法，進行評估及處遇。
4. **工作目的**：使病患獲得適當的安置及回歸社會，發揮適應社會之能力。

⚫ 心理衛生社會工作的服務項目

心理衛生社會工作的工作內容，常因其實施場域的需求而有其不同的重點。綜合相關文獻的描述（張英陣、許雅惠、潘中道，2022：21；林萬億，2022a：645-646；呂寶靜編，2021：291-292），可歸納為下列服務項目：

(一) 在醫院方面之服務

1. 在精神疾病患者住院的期間，提供心理暨社會評估。
2. 對於病人家屬，提供心理衛生知識與照顧技巧。
3. 擬定及執行病人出院計畫。
4. 病人出院後的支持性服務。例如：獨立生活、支持性就業、休閒活動。
5. 必要時，轉介病人到住宿型照護中心或日間照顧中心。
6. 參與醫療團隊的團隊治療、研究及教學工作。

(二) 在社區方面之服務

1. 推展社區心理衛生教育初級預防工作。

2. 促進社區居民心理衛生之三級預防工作。

(三) 在特定場域方面之服務

1. 作為司法系統的聯繫窗口，在案件涉及司法程序時，依規定出庭作證。
2. 對於多樣性加害人（性侵害、家暴、人口販賣），提供評估及特別心理輔導。
3. 對於毒品施用者，提供個別、家庭、團體之輔導。
4. 對於災難事件，參與危機處遇、悲傷輔導、心理重建服務。
5. 對於心理衛生中心的自殺防治，提供諮詢服務。
6. 對於創傷後壓力症候群（PTSD）的案主（例如：自殺者遺族、性虐待倖存者、成人個案揭露兒時性創傷者），提供團體心理治療。

其中，在社區方面的服務，社工人員駐在基層醫療設施（例如：衛生所、社區資源中心），與具有精神疾病危險的群體一起工作，是屬於初級預防工作，而不是危機干預。

上述三種不同場域的服務項目，在實務上亦可交叉使用。例如：精神病人出院之後回歸社區，以及居住在家的慢性精神疾病案主，白天可以到衛生局立案的社區心理復健中心接受服務。同時，社區復健中心可在社區中提供病患有關工作能力、工作態度、心理重建的社會技巧、日常生活處理能力等復健治療（呂寶靜，2021：294）。

另外還一種情形，是精神病患於短期全日住院之後，精神症狀減少，但未完全穩定，可嘗試白天至醫院接受治療及訓練，晚上回家，以此作為回歸社會之準備。這種形式的醫院病房，稱為「日間病房」，而不是慢性病房，也不是居家治療。

⊜ 心理衛生社會工作者的角色

心理衛生社會工作者在許多場域，提供相關服務，經常被賦予多元角色（呂寶靜，2021：292）：
1. 臨床工作者：例如：對病人提供心理暨社會之評估及處遇。

2. **個案管理者**：例如：在合併精神疾病與自殺防治服務之中，建立「共案共管」機制。

3. **參與者**：例如：與醫療團隊相輔相成，參與教學、研究。

4. **協調聯繫者**：例如：協調衛政、社政、司法之服務輸送系統；聯繫醫院、社區、患者家屬、病患雇主之相關資源。

5. **教育者**：例如：提供心理衛生相關資訊，降低病患及家屬之憂慮。

6. **倡導者**：例如：倡導精神疾病患者權益，促進政策改革及法規修正。

　　另外，心理衛生社工還可扮演：(1)病患生活傳記作者；(2)需求協調者；(3)方案計畫者（Manketlow, 2005，汪淑媛，2016：335）。

四 心理衛生社會工作的實施原則

　　綜合相關文獻的論述（呂寶靜，2021：302-303；謝秀芬，2019：469；韓青蓉，2013：330；葉錦成，2012：225-226），說明心衛社工實施原則如下：

(一) 價值方面之原則

1. **認可**（recognition）：承認價值在實務及政策所扮演的角色。
2. **意識提升**（raising awareness）：有意識地了解價值對實務造成的衝擊。
3. **尊重**（respect）：尊重價值的多元性，以案主為實務的核心價值。

(二) 實務方面之原則

1. 在不傷害案主的原則下，尋求案主的最佳利益。
2. 在協助精神障礙者復原的過程中，著重於案主生命保障與情緒安全。
3. 尊重精神病患的自主權、隱私權及保密義務。

(三) 權利方面之原則

　　遵守聯合國1991年通過的「保障精神病人權益及促進健康的原則」：
1. 保障精神病人的人身安全、法律代表權、生活的基本權利。
2. 保障精神病人在醫療、社區照顧、治療及復健方面的基本權利。

3. 治療中的任何決定，應遵循正當程序，尊重病人有權拒絕不合適治療之權利，例如：不強迫病人「絕育」。
4. 精神健康設施應有相關資源和配套；非自願性治療，可免則免。
5. 對於精神病人的監管、補償及執行，應有合適的行政程序和方法去進行。

🅕 心理衛生社會工作相關議題

(一)《精神衛生法》之相關規定

1. **對「精神疾病」的定義**：指思考、情緒、知覺、認知、行為等精神狀態表現異常，致其適應生活之功能發生障礙，需給予醫療及照顧之疾病。精神疾病的範圍，包括：精神病、精神官能症、酒癮、藥癮，以及經中央認定之精神疾病，但是不包括：反社會人格違常者（第2條）。根據研究資料，精神疾病患者之中，如有憂鬱症，較常發生個案自殺行為。精神疾病自殺者，生前70%有憂鬱症（韓青蓉，2013：51）。
2. **對「嚴重病人」的定義**：指病人呈現與現實脫節之怪異思想及奇特行為，致不能處理自己事務，經專科醫師診斷認定者（第2條）。
3. **對社區心理衛生中心服務項目之規定**：應辦理心理衛生宣導、教育訓練、諮詢、轉介、轉銜服務、資源網絡聯結、自殺、物質濫用防治等事項（第7條）。事實上，有些縣市的社區心理衛生中心，有附設門診，但無住院服務。
4. **精神疾病強制鑑定、強制治療審查會之成員**：包括：專科醫師、護理師、職能治療師、心理師、社工師、病人權益促進團體代表、法律專家及其他相關專業人員（第15條）。但是，不包括：政府主管機關代表、村里長。
5. **對緊急安置之規定**：嚴重病人傷害他人或自己或有傷害之虞，經專科醫師診斷有全日住院治療之必要；嚴重病人拒絕全日住院治療者，主管機關得指定精神醫療機構予以緊急安置（第41條）。緊急安置期間，不得逾五日（第42條）。

6. **對精神病患人身自由保障之規定**：精神醫療機構爲醫療之目的或爲防範緊急暴力意外、自殺或自傷之事件，得拘束病人身體或限制其行動自由於特定之特殊保護設施內。拘束身體或限制其行動自由，不得以戒具或其他不正當方式爲之（第37條）。

最近，《精神衛生法》於2020年修正，有關於中央主管機關的掌理事項，增加：辦理心理衛生與精神疾病之調查研究及統計（第4條）。

(二) 精神醫療社會工作的多元介入模式

郝威（Howe, 1987）認爲精神醫療社會工作的理念和介入，有兩種取向：一種是主觀與客觀的取向，另一種是基進與改變的規律之依據。在這兩種取向之下，衍生出四種不同的介入模式（引自葉錦成，2012：28）：

1. **改革式精神醫療社會工作**：社工以客觀和基變的方法，改變和改革社會上的生活文化和政策，讓精神病人和家屬享有正常的社會生活。
2. **修補式精神醫療社會工作**：社工客觀地修補案主的缺陷、問題和看法，以協助案主克服障礙和困難，
3. **意識醒覺式精神醫療社會工作**：社工介入時，應提高案主的意識覺醒，看看他們的身心狀況，案主應有的服務和權益，以協助案主自我爭取。
4. **意義尋索式精神醫療社會工作**：社工在介入過程中，盡量去聆聽、理解案主的精神病症狀、他人對其病情看法，以及案主對於自己的主觀經歷。

(三) 有關於「治療社區」之特性

經過兩次世界大戰，英美等國的精神病患大幅增加，精神病院的情況變得極度惡劣，因而1960-1970年代興起「去機構化」運動。

面對強烈的去機構化運動及精神病院封閉環境之控訴，相關團體產生了不同的回應，包括：以社區爲本的精神健康服務、個案管理系統、「治療社區」（therapeutic community）。其中，治療社區有下列特性（葉錦成，2012：245）：

1. 倡導平等、參與、開放的治療環境。
2. 建立案主自信、自尊、信任別人的治療環境。

3. 透過正面獎勵和鼓舞，讓案主將舊有的不良習慣、思維和道德倫理觀念，轉變為正面的思維、道德和社區參與的治療環境。

4. 將傳統中著重於階級、地位、封閉的治療環境，轉變為一種開放、平等、尊重和參與的治療環境。

　　簡言之，「治療社區」強調開放性的溝通，專業人員討論問題時，不僅向主管分享資料，也在所有員工與病人之間，進行溝通。

(四) 悲傷輔導的四項任務

　　對於悲傷輔導，精神科醫師恩格（Engel, 1961）曾在《精神醫學》（*Psychiatric Medicine*）書中，闡釋人們失去所愛可能形成嚴重的心理傷害，認為哀悼是調適失落及復原的必要過程，因而提出哀悼的四項任務（引自李文進，2008）：

1. **接受失落的事實**：悲傷調適的第一個任務，是接受事實，承認失去的人不會再回來。

2. **經歷悲傷的痛苦**：在失落之後，經歷生理、情緒及行為上的痛苦，承認和解決這些痛苦是必要的，否則痛苦藉著病症或其他偏差行為而呈現。

3. **重新適應逝世者已不存在的新環境**：適應新環境，對不同的人有不同的意義，端視生者與逝世者之關係深淺，以及逝者曾經扮演的角色而定。

4. **將情緒的活力重新投注於其他關係上**：哀悼必須完成一項特定的心理任務，就是生者不再將希望與回憶依附於逝世者身上，而是讓生者情感活力從逝者身上移開，轉而投注於另一種關係上。

　　逝者已矣，來者可追。生者必須「重新」將悲傷情緒投注於新的關係上，而不是一直「停留」在逝者生前的關係上，或「持續」投注在原有的關係上。

(五) 心理劇治療的過程

　　心理劇（psychodrama），也稱社會劇，是二十世紀初期，奧地利社會心理學者莫連諾（Moreno）結合團體心理治療與家族治療，以改變個人的認知、行為及情緒。一個完整的心理劇，可分為三個階段（張如杏、楊添圍、張玲如，2016：136）：

1. **暖身階段**（warm up）：讓參與者選擇演出的題材及主角。
2. **演出階段**（the action）：在治療者指導下，表演者進行心理劇的演出。
3. **分享階段**（sharing）：指導者邀請觀眾與劇中主角討論，分享此時此刻的情感體驗。

　　心理劇不同於一般戲劇，沒有特定的腳本和臺詞，也不是由治療者指導表演者說出特定的對話或演出固定的行動，而是透過角色交換與換位思考，增加參與者對於社會角色和社會問題的理解。

　　不過，心理劇在運用精神分析學派進行心理治療時，有一定的限制，因為它是一種深度的心理治療，過程相當費時，且依靠案主的表達能力及自己內心想法和感受具有敏感度，始能達到預期效果。

 # 第四節　學校社會工作

　　依據國際學校社會工作協會（Electronic Newletter, 2022/12/23）的報導，美國是世界上最早實施學校社會工作（school social work）的國家，然後逐步擴及其他53個國家，包括臺灣。

　　美國學校社會工作的發展，始於1906年，在女性教育改革者所組成的公共教育協會（Public Education Association, PEA）的支持之下，率先於紐約的哈特雷區（Hartley）與格林威治區（Greenwich）任用兩名社工擔任訪問教師（visiting teacher），作為學校、家庭、社區的聯絡者。1913年，紐約市政府教育局補助經費在羅徹斯特（Rochester）設置訪問教師，這是第一個由政府任命的訪問教師。1945年，訪問教師改稱學校社會工作者。1978年，舉行第一次全美學校社會工作會議，訂定學校社會工作服務準則，2012年修正。

　　我國學校社會工作的發展，始於1976年中華兒童福利基金會（CCF）將學校社會工作列為年度重點，且在臺中市神岡國中等八個學校推展學校社工。1997年，教育部推行「國民中學試辦設置專業輔導人員實施計畫」，為期兩年（延長一年）。2000年，臺北市等五個縣市自籌經費繼續推動學校社工方案。2011年，教育部修正《國民教育法》第10條，規定國

民中小學得視需要另設專任輔導人員（含學校心理師、學校諮商師、學校社工師）。2013年，臺灣學校社會工作學會成立。2014年，教育部修正《學生輔導法》，第16條明定高中以下學校應設學生輔導諮商中心及專任專業輔導人員。2017年教育部訂定《偏遠地區學校教育發展條例》，第11條第5項規定，地方主管機關應以國民中學學區爲範圍，於偏遠地區學校置專業輔導人員或社會工作人員。

由上述歷史可知，美國與我國學校社會工作發展的共同之處，早期都是在民間團體的推動之下，促成學校社會工作的發展。至於我國在學校任用社工人員的法源，則包括：《國民教育法》、《學生輔導法》、《偏遠地區學校教育發展條例》，不包括《精神衛生法》。

● 學校社會工作的意涵

學校社會工作，是將社會工作實施於教育體系（social work practice in education system）。依據美國《社會工作辭典》的解釋（Barker, 2014: 378）：

> 學校社會工作是將社會工作特別地導向於協助學生滿意於學校適應，並協調與影響學校、家庭與社區的努力，以達成這個目的。學校社會工作者經常透過訪問，去協助學生、家庭和教師處理學生曠課、社會抑鬱（social withdrawal）、過分攻擊行爲等類問題，以及特殊的生理、情緒或經濟問題的影響。他們也對學生家長和社區，說明學校辦學的方式和哲學。

由這個定義，可知學校社會工作有下列特質：
1. **工作導向**：將社會工作的實務，運用於學校和教育體系。
2. **服務對象**：以學生爲主，並擴及學校（含教師）、家庭與社區。
3. **工作人員**：學校社會工作師。
4. **服務內容**：處理學生曠課、退縮、攻擊、身體、情緒、經濟等問題，並促進學校、學生家長、社區的溝通協調，共同協助學生適應學校生活。

5. 工作目的：協助學生滿意於學校生活適應，獲得學業成功及身心發展。

二 學校社會工作的服務項目

教育部曾於2012年頒布「國民小學國民中學及直轄市縣市政府設置專任輔導人員辦法」。2020年修正為「高級中等以下學校及各該主管機關專業輔導人員設置辦法」，第17條規定專業輔導人員之服務內容。以高雄市為例，於2017年度約聘專業輔導人員聯合甄選簡章，列出學校社工師的服務項目為：

1. 學生就學相關權益之維護。
2. 學生及其家庭、社會環境問題之評估與處置。
3. 社會資源之整合與運用。
4. 提供教師及家長輔導專業之諮詢及協助。
5. 協助處理緊急性及特殊複雜性之個案。
6. 參與學校輔導工作之推展。
7. 其他上級交辦事項。

可見，學校社工師的服務項目之中，並不包括：對學生實施心理測驗。

同時，依據《學生輔導法》第6條規定，學校應視學生身心狀況及需求，提供發展性輔導、介入性輔導或處遇性輔導之三級輔導。其中，處遇性輔導應結合心理治療、社會工作、家庭輔導等各類專業服務。顯然，在《學生輔導法》的制度設計下，學校社工師應負責學生輔導工作的「處遇性輔導」。

三 學校社會工作者的角色

學校社工的角色，相當多元，且隨情境不同而有變化。綜合相關文獻的描述（崔永康、凌煒鏗，2014：78；林萬億，2012：35；Bye & Alvarez, 2007: 52；Allen-Meares, 2004: 318；Dupper, 2003: 20），學校社工有下列角色：

1. **教育者**：透過社會技巧訓練，協助適應困難的學生改善人際關係。
2. **仲介者**：針對學生的特別需求，向學生家長推薦「學習翻轉」方案。
3. **諮詢提供者**：對於關注學生自殺預防方案的教師及家長，提供諮詢服務。
4. **協力合作者**：與心理師、護理師，共同協助學生減重。
5. **倡導者**：建議學校改善無障礙環境，以確保障礙生的安全。
6. **調停者**：運用同儕調停方案，調解學生之間的霸凌糾紛。
7. **資源連結者**：連結兒童機構與志工資源，提供兒童課後照顧。
8. **使能者**：透過親師會議，促使家長隨時關心孩子的行為。
9. **聯絡者**：聯絡校外專家，協助學生處理情緒沮喪的問題。

　　這些角色，只是學校社工的基本角色，在相關實務之中，還有其他應扮演的專業角色。

㈣ 學校社會工作的實施原則

　　臺灣正式實施學校社工的時間不長，對於學校社工的原則，較少著墨。此處引用美國社會工作者協會（NASW, 2012）所訂「學校社會工作服務標準」（Standards of the School Social Work Service），略述實施原則：

1. 積極協助學校系統，以行動滿足政府有關教育及學校改革之指令。
2. 積極提升學校環境的安全，並促使學校提供支持、公平、負責任的政策。
3. 擔任學生權益的倡導者，去除學習上的障礙，促進平等教育的機會。
4. 促進學生、家長、社區成員、教師及職員之協力合作，以協助學生從教育系統中獲得充分利益。
5. 循序實施多樣性介入（multi-interventions）：層次一是全校預防，以促進學生正向行為；層次二是短期處遇，以改善學生問題：層次三是密集、個別化之處遇，以改善學生嚴重且長期存在的問題。

五 學校社會工作相關議題

(一) 美國學校社會工作的模式

1975年，柯斯汀（Costin）提出「學校—社區—學童關係模式」（school-community-pupil relation model），強調學生的問題，與學校和社區有關，學校社工應與相關專業人員組成多專業團隊，提供學生個案、團體和方案合作，共同改善妨礙學生學習的措施。

1972年，歐德森（Alderson）針對學生問題的根源及其因應措施，提出四種學校社會工作的實施模式（Allen-Meares, 2009: 34）：

1. **傳統臨床模式**（traditional clinical model）：若學生問題來自個人情緒困擾或親子問題，社工以此模式，對個別學生及其家庭提供個案工作。換言之，這個模式是以處境不利的學生及其家庭為服務對象，不是以學校中的教師為服務對象。

2. **學校變遷模式**（school change model）：若學生問題來自學校的規範與情境失功能，社工以此模式，推動學校政策變遷，以減少不良影響。

3. **社區學校模式**（community school model）：若學生問題來自社區因素，社工以此模式，結合社區的力量，支持學校方案的實施。

4. **社會互動模式**（social action model）：若學生問題來自多方面因素，社工以此模式，介入學生及其團體、家庭、學校、社區，以改善學生與這些系統的互動關係。

2000年，美國發展一種多層次介入取向，稱為「反應式介入模式」（response to intervention model，簡稱RTI模式），分為三個層次（Clark & Tilly, 2010: 3-18；林勝義，2015：94-96）：

層次一，對於80%至90%的學生，實施普遍性的支持。

層次二，對於層次一之外，5%至10%的學生，實施標的團體的介入。

層次三，對於層次一、二之外，1%至5%的學生，實施個別密集的介入。

(二) 我國學校社會工作的實施型態

　　我國於1997-2010年試辦國民中學設置專業輔導人員期間，曾經出現：駐校模式、駐區模式、專案委託模式。2011年《國民教育法》第10條修正後，正式在高中以下學校實施學校社會工作，出現下列工作模式（呂寶靜，2021：358-361）：

1. **分區駐校模式**：將學校社工師、心理諮商師配置於55班以上學校或區域中心學校，並支援附近中小型學校。優點是：可與校園的輔導體系進行整合，建立輔導團隊，直接協助學生解決問題；專業輔導人員可深入學校體系，對學生、家庭、學校、社區，進行評估及處遇。缺點是：小型學校較多的縣市，無法做到小區域駐校，也不利於就近支援。

2. **輔導諮商中心模式**：將學校社工師、心理諮商師配置於學生輔導諮商中心，支援學校輔導室，為學生提供直接或間接的服務。優點是：輔導人力集中，能因應學校輔導室的需求，提供支援。缺點是：由教育局處聘用的學校社工師，容易與社政單位聘用的社工師，產生角色上的混淆。

3. **輔導諮商中心與駐校並行模式**：在55班以上大型學校，配置學校社工師與／或心理諮商師，且與學校輔導教師構成校園輔導團隊。另外對於20班以下小型學校，由教育局處聘任專業輔導人員集中於縣市輔導諮商中心辦公，支援中小型學校，負責輔導工作的三級預防。優點是：教育局可靈活調度專業輔導的人力。缺點是：縣市級輔導諮商中心與校級輔導室，對於專業輔導人員，分別管理，功能難分，不易合作。

(三) 學校社會工作相關法律之規定

1. 對於「中輟生」之界定

　　根據「國民小學與國民中學未入學或中途輟學學生通報及復學輔導辦法」第2條規定，中途輟學學生是指國民小學及國民中學學生有下列情形之一者：

(1) 未經請假、請假未獲准或不明原因未到校上課連續達三日以上。

(2) 學生因不明原因，自轉出之日起三日內未向轉入學校完成報到手續，但是此項規定，並不包括少年矯正學校及少年輔育院接受矯正之學生。

2. 專任專業輔導人員之設置

依據《學生輔導法》第11條之規定：

(1) 高中以下學校：班級數達55班以上，應至少置專任專業輔導人員一人。

(2) 高中以下學校主管機關：其所轄高級中等以下學校數：

　　① 20校以下者，置專任專業輔導人員一人。

　　② 21校至40校者，置專任專業輔導人員二人。

　　③ 41校以上者以此類推。

(3) 專科以上學校：

　　① 學生1,200人以下者，應置專業輔導人員至少一人。

　　② 超過1,200人者，以每滿1,200人置專業輔導人員一人為原則。

　　③ 未滿1,200人而餘數達600人以上者，得視業務需求，增置一人。

專業輔導人員是指：具有臨床心理師、諮商心理師或社會工作師證書，由主管機關或學校依法進用，從事學生輔導工作者（第3條），此與第10條專任輔導教師並不相同，專業輔導「教師」必須具有教師證書。

至於高中以下學校、直轄市、縣市主管機關（教育局處）設置專任專業輔導人員所需經費，由中央主管機關（教育部）視實際需要酌予補助之（第11條）。

不過，《學生輔導法》第11條之規定，並不適用於少年矯正學校與少年輔育院接受矯正教育之學生。

(四) 有關於中輟生多元教育輔導

依據教育部2021年修正公布之「教育部國民及學前教育署補助辦理中輟生預防追蹤與復學輔導工作原則」，直轄市、縣市政府對中輟生復學後不適應一般學校教育課程者，應規劃多元教育輔導措施，提供適性教育課程，避免學生再度輟學（第9條）。有關於中輟生多元教育輔導措施，整理如表10-3：

表10-3　中輟生多元輔導教育措施

型　態	設置方式	班級人數
慈暉班	由直轄市、縣市政府對家庭遭遇變故或因親職功能不彰之學生，採取跨學區、跨行政區所設置。	每班以12人至29人為原則。
資源式中途班	由直轄市政府教育局及縣市政府遴選中輟輔導需求高之國中小學校辦理。	每班6人為原則（可跨區）。
合作式中途班	由直轄市政府教育局及縣市政府結合轄區內已立案及經法人登記之民間團體或企業資源，辦理之。	每班以8人至15人為原則。

資料來源：依據2021年教育部國民及學前教育署補助辦理中輟生預防追蹤與復學輔導工作原則及其附件，整理而成。

(五) 有關於校園霸凌議題

1. **校園霸凌的意義**：校園霸凌（school bullring）是發生於學生之間欺侮或凌辱的不當行為。可簡單界定為：一個力量較大的個人或團體，以重複的、敵意的、有害的攻擊行為，加諸相對力量較小的個人或團體（Jarolmen, 2014: 259）。

2. **校園霸凌的類型**：身體霸凌、言語霸凌、情緒霸凌、網路霸凌、同志霸凌、族群霸凌、性霸凌。

3. **校園霸凌受害者之特質**：年齡較小、身體較弱、少數族群、非主流宗教、社經地位較低、成績較差、學校適應不良的學生，容易成為校園霸凌的受害者。

4. **校園霸凌對學生的負面影響**：身體上，受傷；心理上，情緒困擾、自信心降低、價值觀改變；學業上，成績退步、就學不穩定；人際上，疏離、社交能力降低。

　　綜言之，發生於校園的霸凌，常被視為暴力行為的一種方式，但是霸凌與暴力有所不同。霸凌可視為低層次形式的暴力，可由學校內部處理，而高層次形式的暴力，如使用武器傷害同學，則涉及犯罪問題，須由學校與校外機構共同處理（Whitted & Dupper, 2005: 167）。

第五節　司法社會工作

　　司法社會工作（forensic social work），是與司法體系有關的社會工作實務。然而，司法是一種複雜的體系，早期由執法（law enforce）、法院（courts）、矯正（corrections）三者所組成，近期又增加「立法」（legislation）一項，因而出現：警政社會工作、法院社會工作／司法社會工作、矯正社會工作，以及立法保護犯罪受害者之法律社會工作（Patterson, 2020: xviii）等類似名稱。

　　其中，矯正社會工作的發展最早，其服務範圍，目前已從犯罪者矯正，逐步擴及心理衛生、物質濫用之矯正（Patterson, 2020: 91-92）。

　　在美國，依據相關文獻所載（Patterson, 2020: 14-15；曾華源、高迪理，2007：318-320），1800年代，麻州進行監獄改革，為刑事司法社會工作建立基礎。1899年，芝加哥成立第一個少年法庭，提供青少年犯罪矯正。1990年代初期，社工在大都會發起保護和預防方案，是最早對警方轉介的犯罪者和受害者提供社會工作服務。1960年代末期，引進「轉向」（diversion）處遇。1970年代，社工對剛出獄者提供「復歸社區」（reintegration）之服務。1985年，成立美國司法社會工作協會。

　　在臺灣，1962年，訂定《少年事件處理法》，納入觀護制度。1971年，正式在地方法院少年法庭設置觀護人（1997年分流為少年調查官、少年保護官）。1985年，臺北市成立「少年輔導委員會」，2019年《少年事件處理法》修正，提高少輔會位階。1998年，各矯正體系成立戒治所，設置社會工作員，是我國最早在司法及矯正體系將社會工作者納入正式編制。

　　1993至2012年間，相繼通過或修正兒少福利、性侵害、家暴、家事事件等保護性法規，規定社工應協助保護性案件之調查及報告，提供司法判決之參考。2018年，行政院核定「強化社會安全網第二期計畫」，擴大心理衛生服務的對象，包括司法精神鑑定、司法精神醫院及治療成效評鑑，並建構出院（出獄）銜接社區心理衛生服務的轉銜機制（林萬億，2022a：200）。至此，司法心理衛生社會工作已具雛型。

比較上，美國與我國的司法社會工作，都源自少年犯罪矯正。美國至今仍重視少年司法（Patterson, 2020: 15）。我國當前的少年犯罪，以竊盜和傷害的比例最高，不容忽視。

㈠ 司法社會工作的意涵

司法社會工作，也稱刑事司法社會工作（criminal justice social work），依據美國《社會工作辭典》的解釋（Barker, 2014: 165-166）：

> 司法社會工作是社會工作的一種特別的實務，聚焦於社會工作與法律的交叉點，處理法律議題與訴訟、犯罪與公民權，經常涉及：兒童福利、司法矯正、離婚、兒童監護、少年犯罪、失依，及其相對性的責任、福利權、法定處遇、法律資格等議題。

據此定義，可延伸思考司法社會工作的特質如下：
1. **服務對象**：涉及法律或司法案件之犯罪者、行為偏差者、被害人及其家屬，是主要服務對象，但不包括學校中輟生的外展服務。
2. **工作方法**：在偵察、審理、矯正的執行過程中，運用社會工作專業的理論及技巧，連結社會資源，提供專業服務。
3. **工作範圍**：對於司法體係中有關於兒童福利、離婚、失依、兒童監護、少年觀護、矯正或戒治等問題，提供專業評估及處遇。
5. **服務目的**：協助被害人、犯罪者、家屬及社區，解決其所面臨的困境，獲得應有的福利權、法定處遇、法律資格，以維護社會正義。

㈡ 司法社會工作的服務項目

在司法體系中，涉及社工人員的項目甚多。整體而言，司法社工的服務項目包括（張淑慧，2009：164）：
1. **在法院系統**：審前調查評估，執行法院裁定之社區服務令。
2. **在警察與檢察系統**：對於假釋、刑滿之出獄人進行追蹤輔導。

3. **在矯正系統**：在機構處遇進行個案輔導，在社區處遇進行觀護監督。

4. **在少年犯罪矯正方面**：對曝險少年提供生活輔導。

5. **在更生保護方面**：對於假釋、刑滿者，提供就學、就業之輔導。

6. **在被害人保護方面**：提供創傷輔導、修復式協商服務。但不包括加害人及其家屬之創傷修復。

　　必要時，社工也參與家事事件之調解、陪同未成年人出庭應訊、參與收出養之訪視及建議，但不包括參與毒品法庭之工作。

　　事實上，從法院系統審前的調查程序，到離開監獄之更生保護工作，都需要社工介入服務。

三 司法社會工作者的角色

　　在司法領域中，以司法體系的人員為主體，而社工人員在司法審理、裁決及處遇過程中提供被期待的專業服務。茲綜合相關文獻的描述（呂寶靜，2021：419；陳慧女，2009：173-174），列舉社工在司法體系的基本角色：

1. **溝通協調者**：協助社工專業與司法專業，進行溝通及合作。

2. **專家證人**：在保護案件中擔任專家證人，協助司法人員偵辦審理工作，以及協助處理民事或刑事法律訴訟過程中之社會工作相關議題。

3. **陪同出庭者**：陪同未成年人出庭應訊，並陳述意見。

4. **調查訪問者**：對司法案件（含收養、出養）進行訪問調查及建議，提供法官判決之參考。

5. **個案管理者**：協調及整合相關資源，為當事人提供個案管理服務。

6. **關懷輔導者**：為犯罪者提供較為人道的服務，是矯正社會工作的發展趨勢，包括在處遇之後，持續提供關懷及必要服務。

7. **倡導者**：透過倡導、遊說，促使政府或立法者改善及落實相關政策、法令、制度，以維護當事人權益；提供一種安全接納的氣氛，讓犯罪者能紓解其情緒。

　　其中，社工陪同出庭，是以專家證人的身分參與，須有法源依據。例如：《家庭暴力防治法》、《性侵害犯罪防治法》、《家事事件法》等相

關規定。但不包括《精神衛生法》之規定。

　　申言之，社工在司法體系中，兼具助人者與執法者的角色，而不是控制與懲罰的角色；對於案主的協助，應建立一種互信的輔導關係，而不是建立一種供需關係；對於輔導案主的內容必須保密，而不是將輔導內容作為機構獎懲的依據。

🈤 司法社會工作的實施原則

　　有關於司法社會工作的實施原則，散見於不同的文獻（李憶純，2022：26；呂寶靜，2021：421；Patterson, 2020: 94），茲擇要彙整為下列五個原則：

1. **建立司法社工的專業自信**：社工專業介入司法體系時，應認知社工專業在此領域中之專業角色不同於司法專業人員，並且建立社工的專業自信。

2. **了解司法體系的規範**：司法社會工作服務對象的行為，多數涉及法律問題。司法社工應了解法律議題的相關規定及處理程序，以使服務過程符合法律系統之規範。

3. **與司法體系合作**：社工專業與司法體系擁有共同有價值，兩者都重視社會正義、人性尊嚴和人權，應相互結合，以協助當事人解決法律與司法問題。

4. **配合司法體系的指令**：矯正、執法、觀護等機構，雖然不是社會工作的設施，但是社工受僱於司法設施之後，應配合機構需求，完成指派的社會工作服務。

5. **從優勢觀點協助司法個案**：進入司法歷程的個案，多數經歷衝突或對立的關係，甚至是犯罪者。司法社工應以優勢觀點看待案主，而不是聚焦於案主的問題或病理，始能發掘案主的優點及能力，促使案主邁向改變和復原的進程。

五 司法社會工作相關議題

(一) 司法社會工作的功能

司法福利化是必然的發展趨勢，社工在司法領域的角色功能也漸受重視。美國司法社會工作協會（NOFSW, 2020）指出，司法社會工作有下列功能（呂寶靜，2021：400）：

1. 提供諮詢、教育或訓練：為刑事司法、少年司法及矯正體系、立法人員、執法人員、檢察官、律師、法律系學生及一般民眾，提供諮詢、教育或訓練。

2. 提供診斷、處遇及建議：(1)為涉及刑事司法、少年司法及矯正體系之民眾，提供診斷及處遇；(2)為心理狀態失常者、兒童權益受損者、失能者、無能力者，提供診斷、處遇、建議，或出庭作證；(3)為執法人員、刑事司法體系之相關人員，提供篩選、評鑑等服務。

3. 其他有關政策及方案發展、調停、倡導、仲裁、教學、督導、行為科學之研究及分析。

其中，司法社工為司法矯正體系，提供諮詢、出庭作證，是屬於法庭專家證人的身分提供服務。

有時，司法社工也協助犯罪者之更生保護及其家屬之社會適應。如果被要求陪同未成年人出庭或作證，社工不應在偵查庭或審判庭提出個人對於判決的主張。

(二) 犯罪矯正的實施策略

矯正（corrections）是法律的特殊產物，專指透過監禁、假釋、觀護，以及理想上的教育與社會服務，對於被審判有罪者的行為，尋求改變和改善的過程（Barker, 2014: 95）。顯然，矯正是執行刑法裁定罪犯應負的必要責任，而對於犯罪者的犯罪行為施予「矯正」的過程，而不是刑事司法行政上的「社會」過程。

一般而言，專家學者對於犯罪矯正，有各種不同的立場及策略（Charmpion, 2005，張英陣等，2022：367-368）：

1. 應報懲罰（retribution）：以牙還牙，對犯罪者施以懲戒，以示公平。

2. 嚇阻（deterrence）：作為預防犯罪的策略，強調「罪與罰」相互對等。

3. 矯正／感化（rehabilitation）：強調矯正而非懲罰，才是對待罪犯的正確方向。

4. 社會復歸（reintegration）：對受刑者施予教育及職訓，讓出獄者回歸社區。

5. 控制（control）：以社區為基礎的方案，提供更深層的監控及督導，以確保社區中犯罪者的行為能獲得控制。

(三) 社區處遇的型態或方式

1970年代，強調去機構化（deinstitutionalization），犯罪矯正避免大規模集中式的處遇，而轉換為社區處遇。此種改變，可減少矯正機構人數、避免犯罪者被不當地貼上標籤，也可縮短受刑人在機構的時間，提早恢復個人權利，這是當代少年犯罪矯正重視社區處遇的重要理由。

根據相關文獻所載（張英陣等，2022：375；李增祿，2012：488-490），常見的社區處遇型態或方式有：

1. 中途之家（halfway house）：以住宿為中心的型態，收容犯罪者，作為機構處遇與社區處遇的中途轉換站。

2. 緩刑與假釋（respite/parole）：緩刑是一種延緩入監服刑的判決；假釋是受刑人在服刑一段時日之後，因表現良好而有條件提早從監獄釋放。

3. 監外就業（work release）：受刑人於監禁時間可外出工作，與社區接觸及學習適應社會生活，非工作時間必須返回監獄。

4. 保護管束（supervision）：將假釋出獄者、緩刑宣告者，交付觀護人或其他適當之人加以監督輔導，防止再犯。

5. 觀護制度（probation）：觀護是不需要監禁的一種判決，由觀護人對於被判觀護處分者進行輔導及監督，目標在使罪犯重新回歸社區。

6. 更生保護（after care）：以就業輔導等方式，協助受刑人出獄後復建。

另外，我國於2009年在《刑法》中，增加犯罪者社會勞動役之規定，也屬於社區處遇的一種型態。至於少年輔育院、少年觀護所、矯正學校

等，仍屬於機構處遇，而非社區處遇。

(四) 修復式正義的內涵與精神

修復式正義（restorative justice），也稱修復式司法，是與懲罰式正義、矯正式正義相對應的新模式。

依據聯合國2020年《修復式司法方案手冊》所載，修復式司法係在解決犯罪問題的過程中，強調以賠償來填補被害人的傷害，使行為人為其行為負責，並且讓社區參與解決衝突的過程，尋求和解的可能性，朝著被害人及行為人希望的結果而發展出協議（李憶純，2022：146-147）。修復式正義的意涵和精神，有四項主張（張淑慧，2009：161-162）：

1. 犯罪破壞社會信賴並造成個人及社區的損害：應促使加害者對被害人的傷害有所反省，並以悔悟的對話、道歉、賠償等方式來修補犯罪的傷害。

2. 犯罪處遇的目的在於修補因為犯罪所造成的損害：不以懲罰加害人為目的，而是鼓勵加害人發展同理心，以彌補犯罪所造成的傷害。

3. 犯罪處遇的主要場域是在社區：因為犯罪也對於社區的安全感、秩序平衡，造成傷害，應該運用社區的力量，協助終止暴力與修補傷害。

4. 犯罪處遇需要被害人的參與：修復式正義最需要被害人的參與，以使被害人積極改變處境，修補身心創傷，恢復正常生活。

修復式正義常見於家暴案件人際關係的修復、少年偏差行為的修復、刑事案件被害人的身心修復，其目的在於促使加害人為自己的犯罪行為負起責任，責成加害人修補因為犯罪而造成的傷害，提供受害者物質和金錢等賠償，以滿足被害人回復正常生活的需求。

(五) 對於少年事件之處理

我國《少年事件處理法》於2019年6月修正時，廢止第85-1條有關7歲以上未滿12歲兒童觸犯刑罰行為，不再稱為「犯罪行為」或「虞犯行為」，而改稱「偏差行為」，也不移送少年法庭，而回歸學校輔導機制。同時，對於少年的觸法行為，也不再稱為「虞犯少年」，改稱「曝險少年」。至於《少年事件處理法》相關規定之要點如下：

1. **少年輔導委員會成員**：應由具備社會工作、心理、教育、家庭教育或其他相關專業之人員辦理相關事務（第18條）。

2. **保護管束與感化教育之執行**：期間均不得逾三年（第53條）。

3. **少年調查官的職務**：(1)調查、蒐集關於少保護事件之資料；(2)對於少年觀護所少年之調查事項；(3)法律所定之其他事務（第9條）。

4. **少年保護官的職務**：(1)掌理由少年保護官執行之保護處分；(2)法律所定之其他事務（第9條）。

5. **微罪之處分**：少年法院依少年調查官調查之結果，認為情節輕微，得為不付審理之裁定，並為下列處分：(1)告誡；(2)交付少年之法定代理人或保護少年之人，嚴加管教；(3)轉介到福利機構、教養機構執行過渡性之教育措施或其他適當之輔導（第29條）。但不包括：安置。

　　另外，依據「兒童及少年結束家外安置後追蹤輔導及自立生活服務作業規定」，對於交付安置輔導或感化教育結束，或交付轉介輔導之兒童、少年及其家庭，應予追蹤輔導，至少一年（第1條）。

　　其中，由少年保護官執行之保護處分，包括：(1)假日生活輔導（得令為勞動服務）；(2)執行保護管束（得將少年交付適當之福利機構、慈善團體、少年親屬之保護管束）；(3)少年法院交付安置輔導及感化教育之個案管理（許臨高，2016：131）。但是，少年保護官執行之保護處分，並不包括：訓誡、告誡、安置輔導，因為這些，是少年法院負責執行的工作。

(六) 家事事件之實施要點

　　我國《家事事件法》於2012年制定，將家事事件分為甲、乙、丙、丁、戊五類，由少年及家事法院處理（第3條）。其中，涉及社會工作與社會福利之內容：

1. **家事調查官**：法官得依職權命家事調查官就特定事項調查（第18條）。

2. **家事調解委員**：應聘任具有性別平等意識、尊重多元文化，並有法律、醫學、心理、社會工作或其他相關專業，或社會經驗者為調解委員（第32條）。

3. **程序監理人**：有關未成年人子女權利義務之行使或負擔事件，未成年子

女雖非當事人，法院應為未成年子女選任程序監理人（第109條）。

4. **陪同在場**：未成年人、受監護或輔佐宣告之人，表達意願或陳述意見時，應指派社工人員陪同在場（第11條）。

5. **協助強制執行**：家事事件之強制執行，得請求行政機關、社會福利機構協助執行（第186條）。

6. **依法調查證據**：法院審理家事事件，涉及家庭暴力或有危害未成年子女利益，得斟酌當事人所未提出之事實，並依職權調查證據（（第10條）。

　　簡言之，社會工作者在家事事件處理程序中，可擔任家事調查官、調解委員、程序監理人，而不是擔任少年保護官。

(七) 犯罪被害人保護法之保護對象

　　我國《犯罪被害人保護法》於1998年公布實施，2015年修正。該法的保護對象為：因犯罪行為而死亡者之家屬、受重傷者及性侵害犯罪行為之被害人（第1條）。

　　舉例言之，遭受家暴造成嚴重傷害之被害人、遭受酒駕者撞亡的被害人之家屬、性侵害之被害人，都是該法的保護對象，但是遭到性騷擾之被害人，並不是《犯罪被害人保護法》之保護對象。

 ## 第六節　職場社會工作

　　根據美國《社會工作辭典》所載，針對員工及家屬和事業單位提供社會工作的服務，有兩個名詞：工業社會工作（industrial social work）（Barker, 2014: 215）與職業社會工作（occupational social work）（Barker, 2014: 298）。

　　在美國，職場社會工作源自1940年代，少數企業使用「戒酒匿名團體」（AA）的方法，輔導員工改善酗酒習氣。1960年代，企業組織正式推行「職工戒酒方案」（occupational alcoholism programs）。到了1980年代，企業主發現許多員工有婚姻、家庭、財務、職業生涯、身心健康等

問題，影響員工的表現，損及企業的利潤，乃從「職工戒酒方案」，擴大為「員工協助方案」（EAPs），以協助員工解決多重問題（呂寶靜，2021：382）。

在臺灣，1972年，臺灣松下電氣公司開始推動「大姊姊」（Big Sisters）方案，由資深的女性員工，協助新進女工適應工作環境。1980年，內政部勞工司推展「勞工生活輔導員制度」。1994年，勞委會（勞動部前身）將「勞工輔導」更名為「員工協助方案」。2003年，行政院人事行政總處訂頒「行政院所屬機關學校員工心理健康實施計畫」。2013年，勞動部推動「工作與生活平衡計畫」。同一年，人事行政總處重新整建「行政院所屬及地方機關學校員工協助方案」。

據此可知，員工協助方案是職場社會工作的主要方法，它不僅適用於事業單位，也適用於政府部門。在政府部門，不只勞動部門推動，人事單位也在推動。至於美國的員工協助方案，最初是協助員工處理酗酒問題，而不是處理經濟、家庭、休閒的問題。

一　職場社會工作的意涵

美國《社會工作百科全書》2008年版將「職場」與「工業」並列，稱為「職場／工業社會工作」（occupational (industrial) social work），其意義（p.311）是指：

> 運用專業的社會工作者，在勞動或管理部門的援助下，以某些方案或服務，協助員工或企業主，並提供勞工或企業組織法定的社會福利需求。有時也運用志工或民間社會機構受過訓練的社會工作者，在特別的協議下，對各種行業的工會或就業服務機構，提供社會福利服務或諮詢。

由此可知，職場社會工作與工業社會工作可視為同義詞，且有下列特質：

1. **服務對象**：早期發展階段的服務對象是工廠員工，後來的服務對象已涵

蓋員工及其家屬，並逐步擴及事業單位、工會、就業服務機構。雖然，職場社會工作的服務對象已擴及工會或公會，但是社工並無推動工會或公會組成的法定責任。

2. **工作人員**：以專業社工爲主，必要時也結合其他專業人員及志工共同服務。

3. **工作方法**：主要是以方案設計來提供服務，例如：員工協助方案。有時也使用諮詢、倡導、轉介等方法，提供相關服務。因此，員工協助方案只是職場社會工作的一部分，並不等於職場社會工作。

4. **服務內容**：協助員工解決個人及家庭的困擾，也對企業主提供諮詢服務。

5. **服務目的**：一方面協助員工提高工作效能，另一方面協助企業／公司提高生產力，以達到增進員工福祉與企業利益之雙重目的。其中，協助企業／公司提高生產力，並不包括：協助企業／公司增加行銷業務的案量。

◼ 職場社會工作的服務項目

　　目前，職場社會工作的服務對象，已由勞工或員工的個人服務，擴及企業組織和工會，因而服務內容也日趨多元，其主要服務項目如下（曾華源等，2009：185-186）：

1. **提供以工作爲主之評估**：針對員工的表現，進行整體評估，並將評估報告，提供給組織的管理者，用以推動相關改善事項。

2. **增強組織結構及資源管理政策**：協助弱勢員工獲得適當的工作安置，也爲員工提供支持性服務，並檢視性別相關政策，以降低職場歧視。

3. **研擬與工作有關之創新方案**：例如：強化工作與就業發展方案，讓員工對於相關方案的參與有更多選擇的機會。

4. **提供員工所需之服務**：連結及運用社區資源，提供個人健康及促進家庭功能之福利服務。例如：針對吸毒或酗酒而影響工作表現的員工。提供諮商服務。

5. **維護員工權益與建立友善之職場環境**：協助員工成立自助團體，爲所有

員工爭取應有的權益；為員工創造優質的工作環境。必要時，也參與推動相關政策、法規之改革。

理所當然，受僱於本國企業的外籍「移工」，也應該被納入服務對象，有機會獲得上述服務項目，以符合公平、正義之原則。而且，應該針對他們的特殊需求，提供其他必要服務項目。例如：針對勞資爭議，提供諮詢服務；針對食宿條件欠佳，倡導生活權益；針對契約過期，提供庇護服務，而不只是提供職業技術之指導。

綜言之，職場社會工作不僅在於協助員工提升工作效能，關心員工的健康問題及家庭功能，而且關心組織結構的改革、資源管理及人力資源政策的改善，以及研發和工作有關的多元且創新的福利方案，倡導員工的權益。但是，服務項目並不包括：鼓勵員工轉任職務，也不包括：協助雇主蒐集員工私人的生活資訊。

三 職場社會工作者的角色

綜合相關文獻的描述（Glicken, 2011: 223-224；方隆彰等，2011：36），職場社工經常扮演下列角色：

1. **權利維護者**（ombudsmen）：運用諮商、調停、懷柔（conciliation）、事實認定（fact-finding）等策略，解決職場的爭議，維護員工應有的權利。

2. **促進者**：當員工涉入爭議，且處於低度公平情況，透過激勵措施及資源提供，促進他們發展解決爭議的可能途徑。

3. **協商者**：當員工雙方的爭議陷入僵局，且有潛在危險，社工以「第三者」（third party）的立場，提出解決問題的建議或意見。

4. **問題解決者**：採取以利益為基礎的問題解決（interest-based problem solving）取向，運用腦力激盪技術，協助員工解決他們的問題。

5. **訓練者**：透過在職訓練，協助員工確認自己和其他人之間潛在的衝突問題，也了解解決的各種方案。

6. **安全檢查者**：對於職場的工作安全有高度敏感，促使組織加強安全檢查，一旦發現職場不安全，立刻處理。

㈣ 職場社會工作的實施原則

當前的職場社會工作，以員工協助方案為主要方法，我們可依國際員工協助專業協會（Employee Assistance Professional Association, EAPA）於2009年提出的專業人員倫理守則（引自呂寶靜，2021：386-387），來思考職場社會工作的實施原則：

1. **與團隊成員協力合作**：共同為員工服務，提升專業服務的價值和標準。
2. **尊重員工案主的權益**：以社工專業提供服務，轉介服務應符合員工需求，對案主資訊保密，追蹤服務直到確認案主需求已獲適當協助為止。
3. **持續強化社工的專業知能**：參與終身學習與專業訓練，強化員工協助方案所需能力和熟練度。
4. **對雇主或事業單位有責信**：在社工專業和技術範圍之內，精確提供服務，據實呈報服務成果。
5. **致力於專業研究及發展**：研究前，先向事業單位提出研究計畫的正確資訊，取得同意後，進行研究，提出成果供事業單位改進。
6. **合理對待外部相關機構**：不因金錢誘因而將案主轉介到特定的員工協助之服務機構，應以公平、合法及專業的態度，對待外部相關機構。
7. **對社會大眾有責信**：有關員工協助領域的公開陳述，不得故意製作欺騙的言論；對於員工協助方案之服務，要遵守高道德標準。

㈤ 職場社會工作相關議題

(一) 員工協助方案之概念

職場社會工作的服務，主要有：員工協助方案、人力資源方案、社會及社區變遷方案、多重服務方案（李增祿，2012：470-472；曾華源、高迪理，2007：348-350）。其中，員工協助方案是職場社會工作最常使用的服務模式，有必要了解其基本概念：

1. **意義**：員工協助方案（EAPs）是一套運用於工作職場的方案，目的在於發現及協助員工解決可能影響工作效能的個人問題（包括健康、婚

姻、家庭、財務、法律、情緒），以及協助組織（事業單位）處理可能影響生產力的相關問題（EAPA, 2010: 6，引自施能傑，2017：5）。

2. **服務對象**：包括員工個人及其家屬、組織及管理者。

3. **服務範圍及內容**：

 (1) 個人層次：包括工作面（例如：工作適應、職涯規劃）、生活面（例如：婚姻諮詢、子女照顧、債務處理）、健康面（例如：親子溝通、醫療保健資源）、服務系統面（例如：員工關懷、轉介程序）。

 (2) 組織及管理層次：包括組織面（例如、重大事件管理）、管理面（例如：主管在員工發生影響工作效能等問題時，對員工之協助或轉介）。但不包括：規劃員工薪資福利、處理員工的薪資加給問題，因為這些是人力資源單位的職責。

嚴格地說，員工協助方案（EAPs）是企業主贊助（employer funded）的方案，如果由勞動者工會贊助（labor-union funded）的方案，則稱為「會員協助方案」（member-assisted programs, MAPs）（Barker, 2014: 298）。

(二) 員工協助方案的核心技術

國際員工協助專業協會（EAPA）強調，專業人員在規劃及執行員工協助之相關方案時，必須具備下列核心技術（呂寶靜，2021：385-386）：

1. **協助管理之技術**：對職場的領導者（例如：管理者、督導、工會幹部）提供諮詢、訓練，以期有效管理經常出錯的員工。

2. **推動協助之技術**：對員工、家屬和事業單位，積極推動有效的員工協助服務。尤其，推動事業單位的協助至關重要，而不只推動員工及家屬的協助。

3. **評估之技術**：為可能影響其工作表現的員工個人，提供信任且及時的問題診斷／評估之服務。

4. **干預之技術**：運用結構性的面質、激勵和短期干預，向員工提出可能影響其工作表現的問題，然後一起解決問題。

5. **轉介之技術**：根據診斷及處遇的情況，協助員工轉介適當的輔導／治療機構，且對於轉介後的服務，提供監測和追蹤。

6. **維繫關係之技術**：協助事業單位，與機構員工及其他服務提供者建立且維繫有效關係，以及管理員工與服務提供者之間的契約履行。

7. **整體服務之技術**：對事業單位提供諮商，使其有效協助員工處理有關藥物與行爲問題（例如：酗酒、藥物濫用、情緒困擾），以增進其健康福利。

8. **檢視成效之技術**：評量員工協助服務方案的實施，對於職場組織和員工個人工作表現之成效。

(三) 我國員工協助的主要方案

2009年，當時的勞委會在《員工協助方案指導手冊》中（p.14），依據服務的專業性，將員工協助方案（EAPs）區分爲七種服務方案：(1)心理諮商／諮詢服務；(2)健康醫療服務；(3)法律相關服務；(4)理財稅務服務；(5)管理相關服務，(6)危機處理服務；(7)其他相關服務（例如：新進人員適應服務）。但不包括：休閒娛樂服務。

到了2020年，勞動部新編《員工協助方案推動手冊》（p.31），依據國內實施情況，提出六種服務方案：

1. **新人工作適應方案**：協助新進員工適應環境，減少不同年齡員工之衝突。
2. **職場心理健康方案**：培養員工正確之職場健康照護觀念。
3. **職場人際溝通方案**：協助主管與員工間之溝通調適。
4. **友善家庭支持方案**：提供員工家庭照顧支持措施。
5. **遭受家庭暴力員工協助方案**：確保遭受家暴員工之人身安全。
6. **中高齡員工工作支持方案**：協助中高齡員工操作新設備的能力和信心。

(四) 社會及社區變遷方案

社會及社區變遷方案（social & community change programs）是針對當前社會變遷的需求而設計的方案。職場社工對於問題的解決，應從巨觀的角度來處理，包括三個途徑（李增祿，2012：471）：

1. 肯定行動（affirmative action）：包括行政中立訓練、公平政策發展、預防工作歧視的研究和倡導等方案。
2. 社區關係方案：包括建立工商業或員工有關於社會資源與附近鄰里關係、與政府相關單位關係之發展和維持等方案。
3. 工商業界社會責任方案：這是工商業對社會回饋的方案，包括對附近社區居民及社會大眾有關環境、生活、活動之贊助。

其中，職場社工擔任工商業與社會領袖之間的聯繫工作，評估社區團體對於捐助之要求，協調工商業回饋社區鄰里及社區。也稱企業社會責任模式，而不是員工服務模式。

至於預防工作歧視，美國的做法是透過法案，反對任何種族、性別、年齡、功能受限等各種有形和無形的職場歧視，尤其在加州、密西根州和德州，已取消以性別和種族為優先考量的相關政策（曾華源、高迪理，2007：353）。就此而言，預防職場歧視的有效方法，是關懷及照顧少數族群與弱勢的員工，而不是鼓勵公司成員舉發不當對待，也不是避開勞動法規而另訂定勞動契約。

綜言之，在社會及社會變遷方案中，專業社工的職責是促使員工與附近社區維持良好關係、推動企業的社會責任、預防職場歧視，而不是為了擴大企業產品的行銷網絡，才與社區建立公共關係。

 ## 第七節　災變社會工作

災變（disaster），也稱災難或災害。社會工作向來重視改變，況且災情多變，需有適當的應變措施，似乎較適合使用「災變」一詞。至於使用「災難」、「災害」或其他名詞者，仍應予尊重。

如眾所知，一旦發生重大災變，往往傷害人們的生命或健康，損毀人們的房屋或財物，破壞人們的生活環境，需要投入無數的人力及資源，進行緊急應變及重建工作，以協助受災者恢復正常生活。

社工人員在防災與救災過程中，雖然不是主導者，卻是防救災團隊的重要成員。在美國，米勒（Miller, 2004）指出，無論是自然或人為的災變

發生，社工一定會出現在那裡。美國社會工作教育委員會（CSWE）有鑑於災變頻仍及社工在防救災的重要性，於2007年提出「災變管理與社會工作」（Disaster Management and Social Work）的新課程，以供社會工作教育單位參考（林萬億，2018：216）。

在臺灣，1999年發生「九二一大地震」之後，成立災後社區重建中心，運用社工人力辦理相關工作，才引發社工界注意災變社會工作的議題。2009年，莫拉克風災重創南臺灣，更帶動社工界廣泛討論災變社會工作相關議題。2000年通過《災害防救法》，2022年6月修正，設立中央、縣市、鄉鎮市區（含原住民區公所）三級防災會報，並視災害之規模性質，在中央、縣市、鄉鎮市區（含原住民區公所）成立災害應變中心及其分級，使災害防救有法源可依據，有制度可遵循。

● 一 災變社會工作的意涵

所謂「災變社會工作」，顧名思義，是社工人員介入災變發生的區域，運用他們的專業知識及技巧，協助受災的個人及社區進行防災救災。災變社會工作的意涵，至少涉及三個概念：

(一) 災變

聯合國發布的「國際減災策略」（International Strategy of Disaster Reduction, ISDR）將災變（disaster）定義為：一種自然、人為環境與社會過程之間複雜的互動下，產生顯著地對人類與永續環境的傷害。不管哪一災變，都有下列性質（Drabek, 1970，范舜豪、吳慧青，2018：478；林萬億，2010：6-7）：

1. **突發性（suddenness）**：有些災變發生之前有二至三天的預警期，有些災變的預警期很短，甚至沒有預警就突然發生。

2. **不熟悉（unfamiliarity）**：人們多半見識過不少災變，但是它終究不是生活中熟悉的事物。

3. **難預料（unexpectedness）**：災變通常難以推測。即使專家，也無法精確預測輕度颱風會不會變成強烈颱風，地震會不會引發海嘯，災變會造

成多大傷害？

4. **高度地區性**（highly localized in scope）：災變的發生，有高度的地區性，其影響範圍可能是一個住宅區、數個縣市、一個國家或數個國家。

5. **警報脈絡的差異**（warning contexts varied）：災變可能發生於不同時間、不同地區；可能是一次性，也可能是連環性，因而有不同的警報脈絡。

(二) 災變救援

災變救援（disaster relief）是在災變發生時，立即以行動提供保護及安全措施，以避免受害者身體與精神持續遭受危險，同時也朝向恢復社會秩序和物質供應的功能，以因應受害者的實際需求（Barker, 2014: 120）。

災變救援是一種緊急需求的服務（emergency basic needs services），針對處於危險中的個人及家庭，即時提供食物、飲用水、避難所、衣物和燃料等，以因應其短期基本生活之需（Barker, 2014: 139）。

(三) 災變管理

災變管理（disaster management）是從災變發生到災後復原及重建的一系列過程，目的在於減少災變造成的傷害。通常可分為四個階段（Godschalk, 1991，引自林萬億，2011：9-10）：

1. **災難預防期**：災難發生前的防範措施。例如：預警系統的建構、防災教育的實施。此期，也稱「減災」準備期。

2. **災難整備期**：預測災難可能發生，而準備因應措施。例如：防災、救災人員的組訓、救災器材的充實及管理。

3. **災難應變期**：執行緊急救難的行動。例如：動員救災資源，搶救受災人員、財務、水電及交通設施。此期，也稱救援期。

4. **災難復原階段**：進行災後重建工作。例如：危險建築物的拆除、基礎工程的修復、災民就業或創業的輔導、創傷後壓力的紓解。

綜言之，災變是一種重大事故，必然造成個人生命上、精神上與社會、經濟或政治上的重大效應，即使採取異於平常的作為或提供額外的資

源，也難以達到原本預期的結果。但是，災變不同於單一的疏失所造成的事故，雖然意外事故常須啟動緊急應變作為，不過一般事故的影響範圍較小，損壞的程度較低，也比較容易處理或解決。

🔵 災變社會工作的服務項目

傑寇爾（Zakour, 1996）認為社工在災變管理方面的任務有下列幾項（引自林萬億，2018：220-221）：
1. 提供脆弱人群的社會服務。
2. 預防嚴重的身體健康與心理健康之後果。
3. 連結個人與資源及協助體系。
4. 連結相關體系，並促使其更接近服務使用者。
5. 改變微觀與巨觀體系，以促進服務使用者的福祉。
由此可知，社工參與救災有兩大任務：一是資源體系的開發及連結，二是弱勢人口群的關懷及協助。

🔵 災變社會工作者的角色

社會工作者其在災變管理的不同時期，各有其重要角色：
1. **在災變預防期的角色**
   (1) 宣導者：透過宣導，加強民眾對災變的警覺。
   (2) 勸導者：協助勸導民眾搬離危險區域。
2. **在災變整備期的角色**
   (1) 組織者：協助社區居民組成「災難應變小組」，以備動員。
   (2) 資源管理者：統整及管理救災的人力、物力等資源。
3. **在災難應變期的角色**
   (1) 危機介入者：評估民眾受災情況，協助處理危機。
   (2) 訊息提供者：提供民眾有關救災相關訊息。
   (3) 物資發放者：依據資格及程序，發放救援物資、慰問金、救濟金。
   (4) 緊急安置者：依據災民意願，安排臨時住所。

(5) 心理支持者：陪伴災民，提供支持性傾聽、悲傷輔導等服務。

4. **在災變復原期的角色**

(1) 心理諮商者：協助災民進行災後的心理調適、心理重建。

(2) 充權者：經由增強權能的過程，強化災區居民防災救災的能力。

(3) 倡導者：爲使受害者得到公平處遇而進行倡導。

通常，災變整備期最重要的工作，是組成災難應變小組，而不是災難風險分析、災難現場指揮系統的建立、救災資源的動員。同時，社工在災難應變期的角色最爲吃重，包括：發放救援物資、提供悲傷輔導，並且扮演危機介入、資訊提供、情緒支持等角色，但不包括：使能者的角色，也不包括災害防救資訊網路之建立。而且，在重大災變中發救援物資及慰問金給受災家庭，是一種社會救助，而不是一種家庭社會工作。

上述諸多角色，可再歸納爲兩種類型的角色：一是直接服務角色，例如：情緒支持者、訊息提供者、心理諮商者；二是間接服務角色，例如：組織者、資源管理者、充權者、倡導者。

四 災變社會工作的實施原則

莫拉克風災侵襲南臺灣之後，政府成立27個災後生活重建服務中心，委託民間團體辦理重建服務。筆者曾於2009-2012年擔任重建服務中心考核委員，連續四年深入災區了解災後重建情況，並與災後生活重建服務中心的社工及相關人員對話。茲就所見所聞、將災變社會工作的實施原則，歸納爲下列幾項：

1. **事前防災勝於事後救援**：災變發生之應變措施，緩不濟急；災後重建工作，百廢待舉，痛定思痛，始知事後緊急救援不如事前多做防備。

2. **儘量爭取政府的行政支持**：受災地區本身的資源有限，外界支援也有一定的時間和數量，因此各項防災救災，應儘量爭取政府的行政支持及經費支援。

3. **動員在地民眾參加救災及重建**：只有本地人才眞正關心本地方的事務，外來者可能別有動機，故應動員在地民眾，以集體行動參加救災與重建工作。

4. **尊重在地人的意見及意願**：即使政府投入無數的經費及人力於災區救援與重建工作，但是最了解災區需求者還是在地人，應尊重他們的意見及意願。

5. **兼顧災區重建與災民就業需求**：對於災變的救援與重建，政府政策是先救人、興建「中繼屋」與「永久屋」、整治災區環境，然而災民的迫切需求是先找到工作，有收入來維持家計，也就是「先顧肚子，再顧佛祖」，故應兩者兼容並蓄，雙管齊下。

五 災變社會工作相關議題

(一) 災變管理的進程及其重要課題

竇滋與紐林（Dodds & Neuhring, 1996）認為災變管理階段中的復原期應予延長，形成災變管理進程的五個階段：(1)災變前準備；(2)直接災變影響；(3)災變後救援；(4)延長復原；(5)重建。另外，羅勃（Robert, 2006）進一步提出ABCD模式的危機管理與災變情境，也就是災變管理的四個階段都要處理三個課題（引自呂寶靜，2021：432-33）：

A. **災變救援人員抵達**：必須處理的課題：

(1) 緊急救援團隊或危機介入人員，進入災難現場。

(2) 進行災變情境、危機回應與緊急救援人員之評估。

(3) 估計財產損失，評估環境設施的破壞及其對人們的危險性。

B. **建立救援系統**：必須處理的課題：

(1) 建立救援相關人員的溝通網絡。

(2) 界定觸發事件及人們的反映情況。

(3) 澄清災變情境最大的威脅問題。

C. **危機介入**：必須處理的課題：

(1) 以優勢觀點來執行危機介入。

(2) 認知及重新架構危機介入計畫。

(3) 連結其他支持團體，進行危機解決。

D. **發展後續計畫**：必須處理的課題：

(1) 發展災變心理衛生與後續照顧。

(2) 處理創傷症候及長期復原技術。

(3) 追蹤或轉介社區資源。

　　這四個階段所應處理的課題，很有社會工作的取向，值得災變社工借鏡及運用。

(二) 創傷後壓力症的紓解

　　自1980年代之後，社會工作受到心理學的影響，在災害事件處遇中，開始重視「創傷後壓力疾患」（post-trauma stress disorder, PTSD）的議題。社工可在救災人員（含社工、志工），以及災變的倖存者出現創傷後壓力疾患症狀時，提供壓力紓解，而工作者也可自我照顧。

1. **創傷後壓力疾患的症狀**：依據《精神疾患診斷與統計手冊》的描述，創傷後壓力疾患的主要症狀有四：

   (1) 重現創傷的經驗，例如：反覆回想到此一災難事件。

   (2) 刻意避開災難相關事物，例如：避免討論災難事件。

   (3) 以麻木的方式面對，例如：對事情變得不感興趣。

   (4) 過度警覺反應，例如：無法入眠，或半夜醒來。

   舉例來說，志工進入災區進行救災，出現創傷後壓力反應，最初的症狀是創傷經驗重現，也稱「二度創傷」，而不是：同理情境。

2. **創傷後壓力紓解**：創傷壓力越快處理越好，紓解的方法，可採取一種小團體的介入技術，如同一般團體工作或團體治療的設計，成員以8至12人為宜，帶領壓力紓解的團體工作者，包括：精神科醫師、心理治療師、社會工作師，以及有經驗的非專業領導者，團體進行的時間約1.5小時至3小時（呂寶靜，2021：452）。

3. **工作者的自我保護**：工作者在投入災害防救期間，如果意識到需要紓解壓力時，可從生活狀態及自我想法開始調整工作步調（范舜豪、吳慧青，2018：484-485）：

   (1) 避免長時間單獨工作的狀態。

   (2) 避免長時間工作而缺少休息或回家。

   (3) 避免充滿強烈的不適任感和無能感。

(4) 避免使用過量的物質或食物來面對情緒壓力。

簡單地說，工作於災變情境，難免有壓力。如果壓力較小，可自我保護和調適，但是自我調適的方式，不包括：避免與災民用餐，才有清楚的責信；如果出現創傷後壓力疾患，則應接受專家協助壓力紓解。

(三) 災變心理衛生服務

大型災難發生，救災人員、災區居民，目睹或聽聞災難慘狀的人，在心理上可能受到嚴重衝擊，產生恐慌、焦慮、不安等情緒反應，需要心理衛生人員介入，提供心理衛生服務。

美國國家創傷後壓力疾患防治中心（National Center for PTSD）出版的《災變心理衛生服務指引》（*Disaster Mental Health Service Guide Book*）指出，災變心理衛生工作的基本策略是：提供救災人員、社區、機構，及時的、階段性的心理衛生服務，可分三個階段（引自黃盈豪，2010：330）：

1. **緊急期**（emergency phase）：災變發生的最初數天。
2. **衝擊初期**（early post-impact phase）：災變發生的最初三個月。
3. **重建期**（restoration phase）：災變發生的第四個月之後。

不過，大部分的人在災變發生之後，不認爲自己需要心理衛生的服務，也不會尋求此方面的協助。因此，心理衛生工作人員爲了順利介入災變事件的處理，會擱置傳統方法，採取積極主動的接觸方式，並且配合災變的不同階段，提供適當的而有效的介入方式。

歸結地說，社會工作的實施領域，所在都有，不勝枚舉。除了本章所述的家庭、醫務、心理衛生、學校、司法、職場、災變等領域的社會工作之外，還有一些領域的社會工作也在發展之中。例如：軍隊社會工作、金融社會工作、綠色社會工作、發展性社會工作、氣候變遷社會工作等，尚待探討。

第十一章
社會工作理論及應用

建構一套有系統的理論，是社會工作專業化的條件之一。然而，有人卻懷疑理論的價值，認爲：「不要聽那些學院派胡說八道，我們是生活在眞實的世界」；「我對理論沒有興趣，我喜歡實務」（Tompson, 2018: 12）。甚至有些社工一離開校園，就把理論拋出窗外（Munro, 1998；簡春安、趙善如，2008：524）。

　　事實上，許多社會工作的理論，已應用於社會工作實務。本章將擇要探討較常使用的社會工作理論及應用。

第一節　社會工作理論之概觀

　　理論（theory），是基於事實的觀察，而形成一組相關的假設、觀念或結構，用以解釋一種特定的現象（Barker, 2014: 430）。社會工作理論，在於描述社會工作介入的目標與組成社會工作的活動，並解釋這些活動如何有效達成目標（林萬億，2022a：251）。以下略述其梗概：

一 社會工作理論的演進

　　社會工作理論的演進，從無到有，從少到多，源遠流長，變化亦多。綜合相關文獻的論述（Rogers et al., 2020: 241-308；Thompson & Stepney, 2018: 1-5；宋麗玉，2021：26-30），可分爲四個時期：

(一) 精神分析觀點時期（1920-1950年代）

　　社會工作從1910年代開始重視理論。1915年，佛雷克斯諾（Flexner）批評社會工作缺乏理論基礎，不具專業條件，1917年，李奇孟馬上搬來佛洛伊德學派的精神分析，寫成《社會診斷》，開啟了個案工作的診斷模式。

　　隨後，心理學家巴夫洛夫（Palov）、史金納進行「刺激與反應」的實驗，促成了社會工作的行動論、功能論、認知行爲理論。

　　到了1929年，美國發生經濟大恐慌，曾有危機介入措施，可惜未能形

成有系統的理論。

顯然，美國社會工作發展的過程中，在二十世紀初期深受佛洛伊德學說的影響，將社會工作的焦點放在對服務對象的心理病理學上。這段時間，稱爲：精神分析的洪流（林萬億，2022a：114），而非社會心理的洪流、區位生態的洪流。

(二) 社會觀點與人本主義時期（1950-1970年代）

1945年，二戰剛結束所留下來的殘破景象，喚醒世人對社會的關懷，促成心理暨社會觀點。

1950年代，羅吉斯（Rogers）的人本心理學，促成社會工作的人本主義。

1960年代，美國介入越戰，引發青年的反戰、嬉皮、濫藥、性解放等問題，均須優先處理，短期解決，同時令人質疑在這緊要關頭，是否繼續對少數族群或被壓迫者提供服務？因而開啟短期處遇的任務中心取向、問題解決取向。

(三) 生態系統觀點時期（1970-1980年代）

1970年代，物理學的系統原理被應用於人類問題分析，促成了系統理論。生物學的生態理念也應用於社會工作，形成生態觀點。生態觀點又與系統理論結合，成爲生態系統理論。

這些兼顧個人與環境的雙重焦點，與1970年代綜融取向社會工作的主張，同條共貫，前後輝映。同時，爲了因應個人與環境之間的調適，發展出社會支持網絡模型。而且，早先1960年代對於社會結構的反動，也在1970年代形成基變取向。

(四) 充權觀點擴散時期（1980年代之後）

進入1980年代，反不公、反壓迫，而思考改革的充權觀點，開始擴散到優勢觀點、女性主義觀點、後現代觀點。這些觀點深受社會工作者的關注，也逐漸形成重要理論。

上面描述，是社會工作理論及其相關措施演進之梗概。但是，社會工

作理論的演進並非直線，有些理論有二、三波的發展，或者沉寂一段時間之後，又重現於江湖之中。

社會工作理論的重要性

綜合相關文獻的論述（Thompson, 2018: 9-12；林萬億，2022a：247；宋麗玉，2021：1-4；簡春安、趙善如，2008：25），理論對於社會工作實務，有下列重要性或價值／功能：

1. **增進事實的了解**：要了解人在環境中的複雜性，不能只憑社工的經驗和直覺，應由理論來了解事實，並將其系統化、模式化與秩序化。
2. **協助問題的界定**：理論協助我們界定有待處理的問題，構思如何介入。
3. **指引行動的選擇**：理論指引我們選擇適當的介入行動。
4. **帶出處遇的程序**：一個完整的理論，可解釋某些事實面向，帶出可靠的技術性程序，或預測想要的結果。
5. **引領過程的管理**：理論可協助我們在實務過程中，以專業的知識基礎，引領處遇的有效管理，以確保預期目標的達成。

簡言之，理論是社會工作實務的重要指引，讓社工知道如何進行處遇，而不會因為理論過於抽象，就依主觀判斷來設計處遇計畫，而影響後續實務過程的有效運作。

理論與實務之間的關係

如果說：「我對理論沒有興趣，我喜歡實務工作」，好像社會工作的理論與實務兩者，涇渭分明，互不相干。事實不然，社會工作的理論與實務，彼此互動，關係密切：

(一) 依實務經驗而形成理論

理論是一種累積的過程，最初來自事實的觀察而予抽象化，然後透過系統研究，確認變項之間的相互關係，形成一套相關的假設、觀念與結構，用來解釋特定的現象。同時，理論也是專業的同行之間或不同專業之

間，相互對話的知識基礎和語言媒介（宋麗玉，2002：Viii）。

(二) 將理論應用於實務工作

湯普森（Thompson, 2018: 15）的見解：

1. **應用理論於實務**（apply theory to practice）：這是傳統取向，從理論著手，探討某理論如何應用於實務。好比社工拿著成衣（現成的理論）去套在特定對象（實務情境）的身上，常需繞道而行（換到衣服合身），過程比較緩慢，也不一定切合實際需求。

2. **理論化實務工作**（theorizing practice work）：這是新的取向，從實務著手，視實務情境的需求，而應用某種理論來處理實務。好比社工針對特定對象（實務情境）的需求，拿著布匹（適當的理論）來量身打造（衣服），不必繞道而行（可當場處理），過程比較快速，又切合實際需求。

湯普森更以案例說明：一個7歲女孩，因為受傷而引起關注。如果社工從受傷的「女孩」著手，再應用兒童保護的專業知識去協助她，這是傳統取向。如果社工從女孩的「受傷情況」著手，再應用發展遲緩容易受虐的專業知識去協助她及她的家人，則是新的取向。但是，這個女孩如果是黑人，因其文化差異，必須透過批判反思，而應用其他適當的理論。

綜言之，社會工作專業的成長，需由實務經驗形成理論，用以指導實務；再由實務來驗證理論，進而充實或修正理論。

🔟 社會工作理論的分類

社會工作理論的觀點、模式或派別，為數可觀，加上其家族成員，更是錯綜複雜，必須分類，以利了解：

(一) 依據理論來源分類

1. **外借理論**：借用其他學科的理論，例如：精神分析論、認知行為論，是借用心理學而來的理論；系統理論、生態理論，是借用生物科學而來的

理論。

2. **實務理論**：從社會工作實務經驗中發展出來的理論，例如：心理暨社會、問題解決、任務中心、危機介入、充權觀點、優勢觀點、生活模式等理論。

(二) 依據建構模型分類

希伯齡（Siporin, 1975）將專業社會工作實施模型，分為兩個次級理論（李增祿，2012：52-53）：

1. **預估或診斷的理論**（assessment or diagnostic theory）：包括問題之研究分析、情境之評估，以及整合治療計畫或處遇方法的程序。

2. **干預或處置理論**（intervention or treatment theory）：包括治療原則、方案發展、變遷過程及效益評估等項目。

希伯齡所建構的專業社會工作實施模型，是一種基本的助人模式與理論，包括兩個實施原則：一是倫理性實施原則，二是技術性實施原則。但是不包括：結構性、功能性的實施原則。

(三) 依據角色定位分類

1. **形式理論**：較抽象且以案主問題內部因素為基礎的理論，例如：系統理論、生態觀點、基變觀點、充權理論、女性主義觀點等理論。

2. **實質理論**：較具體且以案主問題外部因素為基礎的理論，例如：解決焦點、任務中心、危機介入等理論。

(四) 依據活動與目的分類

佩恩（Payne, 1997）將社會工作理論分為三組（林萬億，2022a：277-278；宋麗玉，2002：29），但不包括：外借—實踐理論。

1. **反身—治療觀點**（reflexive-therapeutic views）：社工與案主相互影響，進而促使案主成長及自我實現，以獲最大福祉，例如：心理動力、危機介入等理論。

2. **社會主義—集體主義觀點**（socialist-collectivist views：社工尋求社會的合作及支持，以協助弱勢者獲得權力，例如：基變、充權、反壓迫等

理論。

3. **個人主義─改革主義觀點**（individualist-reformist views）：社工協助案主滿足需求，並促進社會變革，以增進個人與社會的配適度（goodness of fit），例如：認知行為、任務中心、系統觀點等理論。

(五) 依據涵蓋層面分類

1. **微觀理論**：其論述重點涵蓋個人內在層面，例如：精神分析、認知行為、心理暨社會、危機介入、任務中心、存在主義、解決焦點、優勢觀點、人本主義等理論。

2. **中觀理論**：其論述重點放於微觀與巨觀的中間地帶，涵蓋個人與環境的連結及互動，例如：系統理論、生態觀點、社會支持網絡觀點等理論。

3. **巨觀理論**：其論述重點涵蓋結構面，詮釋問題並提出策略，例如：基變理論、女性主義觀點、充權觀點、多元文化觀點等理論。

　　其中，認知行為理論，在分類上屬於微觀取向。而且上述分類，是一種理想型（ideal type），理論之間可能有重疊的現象。例如：認知行為、任務中心，也被視為治療的一部分，可放在反身─治療理論之中（林萬億，2022a：278）。

 ## 第二節　微觀之社會工作理論

　　微觀理論，著重於個人觀點。此類理論較多，除了前面討論個案工作已提及心理暨社會、功能、問題解決、任務中心等理論之外（見第五章），此處針對心理動力、認知行為、優勢觀點、危機介入等微觀理論，略述其核心理念、應用領域、運作程序。至於微觀的其他理論，則扼要陳述。

一　心理動力取向

　　早在1910年代，李奇孟為社會工作尋找理論基礎時，就曾引進佛洛

伊德等心理取向的相關知識：精神醫學、心理學、行為科學，來為社工提供診斷及促進個人改變的實務技術（Healy, 2014；林萬億，2022a：279）。因此，心理動力理論（psychodynamic theory）可視為精神分析觀點（psychoanalytic perspective）的同義詞（宋麗玉，2021：35）。

當前，有些社工基於服務需要，也接受諮商與心理治療訓練（Payne, 2018: 65），顯示心理動力取向對於社會工作的影響，已超過一百年。

(一) 核心理念

貝基特（Beckett, 2006: 47-48）針對心理動力取向的實務，提出四個重點：

1. **過去的重要性**：人們對於兒童目前嚴重問題的探討，著重於早期童年的經驗、童年時期與父母或照顧者的關係。

2. **潛意識的理念**：人們在意識上感到壓力過大時，可能將其壓抑在潛意識之中，並且透過保衛機制來保護自己。

3. **情感轉移的理念**：人們在接受心理治療的過程，可能將自己對於某一特定對象的強烈感覺，轉移在治療師身上。

4. **頓悟與釋義的必要**：由實務工作者引導案主了解自己，面對過去未解決而需「自我修復」的議題，集中心力去克服心理困擾。

(二) 應用領域

心理動力取向關切長期影響人們社會關係改變的因素，在實務上適合應用於寄養的兒童、障礙者、有心理健康問題者、成癮者與老年人（Payne, 2018: 73-74）。

(三) 運作程序

將心理動力取向應用於實務工作，其步驟如下（Strean, 1983: 38-43；簡春安、趙善如，2008：341）：

1. **提問與傾聽**：藉由提問，了解案主的焦慮、反抗、拒絕、移情等現象。再由傾聽，深入了解案主的情結所在。

2. **澄清**：對案主的回應加以澄清，以確認是否他的真正想法。

3. **解釋**：對案主的言行舉止，做出合理解釋，使問題脈絡合理化。

4. **頓悟**：經過仔細分析，使案主減輕長期壓抑與焦慮，對問題有新的看法，或賦予新的意義。

🔵 認知行為理論

認知行為理論（cognitive-behavioral theory），歷經三個波段的發展（Stepney & Davis, 2018: 78-81）：

第一波，行為取向起源於巴夫洛夫（Pavlov, 1927）的古典制約、史金納（Skinner, 1953）的工具制約、班杜拉（Bandura, 1977）的學習理論，交織形成社會學習理論（social learning theory）。

第二波，根據艾里斯（Ellis, 1962）與貝克（Beck, 1989）有關案主的焦慮與沮喪等類經驗之研究，發展出認知行為理論（cognitive-behavioral theory, CBT）。

第三波，威羅斯與山德斯（Wills & Sanders, 2013）根據傳統的認知行為理論模式，發展為認知行為的整體模式（holistic models of CBT）。

(一) 核心理念

傳統的認知行為理論，相信人們面對特殊的情境或事件時，先經過一些思考過程，再呈現適當的行為。簡言之，認知行為模式是四個要素：感受（feelings）、身體徵兆（physiology）、思考（thoughts）、行為（behavior）的循環運作。傳統的認知行為取向，可概念化為一組ABC的架構（Stepney & Davis, 2018: 79）：

A行為的前提（antecedent）：前提因素是什麼？或什麼引發那事件？

B信念或行為（belief or behavior）：對於那事件的信念或行為。

C行為的後果（consequences）：隨著那事件所呈現的行為之後果。

至於認知行為的整體模式，則在前述四個要素上，再加三個要素：(1)承認外在事件引發感受的重要性；(2)檢視案主人際關係及信念；(3)考慮可能增強案主問題的因素（Stepney & Davis, 2018: 81）。

(二) 應用領域

此理論可應用於：(1)心理健康的問題：焦慮、沮喪、恐懼症（phobias）、成癮、網路沉迷；(2)親職議題；(3)憤怒管理（anger management）：虐待與身分認同之類議題；(4)衝突管理。

(三) 運作程序

在實務上應用認知行為理論，必須設定一個有結構的議程，依照八個步驟進行（Coulshed & Orme, 2012, quote from Stepney & Davis, 2018: 84）：

1. 依約定時間開會：提供會議焦點，鼓勵案主參加。
2. 將問題的焦點放在特殊的事件或問題。
3. 使用ABC的架構來評估問題，並澄清案主的感受／思考／行為／心理。
4. 教導認知的原則：從問題的「徵兆」（symptoms）開始、集中於「此時此地（here and now）、修正負向的思考、「能」（can）更勝於「不能」（cannot）。
5. 辯論和挑戰負向的假設。
6. 使用提問的方式，鼓勵及引導案主「自我對話」（self-talk），以促其自我覺察。例如：我有無其他替代方法？我期待做得更完美？
7. 指定家庭作業（home work），案主在家做會議商定的事項，書寫日誌，下次會議檢查。
8. 結尾（ending）：鼓勵案主自我治療（self-therapy），並建立支持的方式，以維持改善的成果。

三 危機介入理論

危機介入（crisis intervention），也稱危機干預、危機處遇，源於1944年林德曼（Lindermann）研究火災的倖存者，發現五種不同反應：引發痛苦、擔心會死、有罪惡感、整體反作用、喪失處理的型態，進而提出

危機介入理念（Heslop & Meredith, 2019: 153）。

湯普森（Thompson, 2002: 21）指出，危機不同於緊急事件（an emergency），關鍵在於有否轉捩點（turning point）（轉好或轉壞）。例如：一個15歲未婚少女懷孕，被父母趕出家門。其中，「趕出家門」是一種緊急事件，提供緊急安置即可；至於「少女懷孕」，則是一種危機，因為懷孕生子是人生的轉捩點，需要危機介入。當然，緊急事件也要處理，但是真正的危機，才適用危機介入。

哈特（Hart, 2018, quote from Heslop & Meredith, 2019: 152）將危機區分為兩類：(1)發展的危機（maturational crisis），連結於個體發展階段之間的轉銜；(2)情境的危機（situational crisis），當一個人經歷無法控制的情境時發生。

(一) 核心理念

危機介入的理念，指涉甚廣。茲綜合相關文獻（Thompson, 2018: 105-106；林萬億，2022a：288-289；宋麗玉，2021：183-188），彙整其核心理念如下：

1. 危機經常突如其來，有時可預料，危機理論視危機為生命歷程的一部分。艾瑞克森（Erikson, 1968）認為，個體的發展是個人克服各階段危機的結果，也由於危機而使一個人有成長的機會。

2. 個人、家庭、團體、社區、組織，都可能遭遇危機。

3. 處於危機中的人，可能經歷五種變化：(1)危險的事件（hazardous event）；(2)脆弱狀態（vulnerable status）；(3)促發因素（precipitating factor）；(4)急性危機（active crisis）；(5)重新整合（reintegration）。

4. 人們因為危機而失去平衡時，先以慣常的方法回復平衡；如果失敗，再嘗試使用新的策略來因應。

5. 危機介入是一種實務，有時間限制，應即時協助案主因應。如果能立即介入，多數危機可在6-8星期之內獲得控制。

6. 如果延遲介入危機情境，一種危機可能引發新的危機（例如：車禍致殘，引發失業），而這個新的危機又可能引發另一種危機（例如：因失業後販毒維生，而被逮捕入獄），形成「危機螺旋」（crisis spiral），

惡性循環。

7. 危機事件經常引起失落和創傷的感受，因而危機介入常需連結危機／失落／創傷／等領域一起處理。

8. 如果能善用個人的優勢且建構復原力，則個人越能渡過危機。

9. 危機介入的基本原則是：主動、及時、密集介入，於短時間達成目標；危機介入的主要目標是：減輕症狀、恢復功能、尋求補救辦法、學習新的認知及因應方法。

10. 危機介入需要團隊的支持，協助每一成員開創一種敏捷地與密集地回應危機情境的空間，危機介入將更有效。

(二) 應用領域

確定案主有真正的危機，即可應用危機介入。危機也常與創傷連結，對於創傷的情境，例如：嚴重犯罪的受害人、恐怖攻擊的倖存者、目睹死亡事件、災難中失親、嚴重受虐等，亦可應用危機介入（Thompson, 2018: 110）。

(三) 實施程序

首先，判定案主是否真正處於危機狀態。依據專家學者的見解，構成個人危機的要素包括：(1)個人認知到突發事件嚴重阻礙生活重要目標的達成；(2)有明顯的、嚴重的情緒懊惱和無能力狀態；(3)個人沒有能力有系統地解決危機問題而心理防衛降低；(4)在短時間內個人一定要取得平衡（宋麗玉，2021：181）。但不包括：會引發重大社會變革的事件。

其次，危機介入的實務，經過三個階段（McGinnis, 2013: 47）：

1. **開始階段**（beginning phase）：首先，建立專業關係，了解案主感受，以舒緩壓力。然後，在兩星期之內，蒐集資料、評估危機原因及其嚴重層次、規劃因應策略，共同設定目標及任務。

2. **行動階段**（action phase）：依照任務清單，展開行動，且定期會議，檢視進展情況。必要時，提供新的因應方法，讓案主獨立處理。

3. **結束階段**（termination phase）：在期末會議，共同評量結果，並協助案主設定長期目標，無需專業協助而能自行達成目標。

因爲危機情境有高度的個別性，有時需要更多程序。羅勃茲
（Roberts, 1991, quote from Heslop & Meredith, 2019: 155）曾提出七
個介入步驟：(1)考量危機的致命性與安全性，實施身心社會評估
（biopsychosocial assessment）；(2)與案主建立合作關係；(3)確認主要問
題的面向；(4)處理感受和情緒；(5)探索各種替代方案；(6)形成行動計
畫；(7)追蹤。

四 優勢觀點

優勢觀點（strengths perspective），是一種以優勢爲基礎的取
向（strengths-based approach）。其起源，可追溯到1902年亞當斯
（Addams）的民主經驗。她認爲民主可提升人們的生活到最高價值的正
向理想（林萬億，2022a：296）。

到了1940年代，雷諾茲（Reynolds）有感於社會工作專業被批評爲
過度依賴診斷和社會問題的探討，因而建議實務工作者，與其將人們問
題化和病理化，不如反思他們的擅長和優勢（Heslop & Meredith, 2019:
172）。

1982年，美國堪薩斯大學教授瑞普（Rapp）研究慢性精神疾病的
處遇方案，發現案主即使身處困境、部分功能欠缺，仍有其優勢。他
於1998年指出，每個人有三種基本優勢：熱望（aspirations）、能力
（competencies）和自信（confidence）（宋麗玉、施教裕，2009：43-
45）。據此可知，優勢觀點的發源地是美國，而不是西歐的英國。

(一) 核心理念

有關優勢觀點的基本理念，瑞普（Rapp, 2006）提出6項假設（宋麗
玉、施教裕，2009：264-265）：
1. 個人有能力去學習、成長和改變。
2. 焦點在於優點，而不是問題和病理。
3. 案主是助人關係中的指導者。
4. 此一助人關係被視爲基本且必要。

5. 外展是較佳的處遇方式。

6. 社區是資源的綠洲。

如果將優勢觀點與病理觀點進行比較，兩者各有一套對於人類情況的獨特信念與假設，但其實務焦點、處遇內涵、工作者角色，有所不同，如表11-1：

表11-1　病理觀點與優勢觀點之比較

	病理觀點	優勢觀點
實務的焦點	聚焦於案主的弱點和問題。	聚焦於案主的能力和資源。
處遇的內涵	・處遇的內容由工作者根據診斷結果而訂定。 ・以因果直線思考的邏輯和方法來緩和問題的徵兆。 ・限制案主遵照例行服務。	・處遇的內容強調案主自我引導（self-direction）。 ・以整體思考的邏輯和方法來處理案主的情境。 ・服務內容注重案主的需求。
工作者的角色	是負責照顧案主的專家。	案主本身才是其生活中的專家。

資料來源：摘自簡春安、趙善如，2008：492。

由表11-1顯示，優勢觀點強調案主的能力和資源，社工在處遇過程中，一方面可結合焦點解決取向，協助案主以自己的能力去解決自己的問題。另一方面，可確認案主的想望，發掘和拓展案主本身所具有的自然資源，以持續增強案主解決問題的動力。至於自然資源的開發及連結運用，必須考量：可近性高、親近性高、可接受性、無烙印感、多樣性、持續性、具創造性、增進家庭與社區的凝聚力和互助（宋麗玉、施教裕，2009：490）。但不包括：綜合性。

(二) 應用領域

目前，優勢觀點已廣泛應用於兒童及少年服務、家庭服務、成癮治療、發展性之障礙、矯正等領域。不過，優勢觀點在實務上的應用，仍有其限制（曾華源，2022：18-19）：

1. 優勢觀點是分析現象的視角，而非理論。

2. 優勢觀點的成效仍不夠充分。

3. 優勢觀點積極強調優勢取向，可能忽略案主正面臨的實際生活困難。

4. 優勢觀點強調人有能力解決自己的問題，隱含著自己的生活問題是個人的責任，容易忽略社會結構的不公平、政治制度導致資源分配的不均。

　　簡言之，優勢觀點的最大限制是：忽略了結構面與制度面所帶來的壓迫，而不是忽略案主的學習能力，也不是忽視社區所潛藏的資源。

(三) 實施程序

　　以高風險家庭關懷方案為例，社工應用優勢觀點之做法（程序）和特色，包括（宋麗玉、施教裕，2009：334）：

1. 密集訪視。
2. 以同理、關懷、接納的友誼，建立專業關係。
3. 暫時放下問題，藉由正向經驗以激發案家的改變意願。
4. 循著案主想望的需求和目標，進行彈性處理。
5. 著重案家的優點及正向經驗之發覺、提醒、肯定和鼓勵。
6. 發掘及建構案家的非正式支持之社會網絡。
7. 著重案家成員的復原力和自我功能之重建。

五 微觀之其他社工理論

(一) 存在主義觀點

　　存在主義（existentialism），起源於十九世紀齊克果（Kierkegaard）、尼采（Nietzsche），以及二十世紀沙特（Sartre）等哲學家的思想。

　　即使他／她們有不同見解，但是共同強調個人本身是獨立的存在、定義自己人生的意義，進而多方面影響社會工作的實務。

　　依據美國《社會工作辭典》解釋（Barker, 2014: 149），存在主義社會工作是社會工作的一種哲學觀點，接受並強調個人對於選擇有基本的自主與自由、對於現行社會習慣有所醒悟、追溯來自心情及對話意義的了解，因此社會工作者必須具有案主自我決定的觀念。

　　存在主義是一種複雜的哲學，不是一種單純的方法，但也不是沒有實務的應用。事實上，涉及失落和哀傷的情境、危機和創傷、人際的衝突、

自我挫敗（self-defeating）的行為、改變和騷動等情況，都可應用存在主義觀點，協助案主進行他個人的最適當選擇（Thompson & Stepney, 2018: 136）。

(二) 焦點解決取向

以解決為焦點的取向（solution-focused approach），也稱為以解決為焦點的短期治療（solution-focus brief therapy, SFBT）（Beckett, 2006: 73）。

此一取向源自美國威斯康辛州密爾瓦基短期治療中心的一項研究。透過戴雪哲（De Shazer）與貝格（Kim Berg）的觀察及記錄心理治療議程（以病理為主的課程）之預定次數，而想出一種以優勢為基礎，以時間為界限的取向，並聚焦於目標而不去探討問題的歷史（Heslop & Meredith, 2019: 174）。

基本上，焦點解決取向是一種短期焦點式介入，其核心理念（Glicken, 2011: 75），包括：

1. 經過思考、研究和經驗，來解決問題。
2. 案主知道什麼需要改變，也是執行改變的專家，實務工作者應尊重案主的潛能、優勢和資源。
3. 是一種以系統為基礎的治療模式，確信改變是不可避免的，且須持續進行。
4. 是一種目標導向的治療模式，由案主設定目標，再與實務工作者合作，建立解決問題的方向。
5. 堅持人生之中沒有任何單一的、正確的、有效的方法。

至於焦點解決取向的應用，除了用於行為治療、認知治療、家庭治療之外、可協助案主思考及解決心理健康、被壓迫之類問題。

簡言之，以解決為焦點的短期處遇，受到社會建構主義的影響，認為問題的存在，有時也存有正向功能，如果解決的方法不當，也會造成問題。如果認為案主不是專家，因而需要尋求專業協助，則是錯誤的觀念。

(三) 社會建構觀點

建構主義（constructionism）源於凱利（Kelly）的建構心理學，認為每個人都能建構他的理念。在日常生活中，檢視他的假設是否合乎預期，如果符合，建構更形穩固；如果不符合，則予修正或重新建構他的理念（簡春安、趙善如，2008：273-274）。

依據美國《社會工作辭典》解釋（Barker, 2014: 90），建構主義是有關過程的一種理論模式，藉此知識被創造、習得及處理。這個模式的使用，知識不一定「真實」（truth）或「實際存在」（reality），而是一種可能性。即使是可傳達的事實和資訊，知識並未被傳播，因為每個人會為自己建構意義，因而沒有客觀的事實，所有知識都是相對的。

帕頓與奧伯恩（Parton & O'Byrne, 2000）在《建構的社會工作》（Constructive social work）一書，將社會建構主義與短期問題焦點解決社會工作連結起來，提供一種包含後現代主義、社會建構、問題焦點解決簡易治療，以及敘事治療的融合（引自林萬億，2022a：298-299）。

就此而言，社工在許多實務領域的介入，都可應用建構主義取向，透過自己與案主的對話，重新建構意義或理念，以協助案主進行他想要的改變。

(四) 依附理論

依附理論（attachment theory）與心理動力有家族關係，是1970年代英國兒童精神科醫師鮑比（Bowlby）與艾尼斯握斯（Ainsworth）發展出來的概念。

依附關係與人類發展有關，尤其是兒童，透過各個階段而發展他們的社會關係，並且影響後續人格特質的發展。通常，一個健康的兒童經過四個階段朝向社會依附而展現行為的特徵（Barker, 2014: 31）：

1. 從出生到三個月：嬰兒透過吸奶、擁抱、視線，而與照顧者保持密切關係。
2. 從三個月到六個月：嬰兒對於熟悉的人，有更多的反應，同時對於陌生人，不安而感到不舒服。

3. **從六個月到蹣跚學步**：幼兒尋求能夠和依附的對象接觸、親密。當依附對象消失時，可能產生分離焦慮。

4. **學步年齡之後的兒童**：廣泛地使用各式各樣的行為，去影響依附對象的行動，以滿足兒童對於親密的需求。

在這些發展情況下，可能產生的依附類型，包括：(1)安全依附（secure attachment）；(2)不安全的矛盾依附（insecure-ambivalent attachment）；(3)不安全的逃避依附（insecure-avoidant attachment）；(4)混亂依附（disorganized attachment（Howe, 2009: 141-143；Wilson et al., 2008: 142；溫如慧等，2018：11），甚至是：無可依附（non-attachment）。

依附理論是社會工作實務的一種工具，可應用於有關兒童及家庭的介入情境，包括：兒童收養需要永遠離開父母及手足的處遇計畫（Peach, 2020: 302）。

第三節　中觀之社會工作理論

中觀理論，著重於個人與環境的連結與互動，主要有下列理論：

一 系統理論

系統理論（system theories），源於自然科學，尤其是生物學。1950年代中期，被引用於社會工作專業。赫恩（Hearn, 1958）在其理論建構過程中，提出「整體」的概念（holistic conception）。郝威（Howe, 2009: 109）也指出，一種複雜的系統是由許多部分編織而成的，如果未能認知這些組成的部分是如何彼此互動、影響和改變，將不可能了解整體系統。

依據美國《社會工作辭典》解釋（Barker, 2014: 423），系統理論是一種概念，強調構成一個整體的元素之間有相互關係，包括個人、團體、組織或社區之中的關係，以及在環境中相互影響的因素。

如同社會個案工作經常強調「人在情境中」（person in situation）的

互動狀況及整體脈絡。系統觀點立基於前述概念（人在情境中），正可跳脫所謂「怪罪體制」（blame the system）或「責難個人」（blame the individual）的迷思。而且，在社會福利輸送體系的網絡上，系統觀點特別強調正式網絡與非正式網絡之間的有效連結。不過，系統觀點本質上屬於描述性或原則性的理論，而不是處方性理論，有時候對於「回饋」的內涵，可能產生正向或負向的影響，而無法預期或解釋（宋麗玉，2021：271-272）。

(一) 核心理念

　　系統的主要概念，可分為結構、過程、行動、機能等四個部分（宋麗玉、施教裕，2009：223-226）：

1. **結構部分**：系統概念特別重視個人所處環境的情況。賓克斯與米納翰（Pincus & Minahan, 1973）將靜態系統分為三類：
   (1) 非正式系統：也稱自然系統，例如：家庭、朋友、同事等。
   (2) 正式系統：例如：社區組織、工會、社會福利機構等。
   (3) 社會系統：例如：醫院、學校、法院等。

2. **過程部分**：系統觀點是立基於介入或改變的考量。格里夫與林區（Grief & Lynch, 1983）提出系統改變過程的重要階段／步驟：
   (1) 投入（input）：資源進入系統。
   (2) 生產過程（throughput）：資源如何在系統內被運用。
   (3) 產出（output）：系統如何影響其外在環境。
   (4) 回饋（feedback）：經由與外在環境互動之後，所回收的資源和資訊。
   (5) 能量函數（entropy）：系統使用自身的能量保持運作，或者繼續接受外部投入的資源，否則會因為能源耗盡而死亡。

3. **行動部分**：賓克斯與米納翰（Pincus & Minahan, 1973）基於社會工作介入的觀點，提出四種改變的行動：
   (1) 案主系統（client system）：指個人、團體、家庭、社區等受助者。
   (2) 標的系統（target system）：指助人者試圖達到改變標的之人們。

(3) 行動系統（action system）：指助人者及其共同努力以達到改變之人們。

(4) 改變代理者的系統（change agent system）：也稱機構系統，是指助人者和機構。

4. **機能部分**：在運作上，系統為了維持一定的範疇，必須：

(1) 在系統整體上維持相當的穩定、平衡和完整，在環境中有最佳的調適。

(2) 系統內部各次級系統之間，有一定的互動，使整體系統穩定運作。

(二) 應用領域

系統理論可應用於家庭相關的特殊介入。當家庭成員涉及偏差行為或任何其他事件，可能引起家庭系統的不平衡。此時，社工可應用系統理論，介入家庭，促其恢復平衡（Rogers & Cooper, 2020: 252）。

(三) 實施程序

可參考賓克斯與米納翰（Pincus & Minahan, 1973）所建構的處遇過程：評估問題、蒐集資料、進行初步接觸、協商處遇合約、規劃行動系統、維繫和協調行動系統、影響行動系統、結束改變的努力（宋麗玉，2021：268）。

生態觀點

生態觀點（ecological perspective），源自美國俄裔發展心理學家布龍芬布連諾（Bronfenbrenner, 1979）所著《人類行為生態學》（*The ecology of human behavior*）。他認為個人所處的環境層次，是一種層層相扣的巢狀結構，可分為：微觀（micro）、中觀（meso）、外部（exo）、巨觀（maco）等層次。後來，又擴展一種「長期貫時系統」（chronosystem），指個人生命歷程中的環境事件、轉銜及社會史（林萬億，2022a：308）。四個層次的生態模式，如圖11-1：

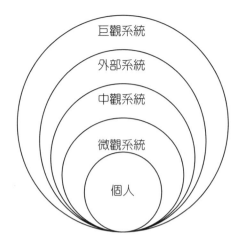

巨觀系統：影響個人之結構系統，如：國家、價值、規範。
外部系統：影響個人之第二系統，如：父母職場、鄰里社區。
中觀系統：影響個人之互動系統，如：學校、社區事件。
微觀系統：直接影響個人之環境設施，如：家庭、手足、朋友。

圖11-1　生態模式

資料來源：Bronfenbrenner, 1979, quote from Rogers et al., 2020, p.253

　　在圖11-1之中，外部系統（exo-system）是指對個人有影響，但個人並未直接參與運作的單位。例如：小明的母親每天早晨在早餐店工作，母親的工作場所，對於小明來說，就是一種外部系統，而不是中觀系統。

　　事實上，社會工作領域採用生態觀點，可追溯到李奇孟與亞當斯的思想。李奇孟的社會個案工作，聚焦於個人的社會環境，以及社會情境的整合觀念；亞當斯的都市睦鄰組織，重視社區互動的脈絡。這兩位社會工作先驅者雖有不同看法，卻同樣關注環境架構的介入，可視爲生態取向的萌芽階段（Matthies & Narhi, 2018: 203）。

　　至於生態觀點成爲社會工作實務的理論模式，在1970年代反映於社會工作的介入，必須同時關注個人內在動力的改變及其所處環境的改變，從而具有綜融性（generic）與折衷性（eclectic）的實務特色（Payne, 2014；Turner, 2017；宋麗玉，2021：277）。

　　依據美國《社會工作辭典》解釋（Barker, 2014: 134-135），生態觀點是社會工作的一種取向，強調人們與他們的環境及其交流性質的了解，包括：人們與他們的環境之間調和的適應（adaptation）、交流（transactions）、相互作用（reciprocity）與相互關係（mutuality）。專業人員的介入必須關注個人（或團體、家庭、社區）與相關環境的介面。同時，生態觀點可結合系統理論，稱爲生態系統觀點（ecosystem perspective），使社工能顧及個案相關的多樣系統。

由此顯示，社會工作實務不能忽略案主與其環境的關聯性。而且，生態觀點與系統理論結合爲生態系統觀點之後，比系統理論更重視服務對象系統與其所處的社會環境間的交互作用，但是處遇的重點仍然放在個人與環境之間的介面。

博伊托（Boetto, 2016: 59-77）針對生態觀點的實務，提供社會工作者五個策略：

1. 社工必須朝向自然環境的連結而發展個人的成長，在個人的生命中，增加有關環境議題的知識和行動。
2. 社工必須爲人類福祉而發展一種整體導向，在生態社會工作的脈絡裡，從生命永續的觀點去了解人類福祉。
3. 社工可發展社區的實務，而與環境的科學家及規劃者，建立專業間團隊，協力合作以促進社區組織的改變。
4. 社工可運用社區導向，從地方性資源的動員，著手發展永續的社區。
5. 社工可透過有組織的社會行動和倡導團體，爲人們分享類似的環境和社會利益，而促進經濟和政治的改變。

就此而言，社工以生態觀點評估案主的需求和擬定服務計畫時，必須同時思考不同層次的系統之間的相互影響。但是介入服務要從具體的小步驟著手，一方面要增強案主個人控制環境的能力，另一方面要影響外在環境朝向滋養性環境建構。

(一) 核心理念

生態觀點所關注的焦點，是個人與環境之間的調適，以維持兩者之間的平衡。生態觀點社會工作的相關概念如下（宋麗玉，2021：76-77；曾華源，2022：9-10）：

1. **棲息地**（habitat）：是指有機體生長的地方。社工評估服務使用者的棲息地，就是評估其社會生活狀況。此概念，可提供社工對於環境的評估，以及個人與環境交互影響的架構。
2. **立基點**（hitch）：是指個人在所屬社會所占的地位和角色。找到立足點是個人成長的任務之一，可產生穩定的認同與價值感。社會工作的使命

在於促進社會正義，讓每個人都有機會創造適合於自己的立足點。

3. 人際關聯、能力、自我導向及自尊：這四種概念，相互依存。(1)人際關聯，是人類天生的依附能力；(2)能力，是個人在環境中覺得自己有效能、有自信；(3)自我導向，是一種控制感，能做出有效率的選擇和決定，而不是指對個人的正向感受；(4)自尊，是對於個人的正向感受，而不是指個人能自己做出有效率的選擇和決定。

4. 適應力：是指人會自我改變、改變環境，或者兩者改變的過程。也就是改變自己與改變環境的過程，而不是個人處理情緒和問題解決能力。而不是個人在環境中對自己效能的自信感。

5. 因應能力：包含兩種相互支持的能力：一是問題解決的能力，二是處理因為壓力引起的負向情緒。

6. 生活壓力：是指人與環境交互影響之後的生理、心理、社會之綜合現象。

7. 權力與壓迫：是指了解價值偏見對個人發展與行為的影響及壓力。

通常，人與環境間發生適應困難，是因為個別需求與環境因素之間無法調適，個人無法取得所需的資源，或是缺少適當的因應方法，而不是因為生態觀點的處遇方法過於多元。

綜言之，生態觀點認為案主所經歷的困境，是個人與環境無法調適的問題，並不是個人的病態或性格的缺陷所致。因此，生態觀點聚焦於人與環境之間的相互協調或適應的調和能力，而不是強調系統改變的能力。

(二) 應用領域

根據一項實證研究（Matthies & Narhi, 2018: 210），將生態觀點應用於實務的案例，包括：因乾旱影響家計的家庭、年輕罪犯、都市「綠地」（green space）的保存、涉及自然療法的實務、食物安全、社區發展、以動物為輔助的社會工作。不過，在實際的應用方面，仍有一些限制（曾華源，2022：14-15；宋麗玉，2021：301）：

1. 生態觀點能提供評估分析的架構，但無法提出具體的介入方法。如果只關注個人內在心理狀態，而不了解個體與環境相互調適的挑戰，以及所需資源，並不符合社會工作目標。

2. 生態觀點強調關聯與交互影響，似乎陷入「蛋生雞、雞生蛋」的循環，沒有人需要負責，也沒有告訴我們在問題的處理上誰對誰錯，誰要負責。

3. 生態觀點關心人與環境的配適度，隱含著接受現存結構，而忽略了權力結構對於資源取得與分配的影響。生態觀點不以維持靜態平衡為目標，而應主動尋求動態平衡，讓系統目標與結構均可改變。

4. 生態觀點強調案主適應環境，忽略了案主的主動性及主控力。

5. 生態觀點強調回歸系統的平衡，忽略了系統改變可能帶來新的壓力感。

　　簡言之，生態觀點是要維持系統的動態平衡，而不是維持系統的靜態平衡；是關注個體與環境的相互調適，而不是將人的內在心理狀態處理好，就能解決問題。

(三) 實施程序

　　以年輕罪犯之處遇為例，可在他們的社會環境中提供個人及家庭相關支持的綜合性方案，而其實施程序，包括（Matthies & Narhi, 2018: 206）：

1. 參與者進入（engagement）。
2. 在他們的環境（家庭關係），評估他們的生命情境。
3. 有系統地介入之規劃及應用。
4. 評量成果。

　　如果細分，生態取向的處遇過程有七個步驟：(1)進入系統；(2)繪製生態圖；(3)評量生態；(4)創造改變的觀點；(5)協調與溝通；(6)再評量；(7)評量干預的成果（Pardeck, 1996，引自宋麗玉，2021：292-293）。

三 中觀之其他社工理論

(一) 生活模式

　　1970年代，社會工作引進生態系統的觀點，強調人與環境之間的複雜性及互相影響之後，進而考量人與環境之間的進化與適者生存的觀點，形

成了實務上的生活模式（life model of practice）（Germain & Gitteerman, 1984: 618；簡春安、趙善如，2008：462）。因此，生活模式觀點可視為生態系統觀點的一個分支。

依美國《社會工作辭典》解釋（Barker, 2014: 247-248），生活模式是：

> 由傑爾曼（Germain）與吉特門（Gitterman）所設計的一種社會工作實務取向，聚焦於案主與環境的介面，可以比照生態觀點加以處理。當個人與環境之間交流的結果，導致生活轉換、人際相處過程、環境不良而產生壓力時，社工可應用這種取向，協助案主因應或適應生活壓力的問題。

生活模式觀點，特別關注個人的生活場域，舉凡個人的生活經驗、發展時期、生活空間、生態資源分布等問題，都可應用生活模式，從生活變遷、環境品質與配適度三個層面，引導改革的方向（Payne, 2014）。

其中，配適度（goodness of fit），也稱調和度，是指人與環境之間互惠性歷程的結果，代表適應良好的個人生活在滋養的環境之中，相互為用（宋麗玉，2021：281）。反而言之，人與環境的配適度不足，個人生活就會有問題。

舉例來說，一位失業的單親父親，獨自撫養5歲女兒，沒有親友支持系統，附近社區托育設施收費昂貴。他每次應徵工作時，就將5歲孩子獨留家中，因違反兒福法而被通報。從生活模型（life model）來看，這個單親父親面臨的是：人與環境調和程度不足的問題，需要社工介入處理。

至於社工處理案主生活中不能調適的問題，其工作過程有三個階段（林萬億，2022a：309）：

1. 初期：了解案主的壓力問題及情緒感受，給予回響（帶進相似生活經驗）。
2. 中期：透過使能、教導、催化，協助案主改變個人與環境交流的品質。
3. 結束：回顧過去經驗，評鑑改進效果，並將經驗轉化為社會議題（機制）。

顯然，生活模式立基於生態系統觀點，案主的參與很重要。基於專業的功能，社工必須敏感覺察差異及整合形式、方法與技巧，以協案主自決與增強權能。

(二) 社會支持網絡理論

社會支持網絡（social support network），是社工在環境干預中，不可或缺的一環，因為案主對環境需求的回應，往往缺乏適切的方法，而社會支持網絡的人們可協助他們有效因應及解決問題。

史畢特（Spect, 1998）在著作中提到，美國社會網絡干預始於1960年代。到了1970年代，北美迅速發展一些新的社區支持方案。1980年代，美國人群服務機構面臨經費緊縮，更需要非正式網絡提供支持（宋麗玉，2021：306-307）。

社會支持網絡涵蓋「社會支持」（social support）與「社會網絡」（social network）兩個概念。依美國《社會工作辭典》解釋（Barker，2014: 401-402），「社會支持」是在人們費力生活於社會之時，對他們的需求（教育、所得安全、健康照顧等）提供正式與非正式的活動和關係。特別的情況，是由其他個人和團體的網絡，給予鼓勵、接納、同理、角色模塑（role models）和社會認同（social identity）。

至於「社會網絡」，是由某些有共同關係的個人或團體相互連結，以分享社會地位及相似之功能的、地理的、文化的、國際網路的連接。有些網絡的形成或中斷，是基於特殊的需求和利益，包括：回應共同問題的某些社會網絡型態的支持系統、天生的協助網絡（natural helping network）、自助團體和正式組織的團體。

由此可知，社會支持的概念，有時也包括個人和團體的網絡；而社會網絡的概念，可描述人與人之間的互動型態，而不是指網絡中的特定人，有時也指涉某些社會網絡型態的支持系統。

因此，「社會支持」與「社會網絡」的概念可互用，或者連結在一起，應用於社會工作的實務，包括：接受精神醫療者、身心障礙學童、人類免疫失調濾過性病毒（HIV）高危險群、物質濫用者、失智症患者之照顧者、長期患病者（宋麗玉，2021：329-335）。但是，社會網絡不是全

然可以提供正向的社會支持功能。

　　至於社會支持網絡的運作過程，應先進行社會支持網絡分析，以評估個人或家庭的社會支持網、支持的來源、互動的關係、支持的向度（單向或雙向）、支持的期間、支持的條件（林萬億，2022a：374）。然後，再根據社會關係網絡與社會支持程度的優點與缺點，擬定處遇計畫，提供工具性支持（instrumental support），例如：借錢、找工作、幫忙看家。或者提供表達性支持（expressive support），例如：心理支持、情緒支持、自尊支持、情感支持及認可，並付諸行動，以解決問題（宋麗玉，2021：318）。

 ## 第四節　巨觀之社會工作理論

　　巨觀理論，著重於結構面的問題及解決策略，其主要理論是基變觀點，並可延伸到女性主義觀點、充權觀點。

一　基變觀點

　　基變觀點的社會工作（radical social work），在美國歷經幾波起落的階段。最早的發展，可追溯到亞當斯推動睦鄰組織運動。到了1920年代末期，美國經濟大衰退，形成一股批判政府施政的基進主張。1940-50年代，基變熱潮遭到當時保守政府的壓制。1960-70年代，因為詹森總統推動「對貧窮作戰」，基變觀點復甦。1980年代，在雷根保守主義之下，基變的聲浪又下降。

　　儘管如此，基變觀點係立基於馬克斯主義（Marxism）的批判論證，其批判的論點與轉型的覺醒，對於社會工作實務的發展與省思，可謂貢獻良多（Reisch & Andrews, 2001；宋麗玉，2021：347）。

　　依據美國《社會工作辭典》解釋（Barker, 2014: 354），基變社會工作是某些社會工作者的意識形態，以更有效的方法，排除社會的問題或改變現存的制度，以達到平等的目標。

最近，基變社會工作被稱為進步的社會工作（progressive social work），有技巧地以和平的方法，實現相關改變，包括：消極的抵制、抗議、罷工，以及政治的、社會的行動主義（activism）。簡言之，基變社會工作的實施，是一種結構性的改革行動。

然而，基變觀點的社會工作，也呈現許多不同的名稱和取向，包括：馬克斯主義社會工作（Marxist social work）、批判社會工作（critical social work）、社會主義社會工作（socialist social work）、結構社會工作（structural social work），可謂樣貌多元，各有千秋。以下簡述基變觀點的一般情況：

(一) 核心理念

在馬克斯主義的概念架構之下，不同流派的基變社會工作，也有一些共同的概念（Fook, 1993；Longres, 1996，宋麗玉，2021：352-353）：

1. **主張個人問題的結構性分析**：個人的問題，肇因於社經制度的限制，而非個人本身不足，應採取結構分析，尋找引發案主問題的結構性因素。
2. **覺察社會福利制度的社會控制性**：社福制度經常藉由專業而控制弱勢者，以維繫現存的階級和權力，必須提醒社工減少此類控制的行動。
3. **對現存的社經制度保持批判**：必須覺察社會中的機構、團體、社經制度可能複製控制的機制，而對其持續批判，以維護案主權益。
4. **承諾保護個人免受剝削或壓迫**：必須採取各種行動，導正社會偏差觀念、倡導福利權益，以免案主重複被壓迫。
5. **社會轉型應同時解放個人並改革社會**：必須在壓迫的情境之中，解放個人並改革那些造成壓迫的社會結構。

(二) 應用領域

基變社會工作的實務工作者，可透過意識覺醒、常態化、集體化、重新定義、確證、對話、充權等技術，應用於促進弱勢案主脫離壓迫的情境，進而維護自身的權益。

(三) 實施程序

根據傅克（Fook, 1993）的「實務理論」架構，基變社會工作的介入過程，包括四個元素：找出問題原因、實施個案評量、進行目標設定、採取介入方法。在結束之後，再以問題清單，評估目標達成的情況（引自宋麗玉，2021：360）。

㊀ 女性主義觀點

女性主義的思潮，起源於十八世紀英國對於女性投票權的爭取。1960年代，美國黑人民權運動，又促使女性主義向前發展。到了1970年代，社會工作實務引進女性主義觀點，形成女性主義取向的社會工作。

(一) 核心概念

經過上述幾波的發展，女性主義者認為社會結構中隱含著不平等，而女性是被壓迫的一類。因此，社工致力改變社會結構，使女性不再受到壓迫，進而發展自我效能感、自尊心和自信心，以此作為爭取權力的途徑（宋麗玉，2021：377）。要之，女性主義的核心概念，是協助女性了解及脫離社會與政治面的壓迫，而不是協助女性贏過男性。

時至今日，女性主義已形成各種不同的觀點或派別，各有其核心理念（林萬億，2022a：317-318；宋麗玉，2021：378-383）：

1. 自由派女性主義（liberal feminism）

也稱漸進主義（gradualism），主張從人生而自由平等出發，男女並無根本差異，女性同樣具有理性思考能力；在公領域，基於天賦人權的概念，應關注與重視國家政策及法律是否保障女性的權益和機會：在私領域，認為政府不必介入，應讓她們自由。至於行動策略，並不追求社會結構的根本變遷，而追求女性在既存社會中的地位。此派被批評，以性別歧視為根源，忽略了種族因素與女性貧窮問題。

2. 激進派女性主義（radical feminism）

也稱分離主義（separatism），主張男女有先天的差異，男性較具攻

擊性，女性較具關懷性。至於行動策略，必須從最根本的家庭制度著手改革，始能消除女性被壓迫的現象。

3. 社會主義女性主義（socialist feminism）

也稱馬克斯主義的女性主義，主張男女的差異是社會化的結果，並非天生的差異，因而與激進派同樣認為父權社會對女性壓迫，但是社會主義派特別著重經濟面與家庭面的影響，並不像激進派強調心理面的影響。至於行動策略，要將目標放在經濟面與家庭面的結構變革，並且倡導家務與兒童照顧是公共責任（這是社會主義的概念）。

4. 文化女性主義（cultural feminism）

是激進派女性主義的一個分支，主張男女與生俱來，根本不同，女性具有滋潤關愛他人的特質，這種特質優於男性的彼此競爭和獨立。此派相當受到臨床社會工作者的接受，用以協助性侵害的受害者，著重與他人建立連結以完成自我，也發展彼此照護的同理關係。

5. 後現代女性主義（postmodern feminism）

是後現代主義與女性主義之結合，主張女性是多樣的，沒有任何一類女性可替所有女性說話，但是倡導時不得不使用「女性」相對於「男性」的二分法。至於行動策略，著重於分析與了解女性的世界觀及其如何受到權力與知識的影響，可是具體解決方針尚未明確。

6. 婦女主義（womanism）

也稱黑人女性主義（black feminism），是黑人對於自由派女性主義的回應而產生的派別，主張考慮自我的所有面向（性別、種族、階級），始能對個人受壓迫的經驗有整合及全盤的了解。至於行動策略，是找出殖民主義的系統與社會脈絡、修正殖民主義心態上的錯誤認知、增強個人的掌控感及自主性。

雖然，不同派別的女性主義各有獨特主張，但他們之間也有共通性，包括（Valentich, 1996，宋麗玉，2021：374）：

1. 他們的目標，都是要達到性別平等。
2. 他們重視女性價值，以女性經驗作為理論與行動的基礎。
3. 他們認為社會角色的劃分，不應該只根據性別的單一選項。

4. 每個人在顧及他人的權益之下，都有爭取個人自我實現的權利和機會。

5. 他們強調女性集體行動，以達成社會改變的目標。

(二) 應用領域

　　將女性主義觀點應用於社工實務，有兩種方式：一種是透過團體工作協助受暴婦女、物質濫用者、女性同性戀者等類成員。另一種是採用女性主義者治療（feminist therapy）的模式，由專業人員（通常是女性），以心理處遇導向，對於案主（通常是女性）遭遇嚴重的性別歧視與性別角色刻板化時，協助她們克服心理及社會的問題（Barker, 2014: 160）。

　　至於女性主義在實務上運用時，其處遇的基本原則，可包括（Payne, 2014；宋麗玉，2021：383）：

1. **個人的，即政治的**：著重意識覺醒，了解個人處境的社會政治意涵，促進集體行動帶動社會變遷。

2. **平等與合作的關係**：聚焦於案主的目標，尊重案主自決，專業人員努力降低工作者與案主之間的權力差異。

3. **重視女性經驗**：尊重不同的文化，以及女性經驗的多元性，但是不排除男性經驗。

4. **著重反身性**（reflexivity）：思考「行為」與「結果」之間來回的相互影響。

5. **處遇的重點**：是在多元關係中確立社會和個人的身分認同，以及社會過程的形塑和變化。

6. **增強權能**：專業人員透過對話來增強女性案主的權能，使她們能採取行動，改變在壓迫和歧視環境下存活的能力，進而改變自己的生活。

　　其中，個人的，即政治的，是由社會結構來解釋女性的問題，也就是女性的心理健康直接與社會文化是否肯定她們的價值有關。整體而言，女性主義實務的長期目標，在於去除社會對於女性的壓迫，以達致女性的解放。例如：女性不必為了維持家庭完整，而犧牲自己。

(三) 實施程序

　　女性主義社工實務的處遇過程，包括：問題評估、與案主建立夥伴

關係、確定工作者的角色、決定處遇方向及策略、確定處遇內容、進行處遇、結案。

三 充權觀點

「充權」（empowerment），也稱賦權、增權、增強權能。至於社區領域，較常使用「培力」，以培植社區幹部推動社區工作的能力。

一般認為，索羅門（Solomon）首先在社會工作使用充權的概念。他於1976年書寫《黑人充權：受壓迫社區的社會工作》一書，描述美國黑人少數民族，因為長期遭受巨觀環境的負面評價，產生缺權感（powerlessness），因此建議社會工作介入，應致力協助黑人族群增強權能。1980年代，社會工作實務開始進入增強權能的時代（Payne, 2005；宋麗玉，2021：406）。

依據美國《社會工作辭典》解釋，充權，是協助個人、家庭、團體、社區的一種過程，以增加他們個人的、團體的、社會經濟的、政治的優勢，並將影響力朝向於改善他們的處境（Barker, 2014: 140）。

這個定義，假設案主的處境較為不利，對於自己的決定，沒有權力、權力不足，或者權力被剝奪，必須在專業人員的協助之下，一起努力增強權能，轉劣勢為優勢，改善不利處境。因此，充權的目標，是要協助案主增加自主的決定權與行動權，以便於向擁有權能的個人或社會結構，爭取他們應有的權益。

進而言之，齊默曼（Zimmerman, 1995）曾經提出「心理增權」（psychological empowerment）的觀點。這個觀點，由個人的內在要素、互動要素、行為要素所組成，其目的在於促使服務使用者了解社區及其相關的社會政治議題（引自楊明理，2011：21）。

(一) 核心理念

充權觀點，也含有優勢觀點的理念，同樣認為案主最了解自己的需求，應重視案主的參與，運用他們的資源，為自己爭取權力和利益。

然而，充權觀點比較缺乏具體的驗證，被定位為「觀點」，尚未發

展成爲一種成熟的理論（簡春安、趙善如，2008：470）。以下列舉相關論述：

1. 增強權能的目的

在於協助案主取得自主的決定權和行動權。社工必須體認案主的困境並非源於個人的缺陷或問題，而且在增強權能的實務歷程，依據案主定義的生活藍圖，進行系列活動，而不是依賴社工的專家觀點。這些活動，包括：找出造成問題的障礙、發展及執行可降低障礙的策略，達成最終目的，降低個人的無力感（宋麗玉，2021：405）。

2. 個人無力感的來源

索羅門（Soloman, 1976）認爲個人之所以經歷弱勢化、邊緣化、缺權化，而呈現無力感的外顯問題，是基於壓迫是一種結構性的現象，個人或社區深受其影響，卻無力抵抗，而形成三種無力感的來源（引自宋麗玉，2021：411）：

(1) 受壓迫者對於自我評價之負面態度。

(2) 受壓迫者與外在系統互動之負向經驗。

(3) 巨觀環境加諸受壓迫者的經常性阻礙，導致個人權能失靈。

3. 增強權能介入的條件

索羅門（Soloman, 1976）提出下列四種增強權能的條件（引自宋麗玉，2021：415）：

(1) 協助案主看到本身就是有助於問題改變的一種力量。

(2) 讓案主知道社工的知識和技巧，是案主可以分享和運用的。但是，案主不是無條件地接受社工的知識和技巧，社工也不要認爲自己是充權案主的專家。

(3) 協助案主體認社工只是努力解決問題的夥伴，自己才是主責者，而不是順服社工，將社工當作啟動問題解決的核心。

(4) 協助案主體認無力感是可以改變的。個人有能力解決自己的問題，也能與他人連結，一起抵抗制度性的壓迫。因此，增強權能取決於個人，而不是取決於助人者。

4. 增強權能介入的層面

帕森斯等人（Parsons, Gutierrez, & Cox, 1998）對於增強權能的介入，

提出四個向度（簡春安、趙善如，2008：478-479）：

(1) 建立關係：評估案主的問題來源，社工與案主建立協調的關係，以滿足案主的立即性需求。

(2) 教育與學習：透過會議、小團體、課程，教導案主學習分析問題的知識和技巧。

(3) 獲得資源：提供案主所需資源及接近系統，介入的焦點是改變環境的壓力，提升案主的意識。

(4) 社會行動：提供案主有關於集體性行動的資料，並鼓勵他們參與政治層次或巨觀倡導的集體行動。

5. **增強權能的實務內涵**

李伊（Lee, 2008）認為增強權能的實務內涵應包含下列元素的組合：倡導和自我倡導、自我管理、反科層主義、互惠性的合作協調、營造共同生命體等（宋麗玉，2021：421）。

6. **充權在社工介入的特色**

弗蘭西斯與羅爾（Francis & Roll, 2015）認為，增強權能社會工作介入的概念，有四個特色：(1)具有脈絡性；(2)是一種逐步發展的過程；(3)其歷程也可視為行動目標的結果；(4)其歷程立基於關係的建立，且重視相互性、案主優勢，以及文化的多元性等元素（宋麗玉，2021：412）。

(二) 應用領域

充權觀點可應用於社會上缺乏權力的弱勢族群，包括：青年、老人、單親婦女、失業者。有時候，也可應用於協助弱勢團體和貧困社區。甚至運用於社區組織、政治團體、壓力管理。

(三) 實施程序

賀羅斯科等人（Holosko, Leslie, & Cassano, 2001）認為，增強權能共有四個步驟（簡春安、趙善如，2008：483）：(1)是過程的開始（process initiation）；(2)是獲得服務使用者的加入（obtaining service user put）；(3)是要有回饋系統（feedback system）；(4)是決策的一致性（decision concurrence）。

另外，杜伯斯與麥雷（DuBois & Miley, 2019）曾簡要描述一種綜融取向的充權過程（引自張英陣等，2022：245）：

1. **接觸**：也稱對話階段（dialogue phase），由於接觸，形成夥伴關係，並且透過對話，掌握案主問題的情況，界定未來的工作方向。
2. **評估**：也稱探索階段（discovery phase），蒐集資料，進行評估，以了解案主的困難，預估案主解決問題所需的資源和能力，架構問題解決的方向，確定行動計畫。
3. **實施**：也稱發展階段（development phase），將行動計畫付諸實施，並且動員相關資源、與其他系統建立聯盟，以創造額外效益。最後，評量成果，完成服務。

四 巨觀之其他社工理論

(一) 後現代主義觀點

後現代（postmodern）的思潮，源於1930年代。到了1960-1970年代，由於哈伯馬斯（Habermas）主張批判反思，傅柯（Foucault）評論權力結構，使後現代觀點受到重視。1990年代，後現代主義逐漸影響社會工作的論述，美國有些社會工作學者運用後現代理論的想法，批判存在於社工與案主之間的關係結構（Napier & Fook, 2000；簡春安、趙善如，2008：509）。

本質上，後現代主義的主張，在於反駁現代主義的理性化、客觀性、普遍性、標準化及價值的絕對性，相對上強調事務的主體性、不確定性、去中心化及價值的多元性。就此而言，後現代觀點的社會工作具有下列特色（Parton, 1994；林萬億，2022a：333-334）：

1. **不確定性**：情境是差異的、複雜的，無法預先設定，更需了解案主經驗。
2. **對話**：透過對話，了解事實被建構的過程。
3. **夥伴與參與**：案主與社工是夥伴，並且鼓勵案主參與。
4. **歷史關聯與脈絡接界**：反對理性主義的二元思考，主張兩者關聯。

5. **解構**：不接受既定的建構，認爲多重的論述有助於解構。

6. **可能性**：事情是可變的。如此，才能動員人們的潛力與能力。

7. **主體性**：主體是多面向的，不斷地透過論述而再構造。

8. **過程與創作**：儘量協助人們透過故事，來了解情境、帶來改變。

通常，後現代主義理論可應用於補充及發展：個案工作、社區工作、社會政策。目前，敘事治療（narrative therapy）也應用後現代的觀點，透過案主書寫或口述自己的故事，然後整理各種不同的生命經驗，作爲臨床介入的工具，或者作爲介入過程的核心部分之輔助（Barker, 2014: 281-282）。

(二) 批判觀點

批判觀點，源於早期的基變觀點，並採借社會學的分析，形成現代批判的社會工作，而且含有廣、狹兩層意義：

首先，就狹義而言，主張社工在處理人們的任何層面，應隨時進行批判性反思，以做到批判的最佳實務。換言之，在進行社會工作實務之前，先運用批判性反思，以發現相對比的做法，達成最佳實務（Payne, 1996；林萬億，2022a：334-335）。

同時，批判性思考應以證據爲基礎，否則可能誤用或誤解科學。甘布瑞爾與吉布斯（Gambrill & Gibbs, 2009）指出，在當前助人者普遍推動以證據爲本的實務氛圍下，更需要將批判性思考整合進入以證據爲本的基礎之中，並且逐步加強邏輯思考能力、透過以知識爲基礎的思考、對於提問不斷地自我尋求答案（引自林萬億，2022a：63-64）。

其次，就廣義而言，批判的社會工作認識到既存的社會制度與政策本來應該爲案主提供更佳的社會服務，然而自由民主模式政治法則的障礙普通存在，因此而轉型爲可以在當前事務的狀態下，漸進地修正個人、資源、介入，而不需批發式經濟與政治的改變（Gray & Webb, 2009；林萬億，2022a：335）。

批判觀點，可應用於社會工作實務的許多領域，其實施程序，可經由3As：提問（ask questions）、評估（assess）、論斷（assert）的過程，引導社工對於既有措施進行批判，並且思考另類做法（Kirst-Ashman,

2017；林勝義，2021a：1）。

　　綜合本節要點可知，社會工作巨觀層次的介入，其目的在於促進社會正義和社會福祉，而且介入方法採用社會倡導和社會行動等方法，因此社工應具備多元文化、世界觀和國際視野。但是巨觀層次的介入，對於反壓迫的分析角度有所謂PCS：個人（person）、文化（culture）、結構（structure）（Thompson, 2011，林萬億，2022a：324），而不只是與受壓迫者及弱勢族群一起工作，協助其適應環境。

第十二章
社會工作價值與倫理

價值（values），是有功用的程度；倫理（ethics），是人倫的道理。社工對其服務對象提供服務時，要選擇什麼取向，必先思考何種取向比較能發揮功用？要採取什麼方式，必先衡量何種方式比較合理？

　　這也就是說，社會工作的服務取向及方式，常受到社會工作價值與倫理的影響。因此，在社會工作者的養成教育，或實務運作之中，都有必要了解社會工作的價值與倫理。

　　然而，社會工作價值與倫理涉及的範圍，既廣泛，又複雜。本章僅扼要陳述。在概念上，瀏覽社會工作倫理與價值的演進及意涵，了解其梗概；在指引上，分析倫理觀點、倫理守則，使倫理議題之處理，有所依循；在運用上，先提出常見的倫理難題，再說明倫理難題抉擇的原則與步驟，以及業務過失相關法律責任。

第一節　社會工作價值與倫理之概觀

　　社會工作是知識、技巧與價值的創意整合（Johnson & Stephen, 2009，許臨高，2016：450）。而且價值觀與倫理規範，是社會工作實務的重要元素。以下略述社會工作價值與倫理的演進、重要性、價值的概念、倫理的概念、價值與倫理的關係：

● 社會工作價值與倫理的演進

　　芮摩（Reamer, 1998）將社會工作價值與倫理的演進，區分為四個關鍵性時期（包承恩、王永慈，2013：10-17）：

1. **道德時期**：在社會工作發展初期，社工比較關心「案主」的思想行為是否合於道德標準，至於實務工作的倫理或道德則被放在次要位置。後來，隨著睦鄰組織運動的興起，社工轉而關心社會改革的議題。
2. **價值時期**：1960年代，社工關注的焦點，轉向社會正義、權利及改革。1976年，雷威（Levy）出版《社會工作倫理》一書，促使社工開始注意抽象的價值與倫理之研究。

3. **倫理理論與抉擇時期**：1970年代末，應用性的專業倫理興起，各種專業都開始關注倫理議題。1980年代初，美國有些學者引用道德哲學的概念與理論，以及有關專業倫理的知識與應用，來探討社工倫理議題及倫理難題。

4. **倫理標準與風險管理時期**：進入1990年代，美國社工倫理的特徵，顯著增加倫理標準，用以指引實務工作者的行為。同時，專業疏忽與責任的認知也逐漸增加。

到了1961年，美國社會工作者協會（NASW）提出正式的社工倫理守則。其後經過8次修正，最近版本是2021年修訂。

1997年，我國公布《社會工作師法》，其第17條規定社會工作倫理守則應由全國社工師公會聯合會訂定。該會於2006年訂定社工倫理守則，經內政部於2008年核。最近版本於2018年修訂，衛生福利部於2019年核備。

目前，社工界大致上有了比較完整的專業倫理守則，也開始有文獻探討倫理過失與責任，強調風險管理來保護案主，預防倫理申訴或法律訴訟。

⬤ 社會工作價值與倫理的重要性

專業價值與倫理，是社會工作獲得社會認可的基礎，對於社工專業的運作有下列重要性（曾華源等，2011：14-17）：

1. **確保專業使命的實踐**：社會工作之目的，在於協助案主獲得較佳的社會適應，因而社工對於處遇目標的選定，必須注意專業價值與倫理，並且透過技巧和原則來實踐專業使命。

2. **界定專業的角色職責**：社工如何扮演被期待的角色？其職責又如何界定？必須依循法律與專業倫理守則，作為處遇之指引。

3. **提升專業服務能力**：近年來，社工使用於滿足案主需求的處遇取向，已不同於傳統方式，必須關注價值與倫理議題之處理，始能提升服務成效。

4. **指引處理倫理難題**：社工在實施處遇的過程中，如何合理分配有限資源？如何解決因為衝突而被申訴的問題？都需專業價值與倫理提供

指引。

5. **約束成員善用權力**：社工在專業服務中，擁有判斷的專利權，有時也使用自由裁量權。爲了避免權力不當使用或怠忽職守，應有專業價值與倫理來約束。

因此，社會工作倫理守則之訂定，必須涵蓋社會工作價值與倫理，以利辨識社會工作的使命與核心價值，進而建立一套指導實務的道德標準，使社會工作專業得以獲社會高度認可。

三 社會工作價值的重要概念

價值，是基於文化考量的一種期望，也是形成個人或群體的信念和行爲原則。社會工作者如同一個群體，需要一套價值體系，作爲執行社會工作使命的基礎（Barker, 2014: 447）。

通常，一個群體的價值觀，有其歷史文化的起源與經驗的基礎，也被該群體共同認定，使專業價值成爲專業社群共同抱持的一組信念。因此，社工人員在實務運作過程，必須清楚自己的生活哲學，敏感覺察自己的價值取向，藉以提升專業服務的適切性，而不是爲了保持中立而不做任何抉擇，也不只是依法辦理或聽從主管指示而完成任務。以下略述社會工作價值的重要概念：

(一) 社會工作的基本價值

價值是一種被視爲應該、值得、優於或更重要的觀念。學界對於社會工作基本價值的分類，至少有三種見解：

1. **巴雷特**（Bartlett, 1958: 5-9）提出六項價值觀念，作爲社會工作實施的基礎：

   (1) 個人應受到社會的關懷。

   (2) 個人與社會是相互依賴的。

   (3) 個人對他人負有社會責任。

   (4) 每個人都有人類的共同需求，但也有個人的獨特性。

   (5) 民主社會的基本特質，在使每個人的潛能得以發揮，並且透過社會

參與而盡其社會責任。

(6) 一個理想的社會，有責任提供機會，讓每個人克服困難，達成自我
實現。

2. **羅克齊**（Rokeach, 1973）認為價值是一種持續的信念，可區分為三類價
值（包承恩、王永慈，2013：41-44）：

(1) 終極性價值（ultimate value）：是指具有廣泛性，對團體目標提供
概括性的指引。例如：尊重個人、平等、沒有歧視。其中，尊重個
人，表示每個人都應享有基本的尊嚴，免於困苦，而社工也應該為
案主保密。

(2) 中介性價值（proximate value）：是指較為特定的指引。例如：精
神病患有權拒絕某種形式的治療、領取福利給付者有權得到某種標
準之給付、少數族群有權獲得良好的醫療照顧。這些指引，對個
人、團體或社會來說，可以藉由他人的幫助，而朝向積極的方向去
改變。

(3) 工具性價值（instrumental value）：是指所欲達到目標的手段。例
如：保密、自我決定、知後同意。其中案主自決，表示個人有掌握
自己人生方向的能力，是一種重要的工具性價值。至於自由、人性
尊嚴、正義，屬於終極性價值，而不是工具性價值。

3. **畢仁**（Butrym, 1976）在《社會工作的本質》（*The nature of social
work*）書中，提出三項社會工作的基本價值：(1)對人的尊重；(2)人有
獨特的個性；(3)人有自我改變的能力。但是不包括：人應致力於貢獻
社會。

上述三種分類方式之中，巴雷特（Bartlett）認為社會工作的核心工
作，是要協助人們解決生命難題，平衡環境的要求。依此概念，社會工作
基本價值是：重視社會責任、尊重案主的獨特性，協助案主朝向自我實
現，而不是強調案主的適者生存能力。

換個角度來看，「水往低處流、人往高處爬」，相信人類的前景是樂
觀的，只要給予適當的機會，人是可以不斷進步的。社工幫助案主激發潛
能，案主是有能力為自己的復原做些努力和貢獻，而不是一個沒有價值的
個體。假如，社工信守這些理念，就表示社工能夠信守「人有自我改變的

能力」之基本價值。

凡此種種，顯示社會工作是一門建構在價值基礎上的專業，社工的價值觀也是影響其界定案主問題的形成因素，因此，社工不應該以自己的價值觀來界定案主的目標，而應尊重不同人口群的價值觀。

同時，社工應該尊重個人的獨立決定，而無法承諾可以滿足案主的所有需求。當社工與案主的價值觀有所不同時，應該委婉地將自己的價值觀告訴案主，以免發生價值衝突。當然，價值衝突不只發生於社工與案主之間，也可能發生於社工與其他人員之間。無論如何，有衝突就應謹慎處理。

(二) 社會工作的核心價值

美國與我國的社會工作倫理守則，都有社會工作核心價值的聲明：

1. **美國**：在社工倫理守則中，列舉六項核心價值：
   (1) 服務。社工最基本的目標在於服務有需要者，且關注社會問題並採取行動。
   (2) 社會正義。社工有責任以維護社會正義的方式，促使個人自我完成。這是承認個人擁有各種的潛能，個人也有實踐潛能的義務，而不是只對於社會有法定義務。
   (3) 個人的尊嚴與價值。
   (4) 人際關係的重要性。
   (5) 誠信正直（integrity），也稱「廉正」。社工能視自己為值得信任的專業人員，能基於責任感而付諸行動，能覺察到自身的社會使命與專業使命，並且能在工作所在的機構中，提升倫理的實施的層次。
   (6) 能力（competence），也稱「稱職」。社工能在其專長領域中進行實務工作，而且不斷地發展和強化自身的專業專長。

   其中，社工了解人和人之間的關係是改變的重要原動力，並且努力去增進案主個人、團體、家庭等扶助工作，這是屬於核心價值中的個人尊嚴與價值，而不是人際關係的重要性。

2. **我國**：在「社會工作師倫理守則」中，提出社會工作核心價值：
   (1) 努力促使服務對象免於貧窮、恐懼、不安、壓迫及不正義對待。

(2) 維護服務對象基本生存保障，享有尊嚴的生活。

　　比較而言，美國與我國的社會工作核心價值，都強調社會正義（我國是：免於不正義）。例如：社工特別關心弱勢者遭到壓迫的議題，進而尋求社會改革，或者透過資源分配來協助弱勢者滿足需求，確保其權益，這就是NASW核心價值之中的社會正義，而不是NASW核心價值中的服務、正直、能力，更不是替天行道、親親法則（the principle of proximity）。而且NASW的核心價值，並未包括：案主自決、國家發展、效率。

　　進而言之，雷威（Levy, 1984）認為，核心價值起源於四個價值類別：(1)社會價值；(2)組織與制度的價值；(3)專業的價值；(4)人群服務的價值（包承恩、王永慈，2013：36-38）。但是，雷威所說核心價值起源的價值類別中，並不包括：社工的個人價值。

(三) 社會工作價值取向

　　在社會工作發展中，價值觀不斷地轉變。芮摩（Reamer, 1999）認為，社會工作至少已經發展出六種不同的價值取向（包承恩、王永慈，2013：27-31）：

1. **父權主義取向**（paternalistic orientation）：也稱家長式作風。認為專業使命是為了提升案主的正直品格，使他們過著有德行、完整、豐富的生活，不再依賴政府或民間的財源協助。

2. **社會正義取向**：認為資本主義的缺失、種族主義及其他形式的壓迫，產生了被剝奪的低下階層，而須進行基本的社會改革。相對地，這種取向不認為社會工作的目的在於協助飢餓、無家、失業、貧窮的人運用其內在能力去過著有意義的生活。

3. **宗教取向**：這種價值取向，同時含有父權主義與社會正義的特質，其中，人與神之間的愛，類似於父權慈善；宗教的責任感，類似於社會正義。宗教取向認為專業的任務與教會有關，是將自己的宗教信仰轉為有意義的社會服務。但是宗教取向並不含臨床取向的特質。

4. **臨床取向**：重視價值衝突與倫理兩難，探討案主保密、知後同意、利益衝突等實務議題。這種取向重視對於案主的保護，不是對實務工作者的保護。

5. **專業自我保衛取向**：其所關切的是：各種類型的過失或不當處遇之辯護、專業人員應負責任之議題、逐漸升高的法律訴訟風險。這種取向著重於實務工作者的保護，而不是強調價值衝突與倫理兩難的議題。

6. **無道德取向**（amoralistic orientation）：也稱：去道德取向。這種取向極少涉及價值或規範性的概念，而將實務視為純技術性。目前，社工基於「價值中立」的考量來選擇工作方法，進行方案評估、成本效益分析，屬於這種取向。

上述不同的價值取向，顯示價值觀是會變動的，而不具持久性。同時，價值觀與每個人的成長背景及社會脈絡，息息相關，因而社會工作強調的是個人與環境的改變，不只是個人的改變；強調增進案主的潛能，也相信透過努力可以改善社會制度；社會工作對於人的價值觀，應該包含尊重每個人都有追求更美好生活的能力、慾望與動機。

(四) 社會工作價值的衝突

將社會工作的價值觀運用於實務中，難免發生相互矛盾或衝突的現象。麥克里德與梅耶（Mcleod & Meyer, 1967）層歸納十組價值觀衝突的情況（李增祿，2012：41-43）：

1, 個人價值vs體系目標：例如：對於同志成家，有些社會體系能尊重同志的個人價值，有些社會體系無法接納同志結婚。又如：聯合國通過的「身心障礙者權利公約」（CRPD），認為人們應依據身心障礙者的具體需要，在不造成不成比例或過度負擔的情況下，進行必要及適當的合理調整。這樣的作為在實務運作上，就可能出現個人價值與體系目標的衝突。

2. 個人自由vs社會控制：例如：老人有選擇是否自費入住養老院的自由，但是公費入住養老院有資格的限制。

3. 團體責任vs個人責任：例如：有人認為濟貧是團體責任，也有人認為脫貧是個人責任。

4. 安全滿足vs刻苦奮鬥：例如：低收入戶的一對夫妻，均輕度障礙，沒有穩定工作，育有五名未成年子女，靠政府補助與慈善團體提供津貼與物資。社工猶豫要不要向此服務對象提出結紮意見時，就會處於「安全滿

足」相對於「刻苦奮鬥」之衝突。而不是「團體責任」相對於「個人家庭責任」之衝突。

5. 相對論、實用論vs絕對論、神聖論：例如：墮胎合法化是面對現實，有條件地允許？或因宗教信仰，絕對不可允許？

6. 革新變遷vs傳統主義：例如：老屋更新？抑或古宅保存？

7. 異質性vs同質性：例如：福利供給的選擇性或普及性？

8. 個人決定論vs個人本體論：例如：人格塑造，重基因？或重環境？

9. 相互依賴vs個人自治：例如：營造親子關係，是相互依存？或訓練自主？

10.個別化vs刻板化：例如：女性擔任貨車司機，是個別差異？或不自量力？

　　這十組價值衝突，並不包括：內在歸因與社會歸因之間的衝突、重視過程或強調結果之間的衝突。而且，各組價值衝突的對比項目，也不能交錯使用，例如：相對論、實用論相對於文化決定論，個人本能論相對於傳統主義，既不合邏輯，也難以對比。

(五) 社會工作價值之目的

　　海波握斯等人（Hepworth et al., 2009）指出，社會工作專業價值之目的有五（曾華源等，2011：59-60）：

1. 社會工作專業關係是建立在個人價值和尊嚴上，經由彼此參與及負責任的處理衝突，可提升彼此之間的專業關係。

2. 社工尊重案主獨立決定與積極參與助人過程的權利。

3. 社工致力於協助案主系統獲得所需資源。

4. 社工努力使社會福利制度更人性化，以回應人們的需求。

5. 社工尊重與接納多元人口的獨特性。

　　其中，尊重與接納多元人口的獨特性，是社工專業價值最重要的目的。至於配合政府政策、達到委託單位所要求的績效、於最短的時間內解決案主的問題，則在其次。再者，促使社會福利更人性化，是為了回應服務對象的需求，而不是促使社會福利更制度化，以回應政府管理的需求。

我們必須承認，社會工作的專業價值經常對社工的專業服務產生影響，其影響的層面，包括：社工與案主的關係、社工服務方法的運用、實務工作中倫理兩難的解決。但不包括：影響社工升遷的機會。

相對地，社會工作專業價值也經常受到社會環境因素的影響，例如：當時的社會與文化價值，影響社工對於案主所處環境脈絡的了解；社福機構的宗旨、目標、服務流程和責信，影響機構的價值取向；社工所服務的案主以弱勢族群居多，影響案主系統的價值觀的變異較大。

因此，社工必須經常檢視自己的價值觀，以及個人價值觀對於服務輸送的可能影響，進而設法降低負面影響的層面和層次，以維持社工實務之正常運作。

四 社會工作倫理的重要概念

倫理，是在個體、團體、專業的實務中，有關於對（right）與錯（wrong）的一種道德原則和覺察系統（Barker, 2014: 146）。

通常，社會工作專業團體在訂定倫理守則時，都會提出有關於價值、規則和原則的聲明，用以規範會員的實務行為（Barker, 2014: 282）。

由此可知，倫理是關於行為對或錯的一種道德信念與原則，指的是人們認為是「正確」的事，作為指引人們行為的標準之一，而不是判斷哪些事情重要與否之依據。再者，倫理指出了專業人員在執行專業工作過程，應該做些什麼行為的期望，是所有社工人員和機構，都應遵守的專業規範或原則。以下略述社會工作倫理的重要概念：

(一) 社會工作倫理的分類

1. 依層次分類

康雷德（Conrad, 1988）將社會工作倫理分為兩類（張英陣等，2022：147）：

(1) 微觀倫理：與直接服務有關的範圍與原則，以指導社工如何為案主提供服務。

(2) 巨觀倫理：又稱社會倫理，關懷的是機構組織內的約定和價值，以

規範機構相關政策。

　　舉例來說，當社工協助受暴者之時，在層次上先緊急安置並提供醫療協助，再進行法律的處理，這種做法是微觀倫理，而不是巨觀倫理、中介倫理、外視倫理。因爲微視倫理所關切的是與直接服務有關的事項，而不是關切機構組織內部的約定。

2. 依取向分類

　　班克斯（Banks, 2006），將社會工作倫理分爲兩類（引自童伊迪，2019：252）：

(1) 以原則爲本的倫理：倫理決策應透過普遍原則的推理而賦予適當性；道德行動是理性的；道德行動是獨立個體不受妨礙的自我；將權利與善分開時，其重點在權利。

(2) 以德行爲本的倫理：倫理與理性無關，而是依據良好品格與行善動機，對他人眞誠關懷與誠實因應；道德行動兼具感性與理性；道德行動者屬於團體的一員，有特定的責任；重點在於行善，且權利與行善不可分割。

(二) 關懷倫理的五個要素

　　關懷倫理（ethics of care），也稱關懷論，是一種情感回應，關懷他人，重視他人的需求，並予以回應（Kuhse, 1997: 45，周采薇，2017：80）。

　　關懷論的主軸是感性回應，且與倫理女性主義特別有關聯。湯突（Tronto, 1993）認爲關懷是倫理的基礎，並將關懷分爲四個階段：關切、照顧、給予關懷、接受關懷，每一階段都有對應的要素，並且以「誠信」作爲連貫統整的第五要素。這五個要素涵蓋（周采薇，2017：81-82）：

1. 專注：第一時間就注意到關懷的需求。主動找出對方的需求及看法。

2. 責任：承擔關懷的責任，負起實踐的責任，而不是制式化的規則或諾言。

3. 能力：以實際滿足需求的關懷，作爲回饋對方需求的能力。

4. 反應：隨時注意被關懷者因爲脆弱而受到傷害的可能性。

5. **關懷之誠信**：優質的關懷，應將前面四個要素整合爲一體，以了解關懷的過程，並且透過社會、政治及個人需求的評估，判斷相互衝突之需求及因應策略。

如果關懷被歧視或被排除弱勢者的感受及需求，則社工提供的服務，應以其對於服務對象的責任爲優先考量，而不是以道德原則、行爲結果的良善、服務提供者的正直品格，作爲優先考量。

(三) 社會工作倫理之原則

倫理的討論，無論是守則、原則或行動準則，都是關注人們認爲「對」的事務。美國與我國的社工倫理守則，都涵蓋倫理原則，據以作爲倫理守則的基本要求。

1. 美國的社會工作倫理原則

其與六個核心價值相互對應的倫理原則，可整理爲表12-1：

表12-1　與核心價值對應的倫理原則

核心價值	倫理原則
1. 服務	社工的首要目標，在於協助有需要的人，並且對社會問題予以關注及採取行動。
2. 社會正義	社工要挑戰社會的不正義。
3. 個人的尊嚴與價值	社工要尊重個人與生俱來的尊嚴與價值。
4. 人際關係的重要性	社工要認知人際關係之核心重要性。
5. 正直	社工的行爲應值得信賴。
6. 能力	社工應在自己專業能力範圍內執行任務，並提升自己的專業知能。

資料來源：筆者整理

2. 我國的社會工作倫理原則

在「社會工作師倫理守則」之中，首先揭示社會工作的使命爲：以人的尊嚴與價值爲核心，使服務對象都能獲有人性尊嚴的生活條件，讓所有不同文化的族群都能同等受到尊重。然後，提出六項社會工作倫理原則：
　　(1) 促進服務對象的最佳利益。

(2) 實踐弱勢優先及服務對象的最佳利益。

(3) 尊重服務對象的個別性及價值觀。

(4) 理解文化脈絡及人際關係是改變的重要動力。

(5) 誠信正直的專業品格及態度。

(6) 充實自我專業知識和能力。

　　以「弱勢者優先」為例：有一家庭暴力相對人在電話中透露想要自殺，今晚就會付諸行動並帶走子女，社工立即報警，請警方到相對人家中協助保護。這就是採取「倫理原則」中的弱勢幼小原則。而與後面將提及的「倫理抉擇」排序中之生命保護原則、最小傷害原則，有所不同。

　　如果仔細觀察美國與我國的倫理原則，不難發現兩者都包括：以案主最佳利益考量、社會工作使命在挑戰社會的不正義、社工面對案主的生命經驗常超出自己生長與學習的經驗。但是兩國的倫理原則，並不包括：助人過程中絕對不可以自我揭露。

　　簡言之，倫理原則之制定，對於案主，應保護服務中所揭露的資訊；對於同仁，應避免專業獨占性所引起的濫權行為；對於機構，應建立品質管制機制以有效處理案主的問題，而不是滿足社工想要發揮專門技術的動機。

(四) 倫理衝突之處理原則

　　依據我國「社會工作師倫理守則」之規定，社工師面對倫理衝突時，應以保護生命為最優先考量原則，而不是以個案自我決定為最優先考量原則，且應在維護人性尊嚴、社會公平與社會正義的基礎上有所作為。其處理原則：

1. 所採取的方法，應有助於服務對象利益之爭取。

2. 有多種達成目標的方法時，應選擇服務對象最佳權益、最少損害的方法。

3. 保護服務對象的方法，其所造成的損害，不得與所欲達成之目的不符。

4. 應尊重服務對象自我決定的權利。

　　據此申言，當社工面對倫理衝突時，其正確的處理原則應該是：有多種達成目標的方法時，應選擇服務對象的最佳權益、最少損害的方法，而

不是先表現專業權威，再尊重服務對象自我決定的權利；也不是置入社工個人的價值信念，來消弭衝突。當然，更不應該與所欲達成的目的不符。

舉例來說，以社會工作專業對抗社會不公平之承諾和角色任務時，應針對個人或團體的歧視與壓迫來源進行排除、協助案主找到處境相似的人一起解決問題，或者指認制度性歧視並倡議法律與制度的改變，而不是針對「福利依賴者」因福利資源濫用而進行投訴。

(五) 倫理判斷上的陷阱

雖然，倫理衝突的處理已有原則可循，但是面對倫理議題的判斷，仍然可能落入某些陷阱，導致判斷及處理上失誤。這些陷阱包括（Steinman, Richardson, & McEnroe, 1998，曾華源等，2011：239-242）：

1. 「普通常識和客觀」的陷阱：社工以為自己所作所為絕對不會出差錯，而以自己的價值作為判斷依據，就容易落入此陷阱。
2. 「價值」的陷阱：社工以個人價值、道德標準和宗教信念，來替代專業倫理，就容易落入此陷阱。
3. 「視情況而定」的陷阱：社工相信任何倫理議題的決策沒有所謂「對」或「錯」，要看所面對的是什麼情況，而不是看「行為本身」而決定對錯，這就是一種「視情況而定」的陷阱。
4. 「對誰有利」的陷阱：社工認為解決倫理難題，是從雙方或多方面衝突的利益之中要選擇一邊，就可能陷入「對誰有利」的陷阱。

舉例言之，當社工人員習慣以經驗作為專業服務的基礎，就容易陷入「普通常識和客觀」的陷阱，而不是容易陷入價值陷阱、對誰有利陷阱、視情況而定陷阱。

(六) 社會工作倫理守則之目的

就美國社工倫理守則而言，其訂定社會工作倫理守則，有六個目的：
1. 倫理守則提出社會工作奠基的核心價值。
2. 倫理守則摘取廣泛的倫理原則，成為社工實務的指引和標準。
3. 倫理守則提供工作者面對倫理衝突或不確定時之相關考量。

4. 倫理守則提供倫理標準，讓社會工作專業能夠對社會負責。

5. 倫理守則讓新進工作者認識社會工作的任務、價值、倫理原則及倫理標準。

6. 倫理守則提供社工專業評估人員有無不符合倫理的行為。

　　顯然，訂定社會工作倫理守則，有助於辨識社會工作使命的核心價值、建立一套指導實務的道德標準、使社會工作專業獲得社會的認可，但是訂定倫理守則責之目的，並不包括：促進社會個案工作的類型化、促進中央與地方政府對社會工作專業的重視。

🖐 社會工作價值與倫理的關係

　　價值與倫理，常被相提並論，兩者關係可比較如表12-2，並略加說明：

表12-2　價值與倫理概念之比較

	價值	倫理
基礎來源	生活經驗的情感認同	由價值演繹而來
屬性	可欲的、喜好的	強制的、被預期的
功能	行動的目標	行為對錯的準則

資料來源：曾華源等，2011：155。

1. **在基礎來源方面**：價值是行為原則的一般概念，認為值得去做的事，就會產生一種強烈情感與積極表現。相對上，倫理是由價值演繹而來，且依價值來提供行動及其目標的準則。

2. **在屬性方面**：由價值的具體內涵，指出何者被贊同（approved）？何者是可欲的（desired）？這是個人或團體藉以生活的道德原則和信念。相對上，倫理的具體內涵，就是價值觀念，它關係著何者是可欲的，何者是善或惡之判斷。

3. **在行動方面**：價值是行為或行動的目標。相對上，倫理是行動中的價值。社會工作倫理守則，就是來自專業的價值基礎。

再者，倫理是一組實際的規範與特質，包含了工作關係的諸多專業責任；個人的價值未必被所有成員認同。但是「價值」並不等於「原則」，必須轉為倫理規範，始能成為行動的目標和原則。

綜言之，倫理不是指人們認為「好」的內隱或外隱的信念，價值觀才是；價值觀不是指人們認為「對」的或「正確」的事，倫理才是。本質上，社會工作立基於公平、正義等概念，就價值面向而言，社會工作是一門規範性專業，而不是一門科學性專業、工具性專業、組織性專業。社會工作倫理代表社會工作責任有關的行為期待和偏好。

 ## 第二節　社會工作倫理的觀點

倫理是人與人、人與環境之間的行為準則，社工應該如何遵循？在社會工作實務中，經常引用哲學及其中倫理學的觀點，來探討倫理議題，作為處理的指引。

依據希伯齡（Siporin, 1975）的看法，社會工作基本哲學的精神有三大支柱：人道主義（humanitarianism）、實證主義（positivism）、烏托邦理想（utopianism）（曾華源等，2011：33）。但是不包括：基變主義。

將哲學精神運用於社會工作實務之中，有三個層面：分析的層面、批判的層面、規範的層面。其中，規範的層面，討論如何協助案主才是適當的？此與倫理學之中的規範倫理學（normative ethics）直接探索人性的意義、價值、行為及其規範，同樣是社會工作探討倫理的基礎（徐震、李明政，2001：6）。

社會工作倫理有許多不同的觀點或理論。首先，由規範倫理學提出義務論與目的論；之後，由目的論衍生效益主義。另外還有其他觀點，也是處理倫理兩難的依據。茲綜合相關文獻所載（林萬億，2022a：702-713；包承恩、王永慈，2013：88-97；曾華源等，2011：162-174），略述如下：

一 義務論的觀點

義務論（de-ontological theory），也稱康德主義的義務論，是規範倫理學的基本觀點之一，且不因文化、價值觀或情境的不同而造成倫理標準的差異。但是，康德主義反對靠宗教來形成人們的道德信念。

義務論者認為某些行為無論結果如何，都有對或錯、好或壞之分。因此，有道德價值的行為，必須因義務而作為。康德主張，說實話本來就是對的行為，社工不應該欺騙案主（林萬億，2022a：705）。這種主張，也適用於同事之間所做的決定、機構所簽的契約、相關法律所訂的規範。

可見，義務論是「依法行政」，尊重法則的必然行為。例如：社工師知悉案主遭到家暴或性侵害，在法律規範下，必須通報，不可因為擔心傷害案主，或危害社工與案主的關係，而不通報。這就是義務論的觀點，而不是正義論的觀點。

再者，義務論者認為專業工作應有兩種任務（徐震，李明政，2001：45-46）：一是消極義務，也就是「不作為的義務」（duty of omission），例如：不得與服務對象有不正當的雙重或多重關係。二是積極義務，也就是「作為的義務」（duty of commission），例如：應致力社會福利政策的推展。

另外，只憑善意，並不能決定行為是否合乎倫理，還要看行為準則發生的義務是否為初始義務（primary duty）或條件義務（conditional duty）（曾華源，2011：165）。例如：機構督導得知其所督導的社工將與開案中的案主一起出國旅遊，而通知機構主管，這是初始義務。因為督導者看見社工與案主有雙重關係，本來就應報告機構主管，它不是條件義務，也不只是回應主管交辦事項。

簡言之，實務工作者如果是「為倫理而倫理、為道德而道德」，就是一種義務論，而不是規則論。

二 目的論的觀點

目的論（teleological theory），也稱結果論，是規範倫理學的另一種

觀點，認為任何行為的對或錯，端視其所帶來的結果而定。

目的論者認為，尚未衡量潛在的後果（consequence），就做成倫理的抉擇，是一種過於天真的做法。一個負責任的社工，必須列出各種行動可能的後果，以及相對的優缺點，再做倫理上的抉擇。

目的論可分為兩派，一是利己主義（egoism），二是效益主義（utilitarianism）。利己主義主張人們面臨兩難時，應設法擴大自身的利益，目前已很少用於探討社會工作實務（包承恩、王永慈，2013：89-90），因此，不予討論。

🔢 效益主義的觀點

效益主義，也稱效用主義，是目的論的一個派別，而不是由義務論延伸出來的。效益主義的代表人物米勒（Mill）主張，道德內涵與最高原則在於謀求最大多數人的最大福利。個人的表現，應增加大眾福祉並極大化快樂的行為目的，而不是極大化個人的自由範疇以符合公眾正義。

就此而言，強調行動後果帶給整體社會最大快樂，關心社會上失業、無家可歸的人，讓他們成為有用的人，不但讓他們更快樂，也可減少其他人的不快樂。這些都是效用主義的觀點。

不過，效益主義容易被誤解為一種自私自利的幸福論，為了達到目的而不擇手段，以致犧牲了公平正義的原則。其實，效益主義必須考慮事情的正反面，例如：「安樂死」的議題，如果認為它可解除生不如死的處境，是正面的考慮；如果認為它是「仁慈殺人」，則是負面的考慮。這種正反面的考慮，是立基於效益主義，而不是立基於義務論或自決論。

再者，效益主義有兩種觀點（Gorovitz, 1971，曾華源等，2011：169-170）：

1. 規則效益主義（rule-utilitarianism）：在某情境下，我們應有的行為，是訴諸一般性通則，或者考慮依法行事能否為社會帶來最大福祉。例如：康復之友會在執行精神病友社區居住方案時，遭到居民反彈，若有專家學者指稱：「應依規定執行社區居住方案」，此即規則效益主義，而不是義務論。規則效益主義是行動能夠產生集中之多數效益（locus-

aggregative utilitarianism），而不是能夠產生全體最大利益（good-aggregative utilitarianism）（包承恩、王永慈，2013：90）。

2. 行動效益主義（act-utilitarianism）：也稱行為效益主義，是將效益原則直接應用於個別的行為上，認為行為的正確性，決定於該個案或該行為所帶來的結果，但也要探究因此而產生的隱含意義。例如：慈善團體為遊民提供定點餐食、沐浴等服務，固然可改善遊民生活，促進社會融合，但也要考慮是否造成遊民對福利依賴。

然而，效益主義在倫理上的運用，有其限制。例如：效益主義假設人們可採用計量方式算出最大的快樂，事實上最大的快樂是一種模糊的概念，很難理性地進行計量。

㈣ 權利論的觀點

權利論者認為社會對於什麼是「好的」（good），各有不同解讀，但其關鍵是社會應保障每一個體免於被侵犯的自由，自由應被視為一種權利，而非一種義務。權利論的重要主張，包括（林萬億，2022a：706）：

1. 一個好的社會，是在大眾正義之下，極大化個人自由，來保障每個人的理性自主。
2. 自由是一種權利，應受到國家或他人的保證，不被干擾而得以自由行事。
3. 國家是中性的政治工具，其主要任務在於保障人民權利。

簡言之，權利論者告訴我們：自由是權利，並且強調自由權應受國家的保障。

㈤ 馬克斯主義的觀點

馬克斯主義的觀點，雖然是政治多於倫理，但是對於倫理的重要主張，可作為倫理抉擇的參考（林萬億，2022a：707-708）：

1. 一個好的社會，能夠創造尊重、自由與平等持續發展的社經制度。
2. 倫理、人類本質、理性，都是歷史的產物。

3. 大多數的生產方式,是將社會分爲兩個對立的階級,而競爭稀少的資源,其後果是一個階級支配另一個階級,導致個人從社會中疏離。
4. 利他主義只是以互惠的形式而存在。

　　簡言之,馬克斯主義在倫理的考量上,強調充權的觀念、挑戰政治結構、爲案主辯護,而不是強調優勢觀點,也不是不必爲案主辯護。

六 直觀論的觀點

　　直覺論者(intuitionist)認爲每一種情境或案例的倫理抉擇,必須考量各種因素之後,再憑直覺來判斷,始能彈性地化解道德原則可能帶來的犧牲。

　　不過,直覺論的倫理觀點,容易陷入自我偏見而不自覺,必須經歷較多的情境,以累積經驗,才能夠使直覺越來越準確。

　　有鑑於此,社工在評估的過程,不可直覺地將自身經驗,當作評估所需資訊來源的唯一管道。

七 德行論的觀點

　　德行論(virtue theory),也稱道德論、美德論,認爲社會工作是一種「道德的事業」(moral enterprise),是否符合優越性,端視實務工作者的性格特質與品德情況而定(Martinez-Brawley & Zorita, 2017,林萬億,2022a:709)。

　　德行倫理是一種規範,所有的道德價值源自於有道德者(moral agents)的人格。一個人有道德素養,就能夠辨認是非對錯,且爲自己的行爲負責,以免引發不正義的傷害。在進行倫理抉擇時,應選擇傷害最小者。

　　因此,社工應具有核心的專業德行:熱情(compassion)、洞察力(discernment)、值得信賴(trustworthiness)、誠實正直(integrity)、謹愼負責(conscientiousness)(包承恩、王永慈,2001:45)。

　　簡言之,德行論者認爲一個人有良好品格,就能判斷什麼應該做、什

麼不應該做，這種依據良善品格而表現出道德行為，與正當性無關，此即德行論觀點，而不是專業主義觀點。

八 相對論的觀點

對於道德的論證（moral argument），有「道德絕對論」與「道德相對論」兩種不同立場。

相對論（relativism）的根源，是文化相對論。由於文化的差異，使行為的正當性有了不同的規範，不同的社會有不同的道德。

哈德曼（Hardman, 1975）認為，我們應依據文化的實際狀況、當時的規範與道德標準或其他脈絡，來考量倫理的標準（曾華源等，2011：171）。

羅德絲（Rhodes, 1986）認為，在一般情況下，信守承諾是對的，但是在特殊情境下，例如：有更重要的倫理要考量時，信守承諾便可打破（林萬億，2022a：710）。

至於絕對論（absolutism），是相信我們能找出客觀的道德標準，以建構可放諸四海而皆準的原則，作為倫理抉擇的基礎，來決定倫理上的對或錯、好或壞。例如：不可因為憤怒而殺人，這是絕對論的主張。

九 現實主義的觀點

現實主義（realism），是社會工作的重要倫理原則。在後現代主義者的眼中，現實，是一種暫時性的社會建構，甚至是未經民主程序產生共識，只反映了某些權勢者的便利而已。

貝基特（Beckett, 2007）認同「現實」是建構出來的，他將社會工作的現實主義分為兩種（林萬億，2022a：712-714）：

1. **產出的現實主義**（realism about outcome）：社工與案主之間，是主體對主體的關係，而不是主體對客體的關係，而且社工意圖達成的目標，並不等於實際的產出或績效，因此社工必須面對現實，而非創造真實。
2. **脈絡的現實主義**（realism about context）：是依循簡單的算術法則，來

討論社會工作倫理。解決問題的脈絡必須符合事實，否則無法解決既存問題。凡是缺乏脈絡現實的建議，都只是「許願清單」（wish lists），很難成為解決問題的處方。

如果，社工對於無力自我保護的案主，在未盤點資源是否足夠之前，就期待連結支持網絡來提供協助，這種期待只是「許願清單」。這是現實主義的觀點，而不是利己主義的觀點。

除了上述九種倫理觀點之外，還有一種基變派的觀點（radical approach）。雷諾茲與蓋羅帕（Reynolds & Galper, 1975）認為，社會工作的價值及理想，可與政治上的基變主義相通。社工也有革命熱情，將人民的福祉看得比利益還高，並且試圖充權貧窮者、被壓迫和被歧視者，一起來為社會的改變而奮鬥（Wagner, 1990，張英陣等，2022：150）。

即使，社工具有革命熱情，企圖由充權弱勢者來匡正社會壓迫，但是從現實主義觀點，在倫理優先選擇上，並不是主張促進社會人道中的革命性改變，而是主張運用力量來成就社會權益和社會正義。

 ## 第三節　社會工作倫理守則的要點

我國社會工作師公會聯合會於2018年修訂，經衛生福利部於2019年核備之「社會工作師倫理守則」，稱為第二版。

第二版社會工作師倫理守則的修定重點：(1)社工師的定義，修正為社會工作使命；(2)「案主」統稱為「服務對象」，避免有標籤、上下的意涵；(3)「對專業」、「對專業人員」的倫理守則，合併為「對社會工作師專業」的倫理守則；(4)新增「倫理衝突的處理原則」；(5)將「免於壓迫與不正義對待」列入核心價值。(6)將「多元媒體」（含網路）列入尊重隱私的規範；(7)將「專業傳承」列入專業倫理；(8)違反倫理時，社工師所屬公會有審議和處置之權，並依社工師公會全國聯合會2013年制定的「會員倫理申訴及審議處理要點」來處理。

同時，《社會工作師法》也規定：社會工作師依據相關法令及專業倫

理守則執行業務，當涉及訴訟時，所屬團體、事務所得提供必要之法律協助（第20條）；涉及訴訟，所屬機關（構）得提供必要之法律協助（第19條）。但是《社會工作師法》的規定，並不包括：警察機關得提供必要之安全協助，也不包括：社工師對政治人物的倫理責任。

無論如何，社工倫理守則的主要作用，在於保護服務對象，提供社會工作者行為及倫理決策之明確指引，以及辨識社工對其專業自律的標準。以下分析我國「社會工作師倫理守則」之要點：

🔘 對服務對象的倫理責任

(一) 尊重自我決定權

社工師尊重並促進服務對象的自我決定權，除非防止不法侵權事件、維護公眾利益、增進社會福祉之外，不可限制服務對象自我決定權（守則1.2）。

但是，尊重自我決定權並不包括：維護機構權益、提升機構能見度、與案家決定相左等情況。

目前，有些國家同意由醫師協助自殺合法化，這並不是我國社工倫理守則主張的論點，應不予接受。

(二) 知情同意

1. 服務時，應明確告知服務對象有關服務目標、限制、風險、費用、權益、措施等相關事宜，協助服務對象作理性的分析，以利服務對象作最佳的選擇（守則1.3）。
2. 基於倫理衝突或利益迴避，須終止服務時，應事先明確告知服務對象，並為適當必要之轉介服務（守則1.5）。
3. 收取服務費用時，應事先告知服務對象收費標準，所收費用應合理適當並符合相關法律規定，不得收受不當的餽贈（守則1.7）。

其中，應明確告知，以便做出最佳選擇之項目，應包括：服務的目標、限制、風險、費用、權益，而不包括：保險。

另外，「知情同意」的標準是：(1)在服務對象心智健全的狀態下同意；(2)服務對象的決定必須建立在獲得充分資訊之上；(3)服務對象有權拒絕或撤回其同意。但是知情同意的標準，並不包括：對於法定之強制性案主，只需要「知情」說明，不需要其「同意」。

具體的說，社工師應以清楚和易懂的言詞告知案主有關於服務的目標、風險和服務限制；案主可拒絕或撤回同意的權利。這兩項規定，其在倫理守則上，是「知情同意」，而不是「自我決定」，也不是「對案主的承諾」或「隱私與保密」的責任。

至於社工師因為倫理衝突或利益迴避而須終止服務時，其正確的做法是：事先告知案主，而不是直接通知案主轉到其他機構，也不是預先將個案資料告知即將轉介的服務機構。

(三) 保守業務機密

社工師應保守業務祕密；服務對象縱已死亡，仍須重視其隱私權利；服務對象或第三人聲請查閱個案工作紀錄，應符合社會工作倫理及政府法規，否則社工師得拒絕。但有下列特殊情況時，保密須受到限制（守則1.6）：

1. 服務對象親自或透過監護人或法律代表，決定放棄（祕密）時。
2. 涉及緊急的危險性，基於保護服務對象本人或其他第三者合法權益時。
3. 社工師負有警告責任時。
4. 社工師負有法律規定相關報告責任時。
5. 服務對象有致命之傳染疾病時（不包括一般傳染疾病）。
6. 評估服務對象有自殺危險時。
7. 服務對象涉及刑案時（不包括民事案件）。

保密，有絕對保密與相對保密兩種。例如：在個案研討會中，隱匿個案姓名，遮住可辨識的資料，會後將資料回收銷毀，這是相對保密，而不是絕對保密。

再者，對於服務對象負有監護、輔導、執法之責的人，亦可不保密。例如：提供意圖自殺的少女資訊給其父母、提供少女與未成年人性交的資訊給其輔導老師、提供少女涉及刑案的資料給司法調查人員，並不違背倫

理守則之規定。

舉例來說，30歲的案主結婚3年，在會談中告訴社工師隱藏已久的祕密：她25歲時未婚流產，但未告知現任先生。此種狀況，案主雖已成年，社工師仍應保密，這並不屬於保密的例外。

要之，保密是一種普遍適用的專業倫理，為了避免社工師違反保密原則，應由機構明訂保密規定，以約束機構人員。

(四) 重視網路互動倫理

社工師運用社群網站或網路溝通工具，與服務對象互動時，應避免傷害服務對象之法定權益（守則1.9）。

其中，社工師於福利服務中，運用資訊溝通科技、數位科技及社群媒體等工具，或因為個案資訊被媒體披露，此時單位主管在回應社會對個案的關注時，都應注意倫理問題。例如：新冠肺炎（COVID-19）疫情期間，社工人員使用通訊設備進行家庭訪視，依據倫理守則，仍應注意隱私保密、文化敏感、關係界線。

(五) 以促進福祉為優先

社工師應基於社會公平、正義，以促進服務對象福祉為服務之優先考量（守則1.1）。

由上述規定可知，社工師最重要的倫理責任，是促進服務對象的最佳福祉。同時，由此延伸而來的倫理責任，有下列幾項（曾華源等，2011：183-189）：(1)照顧的義務；(2)通報的義務；(3)警告的義務；(4)適當處遇的義務；(5)撰寫、管理與保存服務紀錄的義務；(6)誠實忠告的義務；(7)適當轉介的義務；(8)提供明確評估指標的義務；(9)審慎處理結案的義務；(10)公平對待的義務；(11)不與案主利益衝突的義務。舉例來說，社工師應確保案主在經歷專業關係期間，擁有最大程度的生理與情感的安全。這是屬於照顧的義務，而不是保密義務或公正的義務。

二 對同仁的倫理責任

1. **與同仁相互支持**：社工師應尊重同仁，彼此支持、相互激勵，與社會工作及其他專業人員合作，共同增進服務對象的福祉（守則2.1）。

2. **尊重同仁專業知識**：當同仁與服務對象因信任或服務爭議，應尊重同仁之專業知識及服務對象合法權益，以維護服務對象權益與同仁合理之專業信任（守則2.3）。

3. **協助保障同仁權益**：社工師為協助保障同仁合法權益，面對不公平或不合倫理規範之要求，當事人或代理人應向服務機構或各地區社工師公會、全國聯合會、社會工作主管機關申訴，以保障合法權益，落實社會工作專業倫理（守則2.4）。

其中，當同仁與服務對象因為信任或服務而發生爭議時，應該是尊重同仁之專業知識，並且維護同仁合理之專業信任，而不是支持同仁的所有決定。如有申訴，則可向服務單位、主管機關、社工師公會及其聯合會提出，而不是向社工專協申訴。

再者，當社工師發現同事答應服務對象生前之要求，在其過世後不告知家人就代為處理喪事。此種情況，如果要符合專業倫理，正確的做法是與該同事討論及進行補救、尋求機構主管的協助及介入、透過社工師公會或相關專業組織採取介入行動，而不是為了避免傷害同儕關係與機構聲譽，而協助該同事遮掩事件。

三 對服務機構的倫理責任

注意言行對機構的影響：社工師應注意自我言行對服務對象、服務機構、社會大眾所生影響（守則4.2）。

四 對實務工作的倫理責任

1. **致力推展福利服務**：社工師應致力社會福利政策的推展，增進福利服務效能，依法公平進行福利給付與福利資源分配（守則3.1）。

2. **不斷充實自我知能**：社工師應具備社會工作專業技能，不斷充實自我；擔任教育、督導時，應盡力提供專業指導，公平、客觀評量事件；接受教育、督導時應理性、自省，接納批評與建議（守則3.2）。

3. **確實記載服務紀錄**：社工師的服務紀錄應依法令相關規範，適時、正確及客觀的記載並妥善保存，以確保服務對象之權益及隱私（守則3.3）。

4. **忠實提供轉介服務**：社工師在轉介服務對象或接受服務對象轉介，應審慎評估轉介後可能的利益與風險，並忠實提供服務對象轉介諮詢服務（守則3.4）。

　　其中，社工師應具備社會工作專業技能，不斷充實自我，以因應實務上的變化，這是實務工作面向的倫理守則，而不是對於服務對象面向的倫理守則。

　　簡言之，定期參加教育訓練，傳承社工專業責任，轉介之前先與案主討論轉介可能會有的利益與風險，才是符合社工倫理守則之規範。

🈬 對社會工作專業的倫理責任

1. **尊重多元社會現象**：社工師應包容多元文化、尊重多元社會現象，防止因種族、宗教、性別、性傾向、國籍、年齡、婚姻狀態及身心障礙、宗教信仰、政治理念等歧視，所造成社會不平等現象（守則4.1）。

2. **致力於社工專業的研發**：社工師應增進社會工作專業知能的發展，進行研究及著作發表應遵守社會工作研究倫理（守則4.5）。

3. **推動社工專業制度的建立**：社工師應推動社會工作專業制度建立，發展社會工作的各項措施與活動（守則4.6）。

　　這三項，屬於社工專業人員面向的倫理責任，但此面向不包括：服務紀錄應依法令相關規範。要適時、正確且客觀地記錄和妥善保存，因為服務紀錄的記載及保存，是實務工作面向的倫理責任。

六 對社會大眾的倫理責任

1. **倡導及實踐社會公益**：社工師應致力於社會公益的倡導與實踐（守則 5.2）。
2. **維護弱勢族群權益**：社工師應維護弱勢族群之權益，協助受壓迫、受剝削、受欺凌者獲得社會安全保障（守則5.3）。
3. **促使政府保障合法權益**：社工師應促使政府機關、民間團體及社會大眾履行社會公益，並落實服務對象合法權益保障（守則5.5）。
4. **保障生命財產之安全**：社工師面對災害所致社會安全緊急事件，應提供專業服務，以保障弱勢族群免於生命、身體、自由、財產的危險與意外風險（守則5.6）。

　　綜合觀之，社會工作師倫理守則的要點，可指引社工應有的倫理行為，不過在實踐上仍有其限制，也受到一些批評。班克斯（Banks, 2011）曾針對社會工作倫理守則，提出六項批評（周采薇，2017：117-122）：
1. 守則太過籠統，可作多重解釋。
2. 守則規範太多，且「不合倫理」。
3. 倫理守則妨礙了多專業與跨專業工作。
4. 守則是由專業來界定，而非融入服務使用者之價值。
5. 守則是一份在哲學層面混雜失序的文件。
6. 守則將公共議題之責任與責難，加諸個別社會工作者身上。
　　其中，將公共議題的責任加諸個別社工身上，甚為不當，應即修正。因為，倫理議題是公共議題，應該全體社工人員、社工機構、政府，甚至是公民的集體責任，豈能只由個別社工承擔責任？

 第四節　社會工作倫理兩難的議題

　　在社會工作實務之中，到處有倫理面向的議題。芮摩（Reamer, 2013）將倫理議題區分為三種：(1)是社會工作者無心所犯的錯誤；(2)是

實務工作者不當的行為有違社會工作倫理規範；(3)是倫理兩難（ethical dilemma）（許臨高，2016：456）。

第一種和第二種議題，是「違背倫理守則」的事例，可按照倫理守則的相關規定來處理。至於倫理兩難的議題，是發生於社會工作者必須從兩個討厭的選項中做出抉擇的情況（周采薇，2017：20）。

例如：家防中心的社工接獲兒虐通報，調查發現兒童的母親在男朋友親密暴力的壓力下，身心失衡，憂鬱，終日飲酒，導致4歲女兒因長期疏忽而發展遲緩。此案例，並不是倫理兩難的議題，但應以兒童最佳利益，介入服務。

以下綜合相關文獻的描述（許臨高，2016：463-469；包承恩、王永慈，2013：115-184；曾華源等，2011：221-233），將社會工作實務中，較常見的倫理兩難議題，歸納為下列六種面向：

一 維護案主權益與遵守法令

以案主利益為最優先考量，一直是社工專業強調的倫理原則。但是，社工廣泛信守的信念，是執行專業服務時，應遵守相關法律、政策及程序。因之，在維護案主權益與遵守法令之間，可能陷入兩難。

例如：大華10歲，父母離婚，由父親取得監護權。但是父親有酗酒習慣，工作不順利，不讓大華上學。社工師判斷大華的父親沒有能力照顧，要將大華進行安置。大華的母親與男友同居，且是酒廊公關，想爭取監護權和撫養權。

這個案例，案父無力照顧，可將案主安置，並維護上學權益，但在法令上，案母可爭取監護權，但其酒廊工作及同居情況，能否對小華提供適當撫養？社工師面對「安置及維護上學權益」與「案母可依法爭取監護權」之間的倫理兩難，有待適當抉擇。

二 案主自決與父權主義

社工倫理守則強調社工提供服務時，應尊重案主自我決定權。若經社

工專業評估而認定自決能力有困難的心智能力障礙者、年幼兒童、失智症患者，要完全尊重案主自我決定的權力，難免有所猶豫，而且要面對社工未以專業協助案主的質疑或指責。因此，在案主自決與父權主義（也稱干預主義、家長式作風、仁慈父權）之間，陷於倫理兩難，不易抉擇。

例如：養護中心輕微失智的老人，吵著要工作人員打電話給家人，希望帶他回家，工作人員推託或欺騙，並轉移其注意力，此即案主自決與干預主義之兩難。

又如：李先生70歲，獨居，以拾荒為生，最近因中風倒臥路旁，送醫院治療，經醫生診斷有初期失智症狀，不宜獨居。但李先生堅持要回家自行照顧，較為舒服自在。此時，社會工作者介入，以專業知能及實務經驗，為李先生的福利著想，擬安排家事服務員到宅服務，或轉介老人機構，都被拒絕。

對此案例，社工應尊重案主自決，在家自行照顧？抑或依專業判斷安排適當的照顧服務？必須做出合適的倫理抉擇。

另外的案例，某服務弱勢兒童的社工，兒童主動告知他，其父親使用非法藥物，並要求社工保密。此時，社工所面對的倫理困境，並非案主自決與父權主義的兩難，而是義務與期望的衝突，或保密與隱私的衝突（包承恩、王永慈，2013：113）。

三 專業價值與個人價值

我們必須承認，社工有個人的價值觀，在實務過程可能無法維持價值中立。如果實務工作者認為自己是在為「案主福祉」代言，必須堅持己見。這樣的堅持，可能與專業價值相互衝突，導致倫理兩難。

例如：美華是青少年服務機構的社工，該機構並不反對墮胎。而美華因為自己的宗教信仰而堅信墮胎是不道德的事。今有一名未婚懷孕的少女來機構向美華求助，且明白表示要墮胎，希望美華協助她。美華覺得自己無法以客觀的態度處理此案。

這個案例，因為社工的宗教信仰而有「墮胎是不道德的」價值觀，因而與社工應尊重案主自決的專業價值相互衝突。此時，社工可能有四種選

擇：(1)尊重案主的決定，但會與自己的信仰衝突；(2)尊重機構的政策，但會失去自己的專業自主性；(3)堅持自己的信仰，但會被指責爲專業霸權；(4)不要參與。前三種選擇，都屬倫理兩難。至於最後一種選擇，透過轉案，由其他社工接手，好像是最好的一種決定，萬一沒有人願意接手，怎麼辦？

㈣ 資源分配與多元需求

基於社會正義的核心價值，以及挑戰不正義之倫理原則，所有的案主應有同等的權利分享有效的資源，社工也應致力於協助案主獲得所需資源。但是，社工在服務過程中，往往爲了處理有限資源而傷透腦筋。

根據芮摩（Reamer, 1999）的分析，對於有限資源的分配，有四種標準（引自曾華源等，2011：224）：

1. 平等原則：將資源分成每份大小平等（例如：相等金錢、服務時間），或是提供案主平等取得資源的機會（例如：先到先服務、以抽籤決定先後）。

2. 需求原則：將資源提供給最需要的服務對象。

3. 補償原則：對於因爲某種不公平對待而受苦受難者、以前受到差別待遇者，優先給予資源或服務。

4. 償還原則：以案主未來的償還能力，或是對社區有所貢獻爲依據，來分配有限的資源。

芮摩對於有限資源的分配原則，並未包括公共原則。無論如何，每個案主的情況不盡相同，無論採取上述四種原則的哪一種原則，都難以將有限資源做到「最適當」的分配。

例如：臺灣對於社會福利的輸送設計，近年來從「德政式」的國家責任，轉移到「民營化」和「社區化」。後來，隨著多種社會福利法案相繼通過，公部門的福利服務輸送更加多元，民間福利機構也相繼成立，對各種服務對象的資格認定不一，服務輸送體系缺乏統整，顯得零碎、片斷，有多重問題的案主經常無法得到合適的服務。

在這個案例中，社工面對的是：多重問題和多重需求的案主、機構資

源有限又特定、多元機構的協調和競爭，如何適當處理？似乎困難重重。

社會工作的倫理兩難，多半與直接實務工作有關，其實，在社區組織、社會政策與福利服務計畫等間接實務工作之中，也會發生倫理兩難的議題，其中最常見的是分配有限資源的議題。有些基金會的經費，來自政府的補助如果減少，以致影響原有服務，即可運用芮摩的資源分配之四個標準來因應。

五 專業價值與機構科層

社會工作的實施場域以機構為主，多數的社工受僱於機構之後，除了遵守機構的規範之外，還要處理主管臨時交辦的任務。同時，社工因為工作上的需要，常需與機構內部非社工專業的同仁、其他機構的人員，進行互動。在互動的過程中，社工的專業價值，可能與機構的規範、主管的價值觀、其他專業的基本價值，產生衝突，導致抉擇困難。

例如：醫療機構的價值觀及政策，係以營利或成本效益為主要考量，對於住進健保給付病房的案主，還需持續治療，醫院卻要求其出院，空出床位來安置自費住院的病人，增加醫院營收。此時，醫務社工尚未妥善安排病人的出院計畫，而且轉介後續照護的資源也還沒有著落。

這個案例，醫務社工在專業價值與機構科層兩者之間的抉擇，如何拿捏，才能維護案主權益，也避免自己被機構指責不合作，的確兩難。

六 專業界線與利益衝突

專業關係的形成，涉及互動雙方的社會規範及各種規則，以及如何有效協助案主解決問題。專業關係及其相關概念如下（曾華源等，2011：225）：

1. **專業關係**（professional relationship）：是社工與案主之間，基於工作上的需要而建立的關係。在性質上，是工作的、公共的、正式的關係，而不是友誼的、私人的、非正式的關係。

2. **雙重關係**（dual relationship）：社工與案主或同仁之間，產生一種以上

的相互關係，稱為雙重關係或多重關係，例如：案主為了感激社工為他服務，致贈家中種植的「黑珍珠」蓮霧，社工不忍心拒絕而勉強接受，該社工可能面臨專業性與社交性雙重關係。雖然，雙重關係難以完全避免，也不是有雙重關係就是不對。但是，任何型態的雙重關係，只要發生利益衝突，就是違反倫理。

3. **界線的侵犯**（boundary violation）：對於雙重關係的對象有害，例如：剝削、操縱、欺騙、壓迫，或者社工與案主發生親密關係，都屬於界線侵犯，它是社工與案主之間出現有害之雙重關係。

4. **界線的跨越**（boundary crossing）：社工與服務對象產生另一種關係時，並沒有剝削、操縱、欺騙、壓迫等意圖，但是出現不當的關係，就屬於界線跨越。例如：安置機構的社工應邀參加少年離院後之婚禮，或者社工參加服務對象經管的民間儲蓄互助會，都屬於界線的跨越。但是界線超越並不包括：接受案主邀請一起參加廟會活動、與案主參加同一旅遊活動。因為界線跨越不一定有傷害性，有時也有助於處遇的實施。

另外，雙重關係也可能成為雙重案主。例如：社區工作者受僱於社區發展協會，服務社區居民，如果發生兩者之間的利益衝突時，社區工作者在倫理抉擇上必須面對「受僱的機構」與「社區的居民」之雙重案主，更應謹慎處理。

綜合地說，社工與案主在工作上的關係，必須保持一種清晰而不模糊的專業界線。否則，雙方涉及利益交換、界線侵犯或不當的界線跨越，既有的專業關係就容易變調而引發違反倫理的疑慮。不過，社會工作是服務弱勢者的專業，有時顧及服務對象的脆弱性，常需幫服務對象做決定，以保護服務對象，並非不符合專業界線。

 第五節　社會工作倫理兩難的抉擇

沒有一種絕對精確的模式，可以解決倫理的兩難議題，而且社工對於倫理原則的應用，也常有不同看法。但是，有系統地處理倫理上的兩難議題，仍屬必要。

目前，社會工作文獻有關倫理兩難議題的處理，通常分兩方面來進行：倫理抉擇的優先順序、倫理抉擇的操作步驟；

倫理兩難抉擇的優先順序

由於倫理兩難的議題是在兩項或多項倫理規範之間，必須從中做個選擇，因而常將相關倫理規範的優先順序加以排列，作為社會工作抉擇的依據。目前，較常被提及的倫理規範排序有下列兩種：

(一) 芮摩對倫理抉擇的排序

芮摩（Reamer, 1990）曾提出一套處理倫理兩難議題的對照比較原則（林萬億，2022a：736-740；曾華源等，2011：251-253）：

1. 避免傷害到人類的生命、健康和尊嚴，優於傷害到其他可加的事物（誠實、保密、財富、機會均等）。例如：防止傷害人們生存的先決條件之規則，優先於說謊的解密威脅之規則。
2. 他人的基本福祉，優於個人的自決權。也就是，另外一個人的福祉，優先於個人的自決權。依此類推，他人的幸福權，也優先於個人幸福權。
3. 個人自決權，優於其自身基本福祉的考量。也就是，自己的自決權，優於個人福祉，因為自己沒有自決權，就沒有個人福祉或幸福可言。
4. 在自由意志下同意遵守法律、機構規定之義務，凌駕於個人的信仰、價值和原則。然而，在個人自由意志下的決定，仍須遵守法規及機構規定。
5. 當個人基本福祉的權利與機構的規定發生衝突時，以個人基本福祉為優先。也就是，基本福祉是個人權利（人權），優先於機構的相關規定。依此類推，個人的基本福祉，也優先另一個人的自由權。如果發生衝突，個人的自我決定權，優於法律、規則、規定和自願組織的安排。
6. 為了預防社會大眾傷害發生，為提高公共利益，而對個人財產累積造成損害是可接受的。也就是，維護公共利益優先於維護個人私益。例如：在災變發生時，政府為了救災必要，不需當事人同意，而強制拆除人民的設備或不動產，作為洩洪等之需，是可接受的。又如：臺灣南部有

一個直轄市，為了鐵路地下化而拆除部分民房，也是可以接受的。至於其他的情況，為防止人們飢餓等基本權益的傷害，優先於保護人們的財產，也優先於推動房舍、教育及公共救助等公共善的義務。

綜合言之，芮摩對於倫理抉擇排序的諸多原則，可歸納其基本順序為：人類生命＞他人福祉＞個人自決或自由＞個人福祉；若有法律與機構規定之義務，則法律與機構規定＞個人福祉；若個人福祉（人權）與機構規定發生衝突，則個人福祉＞機構規定；若為了防止傷害大眾利益，則公共利益＞個人財富累積。

(二) 洛雯堡與多羅夫對倫理抉擇的排序

洛雯堡與多羅夫（Lowenberg & Dologff, 1992）發展出倫理規範的優先順序（萬育維，1997：59），如表12-3：

表12-3　洛雯堡與多羅夫的倫理規範排序

排序	原則	說明
原則一	保護生命原則	保護服務對象的生命，不被威脅或傷害。
原則二	差別平等原則	先考慮弱勢，再考慮其他人，才是真平等。
原則三	自主自由原則	尊重服務對象的自主性及自由選擇權。
原則四	最小傷害原則	兩權相害，取其輕。將傷害降低到最小。
原則五	生活品質原則	維護服務對象日常生活的品質。
原則六	隱私保密原則	尊重個人的隱私權，不洩露個人祕密。
原則七	真誠（信賴）原則	真心誠意，不欺騙、不造假。

資料來源：Lowenberg & Dologff, 1992，引自萬育維，1997：59，說明欄係筆者所加。

茲依據表12-3所示，舉例說明這七個原則的抉擇順序：

1. **保護生命原則**：例如：案主被誣告對其家人施暴而感到憤恨不平，想要跳樓自殺，社工做了自殺通報，這是社工遵守保護生命原則。又如：社工應該考慮將案主進行安置的情境，是在案主面臨生命安全的威脅時，而不是因為案主學業中輟、家中停電、手足吵架。

2. **差別平等原則**：例如：在資源有限而有許多案主需要服務的情況下，醫

務社工綜合考量案主的病情的急迫性、社會資源、能力差異等因素之後，再決定服務的優先順序。這是依據差別平等原則，而不是依據保護生命原則。

3. **自主自由原則**：例如：案主獨居多年，因意外導致下半身癱瘓。近日又跌倒骨折，無力爬起。直到隔日，居家服務員到訪時才送醫院治療。社工為了避免案主再度受傷，積極促成案主入住安養機構。雖然案主堅決表示沒有意願，但是社工仍將其安置。這是將自主自由原則的考量，放在保護生命原則之後。

4. **最小傷害原則**：例如：即將入監服刑的單親家長，將兩名未滿12歲的兒童，請求社工協助安置，其中年齡較大的兒童不願被安置，認為可自行照顧自己與妹妹。於是社工和兒童討論不願意接受安置的原因，並帶兒童去了解未來安置的住所。此時，社工是採用最小傷害原則，而非自主自由原則或差別平等原則。

5. **生活品質原則**：例如：政府要在社區設置庇護所，提供家暴被害人及其子女遠離暴力威脅的服務，通常不會主動告知居民有關庇護所的真實情況，以期能同時維護庇護所住民與社區生活。這是優先考量生活品質原則，而不是優先考量差別平等原則或保護生命原則。

6. **隱私保密原則**：例如：社工未經徵得案主的同意，就將其家庭關係的負面私密細節透露給媒體，希望透過媒體報導、爭取社會關注，獲得同情而捐贈金錢，以協助案主有更好的生活品質。這個案例，並不合乎倫理的決策行動，因為將私密透露給媒體，就會傷害案主，應該是「最小傷害原則」優先於「生活品質原則」，而不是「生活品質原則」優先於「隱私守密原則」。

7. **真誠（信賴）原則**：例如：王先生和王太太是一對恩愛夫妻，某天出遊卻遭到車禍重創，王先生當場死亡，王太太被送醫院急救，逐漸恢復意識，但是生命跡象不穩定，住進加護病房。她每次看到社工就詢問她丈夫的受傷情況。此時，社工應先採行隱私保密原則，等到王太太轉到普通病房之後，再採取真誠原則，告知她有關王先生已逝世的訊息。

簡言之，運用洛雯堡與多羅夫的七項原則於社會工作助人過程，而必須面對價值或職責衝突時，其最優先考量的原則，是保護生命原則，而最

末考量的原則是真誠原則。而且，這七個原則，前一個原則，必定比後一個原則來得重要，沒有模糊的空間。也就是說，沒有兩個原則是同等重要的，或者可視情況而定。

除了上述兩種抉擇的排序之外，還有一種生命倫理的四個原則。雖然，它屬於醫學倫理領域，也未討論優先順序，但是對於社工專業的倫理抉擇仍有參考價值。這四個原則是：(1)尊重自主原則；(2)不傷害原則；(3)善待原則；(4)正義原則（Beauchamp & Childress, 1979，曾華源等，2011：243）。舉例來說，COVID-19疫情期間，社工針對需要家訪的服務對象，提供訪視服務，這是符合善待原則。不過，上述生命倫理的原則，並不包括：誠信原則。

◉ 倫理兩難議題抉擇的操作步驟

對於倫理兩難議題的抉擇或決策之步驟，有兩種論述：

(一) 芮摩的倫理抉擇七步驟

芮摩（Reamer, 2013）對於處理倫理兩難的議題，建議運用解決問題的模式，其架構或步驟如下（林萬億，2022a：740-741；許臨高，2016：471-472；曾華源等，2011：267-268）：

1. 釐清倫理困境的議題，包括發生衝突的社會工作價值及職責。
2. 找出所有可能會被倫理抉擇影響到的個人、團體及組織。但不應只尋找有利於組織立場的辯護資訊。
3. 以腦力激盪，嘗試找出各種可能的解決方案，或暫時可採取的行動及參與者，並評估每種行動的潛在利益和危險。
4. 審慎地檢視贊成或反對行動之每一種理由。
5. 徵詢同儕及專家的意見。
6. 做成抉擇、執行並記錄倫理抉擇的過程。
7. 監督、評鑑及記錄倫理抉擇所帶來的後果。
   例如：成年未婚懷孕婦女對於「生下孩子」、「墮胎」、「出養」等

決策，猶豫不決。社工協助案主進行抉擇的第一個步驟，是積極協助這個成年案主釐清對於胎兒去留的意見，然後充權案主解決問題的能量，找出適當的解決方案，而不是消極地尊重胎兒之父親的意見，也不是透過家族會議進行抉擇，更不是請案主參酌同儕意見進行抉擇。

(二) 康格里斯的倫理抉擇五步驟

康格里斯（Congress, 2000）建議社工在面臨倫理難題時，可採用「ETHIC」的五項倫理決策（ETHIC model of decision making）來輔助思考（曾華源，2022：79）：

E（檢視）：檢視（examine）個人的、社會的、機構的、案主的、專業的相關價值。但是此項檢視並不包括：檢視倫理守則中有沒有相關的標準可參考運用。

T（思考）：想一想（think）社工倫理守則中有什麼倫理標準，或有無相關法律和類似的案主決策可參考運用。但是此項思考並不包括：想想不同的決策帶來哪些不同的後果。

H（假設）：假設（hypothesize）不同的決策可能帶來的後果。

I（確認）：確認（identify）在社工致力於協助弱勢者的承諾之下，誰將獲益？誰可能受害？

C（諮詢）：諮詢（consult）督導者和同事，以便做出最適當的倫理決策。但是此項諮詢並不包括：諮詢相關法律的案例。

在這兩種論述之中，芮摩在第七步驟提到要記錄倫理抉擇的過程，這是因為倫理的抉擇是社工服務過程的關鍵點，必須記錄抉擇的過程，以利日後查證並追蹤決策的影響效果。而不是等到再發生倫理困境時，才開會檢討；也不是告知同事：以後如果遇到相關情事，可詢問有經驗的社工。

再者，根據芮摩的倫理抉擇模式，第二步驟指出倫理抉擇可能受影響的人、團體或組織之後，接下來應採取的步驟是：指出暫時可能採取行動，每種行動的參與者及其潛在利益和危險，而不是檢視或思考每一個可能採取行動的贊成和反對的理由。而且，評估每一方案或行動的可行性，要由社工與相關人員共同評估，而不是只由該領域的專家來評估。另外，

芮摩認為有效解決倫理難題的決策架構中，可運用腦力激盪，而不是舉辦公聽會。

至於，將問題解決模式應用在解決倫理兩難的議題上之學者，是Reamer，而不是：Lowenberg、Holland、Waggerman。

無論如何，在社會工作實務中，遇到倫理兩難的議題，最佳處理方式，應該是依據專家研發的倫理抉擇之排序、倫理抉擇的步驟，來做適當的判斷和處理。必要時，也可求助於社工督導、同事、機構主管、社會工作師公會，而不是求助於親友。

 ## 第六節　社會工作業務過失的法律責任

有時候，社工可能在業務上有所疏忽，而傷害到服務對象或其他利害關係人。這種情況，不只是倫理問題，還涉及法律責任。以下略述業務過失的意涵及類型、業務過失的相關責任、預防業務過失的途徑：

● 一　業務過失的意涵及類型

何謂「業務過失」（malpractice）？依據美國《社會工作辭典》的解釋（Barker, 2014: 257）：

> 業務過失是指專業人員因為故意或疏忽的行為，違反了相關倫理守則或照顧的專業標準，證實對於案主造成了傷害。在社會工作行動中，常見的業務過失，包括：不當洩漏保密資料、延長不必要的服務、不當結束必要的服務、使用不實的知識和技術。例如：以社會工作處遇的提供，取代必要的醫療處置；提供給其他人的資訊中故意中傷，結果導致案主遭到不當拘禁、財務剝削。或者與案主發生性關係、在處遇過程（如團體活動）中，發生案主身體受傷情事。

這個定義，強調社工在處理業務過程之所作所為，無論是故意或疏忽，如果傷害到案主，就是業務過失。

芮摩（Reamer, 1995）曾將社工的業務過失，區分為三種類型（曾華源等，2011：347-348）：

1. **濫權**（misfeasance）：也稱不當行為。以錯誤方式或傷害性方式表現在行為上，或者做出某種「不適當行為」。例如：故意或疏忽將應保密的資訊洩漏給第三者。又如：社工師錯誤安置兒童。

2. **瀆職**（malfeasance）：特別指公務人員侵占或挪用經費之錯誤或不合法的行為。例如：職能復健機構的社工師未經機構的案主群同意，就挪用案主群的工作復健基金當作營養午餐費用，這就是瀆職，而不是濫權、侵權、怠職。又如：社工師將低收入獨居者、重度障礙者的補助款，轉入自己的個人帳戶，也是瀆職，而不是怠職、濫權。

3. **怠職**（nonfeasance）：也稱不履行義務。是指遺漏或未完成專業上期待應有的行為，或者沒有做到同意要做的事情。例如：社工師只顧慮保密，而未能防止第三者受到傷害；對於案主需要面對的問題，未提出警告；對於案主需要轉介服務時，未予轉介。又如：社工師原先計畫和案主一起出席社區改建的公聽會，卻未事先告知案主當日他無法出席，而讓案主單獨出席，這是怠職，而不是瀆職、濫權、侵權。

這些業務過失的類型，也可能同時發生。例如：一位身心障礙者長期接受居家照顧，他早先曾遭家人虐待，居家服務員也知情，沒有通報，只簡略寫在訪視紀錄。最近，有鄰居向記者爆料，記者找到負責居家照顧業務的社工督導，詢問有關案家的私人資訊（家人過去外遇、婆媳衝突等隱私恩怨）。記者告訴社工督導，新聞報導將聚焦於案家的故事，不會披露居服員和社工督導的過失。

這個案例，同時涉及居服員怠職（應通報而未通報）、社工督導濫權（故意洩漏案家私密資訊給記者）。若居服員收受案家施虐者的財物而封口不通報，若社工督導收受記者賄賂而提供案家私訊，則又涉及瀆職。

簡言之，社工在業務上，由於無心之過失，或者故意扭曲判斷，就會造成業務過失，而遭到控訴、求償，負法律責任。

▨ 業務過失的相關責任

社工在專業實務中，發生業務過失的行為，須受相關法律的規範，甚至處罰。就我國而言，有關業務過失的法律責任，包括：

1. **法定責任**：例如。《兒童及少年福利與權益保障法》、《兒童及少年性剝削防制條例》、《老人福利法》、《身心障礙者權益保障法》、《家庭暴力防治法》、《性侵害犯罪防治法》、《性騷擾防治法》等，都明文規定社工應有通報、保密、陪同應訊等法定責任。

2. **行政責任**：例如：社工師執行業務，如有違反《社會工作師法》之相關規定，經主管機關查證屬實者，應受罰款、停業、廢止執業證照等行政處分。

3. **民事責任**：例如：社工因侵權行為而造成案主受到損害，則案主可依民法相關規定，請求社會工作機關（構）及其社工人員負連帶賠償責任。

4. **刑事責任**：例如：社工執行業務時，因故意或過失，侵害刑法對人民應保護的法益，即構成犯罪行為，應負刑事責任。

其中，民事責任，通常是損害賠償；而刑事責任，無法以金錢來補償被害人所受傷害，例如：妨害祕密罪、過失傷害罪、誹謗罪，須負刑事責任。有時候，除了刑事責任，還要負民事連帶賠償責任。

▨ 預防業務過失的途徑

社工為防止因業務過失而遭到案主的控訴、求償，以及相關法律的處罰，必須採取一些預防措施（曾華源等，2011：359-360）。茲擇要說明：

1. **充實法律的相關知識**：針對專業領域中業務過失的各種型態，而了解其可能牽涉到的法律及相關規定。

2. **強化機構的風險管理**：社會工作機構應強化品質保證與風險管理，以降低社工業務過失之發生。芮摩（Reamer, 2006）認為違反保密與隱私權，或者在提供服務的過程中對案主施予不當壓力、詐欺，都是不當行為。這是從風險管理來看，而不是從工作責任來看。

3. **加強專業倫理的訓練**：在社工養成教育與在職訓練的課程中，加強專業倫理、業務過失及其相關責任之訓練。

4. **敏感察覺案主的需求**：在專業服務過程中，提醒自己要敏於觀察及覺知案主的需求，適時有效回應，以免業務過失。

5. **落實機構的督導制度**：機構的督導者必須定期檢視其所督導的社工人員執行業務之情況，對於容易引發爭議的問題，即時提供督促及指導。

其中，強化機構的風險管理之中，有責任承擔風險者，包括：社工人員、社會組織機構、專業協會，但不包括：服務對象。

無論如何，社會工作是助人的專業，應努力服務案主，克盡專業職責，不能因爲害怕業務過失而採取防禦型實務。所謂「防禦型實務工作者」（defensive practitioner），是指社會工作者的職責被限縮在完成對機構的義務上、將注意力放在官僚程序的落實而非服務對象的最佳利益、「照本宣科」完成法律或組織規定的職責以規避責任，而沒有準備好承擔風險與道德責難（周采薇，2017：190）。

事實上，在官僚或事業取向機構的組織內服務之社工，仍可以且應該是「反思型實務工作者」（reflective practitioner）與「反身型實務工作者」（reflexive practitioner）。前者能夠辨別工作上的倫理兩難及衝突，並思考其成因與過程；後者能夠辨別自己與所觀察之人群事件彼此的相互影響（周采薇，2017：190-191）。

總而言之，事前預防業務過失，勝於事後補救措施。一個稱職的社會工作者，必須勇於任事，負責盡職，優先遵守倫理規範，其次才是減少因業務過失而須負法律責任。因爲澈底遵守倫理規範，比較不會發生業務過失，況且法律是最低道德與倫理的基本要求，也是避免道德責難與倫理過失的最後一道防線。

參考文獻

一、中文部分

王光旭、黃怡臻（2018）。「社區人際網絡與社區意識及參與關聯性的研究：不同營造經驗社區的比較」。**調查研究—方法與應用，40**，63-125。

王育瑜（2021）。「身心障礙福利服務」。呂寶靜（編），**社會工作與臺灣社會**（第三版）（頁149-174）。高雄：巨流。

王增勇（2021）。「原住民族社會工作」。呂寶靜（編），**社會工作與臺灣社會**（第三版）（頁205-226）。高雄：巨流。

王增勇、莊曉霞、Teyra、莊登閩（2021）。**原住民族家庭服務中心之執行成效及功能轉型委託研究**（期末報告）。臺北：原住民族委員會。

方隆彰、范淑婷、羅世聖、張文慧、鄭杰榆（編）（2011）。**職場社會工作—以員工協助方案（EAPs）為導向的實務**。臺北：華都。

包承恩、王永慈（譯）（2013）。**社會工作價值與倫理**（原著Reamer）。臺北：洪葉。

田麗珠、吳怡伶、劉靜女、林素妃、陳靜琳、林欣儀、李慶真、王寶之（2015）。「社會工作者在社區安寧療護之角色」。**北市醫學雜誌**，12：34-45。

呂寶靜（編）（2021）。**社會工作與臺灣社會**（三版）。高雄：巨流。

呂寶靜（2012）。**老人福利服務**。臺北：五南。

宋麗玉（編）（2021）。**社會工作理論—處遇模式與案例分析**（五版）。臺北：洪葉。

宋麗玉（編）（2002）。**社會工作理論—處遇模式與案例分析**。臺北：洪葉。

宋麗玉、施教裕（2009）。**優勢觀點：社會工作理論與實務**。臺北：洪葉。

李文進（2008）。因應九二一大地震創傷後壓力疾患（PTSD）之悲傷輔導策略。http://mcohuif81.net/dispbb.asp?boardid=33cid=10493. 檢索日期：2022/8/9

李明政（編）（2011）。**多元文化社會工作**。臺北：松慧。

李郁文（2008）。**團體動力學：群體動力的理論、實務與研究**。臺北：桂冠。

李增祿（2012）。**社會工作概論**（修正第七版）。高雄：巨流。

李憶純（編）（2022）。**司法社會工作理論與實務**。臺北：雙葉。

李聲吼（2018）。「社區工作的要素」。吳明儒（編），**社區工作**（4.5-4.27）。臺中：華格那。

汪淑媛（2016）。「心理衛生社會工作」。黃源協（編），**社會工作概論**（頁319-342）。臺北：雙葉。

吳瓊恩（2016）。**行政學**。臺北：三民。

何金蘭、詹宜璋（譯）（2011）。**社會工作概論**。（原著Farley, Simsh, & Boyle）。臺北：學富。

林秀娟（2014）。「健康城市社區化」。**社區發展季刊，106**，18-23。

林桂碧、梁珊華（譯）（2009）。美國員工協助專業人員協會倫理守則。https://wlb.mol.gov.tw/upl/weeare/LCS_WEB/contentList_Experience_po1b344.html?Pregld=1001030&SNO=1271. 檢索日期：2022/10/10

林勝義（2023）。**社會福利行政**（三版）。臺北：五南。

林勝義（2021a）。**社會福利服務──輸送及倡導**。臺北：五南。

林勝義（2021b）。**社區工作導論：批判性思考**。臺北：五南。

林勝義（2018）。**社會政策與社會立法──兼論其社會實務**。臺北：五南。

林勝義（2015）。**學校社會工作概論**。臺北：洪葉。

林萬億（2022a）。**當代社會工作──理論與方法**（第五版）。臺北：五南。

林萬億（2022b）。**社會福利**（二版）。臺北：五南。

林萬億（編）（2020）。**社區工作理論與實務工作手冊**。臺北：雙葉。

林萬億（編）（2018）。**災難救援、安置與重建**。臺北：五南。

林萬億（2015）。**團體工作──理論與技術**。臺北：五南。

林萬億（編）（2010）。**災難管理與社會工作實務手冊**。高雄：巨流。

林萬億（2012）。**學校社會工作實務**。高雄：巨流。

林萬億、劉燦宏（編）（2014）。**臺灣身心障礙者權益與福利**。臺北；五南。

林鍾沂（2018）。**行政學理論的解讀**。臺北：三民。

林讓均（2020/8/27）。「疫後重生的力量來自社區」。http//:www.gom.com.tw/artide/74335. 檢索日期：2022/5/18

林翰生（2020）。「臺灣原住民族社會工作的沿革與展望──文化觀點的歷史分析」。**社區發展季刊，169**，75-89。

周月清（2001）。**家庭社會工作──理論與方法**。臺北：五南。

周月清（2000）。**障礙福利與社會工作**。臺北：五南。

周永新（1994）。**社會工作新論**。香港：商務。

周朵薇（譯）（2017）。**社會工作倫理與價值**（原著Banks）。臺北：洪葉。

洪敏琬（譯）（2013）。**社會工作實務取向：整合運用取向**（原著Beckett）。臺北：洪葉。

施能傑（2017）。**公務機關推動員工協助方案2.0參考手冊**。臺北：行政院人事行政總處。

姚克明、王惠娣（1984）。**社區組織的理論與實際**（原著Ross）。臺北：臺灣省公共衛生研究所。

侯建州（2016）。「醫務社會工作」。黃源協（編），**社會工作概論**（頁371-388）。臺北：雙葉。

范舜豪、吳慧青（2018）。「災後創傷壓力紓解與成長」。林萬億（編），**災難救援、安置與重建**（頁476-497）。臺北：五南。

高永興（2015）。「從社會投資觀點探析社區產業發展」。**臺灣社區工作與社區研究學刊**，**5**(2)，97-136。

高迪理（1990）。「個案管理：一個新興的專業社會工作概念」。臺灣社會工作專業人員協會（編）。**社會工作管理**（頁96-129）。臺北：社工專協。

徐震、李明政（編）（2001）。**社會工作倫理**。臺北：五南。

徐震、林萬億（1983）。**當代社會工作**。臺北：五南。

莫藜藜（2020）。**醫務社會工作**。臺北：松慧。

莫藜藜（2012）。「社會工作督導」。李增祿（編），**社會工作概論**（頁209-227），臺北：巨流。

畢恆達（2020）。**教授為什麼沒告訴我**（2020進化版）。臺北：小畢空間出版社。

張如杏（2006）。「臺灣精神醫療社會工作專業發展與危機」。**臺灣社會工作學刊**，**6**，119-145。

張如杏、楊添圍、張玲如（2016）。**精神醫療社會工作理論與實務：兼述心理衛生社會工作**。臺北：洪葉。

張英陣、許雅惠、潘中道（譯）（2022）。**社會工作概論**（二版）（原著DuBois & Miley）。臺北：雙葉。

張淑慧（2009）。「司法社會工作概述」。**社區發展季刊**，**128**，155-168。

莊秀美（2019）。「臺灣社會工作的演進」。謝秀芬（編），**社會工作概論**（二版）（頁52-58）。臺北：雙葉。

莊秀美（2004）。**社會工作名人與名著**。臺北：松慧。

崔永康、凌煒鏗（2014）。「香港學校社會工作人員如何看待專業的角色、挑戰及發展」。**臺灣聯合勸募論壇**，**3**(1)，71-100。

陳志瑋（譯）（2015）。**行政學──公部門之管理**（原著Starling）。臺北：五南。

陳武宗、張玲如（2007）。「社會工作專業組織治理、繼續教育及國際接軌」。**社區發展季刊，120**，48-66。

陳政智（2002）。「身心障礙者個案管理與個案工作服務模式之差異」。**社區發展季刊，97**，190-196。

陳慧女（2009）。「法律與社會工作」。**社區發展季刊，128**，169-180。

梁麗清、陳錦華（編）（2006）。**性別與社會工作──理論與實踐**。香港：中文大學出版社。

許臨高（編）（2016）。**社會個案工作──理論與實務**。臺北：五南。

許臨高、莫藜藜（譯）（2013）。**團體工作實務**（原著Toseland & Erivas）。臺北：雙葉。

童伊迪（2019）。「強化社會安全網計畫─社會工作倫理與價值」。**社區發展季刊，165**，243-257。

曾華源（編）（2022）。**社會個案工作──生態優勢取向**（二版）。臺北：洪葉。

曾華源（編）（2016）。**社會團體工作**。臺北：洪葉。

曾華源（2011）。「對團體的社會工作實施」。李增祿（編），**社會工作概論**（頁105-143）。高雄：巨流。

曾華源、白倩如、張誼方（2020）。「社會工作專業人才之就業力──兼論對專業教育與證照考試之反思」。**社區發展季刊，173**，20-37。

曾華源、吳來信、劉淑瓊、王篤強（2009）。**社會工作概論**。新北：國立空大。

曾華源、胡慧嫈、李仰慈、郭世豐（2011）。**社會工作專業價值與倫理概論**（二版）。臺北：洪葉。

曾華源、高迪理（編譯）（2007）。**社會工作概論──成為一個改變者**（原著Segal, Gerdes, & Steiner）。臺北：洪葉。

萬育維（1997）。**社會工作實務手冊**。臺北：洪葉。

黃彥宜（2020）。「策略行動」。林萬億（編），**社區工作：理論與實務工作手冊**（頁147-164）。臺北：雙葉。

黃盈豪（2010）。「災後緊急救濟與臨時安置社會工作人員跨文化經驗的初探──以莫拉克風災為例」。**社區發展季刊，131**，326-341。

黃源協（2000）。**社區照顧──台灣與英國經驗的檢視**。臺北：揚智。

黃源協、莊俐昕（2019）。**社會福利行政**。臺北：雙葉。

黃源協、蕭文高（2010）。**社區工作**。新北：國立空大。

黃瑋瑩、辜思微（譯）（2006）。**兒童社會工作實務**（原著Webb）。臺北：學富。

黃肇新、邱靖媛、朱宏漢（譯）（2009）。**社區整備程度模式：成功轉變社區的指引**（原著Plested, Edwards, & Jumper-Thurman）。臺北：巨流。

黃耀榮（2014）。「無障礙環境」。林萬億、劉燦宏（編），**臺灣身心障礙者權益與福利**（頁445-476）。臺北：五南。

溫如慧、李易蓁、黃琇櫻、練佳姍、鮑曉萱（譯）（2018）。**社會工作理論與方法**（原著Teater）。臺北：東華。

溫信學（2017）。**醫務社會工作**（四版）。臺北：洪葉。

傅從喜、林宏陽、黃國清、李大正、陳儀、楊家裕、謝秀玉、黃曉微（譯）（2009）。**社會工作研究方法**（原著Rubin & Babbie）。臺北：新加波商聖智學習亞洲公司臺灣分公司。

葉秀珊、陳汝君（譯）（2004）。**失能、障礙、殘障：身心障礙者社會工作的省思**（原著Oliver & Sapey）。臺北：心理。

葉錦成（2012）。**精神醫療社會工作：信念、理論和實踐**。臺北：心理。

楊明理（2011）。「淺談賦能概念在喘息服務之應用」。**臺灣心理諮商季刊，2011，3**(1)，16-28。

楊錦青、劉雅方、陳香君（2021）。「我國社會工作專業制度的建立與未來發展」。**社區發展季刊，173**，7-19。

趙碧華（2019）。「社會工作實施與研究」。謝秀芬（編），**社會工作概論**（二版）（頁231-253）。臺北：雙葉。

謝秀芬（編）（2019）。**社會工作概論**（二版）。臺北：雙葉。

謝秀芬（2013）。**家庭社會工作：理論與實務**（三版）。臺北：雙葉。

劉珠利（2012）。**創傷女性與社會工作處遇模式—人際關係、協同合作、反壓迫**。臺北：雙葉。

劉珠利（2009）。「由多元文化主義探討靈性照顧社會工作在台灣的可行模式」。**社區發展季刊，127**，172-185。

劉珠利（2008）。「反壓迫實務：一個對臺灣大陸籍與外國籍受暴女性配偶的協助策略」。**社區發展季刊，123**，316-335。

劉姵君、于瀟（譯）（2017）。**社會團體工作：帶領手冊**（原著Corcoran, J.）。臺北：洪葉。

劉輝男（2006）。「臺灣省推動社會工作員的回顧」。古梓龍（編），**志工在桃園**（頁29-45）。桃園：基督教聖經教會。

劉鶴群、廖淑娟、陳竹上、陳美靜（譯）（2011）。**社會學**（原著Schaefer）。高雄：巨流。

蔡啟源（譯）（2008）。**社會工作行政**（原著Skidmore）。臺北：雙葉。

蔡漢賢（編）（2000）。**社會工作辭典**。臺北：內政部。

鄭怡世、鐘文鎂（2014）。「不友善的勞動處境、不確定的勞動感受：台灣民間社會福利組織社工員勞動現況之探究」。**當代社會工作學刊**，**6**，86-123。

鄭怡世（2013）。「臺灣早期睦鄰運動」。http://www.doc.ncnu.edu.tw〉settlement〉index.php/201. 檢索日期：2022/5/18

鄭麗珍、潘淑滿（2022）。**社會個案工作理論與實務工作手冊**。臺北：雙葉。

簡春安、鄒平儀（2016）。**社會工作研究方法**。高雄：巨流。

簡春安、趙善如（2008）。**社會工作哲學與理論**。高雄：巨流。

蘇景輝（2009）。**社區工作理論與實務**。臺北：巨流。

戴世玫、歐雅雯（編）（2017）。**新住民社會工作**。臺北：洪葉。

魏希聖（譯）（2013）。**家庭社會工作**（原著Collins, Jordan, & Coleman）。臺北：洪葉。

韓青蓉（2013）。**精神醫療社會工作**。臺北：華都。

二、英文部分

Adams, R. (2010). *The short guide to social work*. Bristol: The Policy Press.

Alexander, S. (2004). Intervention with families. In C. R. Brittain & D. E. Hunt (eds.). *Helping in child protective services: A competency-based casework handbook* (pp.393-446). New York: Oxford University Press.

Allen-Meares, R. (2009). The role of the school social worker. In C. R. Massat, R. Constable; S. McDonald; & J. P. Flynn (7th ed.). *School social work: Practice, policy, and research* (pp.3-29). Chicago: Lyceum Books, Inc.

Allen-Meares, R. (2004). *School social services in schools* (4th ed.). Boston: Allyn & Bacon Press.

Axinn, J., & Stem, M. (2012). *Social welfare: A history of the American response to needs* (7th ed.). Boston: Allyn and Bacon. Press.

Barker, R. I. (2014). *The social work dictionary* (6th ed.). Washington, DC: NASW Press.

Bartlett, H. (1958). *The common base of social work practice*. New York: NASW Press.

Becker, S., & Bryman, A. (2004). *Understanding research for social policy and practice*.

Bristol: Thee Policy Press.

Beckett, C. (2006). *Essential theory for social work practice*. London: Sage Publications.

Beddoe, L. (2015). External supervision in social work: Power, space, risk, and the research for safety. In L. Beddoe & J. Maidmentz (eds.). *Supervision in social work: Contemporary issues* (pp.23-38). Oxon, UK: Routledge.

Beddoe, L., & Davys, A. (2016). *Challenges in professional supervision: Current themes and models for practice*. London: Jessica Kingsley.

Benard, B. (1991). *Fostering resiliency in kids: Protective factors in the family, school, and community*. Portland, OR: Western Center for Drug-free School and Community.

Boetto, H. (2016). Developing ecological social work for micro-level practice. In J. McKinon & M. Alston (eds.). *Ecological social work: Toward sustainability* (pp.59-77). Lonton: Palgrave.

Bradshaw, J. (1977). The concept of social needs. In M. Fitzgerald., P. Halmos, J. Muncie, & D. Zeldin (eds.), *Welfare in action* (pp.33-36). London: Routledge & Paul.

Bronfenbrenner, U. (1979). *The ecology of human development: Experiment by nature and design*. Cambridge, Mass: Harvard University Press.

Brown, A., & Bourne, I. (1999). *The social work supervisor*. Buckingham: Open University Press.

Bryman, A. (2004). Research for social policy and practice. In S. Becker & A. Bryman (eds.). *Understanding research for social policy and practice*. Bristol: Thee Policy Press.

Bryson, J. (2004). *Strategic planning for public and nonprofit organization: A guide for strengthening and sustaining organizational achievement* (3rd ed.). San Francisco: Jossey Boss.

Bye, L., & Alvarez, M. (2007). *School social work: Theory to practice*. United States: Thomsion Brocks/Cole.

Carlton-LeNay, B., Edwards, R. L., & Reid, P. N. (1999). *Preserving and strengthening small towns and rural communities*. Washington, DC: NASW Press.

Caro, F., Bass, S., & Chen, Y. P. (2006). Introduction: Achieving a productive aging society. In S. Bass; F. Caro; & Y. P. Chen (eds.). *Achieving a productive aging society* (pp.1-25). Westoprt, CT: Abun.

Clark, J. P., & Tilly, W. D. III. (2010). The evolution of reponse to interventiom. In J. P. Clark & M. Alvarez (eds.). *Response to intervention: A guide for school social work* (pp.3-18). New York: Oxford University Press.

Comptom, V., & Galawey, B. (1999). *Social work processes* (6th ed.). New York: Brooks/Cole Publishing Company.

Constable, R., Kuzmickaite, D., Harrison, W. D., & Volkmann, L. (1999). The emergent role of the school social worker in Indian. *School Social Work Journal, 24*(1), 1-14.

Cox, L. E., Tice, C. J., & Long, D. D. (2016). *Introduction to social work: An advocacy-based profession*. Los Angeles: SAGE.

Cross, T., Bazron, B., Dennis, K., & Isaacs, M. (1989). *Towards a cultural competence system of care*. Washington, DC: Georgetown University Press.

Datar, S., Bawikar, R., Rao, G., Rao, N., & Masdekar, U. (2008). *Skill training to social worker: A manual*. California: SAGE.

DeFilippis, J., & Saegert, S. (eds.) (2012). *The community development reader* (2nd ed.). New York: Routledge.

DuBus, S., & Miley, K. K. (2019). *Social work: An empowering profession* (9th ed). Boston: Allyn and Bacon.

DuBois, B., & Miley, K. K. (2011). *Social work: an empowering profession* (7th ed.). Boston: Allyn and Bacon.

Dupper, D. R. (2003). *School social work: Skills & interventions for effective practice*. NJ: John Wiley & Son, Inc.

Employer Assistance Programs for American (2010). EAPA standards and professional guidelines for employer assistance programs.

Farley, O. W., Smith, L. L., & Boyle, S. W. (2010). *Introduction to social work* (17th ed.). Boston: Pearson.

Field, R. (2007). *Managing with plans and budgets in health and social care*. East Exeter: Learning Matters Ltd.

Fischer, J. (1978). *Effective casework practice*. New York: McGraw Hill.

Forde, C., & Lynth, D. (2015). *Social work and community development: A critical pratice perspective*. UK: Palgrave.

Freddolino, P. P., Moxley, D. P., & Hyduk, C.A. (2004). A differential model of advocacy in social work practice. *Families in Society, 85*(1), 119-128.

Furness, S., & Gilligan, P. (2010). *Religion, belief and social work: Make a difference*. UK: University of Bristol, The Policy Press.

Garand, J., Jones, H., & Kolodny, R. (1976). A model of stages of group development in social group work. In S. Berntein (ed.), *Exploration in group work* (pp.17-71). Boston: Charles Rivers Books.

Gary, M., & Webb, S. A. (2010). *International social work*. Singapore: SAGE Publishing Inc.

Gilchrist, A., & Taylor, M. (2016). *The short guide to community development*. Bristol: Policy Press.

Giloth, R. P. (1998). Jobs, wealth, or place: The faces of community economic development. In M. S. Sherraden & W.A. Ninacs (eds.). *Comunity economic development and social work*. London: Haworth Press.

Glicken, M. D. (2011). *Social work in the 21st century: An introduction to social welfare, social issues, and the profession* (2nd ed.). SAGE Publication.

Glickman, N. J., & Servon, L. J. (2012). More than bricks and stick: Five corporation capacity. In J. DeFilippis & S. Saegert (eds.). *The community development reader* (pp.54-69) (2nd ed.). New York: Routledge.

Glickman, N. J., & Servon, L. J. (1998). More than bricks and sticks: Fave corporation capacity. *Housing Policy Debate*, *9*(3), 947-538.

Green, G. P., & Haines, A. (2016). *Asset building and community development*. CA: SAGE.

Green, G. P., Haines, A., & Halebskey, S. (2000). *Building our future: A guide to community visioning*. Madison: University of Wisconsin Extension Publication.

Greenwood, E. (1957). Attributes of a profession. *Social Work*, *2*, 45-55.

Gutierrez, L. M., Parsons, R. J., & Cox, E. O. (1998). *Empowerment of social work practice: A Sourcebook*. Pacific Grove, CA: Brooks/Cole Publishing Company.

Hare, I. (2010). Definition of social work. In M. Gray & S. T. Webb. (eds.). *International social work* (pp.375-379). Thousand Oaks, CA: SAGE Publication Ltd.

Hanmer, J., & Statham, D. (1999). *Women and social work: Towards a woman-centered practice* (2nd ed.). London: Macmillan.

Hartford, M. (1971). *Group in social work*. NY: Columbia University Press.

Hawkins, P., & Shohet, R. (2012). *Supervision in the helping professions* (4th ed). Maidenhead: Open University Press.

Henry, S. (1992). *Group skills in social work: A four dimensional approach*. Itasca, IL: F. F.

Peacock Publishers.

Hepworth, D. H., Rooney, G. D., Strom-Gonfrid, K., & Larsen, J. A. (2010). *Direct social work practice: Theory and skills* (8th ed.). Belmont. CA: Cengage Learning.

Herbet, M. E., & Levin, R. (1996). The advocacy role in hospital social work. *Social Work in Health Care, 22*(3), 71-83.

Herner, N. (2019). *What is social work: Contexts and perspectives* (5th ed.). Exter: Learning Maters.

Heslop, P., & Meredith, C. (2019). *Social work: From assessment to intervention*. Los Angeies: SAGE Publications.

Hoefer, R. (2016). *Advocacy practice for social justice* (3rd ed.). Chicago, IL: Lyceum.

Howe, K., & Gray, I. (2013). *Effective supervision in social work*. London: Haworth Press.

Howe, D. (2009). *A brief introduction to social work theory*. Basingstoke, Hampshire: Palgrave Macmillan.

Humphrer, D. (2018). Task-centred intervention. In J. Lishman; C. Yuill; J. Brannan; & A. Gibson (eds.). *Social work: An introduction* (2nd ed.) (pp.311-325). London: SAGE Publication.

IFSW (International Federation of Social Workers) (2017). Global definition of social work. Retrieved 12/12/2021 from http://ifsw/org/policies/definition-of-social-work

Jarolmen, J. (2014). *School social work: A direct practice guide*. Los Angeles: SAGE Publications.

Johnson, L. (1998). *Social work practice: A generalist approach* (5th ed.). Boston: Allyn and Bacon.

Kadushin, A., & Harkness, D. (2014). *Supervision in social work* (5th ed). NY: Columbia University Press.

Kirst-Ashman, K. K. (2017). *Introduction to social work & social welfare: Critical thinking perspectives* (5th ed.). Boston. MA: Cengage Learning.

Kretzmann, J., & McKnight, J. (1993). *Building community asset*. Evanston, IL: Center for Urban Affairs and Policy Research. Northwesten University.

Kudushin, A., & Martin, J. (1988). *Child welfare services*. New York: Macmillan.

Ledwith, M. (2016). *Community development in action: Putting Freire to practice*. Great Britain, Hobbs, Suthampton.

Lee, J. A. B. (2008). *The empowerment to social work practice*. New York: Columbia University Press.

Lewis, J. A., Packard, T. R., & Lewis, M. D. (2012). *Management of Human service program* (5th ed.). Belmont CA: Brooks/Drive.

MacMillan, D. W., & Chaivas, D. M. (1986). Sense of community: A definition and theory. *Journal of Community Psychology*, *14*: 6-23.

Matthies, A. L., & Narhi, K. (2018). Ecological theory. In N. Tompson & P. Stepney (eds.). *Social work theory and methods: The essential* (pp.202-214). New York: Routledge.

Mayo, M. (1998). Community work. In R. Adams; L. Dominelli; & M. Payne (1998), *Social work: Themes, issues and critical debates* (pp.160-172). London, UK: Macmillan.

McGinnis, E. (2013). Task-centred work. In T. Lindsay (ed.), *Social work intervention* (2nd ed.). London: SAGE Publications.

McKinon, J., & Alston, M. (2016). *Ecological social work: Toward sustainability*. Lonton: Palgrave.

McNutt, J. G., & Hoefer, R. (2016). *Social welfare policy: Responding to a changing world*. Chicago, IL: Lyceum.

McPherson, L., Frederico, M., & McNamara, P. (2015). Safety as a fifth dimension in supervision: Stories from the frontline. *Australian Social Work*, 68(3), 1-13.

Menzies, K. F. (2001). *The cultivation of indigenous social work professionals in Australia*. （內政部兒童局主辦，兒童福利政策與福利服務國際研討會會議手冊）（頁302-312）。

Mercado, A. B. (2005). The ABCD approach for capacity building, family empowerment and poverty alleviations. In Capacity bulinding approach to self-sufficiency (pp.399-414). Internation Conference on Family Empowerment and Poverty Reducation Programs. Taiwan CCF.

Miley, K. K., O'Molia, M., & Dubois, B. (2007). *Ceneralist social work practice: An empowering approach*. Boston: Pearson Education, Inc.

Morales, A., & Sheafor, B. (1998). *Social work: A profession of many faces*. Boston: Allyn and Bacon.

Morrison, T. (2005). *Supervision in social care*. London: SAGE Publications.

National Association of Social Worker (2001). Standards for Cultural Competence in Social Work practice. Retrieved October 22, 2022, from http://www.socialworkers.org/

sections/credentials/cultural comp.asp

Noble, C., Gray, M., & Johnston, L. (2016). *Critical supervision for the human services: A social model to promote learning and values-based practice*. London: Jessica Kingsley Publishers.

Northouse, P. (2010). *Leadership theory and practice* (5th ed.). Thousand Oask CA: SAGE.

O'Donoghue, K., Munford, B., & Trlin, A. (2006). What's best about social work supervision according to Association member. *Social Work Review, 18*, 79-92.

O'Hare, T. (2009). *Essential skills of social work practice: Assessment, intervention and evaluation*. Chicago: Lyceum Books.

Patterson, G. T. (2020). *Social work practice in the criminal justice system*. New York: Routledge.

Patti, R. J. (2009). *The handbook of social welfare management*. Thousand Oaks, CA: SAGE.

Payne, M. (2018). Psychodynamic theory. In N. Tompson & P. Stepney (eds.). *Social work theory and methods: The essential* (pp.65-77). New York: Routledge.

Payne, M. (2014). *Modern social work: A critical introduction* (4th ed.). New York, Oxford University Press.

Payne, M. (1997). *Modern social work theory* (2nd ed.). Macmillan Press.

Popple, K. (2015). *Analysing community work: Its theory and practice* (2nd ed.). Berkshire: Open University Press.

Pruger, R. (1973). The good bureaucrat. *Social Work, 18*(4), 26-32.

Richmond, M. E. (1922). *What is social case work: An introduction to practice settings*. New York: Routedge, Taylor & Francis Group.

Rogers, M. (2020). Strengths-based and solution-focused approaches. In M. Rogers; D. Whitaker; D. Edmondson; & D. Peach. *Developing skills & knowledge for social work practice* (pp.243-250) (2nd ed.). Los Angeles: SAGE Publications.

Rogers, M., & Cooper, J. (2020). Systems theory and an ecological approach. In M. Rogers; D. Whitaker; D. Edmonoson; & D. Peach (2020). *Developing skills & knowledge for social work practice* (pp.251-258). Los Angeles: SAGE Publications.

Rogers, M., Whitaker, D., Edmonoson, D., & Peach, D. (2020). *Developing skills & knowledge for social work practice* (2nd ed.). Los Angeles: SAGE Publications.

Rooney, R. (2018). Task-centered practice. In N. Thompson & P. Stepney (eds.). *Social work theory and methods: The essentials* (pp.94-104). New York: Routledge.

Rothman, J., & Tropman, J.(1987). Models of community organization and macro practice perspectives: There mixing and plasing. In F. Cox; J. Erich; J. Rothman; & J. Troman (eds.). *Strategies of community organization* (4th ed.) (pp.3-26). Itasca, IL: P.E. Peacock.

Rowe, J. W., & Kahn, R. L. (1997). *Successful aging.* New York: Dell Publishing.

Royse, D., Staton-Tindall, M., Badger, K., & Weber, J. M. (2009). *Nesds assessment.* New York: Oxford.

Rubin, A., & Babbie, E. (2013). *Essential research methods for social work* (3rd ed.). Broks/ Cole Empowerment Serie.

Schneider, R. L., & Lecter, C. (2001). *Social work advocacy: A new framework for action.* Belement, CA: Wadsworth Sage/Learning Matters.

Segal, E. A., Gerdes, K., & Steiner, S. (2016). *An introduction to the profession of social work: Becoming a change agent* (5th ed.). Belmont: Brooks/Cole.

Shevellar, L., & Barringham, N. (2019). Negotiating role and boundaries: Ethical challenges in community work. In S. Bank & P. Westoby (eds.), *Ethics, equity and community development* (pp.59-82). Chicago: University of Chicago Press.

Siporin, M. (1975). Introduction to social work practice. Macmillan Publishing Company.

Smokowski, P. R., & Kopasz, K. H. (2005). Bullying in school: An overview of types, effects, family characteristics, and intervention strategies. *Children & Schools, 27*(2), 101-109.

Solomon, B. (1976). Black empowerment. *Administration in Social Work, 14*(2), 29-44.

Stepney, P., & Davis, P. (2018). Cognitive-behavioral therapy. In N. Tompson & P. Stepney (eds.), *Social work theory and methods: The essential* (pp.78-93). New York: Routledge.

Stepney, P., & Popple, K. (2008). *Social work and the community: A critical context for practice.* New York: Palgrave Macmillan.

Streeter, C. (2008). Community: Practice intervention. In T. Mizrahi & L. E. Davis (eds.), *Encyclopedia of social work* (pp.1:555-368). Washington, DC and New York: NASW Press and Oxford University Press.

Sue, D. W. (2006). *Multicultural social work practice.* NJ: John Wiley & Sons.

Tompson, N. (2018). Theory and methods in a practice context. In N. Tompson & P. Stepney (eds.), *Social work theory and methods: The essential* (pp.9-25). New York: Routledge.

Thompson, N. (2015). *Understanding social work: Preparing for practice* (4th ed.). London: Macmillan.

Thompson, N. (2009). *Understanding social work: Preparing for practice* (2nd ed.). London: Palgrave.

Thompson, N. (2002). *Building the future: Social work with children, young people and their families*. Lyme Regis UK: Russell House Publishing.

Thompson, N., & Stepney, P. (2018). *Social work theory and methods: The essential*. New York: Routledge.

Timms, N. (1993). *Social work values: An enquiry*. London: RKP.

Trecker, H. (1972). *Social group work: Principles and practice*. CA: Association Press.

Tsui, M. S. (2005). *Social work supervision: Contexts and concepts*. Thousand Oaks, CA: SAGE.

Tuckman, B. (1963). Developmental sequence in small group. *Psychological Bulletin*, *63*, 384-399.

Twelvetrees, A. C. (2008). *Community work* (4th ed). New York: Palgrave.

Weissman, H., Epstien, L., & Savage, A. (1983). *Agency-based social work: Neglected aspects of clinical practice*. Temple University Press.

Whitted, K. S., & Dupper, D. R. (2005). Bast practices for preventing or reducing bullying in schools. *Children & Schools*, *27*(3), 167-173.

Wilensky, H. (1964). The professionalization of everyone? *The American Journal of Sociology*, Lxx: 2, 137-158.

Wolin, S. J., & Wolin, S. (1993). *The resilient self: How servivors of troubled families rise above adversity*. New York: Villard Books.

Wilson, K., Ruch, G., Lymbery, M., & Cooper, A. (2008). *Social work: An introduction to contemporary practice*. London: Ashford Colour Press.

Yalom, I. D., & Leszez, M. (2005). *The theory and practice of social psychotherapy* (5th ed.). NY: Basic Books.

Yalom, I. D. (1995). *The theory and practice of social psychotherapy* (4th ed.). NY: Basic Books.

Zastrow, C. H. (2012). *Social work with group: A comprehensive workbook* (8th ed.).

Belmont, CA: Brooks Cole.

Zastrow, C. H. (2010). *The practice of social work: A comprehensive worktext* (9th ed.). Pacific Grove: Brooks/Cole.

國家圖書館出版品預行編目資料

社會工作引論／林勝義著. ——初版. ——
臺北市：五南圖書出版股份有限公司，
2023.05
　　面；　公分
　　ISBN 978-626-343-974-0（平裝）

1.CST: 社會工作

547　　　　　　　　　　112004268

1J1B

社會工作引論

作　　　者 — 林勝義

發 行 人 — 楊榮川

總 經 理 — 楊士清

總 編 輯 — 楊秀麗

副總編輯 — 陳念祖

責任編輯 — 郭雲周、李敏華

封面設計 — 姚孝慈

出 版 者 — 五南圖書出版股份有限公司

地　　　址：106臺北市大安區和平東路二段339號4樓

電　　　話：(02)2705-5066　　傳　　　真：(02)2706-6100

網　　　址：https://www.wunan.com.tw

電子郵件：wunan@wunan.com.tw

劃撥帳號：01068953

戶　　　名：五南圖書出版股份有限公司

法律顧問　林勝安律師

出版日期　2023年5月初版一刷

定　　　價　新臺幣620元

※版權所有·欲利用本書內容，必須徵求本公司同意※

全新官方臉書

五南讀書趣

WUNAN Books since1966

Facebook 按讚

1 秒變文青

五南讀書趣 Wunan Books

★ 專業實用有趣
★ 搶先書籍開箱
★ 獨家優惠好康

不定期舉辦抽獎 贈書活動喔！！！

經典永恆・名著常在

五十週年的獻禮 —— 經典名著文庫

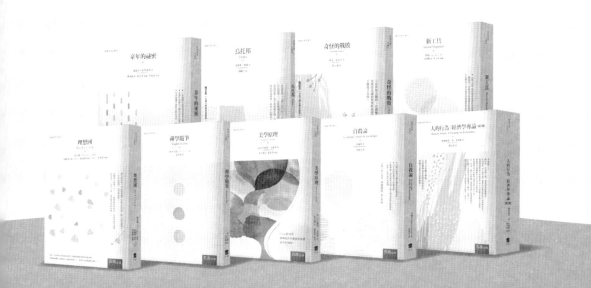

五南，五十年了，半個世紀，人生旅程的一大半，走過來了。

思索著，邁向百年的未來歷程，能為知識界、文化學術界作些什麼？

在速食文化的生態下，有什麼值得讓人雋永品味的？

歷代經典・當今名著，經過時間的洗禮，千錘百鍊，流傳至今，光芒耀人；

不僅使我們能領悟前人的智慧，同時也增深加廣我們思考的深度與視野。

我們決心投入巨資，有計畫的系統梳選，成立「經典名著文庫」，

希望收入古今中外思想性的、充滿睿智與獨見的經典、名著。

這是一項理想性的、永續性的巨大出版工程。

不在意讀者的眾寡，只考慮它的學術價值，力求完整展現先哲思想的軌跡；

為知識界開啟一片智慧之窗，營造一座百花綻放的世界文明公園，

任君遨遊、取菁吸蜜、嘉惠學子！